C0-DBO-470

Otto Kaiser

Vom offenbaren und verborgenen Gott

Beihefte zur Zeitschrift für die alttestamentliche Wissenschaft

Herausgegeben von
John Barton · Reinhard G. Kratz
Choon-Leong Seow · Markus Witte

Band 392

Walter de Gruyter · Berlin · New York

Otto Kaiser

Vom offenbaren und verborgenen Gott

Studien zur spätbiblischen Weisheit und Hermeneutik

Walter de Gruyter · Berlin · New York

♾ Gedruckt auf säurefreiem Papier,
das die US-ANSI-Norm über Haltbarkeit erfüllt.

ISBN 978-3-11-020556-5
ISSN 0934-2575

Bibliografische Information der Deutschen Nationalbibliothek

Die Deutsche Nationalbibliothek verzeichnet diese Publikation in der Deutschen Nationalbibliografie; detaillierte bibliografische Daten sind im Internet über http://dnb.d-nb.de abrufbar.

Printed in Germany

Einbandgestaltung: Christopher Schneider, Berlin

Inhalt

Der verborgene und der offenbare Gott bei Kohelet

1. Kohelet – der unheimliche Gast in der Bibel

Vor zwanzig Jahren brachte der inzwischen in die Ewigkeit abberufene Münsteraner Kollege Hans-Peter Müller das Befremden, das den Leser bei der Lektüre des Koheletbuches ergreift, auf die griffige Formel, daß es sich bei ihm um einen unheimlichen Gast in der Bibel handelt.[1] Denn Kohelet war, so hat es den Anschein, auf der Suche nach einer einsichtigen Ordnung der Welt gescheitert: Nach seiner Einsicht befindet sich alles Geschehen am Himmel und auf Erden in einem unendlichen Kreislauf, der weder Ziel und Ende kennt (Koh 1,4–11).[2] Der Mensch selbst erscheint als ein Gefangener von Zeit und Zufall, so daß er niemals wissen kann, ob seine Pläne gelingen (Koh 3,1–9; 9,11–12). Das Einzige was er im Blick auf die Zukunft unternehmen kann, ist umsichtig mit allen Möglichkeiten zu rechnen und jeweils das zu tun, was getan werden muß (Koh 11,1–6). Die einzige gewisse Möglichkeit seines Lebens aber ist der Tod. (Koh 9,11).[3] Angesichts der Unumkehrbarkeit des Lebens und seines unabweislichen Endes ist das einzig Sinnvolle, was in seine Hände gegeben ist, daß er das ihm zumal in seiner Jugend geschenkte Glück nicht übersieht, sondern sich seiner als einer Gabe Gottes freut (Koh 9,1–10;[4] 11,9–12,7).[5]

Damit haben wir im wesentlichen bereits das Ergebnis des großen Gedankenexperiment des von 1,3–3,15 reichenden Traktates vorweggenommen, der unter der Leitfrage steht, ob es für das Tun des

1 Vgl. Hans-Peter Müller, Gast, 440–464.

2 Vgl. dazu Norbert Lohfink, Wiederkehr, in: ders., Studien zu Kohelet, 95–124; Kaiser, Botschaft, 48–70, bes. 56–62 = ders., Weisheit, 126–148, bes.134–140

3 Vgl. dazu Franz Josef Backhaus, Zeit, 390–398 und Franz Kutschera, Kohelet, 363–376, bes. 370–371.

4 Vgl. dazu auch Backhaus, 263–270 und Alexander A. Fischer, Skepsis, 115–146, der allerdings 9,1–12 als kompositionelle Einheit betrachtet.

5 Vgl. dazu Kaiser, Botschaft, 66–70; ders., Weisheit,.144–148; ders., Carpe diem, in: Athen, 247–274, bes. 257–264; ders., Anweisungen, 41–43 und zur Analyse von 11,7–12,7 Fischer, Skepsis,160–182.

Menschen einen bleibenden Ertrag für all seine Mühen gibt (1,3).[6] Das in zwei Durchgängen erzielte Ergebnis (Koh 1,12–2,26[7] und Koh 3,1–15) fällt insofern negativ aus: Denn einerseits kann selbst der weiseste, reichste und mächtigste König keinen bleibenden Gewinn erzielen, da er ihn als Erbe einem anderen Menschen hinterlassen muß, der sich in keiner Weise darum abgemüht hat (Koh 2,18–22). Auf der anderen Seite verfügt der Mensch überhaupt in keiner Weise über den Erfolg[8] seiner Unternehmungen, weil ihm die Einsicht verwehrt ist, ob für sie die jeweils richtige, positiv dafür qualifizierte Zeit gekommen ist (Koh 3,1–9).[9] Es kann vielmehr geschehen, daß gerade dem jeweils für die Lösung einer Aufgabe Tüchtigsten und Klügsten der Erfolg versagt bleibt, weil der Mensch seine Zeit nicht kennt und daher wie ein Fisch im Stellnetz in die Falle der bösen Zeit geraten kann (Koh 9,11–12):

> 11 *Und weiterhin sah ich unter der Sonne:*
> *Nicht immer gewinnen die Schnellsten den Preis*
> *noch die Tapfersten den Krieg,*
> *noch die Weisesten das Brot,*
> *noch die Verständigsten Reichtum,*
> *und auch nicht die Kundigsten Ansehen,*
> *sondern Zeit und Zufall*[10] *trifft sie alle.*
> 12 *Denn der Mensch kennt seine Zeit nicht,*
> *wie die Fischer, die im bösen Wurfnetz gefangen,*
> *und wie die Vögel, die im Klappnetz gefangen sind,*
> *wie sie werden die Menschenkinder zu schlimmen Zeit geschnappt,*
> *wenn sie plötzlich über die herfällt.*

---

6 Zu Abgrenzung und Auslegung der Komposition vgl. Diethelm Michel, Untersuchungen, 1–83 und weiterhin Fischer, Beobachtungen, 73–86; ders., Skepsis, 186–225 sowie Backhaus, Zeit, 20–29. 87–155, der die hintere Grenze erst mit 3,22 zieht.

7 Neuerdings hat Y.V. Koh, Autobiography vorgeschlagen, das ganze Buch als eine königliche Vita zu betrachten, vgl. seine Zusammenfassung 198–208.

8 Zu dem Begriff des *yitrôn*, dessen, was übrig bleibt, vgl. Rainer Braun, Kohelet, 47–48, der ihn statt aus der Kaufmannssprache, für die es in diesem Fall keine Belege außerhalb des Koheletbuches gebe, auf den griechischen Begriff des ὄφελος verweist, der dieselbe Bedeutungsspanne aufweist und in der gnomischen Literatur eine Rolle gespielt hat.

9 Zum Zeitverständnis Kohelets vgl. Tilmann Zimmermann, Tod, 72–77.

10 Fischer, Skepsis, 134 weist mit Recht daraufhin, daß *pægaʿ* hier die Bedeutung von *miqræh* besitzt.

Angesichts dieser Grundsituation des Menschen ist das von ihm erstrebte und erhoffte Glück nicht das Ergebnis seiner eigenen Klugheit und Geschicklichkeit, denn das Gute wird ihm nicht anders als das Böse schicksalhaft zuteil, wobei Gott die Maske des Zufalls trägt. Mithin ist es in jedem Fall eine Gabe Gottes, wenn ein Mensch glückliche Tage erlebt, in denen er essen und trinken und sich als Lohn seiner Arbeit freuen kann (Koh 2,24; 3,12–13).[11] Denn auch das ist keineswegs selbstverständlich, weil Krankheit oder ein mißratenes Geschäft den Menschen daran hindern können, den Ertrag seiner Arbeit zu genießen (vgl. Koh 5,12–16 und 6,1–9). Und daher heißt es in (Koh 5,17–19):

> *17 Sieh, was ich als gut befunden habe, nämlich: Es ist angenehm*[12]*, zu essen und zu trinken und es sich wohl ergehen zu lassen bei all seinem Abmühen, mit dem sich einer abmüht unter der Sonne während der gezählten Tage seines Lebens, die ihm Gott gegeben hat; denn das ist sein Teil. 18 Und wenn Gott einem Menschen Reichtum und Schätze gegeben und ihm zugleich ermöglicht hat, davon zu essen und seinen Anteil davon zu tragen und sich bei seiner Arbeit an seinem Besitz zu freuen, so ist das eine Gabe Gottes. 19 Fürwahr, er denkt nicht viel an die (gezählten) Tage seines Lebens, wenn Gott ihn mit der Freude seines Herzens antwortet.*[13]

---

11 Vgl. Koh 5,17.

12 Zur Übersetzung von *ṭôb* vgl. Schoors, Preacher, 138–139 und ders., Words, 36–37.

13 Die Bedeutung des Part. *ma'ănæh* ist jedenfalls durativ. Es beschreibt eine fortgesetzte Handlungsweise, Anton Schoors, Preacher, 184–185. Umstritten ist, ob man es von ענה I „erwidern, antworten" hi. „Antwort geben" bzw. „entschädigen" oder III „sich abmühen" hi. „jemand durch etwas beschäftigen"= „ablenken" ableiten soll. Darüber, daß statt des einfachen Partizips mit G, S und T ein *ma'ănēhû* zu lesen ist, besteht heute wohl Einigkeit. GSV haben die Form von III abgeleitet. Dieses Verständnis kann bis heute als die Mehrheitsmeinung gelten; vgl. z.B. Zimmerli, Prediger, 191, Hertzberg, Prediger, 129; Scott, Ecclesiastes, 229; Hans-Peter Müller, Gott, 517; Galling, Prediger, 103; Lauha, Kohelet, 108; Fox, Qohelet, 217; Krüger, Kohelet, 223 und Schwienhorst-Schönberger, Kommentar, 341–342. Dabei nehmen die meisten der hier genannten Kommentatoren die neutrale Bedeutung „beschäftigen" an. Backhaus, Zeit, 194 bemerkt zur Stelle, daß das Wort bei dem Leser vom vorausgehenden Text her eine positive und vom folgenden her (6,2) eine negative Deutung nahe lege, so daß er möglicherweise beabsichtig verunsichert würde. Diese Beobachtung wurde durch Lohfink, Offenbarung, in: Studien zu Kohelet, 151–165, bes. 163–164 provoziert, der energisch für die Ableitung von I plädiert hatte Für die Ableitung von I hatte sich nebenbei schon Franz Delitzsch, Koheleth, 302 eingesetzt und die Ableitung von

Die schönste Zeit im Leben ist jedoch nach Kohelets Urteil die Jugend, deren von Gott gebilligte Freuden es ohne Skrupel zu genießen gilt, weil sie niemals wiederkehren (Koh 9,7–10):[14]

7 *Geh, iß dein Brot mit Freude*
und trink mit frohem Herzen deinen Wein;
denn längst hat dem Gott dein Tun gefallen.
8 *Allzeit seien deine Gewänder weiß,*
und Öl soll auf deinem Haupt nicht fehlen.
9 *Genieße das Leben mit einer Frau, die du liebst,*
alle Tage deines vergänglichen Lebens,[15]
die er dir unter der Sonne gegeben[16]*,*
denn das ist dein Anteil am Leben und deiner Mühe,,
mit der du dich unter der Sonne abmühst.
10 *Alles, was dir vor die Hand kommt,*[17]
das tue mit ganzer[18] *Kraft*
denn es gibt weder Tun nach Planen
noch Wissen noch Weisheit in der Unterwelt,
zu der du schon auf dem Wege bist.

Der Mensch steht bei Kohelet unter dem von Gott bestimmten Schicksal. Sein Handeln hat daher nur insoweit Erfolg, als es Gott so fügt. Entsprechend ist auch das Glück seine freie Gabe und die Lebensfreude gleichsam die Antwort Gottes auf die Mühen des Men-

III mit der Bemerkung zurückgewiesen, daß es im Hi. nicht „jemanden mit etwas beschäftigen“, sondern nur „jemanden sich mit etwas abmühen (lassen)“ bedeuten könne. Fischer, Skepsis, 81–86 schließt sich (nebenbei mit Hinweis auf Delitzsch) der Ableitung von I an und plädiert 85 für die hier übernommene temporale Bedeutung des *kî*.

14 Daß in V.7a.8 und 9a ein Zitat aus einem Lied vorliegt, haben Loretz, Anfänge, 255–260 und Fischer, Skepsis, 137–146 nachgewiesen, wobei Fischer auch den von Kohelet eingearbeiteten theologischen Kommentar würdigt, der im Sinne von Prov 18,22 argumentiert.

15 Das „alle deine vergänglichen Tage“ in 9aγ ist eine Glosse.

16 Zur Zeitstufe des Perfekts *nātan* vgl. Bo Isaksson, Studies, 83–84, der hier für eine präsentische Bedeutung eintritt, mit Schoors, Preacher, 174–175, der im Blick auf Gottes sich der Prädestination annähernden Art seines Handelns für die präteritale votiert.

17 Wörtlich: „Alles was deine Hand findet, um es zu tun …“

18 Wörtlich: „deiner“.

schen.[19] Haben wir 5,19 in diesem Sinne richtig ausgelegt, so zeichnet sich damit ein dialogisches Verhältnis zwischen Gott und Mensch ab. Das veranlaßt uns zu der weiteren Frage, ob ein solches auch durch ein Handeln aus dem Geiste der Gottes Furcht eröffnet wird, oder es sich bei ihr einseitig um ein Verhalten zu dem in seinen Schicksalszuweisungen unergründlichen Gott handelt. Um dieses Problem zu lösen, seien im Folgenden die von ihr handelnden Abschnitte Koh 3,10–15; 4,17–5,6; 7,15–18(22) und 8,9–15 untersucht.

2. Die Undurchschaubarkeit des Welthandelns Gottes und die Furcht Gottes (Koh 3,10–15)

In 3,10–15, dem Zieltext des ganzen Traktates, zieht Kohelet die Folgerungen aus dem vorausgegangenen Nachweis, daß alles Glück eine Gabe Gottes ist und es für den Menschen keinen bleibenden Gewinn in seinem Leben geben kann. Dabei erweitert er zunächst den Blick ins Kosmische, um die Verborgenheit der Absichten Gottes für den Menschen in seinem Welthandeln überhaupt zu bedenken, so daß die Einsicht in den Charakter jedes Glücks als Gabe Gottes einen grandiosen Hintergrund erhält (Koh 3,10–13):

19 Daß die εὐδαιμονία, das „Glück" seit Aristoteles und vollends in der hellenistischen Philosophie im Mittelpunkt des praktischen Interesses gestanden hat, ist unbestritten; vgl. Maximilian Forschner, Glück, passim und umfassend Ludger Schienhorst-Schönberger, Glück, 251–273. Die Frage, ob Kohelet bei seiner Botschaft vom Glück als dem einzigen Gut des menschlichen Lebens hellenistisch (Schwienhorst-Schönberger, 274–338, vgl. ders., Kommentar 108–109), oder von der vorderasiatisch-ägyptischen Gelagepoesie (Christoph Uehlinger, Kohelet, 155–247, bes. 229–234) oder speziell der ägyptischen (Stefan Fischer, Aufforderung, 235–238) beeinflußt worden ist, läßt sich schwer entscheiden, weil das Juda des 3. Jh. im geistigen Spannungsfeld zwischen den drei genannten Kulturen gestanden hat. Da die Schärfe und Selbstständigkeit des Fragens Kohelets sich hellenistschem Einfluß verdanken dürfte, kann man ihn auch in dieser Beziehung nicht ausschließen, ohne daß eine einseitige Ableitung geraten ist; Bohlen, Kohelet, 249–273, bes. 257–258, vgl. Kaiser, Beiträge, 1–31, bes. 30–31 = ders., Weisheit, 149–179, bes. 178–179.

10 Ich betrachtete das Geschäft, das Gott den Menschen gegeben hat, damit sie sich mit ihm plagen. 11 Alles hat so gemacht, daß es zu seiner Zeit schön ist,[20] *auch hat er die Dauer in es*[21] *hineingegeben, nur bleibt dem Menschen das, was der Gott tut, von Anfang bis zum Ende verborgen. 12 Ich weiß, daß es für sie (die Menschen) nichts Besseres gibt, als sich zu freuen und es sich wohl sein zu lassen, solange sie leben. 13 Doch wenn es geschieht, daß irgendein Mensch essen und trinken und es sich bei seiner Arbeit wohl sein lassen kann, so ist es eine Gabe Gottes.*

---

20 Zur Übersetzung vgl. Thomas Krüger, Kohelet, 164; zur Diskussion der Frage, ob das Perfekt praesentisch/durativ oder preaterital zu übersetzen ist, vgl. Isaksson, Studies, 79–81 und Schoors, Preacher, 175, der mit Recht feststellt, daß die Entscheidung im Exegetischen und mithin im Gesamtverständnis der V.10–15 liegt.

21 Zunächst eine Bemerkung zur Übersetzung: 3,11bα gehört zu den Dauerproblemen der Kohelet-Exegese. Während LXX den Satz wörtlich wiedergab, hat ihn Hieronymus mit „*et mundum tradidit disputationi eorum*" übersetzt. George A. Barton, Ecclesiastes, 101 und 105 gibt es mit: „also he put ignorance in man's heart" und geht dabei von der Grundbedeutung des Verbs *ʿālam* aus. Ähnlich entscheidet sich Naoto Kaomano, Cosmology, 49, der *hāʿōlām* mit „darkness" übersetzt. Andererseits erklärte z.B. Hans-Wilhelm Hertzberg, Prediger, 107: „Gott hat nicht nur in seiner Schöpfung alles gut gemacht, sondern den Menschen noch etwas Besonderes dazugegeben (גם), was auf die Sonderstellung des Menschen (Gen 1,26 ff.) weist, der, als das Gegenüber Gottes, im Unterschied zu anderen Wesen den Blick in fernste Zeiten verliehen bekommen hat." Ähnlich deutet Franz Josef Backhaus, Besseres, 45–47 die schwierige Stelle. Choon-Leong Seow, Ecclesiastes, 158 und 163 übersetzt mit „eternity" und erläutert: „God who has made everything right in its time has also put a sense of timelessness in human hearts." Rose, Rien, 538: „Même la pensée de l'éternité, il a mise dans leur coeur." Thomas Krüger, Kohelet, 164 und 174 gibt das Nomen mit „die ferne Zeit" wieder und erklärt, daß damit die das Leben des Menschen überdauernde Zeit gemeint sei. Für die traditionelle Übersetzung entscheidet sich auch Tilman Zimmer, Tod, 77–80 als Ergebnis seines informativen forschungsgeschichtlichen Exkurses zu V.11. Ludger Schwienhorst-Schönberger, Kommentar, 260 und 268 übersetzt wörtlich „die Ewigkeit ins Herz gelegt" und erklärt die Wendung so, daß der Mensch zwar in der Zeit lebt, aber nicht in ihr aufgeht. Doch da sich für solche gleichsam erkenntnistheoretischen Aussagen bei Kohelet keine Parallelen beibringen lassen, liegt es näher, 1.) entweder mit Alexander A Fischer, Skepsis, 226–227 mit Anm.5 und 233–237 an eine Buchstabenumstellung eines Abschreibers zu denken und statt des auffallender Weise defektiv geschriebenen Wortes „Ewigkeit" (*ʿōlām*) das Wort „Mühe" (*ʿāmāl*) zu lesen und dann die Stelle so zu erklären: „Gott hat den Menschen den Trieb zu beständiger Aktivität ins Herz gelegt." Es handelte sich dann um eine Wiederholung der Aussage von V.10). Oder man schließt sich 2.) Friedrich Ellermeier, Qohelet, 307–322 an und deutet die Wendung *nātan bĕlēb* als eine Formel, die wie ihre akkadische Parallele die Bedeutung „etwas in etwas hinein legen" besitzt. In diesem Fall wäre das Suffix der 3. plur. masc. auf das

V. 10 nimmt das negative Ergebnis von V. 11 vorweg, deutet es aber ähnlich wie V. 14b teleologisch:[22] Gott zwingt die Menschen, nach dem Sinn seines Welthandelns zu fragen, enthält ihnen aber die Antwort vor, obwohl er alles so gemacht hat, daß es „schön" ist. Diethelm Michel und Franz Josef Backhaus haben zu Recht darauf bestanden, daß der Unterschied zwischen טוב „gut" und יפה „schön" beachtet sein will.[23] „Gut" und d. h. „lebensfördernd" ist die Welt nach Gottes Urteil in Gen 1 erschaffen worden. Wenn Kohelet die Schöpfungsordnung als „schön" bezeichnet, so steht wohl mit Backhaus die Tatsache dahinter, daß die qualifizierten Zeiten vom Menschen durchaus nicht immer als „gut" und d. h. lebensfördernd und nützlich erfahren werden.[24] Trotzdem ist sie insgesamt eine harmonische Größe, in der alle Teile aufeinander abgestimmt sind,[25] so daß man die ästhetische Qualität des Urteils nicht ausschließen kann. Umschreibend kann man dann sagen, daß die in ihre Zeiten gegliederte Welt von Gott so eingerichtet ist, daß sie ihren Zwecken der göttlichen Loszuteilung und dem in V. 14b genannten Hauptzweck (von dem gleich ausführlicher zu reden sein wird) angemessen ist.[26] Es ist die große kosmische Ordnung, die hinter den unterschiedlich qualifizierten Zeiten steht. Die *creatio prima* läßt sich im Rahmen des von Kohelet vertretenen Kreislaufdenkens (vgl. Koh 1,4–11) nicht von der *creatio continua* trennen; denn sie geht den aktuellen Zeitmomenten voraus, setzt sich in ihnen fort, um weiterhin wiederzukehren (3,15). Die Zeit aber ist ihrerseits nicht vom Lauf der Gestirne zu trennen, die ihr ihren Rhythmus und bestimmte Qualitäten geben. Die in V. 11 als schön bezeichnete kosmische Ordnung[27] hat

vorausgehende *hakkol* zu beziehen. Am einfachsten ist es freilich 3.) mit Kurt Galling, Prediger, 93 und Friedrich Horst in BHS ad loc. mit einer partiellen Dittographie zu rechnen und statt des *bĕlibbām* ein *bô* oder *bām* zu lesen und die Aussage sachlich auf das vorangehende „Alles" zurückzubeziehen: Dann beschreibt V.11bα die Dauer der von Gott geschaffenen Ordnung und Wiederkehr aller Dinge (vgl. 3,14–15 und 1,5).

22 Zum „Zwar-Aber-Verhältnis" zwischen den beiden Versen vgl. Backhaus, Zeit, 47–48.

23 Vgl. Michel, Untersuchungen, 60 und Backhaus, Besseres, 43–45.

24 Backhaus, 43.

25 Schwienhorst-Schönberger, Glück, 266 erinnert daran, daß es für die Griechen selbstverständlich war, den Kosmos als καλός, als „schön" zu bezeichnen und verweist exemplarisch auf Plat.Tim.29a.

26 Zu diesem Verständnis von *yāpæh* vgl. auch Michel, Untersuchungen, 60–61.

27 Zum semantischen Unterschied zwischen *yāpæh* als eher kosmologischem und *tôb* als eher anthropologischem, auf die praktische Ethik ausgerichtetem Begriff vgl. Backhaus, Zeit, 51.

schon immer die Bewunderung der Menschen erregt. Im polytheistischen Altertum erschien sie den Völkern als Beweis dafür, daß die Welt von Göttern regiert wird (vgl. Weish 13,1–9).[28] Für den biblischen Denker sind die Gestirne jedoch nichts als Lampen, die Gott geschaffen hat, um die Erde zu erhellen und die Zeiten und Termine zu bestimmen (Gen 1,14–19; Sir 43,1–10). Daß den Menschen die Gabe, die „Himmelsschrift" zu lesen, nicht gegeben ist, steht für Kohelet jedenfalls fest.[29] So schön, angemessen und dauerhaft der Weltenlauf geordnet ist, so wenig ist es dem Menschen gegeben, ihn zu ergründen: Warum Gott die Welt gerade so und nicht anders eingerichtet hat und immer neu im Gange hält, daß sich die Menschen in ihr plagen müssen (V. 10), bleibt dem Menschen vollständig („vom Anfang bis zum Ende") verborgen. Gott entscheidet in der Regel aus nur ihm selbst einsichtigen Gründen über das Gelingen und Mißlingen alles menschlichen Tuns. (Der kleine Vorbehalt „in der Regel" wird alsbald seine Erläuterung finden.) Gott hat die Ordnung der Welt mit ihrem Ablauf qualifizierter Zeiten für immer bestimmt und schön geordnet. Der Mensch aber muß sich abmühen, als hinge der Erfolg von seinem eigenen Tun ab, ohne daß er weiß, ob es dafür die richtige Zeit ist oder nicht. Mithin ist auch sein Glück, das in seiner Lebensfreude und seinem Lebensgenuß besteht, eine Gabe Gottes (V. 12–13).[30] Aber trotzdem steht hinter dieser Undurchsichtigkeit des Weltenlaufes, in dem das Geschick des Menschen entscheidend durch Gott bestimmt wird, eine Absicht: Das Dunkel, das über dem Handeln Gottes liegt, ist seinerseits kein Zufall,

---

28 Vgl. z. B. Platon, Leg. 886a: Hier behauptet der Spartaner Kleinias, daß die Existenz der Erde, der Sonne und der Sterne und das ganze All sowie die schön geordnete Folge der Jahreszeiten und Einteilung der Jahre ebenso sowie der Glaube der Hellenen und Barbaren bezeuge, daß es Götter gäbe. Während die regelmäßige Bewegung der Gestirne in der Moderne physikalisch erklärt wird, galt sie den Alten in der Regel als ein Zeichen dafür, daß sie beseelt sind.

29 Zur Bedeutung und Praxis der Astrologie im Altertum vgl. Böll/ Bezold/ Gundel, Sternglaube, 1–29 und 58–72 bzw. Tamsyn Barton, Astrology, 1–31 und 86–142. In den Qumrantexten fanden sich zwar physiognomische, aber keine astrologischen Horoskope (4Q 186 und 4 Q 561), vgl. die Übersetzungen bei Florentino G. Martínez, Scrolls, 456–457. Sternenkunde war schon im Interesse der kultischen Termine und des Kalenders auch im Judentum unerläßlich, zu ihrem relativ frühwissenschaftlichen Charakter vgl. I Hen 72–82 und dazu den Kommentar von Otto Neugebauer in Black's Ausgabe des Äthiopischen Henochbuches 386–419.

30 Vgl. 2,24–26; 5,17–19; 7,13–14 und 8,15.

sondern von Gott beabsichtigt, damit der Mensch es lernt, ihn zu fürchten (Koh 3,14–15):[31]

> 14 *Ich weiß, daß alles, was der Gott tut, für ewig besteht.*
> *Zu ihm kann man nichts hinzufügen*
> *und von ihm kann man nichts entfernen.*
> *Der Gott aber hat es so eingerichtet,*
> *daß sie sich vor ihm fürchten.*[32]
> 15 *Was geschehen ist, längst ist es gewesen,*
> *und was geschehen wird, längst ist es geschehen;*
> *denn Gott sucht das Verschwundene wieder hervor.*

In dieser Welt, in dem sich alles nach Gottes Willen in einem beständigen und unabänderlichen[33] Kreislauf wiederholt, die kein Ziel kennt und in der strukturell nicht Neues geschieht (1,4–11), ist kein Platz für eine Eschatologie,[34] aber sehr wohl für die Gottesfurcht des Menschen: Der vom Menschen in seinem Handeln an ihm und der Welt offenbare Gott wäre eine Art von Glücksautomat, aber nicht der lebendige Gott, wenn der Mensch ihn durch sein Verhalten zwingen könnte, ihm Glück und Gelingen zu schenken. Wäre der Mensch in der Lage, das Geheimnis seines Schicksals zu ergründen und daher zu wissen, warum

---

31 Vgl. dazu Fischer, Skepsis, 242–243; Tilmann Zimmer, Tod, 202–203, – Wenn Hans Peter Müller, Neige, 238–264, hier 250–251. die Lebensfreude als „den schmalen Ausweg", der Kohelet aus dem Pessimismus herausführt betrachtet und zugleich betont, das es einzige, zudem von Gott gebilligte Gut ist, bedarf diese Feststellung doch der Ergänzung, daß daneben auch die Gottesfurcht eine nicht unwesentliche Rolle spielt.

32 Vgl. dazu Michael Fox, Qohelet, 195: „By enforcing human ignorance and helplessness, God occasions fear but does nit directly cause it."

33 Beachte die sog. „Kanon-Formel" oder „Ptahhoptep-Formel" in 3,14aβ. Sie ist ihrer ursprünglichen Bedeutung nach eine Formel zur Sicherung eines Wortlauts; vgl. Dtn 4,2; 13,1 und Ptahhotep 608–609, bei Günter Burkard, Lehre des Ptahhotep, 220. Zu ihrer Geschichte und Nachgeschichte vgl. Lothar Perlitt, Deuteronomium, 306–308.

34 Vgl. dazu Alexander A. Fischer, Kohelet, 339–356, der 340–347 zeigt, daß 3,17.18aβ redaktionell sind. Weiterhin plädiert er 353–356 für ein hyperbolisches Verständnis von 3,21, so daß sich bei Kohelet in 3,16–22 keine Kenntnis apokalyptischer Jenseitsvorstellungen nachweisen läßt. Schwienhorst-Schönberger, Kommentar, schließt sich 283–284 der Auslegung von Fischer an. Vermutlich grenzt sich aber Kohelet beiläufig in 1,9 auch von prophetischen Erwartungen einer Weltenwende ab, nach der alles neu werden soll, vgl. dazu Thomas Krüger Dekonstruktion, 107–129, bes. 112–113 sowie Jes 42,9; 48,6–7 und 65,17.

alles so ist, wie es ist, und auch er selbst der ist, der er ist, dann wäre er wahrhaftig wie Gott (Gen 3,5) und Gottes nicht mehr bedürftig. Doch Gottes zu bedürfen ist (wie es der dänischen Religionsphilosoph Søren Kierkegaard auf den Punkt gebracht hat) des Menschen Vollkommenheit.[35] Darum hat Gott den Weltenlauf so undurchschaubar eingerichtet, *damit* ihn die Menschen fürchten. Die Gottesfurcht ist nach Koh 3,10–15 mithin die gottgewollte Antwort des Menschen auf die für ihn bestehenden Undurchschaubarkeit des von Gott gelenkten Weltenlaufs. Sie ist als solche Ausdruck seines Wissens, daß er sich ganz und gar in Gottes freier Verfügungsgewalt befindet.[36]

35 „Vier erbauliche Reden"([1844] 1952), 5.

36 Das Problem, wie die Gottesfurcht bei Kohelet überhaupt und in 3,14b im besonderen zu deuten ist, hat die Forschung der letzten Jahrzehnte fast durchgehend bewegt. Galling, Rätsel, 14: „Es ist wenn man auf das Ganze der Aussagen Kohelets sieht, u. E. doch mehr als fraglich, ob die Gottesfurcht als ein wirkliches *movens* den unverkennbaren Fatalismus durchdringt." Diethelm Michel, Untersuchungen, 72 erklärte: „Was soll man, was kann man über diesen Gott sagen, der der Urheber einer unerkennbaren und darum unbeeinflußbaren Welt ist? Für Qohelet ist die Antwort klar: Über ihn kann man gar nichts sagen – außer dem, daß er offensichtlich unerkennbar, unbeeinflußbar und deswegen gefürchtet sein will." Ähnlich urteilte auch Christian Klein, Kohelet, 201: „Ein Vertrauensverhältnis zu diesem Gott gibt es nicht mehr, adäquat ist vielmehr die Furcht. יראת אלהים hat im Buch Kohelet keinerlei positive Konnotation mehr, sondern bedeutet die resignative Anerkennung der göttlichen Übermacht bei gleichzeitiger Angst vor deren undurchschaubaren Entschlüssen – Kohelets Weg durch das Leben ist, so eine glückliche Formulierung W. Zimmerlis, Prediger, 169. ‚...das Gehen unter einem geheimnisvoll verschlossenen Himmel, nie gesichert vor der Möglichkeit, daß aus ihm jäh ein Blitz zuckt und den Wanderer trifft.'" Zimmerli fährt freilich abmildernd fort: „allein angewiesen auf die freie Beschenkung Gottes, auf Schritt und Tritt aber auch gerufen, bereitwillig das Rätsel und die Bedrängnis zu tragen, die Gott verhängen kann." Schwienhorst-Schönberger, Glück, 320–324 hat sich von dieser fatalistischen Deutung gelöst, indem er den Nachweis führte, daß sich im Alten Testament zwei Entwicklungslinien bei der Rede von der Furcht Gottes nachweisen lassen, von denen die eine auf die Beachtung der Gebote hinausläuft, während die andere sie als eine religiös-sittliche Haltung behandelt, die Gott als Schöpfer und Schicksalslenker unbedingt anerkennt, wie es bei Kohelet vorliegt. Auf dem Hintergrund dieser Unterscheidung setzt sich auch Fischer, Skepsis, 244 bei Kohelet für die zweite Bedeutung ein: Es sei deutlich, daß sie in 3,14; 5,6 und 7,18 die „einzig mögliche praktische Verhaltensweise des Menschen" bezeichne, welche dieser der absoluten Macht Gottes schulde. Aber in 3,11–15 entdeckt er der Reihe nach die Verborgenheit Gottes (V.11), die Güte Gottes (V-12-13) und die Allmacht Gottes (V.14–15): „Ihnen korrespondieren vom Menschen her die skeptische Begrenzung der Weisheit, das carpe diem und die Furcht Gottes. Alle Züge dieses Gottesbildes laufen zusammen in der Majestät Gottes. Sein verborgenes

3. Die Gottesfurcht und das dialogische Verhältnis zwischen Gott und Mensch I: Das richtige Verhalten gegenüber Gott (Koh 4,17–5,6)

Wenn die Gottesfurcht in diesem Sinne zu verstehen ist, bleibt dennoch die Frage zu beantworten, ob sie von Kohelet lediglich als ein reaktives Verhalten verstanden wird oder ob ihr auch eine dialogische Bedeutung im Verhältnis zu Gott zukommt. So befragen wir als nächsten Text die kleine Lehrrede in 4,17–5,6 über den umsichtigen Verkehr mit Gott. Sie ist ihrer Gattung nach eine Mahnrede, die in den V. 17–2 hörenden Gehorsam und Gebet über das Opfer stellt und in den V. 3–5 das Gelübde freistellt, aber ist es geleistet, als nicht kündbar beurteilt. Das in V. 2 angeschlagene Thema der Schädlichkeit phantastischer Träume und ungezügelter Worte wird in V. 6a aufgenommen und in V. 6b durch die Aufforderung zur Gottesfurcht ergänzt und abgeschlossen (Koh 4,17–5,6):

17 *Achte auf deine Füße, wenn du zum Hause des Gottes gehst. Und:*
‚Nahen zum Hören ist besser
als wenn Toren Opfer bringen.'
Denn sie sind unwissend, so daß sie Schlechtes tun.
1 *Übereile deinen Mund nicht und dein Herz sei nicht vorschnell,*
ein Wort vor den Gott zu bringen. Denn:
‚Der Gott ist im Himmel,
und du bist auf der Erde.'
Darum sollen seine Worte wenige sein.
2 *Denn:*
‚Aus Betriebsamkeit kommen Träume
und aus vielem Reden törichte Worte.'
3 *Falls du Gott etwas gelobst, zaudere nicht, es zu erfüllen.*

Wirken übersteigt menschlichen Geist, seine Zuteilung des Glücks geschieht aus freien Stücken und sein unveränderliches, unergründliches und doch vollkommenes Werk erweist definitiv seine Allmacht." Vgl. auch Frank-Lothar Hossfeldt, Relevanz, 377–389, bes. 385. Schwienhorst-Schönberger, Kommentar, 272 erklärt zu 3,10–15 zutreffend, daß hier kein deistisches Gottesbild vorliege, sondern es dank der von Gott selbst dem Menschen geöffneten Möglichkeit der Gottesfurcht eine Beziehung zwischen Gott und dem Mensch gebe; eine Deutung, welcher der Verfasser gern zustimmt. Vgl. auch die umsichtige Behandlung des Themas bei Tilman Zimmer, Tod, 201–216. Zu älteren Interpretationen der Rolle der Furcht-Gottes bis in die frühen 60er Jahre des letzten Jh. vgl. Egon Pfeiffer, Gottesfurcht, 133–158.

Denn:

‚An den Toren gibt es kein Gefallen.'
Du aber sollst das, was du gelobt hast, erfüllen.
4 Besser ist es, du legst kein Gelübde ab,
als du gelobst und erfüllst es nicht.

5 Gib deinen Mund nicht dazu her, daß er dein Fleisch zu einer Sünde führe, und sage nicht vor dem Boten, daß es ein Irrtum war. Warum soll Gott sich über deine Rede erzürne, so daß er das Werk deiner Hände zerstört?
6 Denn durch viele Träume gibt es viele Nichtigkeiten. Du aber fürchte Gott.

Vorausgesetzt wird in 4,17, daß es im Tempel Lebensentscheidendes zu hören gibt. Ob Kohelet dabei an die Worte einer Tempel-Eingangsliturgie, wie sie in Ps 15,2–5 und 24,3–5 überliefert ist, oder an eine Verlesung der Tora in Seitenräumen des Tempelvorhofes (Dtn 31,10–13; Neh 8,1–18[37]) oder an beides denkt, läßt sich aus dem Wahrspruch allein nicht entnehmen. Aber da sich Kohelet in V. 3–4 auf das dtn Gelübdegesetz bezieht, liegt es nahe, daß er den Tempelbesucher zum Hören und d.h. zugleich: zum Halten der Tora auffordert. Der Grundsatz in V. 17aβ, daß Hören und d.h. Gott Gehorchen besser als Opfern ist, dürfte weisheitlicher Tradition entstammen, hat aber ebenso Eingang in das Deuteronomistische Geschichtswerk wie in das *corpus propheticum* gefunden.[38] Im vorliegenden Zusammenhang entscheidend ist der Nachsatz in V. 17b, daß Toren sich durch ihre Opfer unwissend verschulden:[39] Weil die Opfer der Frevler Gott nicht gefallen, besitzen ihre Opfer nicht nur keine sühnende Kraft, sondern laden weitere Schuld auf den Sünder, der sie darbringt (Sir 34,21–31, vgl. bes. V. 21–23).[40] Es ist offensichtlich, daß ein Fehlverhalten gegenüber Gott nach Kohelets Überzeugung negative Folgen für den Täter haben kann.

---

37 Vgl. zu ihnen Sigurdur Ö. Steingrimmsson; Tor.

38 Vgl. Prov 15,8; 21,3; I Sam 15,22 (dazu Walter Dietrich/ Thomas Naumann, Samuelbücher, 41–45, bes. 44); Jes 1,10–20 (dazu Uwe Becker, Jesaja, 175–191, bes. 183–184, anders H.G.M. Williamson, Isaiah, 84–85 und 119); Hos 6,6 (dazu Roman Vielhauer, Werden, 226, doch ist wohl eher mit Susanne Rudnig-Zelt, Hoseastuiden,197 an eine nachexilische Entstehung zu denken), und Sir 34,21–23 und 35,1–5, dazu unten, 100–118, bes. 102–107.

39 Vgl. dazu Lev 4; 5,14–19 sowie Num 15 und dazu Thomas Krüger, Rezeption, 303–325, bes. 307–308.

40 Vgl. dazu unten, 107.

Unbedachtes und übereiltes Reden ist im Verkehr mit Gott unangemessen, wobei die Konsequenz von V. 5b unausgesprochen im Hintergrund steht: Es kann Gott nur erzürnen. Daher gilt es auch im Gebet, den Abstand zwischen Gott und Mensch zu bewahren und vor Gott nur wenige Worte zu machen (V. 1).[41] So schließt Kohelet den ersten Teil der kleinen Lehrrede in V. 2 mit einem weiteren Wahrspruch ab, der die negativen Folgen von Träumen und der Beredsamkeit des Toren parallel stellt.

Als weiteres Beispiel behandelt Kohelet in den V. 3–5 den Fall des Gelübdes. Am Gelübde als solchen rüttelt er sowenig wie nach ihm Ben Sira.[42] Kohelet paraphrasiert in diesen Versen offensichtlich das Gelübdegesetz in Dtn 23,22–24 und erweist sich dadurch als ein Kenner der Tora, die er vermutlich (wie es bei Tempelschreibern /Schriftgelehrten üblich war) vom lauten Lesen und Memorieren her auswendig kannte. Sein Rat in V. 4, daß es besser sei, kein Gelübde zu leisten, als etwas zu geloben und dann das Gelübde nicht zu erfüllen, besitzt in Dtn 23,23 insofern eine Entsprechung, weil dort die Unterlassung eines Gelübde nicht als Sünde beurteilt wird. Dagegen besteht das Gesetz darauf, daß es, wenn es einmal geleistet ist, auch erfüllt werden muß (Dtn 23,24). Kohelet unterstreicht das in V. 5a, indem er darauf hinweist, daß sich der Gelobende andernfalls versündigen würde.[43] V. 5b nimmt vermutlich gegen die kultisch legale Praxis Stellung, das Gelübde vor einem Boten und d.h. wohl: Priester (Mal 2,7) als Versehen zu

41 Vgl. Mt 6,7–8. Zu dem vermutlich der Tradition entnommenen Wahrspruch „Gott ist im Himmel, und du bist auf der Erde." vgl. Diethelm Michel, Untersuchungen, 286: „Dieser Satz heißt also bei Qohelet: Gott ist in seinem eigenen Bereich, der dem Menschen schlechterdings unzugänglich ist, und er bleibt dort als die Macht im Hintergrund der undurchschaubaren Welt. Der Mensch auf der Erde *kann* wegen der beschränkten Möglichkeiten seines Erkennens diese Kluft nicht überwinden – und Gott tut es nicht. Er ist im Himmel und er bleibt im Himmel, zufrieden damit, als der Unerforschliche gefürchtet zu werden." Dabei hat Michel übersehen, daß Gott die Welt gezielt so eingerichtet hat, daß die Menschen ihn fürchten (Koh 3,14b). Der Hinweis darauf, daß Kohelet in 5,1 dem Gebet als solchem keine Absage erteilt, sondern nur vor seiner würdelosen Entstellung warnt, sei für alle Fälle angemerkt; vgl. Roger N. Whybray, Ecclesiastes, 94: „It is quite erroneus to interpret this saying as meaning that prayer is useless because God is unconcerned with human affairs: Qohelet does not advise his readers not to pray, but rather to remember God's awesome sovereignty and to address him carefully as one would a human superior."

42 Vgl. Sir 18,22–24.

43 Das „auf dein Fleisch" hat hier keine andere Bedeutung als die eines verstärkten Personalpronomens.

erklären (vgl. 5aγ mit Num 15,25bα) und sich durch ein Opfer zu entsündigen, wie es Num 15,27–28 vorsieht:[44] In Kohelets Augen wäre das eine weitere Versündigung. Mithin soll und muß es nach Kohelets Gottesverständnis dabei bleiben, daß ein einmal geleistetes Gelübde auch unbedingt einzulösen ist. (V. 5). Das ist in der Tat kein blinder, aber sehr wohl ein bedachter Gehorsam gegen die Tora, der ihren strengeren Geboten den Vorzug gegenüber solchen gibt, die einen Ausweg mittels Sündopfern einräumen. Kohelet beweist damit (wie Thomas Krüger richtig betont hat),[45] keinen sklavischen Gehorsam, der sich an den Wortlaut der Gebote der Tora als solchen hält und daher jedem Gebot die gleiche Geltung zuerkennt, sondern einen bedachten und damit zugleich vernünftigen: Vernunft spielt nach seiner Überzeugung also auch im Verkehr des Menschen mit Gott eine Rolle. Hier legt ein Weiser die Schrift denkend aus und bewahrt damit die Ehre Gottes, der sich von Menschen nicht manipulieren läßt, und die Ehre des Menschen, der sich zu gut sein sollte, sich gleichsam mit kultischen Tricks aus seiner Verpflichtung gegen Gott zu lösen. Als entscheidend für die hier verhandelte grundsätzliche Fragestellung, ob das Gottesverhältnis bei Kohelet dialogischer Natur oder als eine menschliche Einbahnstraße zu betrachten ist, erweist sich V. 5b, der in der Form einer rhetorischen Frage vor der Möglichkeit warnt, Gott durch das eigene respektloses Verhalten dazu zu veranlassen, den Ertrag des eigenen Bemühens zu vernichten. Mithin sind nicht alle den Menschen treffenden Schicksalsschläge Folge eines unergründlichen Handelns Gottes, sondern es kann sich bei ihnen in der Tat um Reaktionen Gottes auf sein sündhafte Verhalten handeln.[46]

V. 6a nimmt V. 2 wieder auf, indem er erneut den dort mißbilligten Träumereien und Redereien des Toren die nichtigen Träumen und den vielen Worten an die in 6.a in 6b den Rat gegenüber, Gott zu fürchten. Er appelliert als die Summe des vorher Gesagten daran, aus der schlechthinnigen Abhängigkeit von Gott als Geschöpf die praktischen Konsequenzen zu ziehen: Denn wer Gott respektiert und mit seinem Zorn im Fall seiner Herausforderung rechnet, der handelt so, wie es ihm die vernünftig gelesene Tora gebietet. Mithin können wir feststellen,

---

44 Vgl. auch Lev 27 und zum Verständnis von V.5b Norbert Lohfink, Tor, 113–120, bes.119–120 ders., Studien zu Kohelet, 83–94, bes.92–93 und Krüger, Kohelet, 210 und Schwienhorst-Schönberger, Kommentar, 316.

45 Krüger, 308–309.

46 Vgl. dazu auch Koh 8,11–14 und unten, 20–22.

daß Kohelets Schicksalsglaube das dialogische Verhältnis zwischen Gott und Mensch nicht ausschließt, sondern umfängt: So dunkel Gottes Handeln an den Menschen sein kann, grundsätzlich muß der Mensch damit rechnen, daß sein Tun von Gott bemerkt wird und er, sollte er ihn provozieren, den Schaden zu tragen hat.[47]

4. Die Gottesfurcht und das dialogische Verhältnis zwischen Gott und Mensch II: Die Gottesfurcht als Anweisung zu einem maßvollen Leben (Koh 7,15–18)

Die Frage, welchen Einfluß die Torheit und umgekehrt die Gottesfurcht auf das Leben des Menschen ausüben, hat Kohelet auch in Koh 7,15–18 (22) behandelt. Die kleine Lehrrede in 7,15–18 setzt mit der Feststellung ein, daß es Fälle gibt, die zu beweisen scheinen, daß die Gleichsetzung von Frevelhaftigkeit und kurzem Leben und Gerechtigkeit und langem Leben nicht stimmt. Solche Beobachtungen mußten jeden Juden beunruhigen, für den die Entsprechung von Gerechtigkeit und Leben grundlegende Bedeutung besaß.[48] Daß sie Kohelet und (wie wir annehmen dürfen) auch seine Schüler nicht als ein theoretisches, sondern als existentielles Problem beunruhigt haben, erweist sich darin, daß er in 8,9–15 erneut auf es zu sprechen kommt. Es geht Kohelet mithin kaum darum die traditionelle Lehre zu erschüttern, sondern um den Versuch, sie wenn möglich in sein Denken einzuordnen. Wie sich zeigen wird, geschieht das in den beiden Lehrtexten in unterschiedlicher Weise; denn während sich in 7,15–18 eine plausible, wenn auch nicht unbedingt orthodoxe Lösung anbietet, kann er in 8,9–15 nur noch auf seinen bevorzugten Rat, auf das carpe diem rekurrieren. Die kleine Lehrrede lautet (Koh 7,15–18):

15 *Beides habe ich in den Tagen meines Lebens gesehen:*
Es kommt vor, daß ein Gerechter trotz seiner Gerechtigkeit umkommt,
und es kommt vor, daß ein Frevler trotz seiner Bosheit alt wird.
16 *Sei nicht allzu gerecht und gebärde dich nicht allzu weise,*
warum willst du dich zugrunde richten?
17 *Sei nicht allzu frevelhaft und sei kein Tor,*

---

47 Vgl. auch Tilmann Zimmer, Tod, 204.
48 Vgl. Kaiser, Gott I, 210–212.

warum willst du vor deiner Zeit sterben?
18 *Es ist gut, wenn du das eine anpackst*
und auch von dem anderen deine Hand nicht läßt:
Ja, wer Gott fürchtet, entgeht dem allem.

Als das eigentliche Thema erweist sich der Umgang mit der Gerechtigkeit, die in Kohelets Zeiten wohl schon auf dem Wege war, mit der Erfüllung der göttlichen Gebote gleichgesetzt zu werden. Ungewöhnlich ist jedenfalls seine Warnung in V. 16, nicht allzu gerecht zu sein; während die vor dem ungezügelten Freveln in V. 17 als selbstverständlich erscheinen mußte. Beide zusammengenommen enthalten die Feststellung, daß jedes maßlose Verhalten den Menschen in Lebensgefahr bringen kann: Wer es mit seiner Gerechtigkeit zu weit treibt, richtet sich ebenso vor der ihm zugemessenen Zeit zugrunde wie jemand, der seiner Bosheit ungezügelten Lauf läßt. Diesem als rhetorisch-didaktischer Frage formulierten Hinweis liegt die Überzeugung zugrunde, daß die Länge des Lebens zwar jedem Menschen von Gott unabänderlich zugewiesen ist (3,1), er sein Leben aber durch Maßlosigkeit verkürzen kann (V. 17). Davor möchte Kohelet seine Schüler bewahren, indem er ihnen in V. 18 empfiehlt, bei ihrem Handeln weder von der Gerechtigkeit noch von der Bosheit zu lassen. Das klingt zunächst geradezu abenteuerlich, weil es alle sittlichen Maßstäbe außer Kraft zu setzen scheint. Aber sein Wahrspruch wäre so ausgelegt, mißverstanden. Machen wir uns klar worum es geht: Wer zugleich gut und böse handelt, bewahrt die Mitte. Und das ist das von Kohelet eigentlich Gemeinte: Es geht Kohelet darum, seine Schüler zu einem maßvollen Leben zu ermahnen. Solche Mahnungen waren ebenso bei den Griechen wie bei Ägyptern bekannt. In der Gestalt des μέτρον ἄριστον („Das Maß ist das Beste!") und des μηδὲν ἄγαν („Nichts zu sehr!")[49] bildeten sie die Quintessens der griechischen Ethik. Das μηδὲν ἄγαν stand nach der Auskunft des Pausanias zusammen mit dem γνῶθι σαυτόν („Erkennen dich selbst")[50] auf der Wand des Pronaos des Apollon-Tempels in Delphi, um die Menschen, die in ihm ein Orakel einholen wollten, vor Hybris zu warnen.[51] Platon erkannte die ethische Aufgabe darin, Gott als dem Maß aller Dinge ähnlich zu werden und

49 Sie wurden auf die zu den Sieben Weisen zählenden Politikern Kleobul und Solon zurückgeführt (DK 10.α.1 und β.1).

50 Nämlich: „daß du nur ein sterblicher Mensch bist."

51 Paus. II 24.1.

also maßvoll zu leben.[52] Aristoteles definierte die Tugenden als das Mittlere, die μεσότης oder das τὸ μέσον, das jeweils zwischen einer verwandten extrem positiven oder negativen Verhaltungsweise liegt,[53] ein Verfahren, das auch Kohelet anwendet, ohne für die Mitte einen besonderen Begriff einzuführen, weil sie für ihn mit der wahren Gerechtigkeit identisch ist. Trotzdem muß man sich vor einer einseitigen Ableitung des Gedankens bei dem jüdischen Weisen hüten. Denn ein Blick in die vermutlich ungefähr gleichzeitige Lehre des demotischen Papyrus Insinger zeigt, daß die grundlegende Forderung Maß zu halten und die Warnung vor den schädlichen Folgen der Zuchtlosigkeit auch im ptolemäischen Ägypten nicht unbekannt waren. In ihr heißt es in (4) 12–23:[54]

> 12 *Sag nicht: ‚Die Angelegenheit ist in Ordnung!', und vergißt das Schicksal dabei.*
> 13 *Dem Gottlosen, der zudem noch hochmütig ist, verursacht sein Herz Schäden.*
> 14 *Von dem Stamm, der länger als das richtige Maß ist, schneidet man das überstehende Stück ab*
> 15 *Der Wind, der über sein rechtes Maß hinausgeht, läßt die Schiffe untergehen.*
> 16 *Alle Dinge, die wegen ihres Gleichmaßes schön sind, deren Besitzer erregt keinerlei Anstoß.*
> 17 *Um Gleichmaß auf Erden zu schaffen, hat der große Gott Thot die Waage aufgestellt.*[55]
> 18 *Er hat das Herz versteckt ins Fleisch plaziert, damit sein Besitzer im Gleichmaß bleibe.*
> 19 *Ein Weiser, der nicht (mit sich) im Lot ist, dessen Wissen reicht nicht aus.*
> 20 *Ein Dummkopf, der nicht (mit sich) im Lot ist, ist nicht weit weg von Streit.*
> 21 *Wenn ein Tölpel nicht (mit sich) im Lot ist, kann er nicht vor einem anderen leben.*

52 Plat.leg. IV 718c.

53 Vgl. z.B. Aristot. EN III.1106a 29–32, weiterhin z.B.1115a 6–7; 1116a 9–10 und dazu W.F.R. Hardy, Ethics, 129–151.

54 Übersetzung Heinz J. Thissen, Lehre des P. Insinger, 285–286.

55 Bei der Wägung des Herzens im Totengericht vor Osris, vgl. dazu Klaus Koch, Religion, 321–327.

22 *Blasiertheit und Hochmut sind der Schaden ihres Besitzers.*
23 *Wer sein eigenes Herz kennt, den kennt auch das Schicksal.*

Kohelet und der Verfasser der auf dem Pap. Insinger überlieferten Weisheitslehre gehören dem frühhellenistischen Zeitalter, haben einen Ptolemäer als Oberherren, beide sind nicht nur mit ihrem Schicksalsglauben,[56] sondern auch der Schärfe ihrer Beobachtungen Kinder ihrer Zeit.[57] Die stärkere Betonung des Gedankens des Maßhaltens eines unter hellenistischem Einfluß stehenden ägyptischen und eines unter demselben stehenden jüdischen Weisen dürfte mithin die Folge einer seit der Perserzeit im Entstehen begriffenen weisheitlichen Koine sein, in der die Weisen gleichzeitig versuchen mußten, das Alte und das Neue miteinander zu versöhnen. In dem speziellen Fall von Koh 7,15–18 (22) spricht schon ein Rückblick auf 4,17–5,6 dafür, daß Ludger Schwienhorst-Schönberger in dem vorliegenden Text mit Recht eine Auseinandersetzung mit einer übersteigerten Gesetzesobservanz erkannt hat.[58]

Eine Auskunft darüber, wie sich eine solche Einstellung im Leben selbst demaskiert, erteilt Kohelet in der vom Herausgeber der nachgelassenen Papiere Kohelets unmittelbar angeschlossenen Beispielerzählung in den V. 19–22: In ihr erinnert Kohelet seine Leser daran, daß kein Mensch auf Erden so vollkommen gerecht ist, daß er niemals sündigt. Wenn sich jemand z. B. darüber erzürnt, wenn er hört, daß ihn sein Sklave verwünscht, so braucht er sich nur daran zu erinnern, daß er dasselbe oft genug selbst getan hat. Selbsterkenntnis macht duldsamer oder, wie man heute sagen würde, toleranter. Die Forderung, die unheilschwangeren Extreme zu vermeiden, ist gleichzeitig ein Appell an die Ehrlichkeit. So wendet sich Kohelet denn wohl auch in den V. 15–18 nicht allein gegen eine überspannte Gesetzesfrömmigkeit, sondern zugleich gegen jede Form einer formalen Gerechtigkeit, der es an Selbsterkenntnis fehlt.

Der Schluß der Kernperikope in V. 18b erklärt in der Form eines Wahrspruchs, daß es die Furcht Gottes ist, die den Menschen vor

56 Zu dem des P. Insinger vgl. Miriam Lichtheim, Wisdom Literature, 151–152.

57 Martin Hengel, Judentum, 214–215; daß sich in der hellenistischen Zeit einschlägige Gedanken der Popularphilosophie ausgebreitet haben und prinzipiell auch nach Juda gelangt sein können, hat Rainer Braun, Kohelet, 167–175 nachgewiesen.

58 Vgl. ders., Glück, 169 und Kommentar, 388.

derartig Verhaltensweisen und ihren in den V. 16–17 genannten Folgen bewahren kann. Die Gottesfrucht dient also nicht allein der Stabilisierung des eigenen Verhaltens, sondern sie trägt in der Tat dazu bei, nicht vor der Zeit zu sterben.[59] Demnach ist sie hier so wenig wie in 5,6 eine Einbahnstraße, die lediglich den Menschen in die angemessene Stellung vor Gott bringt und damit in der wahren Gerechtigkeit erhält, sondern sie kann Gott zugleich davon abhalten, ihn vorzeitig sterben zu lassen. Als praktisches Verhalten ist sie der Inbegriff der Mitte, die der Mensch angesichts Gottes und des Nächsten zu halten verpflichtet ist.[60] Mit anderen Worten: V. 18 setzt voraus, daß es eine göttliche Vergeltung gibt, die den Tod des Übergerechten und damit zugleich Selbstgerechten wie des Überbösen bewirkt – oder wie wir vielleicht im Blick auf 8,9–15 sagen sollten: bewirken kann.[61]

5. Das Rätsel der sittlichen Weltordnung oder Keine Regel ohne Ausnahme (Koh 8,9–15)

Oder hätten wir sagen sollen: Darum rettet wahrscheinlich sein Leben, wer das Maß hält und Gott fürchtet? Zu dieser Abwandlung der These nötig uns der nächste Text, der den Blick auf Fälle wirft, die einen daran zweifeln lassen können, daß Gottes Weltregiment gerecht ist. (Koh 8,9–15):

> *9 Ja, auf alles das sah ich und lenkte mein Herz auf alles Tun, das unter der Sonne getan wird:*
> *Es ist eine Zeit, in der Menschen über Menschen herrschen, um ihnen zu schaden. (10) So habe ich denn Frevler gesehen, die wurden begraben, während andere vom Heiligtum kamen und in der Stadt vergessen wurden. Auch das ist ein Windhauch.*

59 Vgl. auch Tilmann Zimmer, Tod, 204–205.

60 Schwienhorst-Schönberger, Kommentar, 99.

61 Vgl. aber Frank-Lothar Hossfeld, Rezeption, 377–387, bes. 385, der die Gottesfurcht als ein situationsgerechtes pragmatisches Verhalten und natürliches philosophisches Handlungsprinzip expliziert, das „meilenweit" von der theologischen biblischen Ethik entfernt sei.

11 Weil der Spruch über die Taten der Bösen nicht schnell genug erfolgt, daher ist das Herz der Menschenkinder damit angefüllt, einander Böses anzutun. 12 Weil ein Sünder wohl hundertfach Böses tut und doch lange lebt. – Doch auch ich weiß, daß es denen, die Gott fürchten, wohl ergehen wird, weil sie sich vor ihm fürchten. 13 Aber dem Frevler wird es nicht wohl ergehen, noch wird er seine einem Schatten gleichenden Tage verlängern, weil er sich nicht vor Gott fürchtet.
14 Es gibt etwas Nichtiges, das auf Erden geschieht:
Es gibt nämlich Gerechte, die trifft es, als handelten sie frevelhaft.
Und es gibt Frevler, die trifft es, als handelten sie gerecht.
Da sagte ich: Auch das ist ein Windhauch!
15 Daher pries ich die Freude, denn es gibt für den Menschen unter der Sonne nichts Besseres, als daß er ißt und trinkt und sich freut. Das kann ihn bei seiner Arbeite in seinen Lebtagen begleiten, die ihm Gott unter der Sonne gegeben hat.

Über die Frage, ob die V. 12b und 13 ursprünglich in den Text gehören und wenn ja, ob sie ablehnend, zustimmend oder ironisch gemeint sind, gibt es eine lange, vermutlich auf Dauer unabgeschlossene Diskussion.[62]

62 Im Großen und Ganzen läßt sich feststellen, daß es im Wesentlichen drei Beurteilungen von 8,12b-13 gibt. Nach der einen, von Kurt Galling, Prediger, 11 und Aare Lauha, Kohelet, 111 vertretenen Ansicht handelt es sich bei diesen Versen um eine sekundäre Einfügung. Nach der zweiten, auf Robert Gordis, Koheleth, 286 zurückgehenden, handelt es sich um ein ironisch gemeintes Zitat, dessen Gültigkeit durch V.14 bestritten werde. Dieser Ansicht haben sich weiterhin z.B. Eberhard Wölfel, Luther, 28–32; R.Y. Scott, Ecclesiastes, 242–243 (mit der Alternative, daß es sich um eine Glosse handelt); Oswald Loretz, Qohelet, 206 unter Nr. 53); James A. Loader, Polar Structures, 101–102; Norbert Lohfink, Kohelet, 62, Diethelm Michel, Untersuchungen, 195–196, Franz Joseph Backhaus, Zeit, 254–255 und Ludger Schwienhorst-Schönberger, Glück, 189–190 angeschlossen haben. Dieser räumt jedoch, Kommentar, 430 die Möglichkeit ein, daß Kohelet mit diesen Versen an einer Lehre festhalten wollte, an deren Durchschaubarkeit er zweifelte. Zwischen der 2. und der 3. Beurteilung steht die von V.12b-13 als eines Zitats, dessen Gültigkeit Kohelet nicht generell bestreite, sondern nur relativiere. In diesem Sinne haben Hans-Wilhelm Herzberg, Prediger, 174; Thomas Krüger, Kohelet, 287–289; Rüdiger Lux, Mensch, 279; Tilmann Zimmer, Tod, 205 und Antoon Schoors, Theodicy, 375–409, bes. 393–394 votiert. Nach der dritten, von Walther Zimmerli, Prediger, 216 vertretenen und inzwischen von Michael V. Fox, Time, 286–287 und dem Verfasser übernommenen Hypothese, handelt es sich um eine für Kohelet typische Zwar-Aber-Aussage, in der ein generelles Urteil mit einem partikularen konfrontiert wird. Fox hat sich dabei mit der in der Nachfolge von Gordis vertretenen Übersetzung des *kî gam* am Anfang von 8,12b auseinan-

Anlaß zu ihr gibt der Gegensatz der in V. 14 mitgeteilten Beobachtung Kohelets zu der in V. 12b-13 zitierten traditionellen Ansicht über den Zusammenhang von Tun und Ergehen im Leben der Gottesfürchtigen und der Frevler. Liest man nicht voreingenommen über die Verse hinweg, so stellt Kohelet in V. 12b-13 die Lehre der Tradition als Regelfall in Rechnung, während er in V. 14 auf Einzelfälle zu sprechen kommt. Ein partikular gültiges Urteil hebt ein universales nicht auf, sondern schränkt es lediglich ein. Indem Kohelet ausdrücklich darauf hin weist, daß er die traditionelle, von ihm mit seinen eigenen Worten wiedergegebene Ansicht kennt, nimmt er für seine anschließend mitgeteilte Beobachtung, die ihr widerspricht, keine Allgemeingültigkeit in Anspruch, so schockierend der Fall für einen Juden sein mußte. Angesichts der allgemeinen Misere und dem ihr entsprechenden Fall der Verkehrung der sittlichen Weltordnung konnte die Erinnerung an den Regelfall in dem Sinne als Trost dienen, daß Gottes Mühlen, wenn sie auch langsam mahlen, eben doch mahlen, so daß er selbst dafür sorgen wird, daß es den Gottesfürchtigen und den Gottesverdächtigen wieder so gehen wird, wie sie es verdient haben (V. 11). Der in V. 14 geschilderte Sonderfall, über dessen Häufigkeit der Text keine Auskünfte gibt, zeigt, daß das Suchen des Menschen nach einem sinnvollen Weltlauf an unüberwindliche Grenzen stoßen kann.[63] Auf die Frage, warum Gott nicht in allen Fällen unmittelbar als Richter eingreift, weiß auch der Weise keine Antwort.[64] Doch wo Gott dem Menschen die Sinnfindung im Großen versagt, bleibt doch die Freude über das Glück, das ihn bei seiner Arbeit während seiner freilich vergänglichen Lebenszeit begleiten kann, sofern und wann es ihm Gott gibt (V. 15). Das vergängliche Glück bildet das einzige dem Menschen mögliche Glück. Eine andere Antwort konnte Kohelet in seiner geschichtlichen Situation um die Mitte des 3. Jh. v. Chr. nicht geben. Sie behält auch dort ihr Recht, wo sich dem Menschen eine über die Grenze der Immanenz hinausgehende Hoffnung erschließt.

---

dergesetzt, nach der es mit „obgleich" zu übersetzen sei. Es bedeute auch hier „auch ich", so daß der Satz belege, daß Kohelet zwar das Prinzip der Vergeltung kenne (es auch nirgends bestreite), aber es eben nach V.14 auch Fälle gäbe, in denen dieses Prinzip verletzt würde. Der Sache nach laufen die zweite und die dritte Variante auf dasselbe hinaus.

63 Vgl. Hi 21,7–34*.

64 Vgl. aber Koh 3,14b.

6. Die unaufgelöste Spannung zwischen dem Deus absconditus und dem Deus revelatus

Nachdem wir gesehen haben, daß Kohelet in 3,14 die Undurchschaubarkeit der menschlichen Schicksale als von Gott beabsichtigt beurteilt, weil sie den Menschen dazu führen solle, ihn zu fürchten, stellte sich uns die Frage, ob diese Gottesfurcht lediglich in einer Anerkennung der schlechthinnigen Abhängigkeit von Gott besteht, die weiß, daß sie an dem, was Gott ihnen zuteilt, nichts ändern kann, oder ob sie in dem Sinne dialogisch gemeint ist, daß sie vom Menschen ein Gottes Willen entsprechendes Handeln verlangt, auf das Gott entsprechend mit Glückszuweisung oder im Verweigerungsfall Glücksentzug antworten kann. Es geht mithin um die Frage, ob Gott für Kohelet nur der Deus absconditus, nur der verborgene Gott gewesen ist, oder ob er ihn auch als den offenbaren, den Deus revelatus erkannt hat. Das aber müßte auf dem Hintergrund der biblischen Tradition minimal zur Folge haben, daß er Gott für den Beschützer der Gerechten und den Verfolger der Frevler hielte, könnte aber maximal die Anerkennung der Gültigkeit der Tora als des „Gesetzes des Lebens“ (Sir 17,11) einschließen. In der Tat legt unsere Analyse von 4,17–5,6 nahe, daß Kohelet die Gottesfurcht im Horizont eines dialogischen Verständnisses des Gotteshandelns gedacht hat: Die Sünde des Gesetzesübertreters reizt ihn zum Zorn, so daß er den Sünder schädigt. Die Gottesfurcht aber, die mit Gottes Gericht rechnet, kann ihn vor dem Sündigen bewahren. Auch die kleine Lehre über die Mitte als das rechte Maß des Handelns in 7,15–18 spiegelt ein entsprechendes Verständnis der Gottesfurcht: Sie ist nicht lediglich ein kreatürliches Zurückschrecken vor der Übermacht Gottes, sondern sie vermag dem Menschen auch in diesem Fall zum richtigen Verhalten dem Nächsten gegenüber zu veranlassen.

Rätselhafter wirkt die Lehrrede 8,9–15, in der Kohelet die dem Gerechtigkeitsempfinden Hohn spottende Ausnutzung der Macht im eigenen Interesse und die daraus resultierende Korruption des öffentlichen Bewußtseins zunächst darauf zurückführt, daß Gottes Mühlen zu langsam mahlen, um sich dann trotzdem zu seinem Wissen um die Grundgleichung der Entsprechung von Gerechtigkeit und Leben zu bekennen, der er dann schroff die Beobachtung folgen läßt, daß es Fälle gibt, in der sie auf den Kopf gestellt erscheint. Überblickt man sein Büchlein als Ganzes, so kann man ihm entnehmen, daß ihn die Schattenseiten des Lebens, die es eigentlich angesichts der geglaubten

Gerechtigkeit Gottes gar nicht geben dürfte, besonders bewegt haben. Daher steht in seinem Denken der Glaube an den verborgenen Gott im Vordergrund, ohne daß er den an den offenbaren Gott als Hüter der sittlichen Weltordnung konsequent geleugnet hätte.

Für das Ewigkeitsverlangen, das sich nach 1,3 und 3,9 mit der vergeblichen Suche nach einem bleibenden Lebensresultat (1,12–2,26) wie mit der Einsicht an das Ausgeliefertsein an die rätselhaft zufallende Zeit (3,1–9) bescheiden muß, kommt in der Gottesfurcht gleichsam zur Ruhe. Denn sie leitet dazu an, gute und böse Tage widerspruchslos als gottgegeben anzunehmen und das vergänglichen Glücks als das einzige und in jedem Fall von Gott gegebene Gut nicht zu versäumen. Auch wenn sich Kohelet (wie James A. Loader 1979 gezeigt hat) fast auf Schritt und Tritt mit den optimistischen Positionen der theologisierten Weisheit seines Volkes auseinandergesetzt hat, ist ihm der Glaube an den offenbaren Gott, der die Guten belohnt und die Bösen züchtigt, nicht gänzlich zusammengebrochen. So verbleibt in seinem Büchlein eine Spannung, die er unter den Bedingungen seiner Zeit denkend nicht aufzulösen vermochte. Aber das ist wohl das Schicksal jeder redlichen Theologie, daß sie das Geheimnis des Welthandelns Gottes nicht in ein widerspruchsloses Wissen aufzulösen vermag, weil Gott größer ist als unser Denken. Daher hat sie das Entscheidende geleistet, wenn sie uns jeweils in die richtige Stellung vor Gott und damit zugleich zu unseren Nächsten bringt. Das aber hat Kohelet mit seinem Beharren auf der Gottesfurcht als der Grundstimmung des Daseins, die den Menschen dazu anleitet, in seinem Handeln die rechten Mitte zu bewahren, und mit seiner Erinnerung daran, das ihm von Gott geschenkte Glück nicht zu versäumen, wohl nicht nur für seine Zeit geleistet.[65]

65 Vgl. dazu auch Alexander A. Fischer, Skepsis, 248–250. – Diesem Aufsatz liegt ein Vortrag zugrunde, den ich am 9. November 2007 in der Katholischen Privatuniversität Linz zu halten die Ehre hatte. Ich danke den Herren Kollegen Franz Hubmann und Johannes Marböck herzlich für die Einladung und die mich herausfordernde Themenstellung und den Teilnehmern an der anschließenden Aussprache, die mir geholfen hat, einzelne Aspekte deutlicher zu profilieren.

Der offenbare und der verborgene Gott bei Jesus Sirach

1. Die Weisheit Gottes und die Weisheit des Menschen

Es versteht sich in einer biblischen Schrift von selbst, daß in ihr die Offenbarungen Gottes im Vordergrund stehen. Das bedeutet bei einer spätbiblischen wie der Weisheit des Jesus Sirach, daß die Offenbarung des „Gesetzes des Lebens" am Sinai für den jüdischen Weisen des frühen 2. Jh. v. Chr. die selbstverständliche Bezugsgröße seines theologischen Denkens bildet. Der Herr hat es Israel am Sinai gegeben und es dabei seine Herrlichkeit sehen und seine Stimme hören lassen, ihm dabei allen Götzen- und Bilderdienst verboten und sein soziales Verhalten geregelt. Seither ruhen seine Augen beständig auf seinem Volk (Sir 17, 11–14):[1]

11 *Er gewährte ihnen Erkenntnis*
und ließ sie das Gesetz des Lebens erben.
12 *Einen ewigen Bund richtete er mit ihnen auf*
und offenbarte ihnen seine Gebote.
13 *Ihre Augen sahen seine gewaltige Herrlichkeit,*
und ihre Ohren hörten seine hehre Stimme:
14 *Und er sagte zu ihnen: „Hütet euch vor allem Trug!"*
und befahl jedem sein Verhalten gegen den Nächsten.
15 *Ihre Wege sind beständig vor ihm*
und niemals verborgen vor seinen Augen.

Ben Siras Schrift ist als ganze eine Weisheitslehre, die denen, die über sie nachsinnen, verheißt, ihnen ein weises Herz zu geben, so daß sie allen Lebenslagen gewachsen sind, weil das Licht des Herrn ihren Pfad erhellt (Sir 50,27–29). Selbst wer das Buch nur oberflächlich durchblättert, kann nicht übersehen, daß in ihm mehr vom rechten Verhalten im Alltag als von der Religion die Rede ist. Doch wird das Ganze nicht

1 Zu 17,11–14 vgl. Ursel Wicke-Reuter, Providenz, 160–165 und jetzt auch Johannes Marböck, Bund, 133–140, der das Gesetz des Lebens als allen Menschen gegeben deutet.

nur dadurch in seinen spezifischen religiösen Kontext gerückt, daß der Weise seine Schrift in die zwei Teile der Lebensregeln (c. 1–43) und des Väterlobs (c. 44–50) eingeteilt und die Lebensregeln durch ein Gedicht über den Ursprung der Weisheit in 1,1–10 und einen Hymnus auf Gottes Schöpfungswerke in 42,15–43,33 gerahmt hat. Denn er hat außerdem auch die Unterteile durch die theologischen Texte 4,11–19; 6,18–37; 14,20–15,10 mit 24,1–34 als Markierung der Mitte und weiterhin durch 33,19–33; 39,12–35 deutlich hervorgehoben und damit zugleich den Zusammenhang zwischen den profanen Lebenslehren und den Regeln der Frömmigkeit hergestellt. Von diesen Einleitungen verdienen zumal die erste in 1,1–10[2] und die vierte in 24,1–34 besonders hervorgehoben zu werden. Denn die erste konstatiert nicht nur, daß alle Weisheit von Gott dem Herrn stammt, sondern auch daß er sie denen, die ihnen lieben reichlich gegeben hat. Dabei konnte er bei seinen Schülern die Bekanntschaft mit Dtn 6,4–10 und 12,12–13 voraussetzen, so daß sie wußten, daß alle, die den Herrn lieben, seine Gebote halten. Die höchste Weisheit ist mithin in der Tora enthalten. Die Identifikation der höchsten Weisheit mit der göttlichen Tora wird am Ende des Selbstlobs der Weisheit in 24,1–22 in den V. 23–29* ausdrücklich vorgenommen: Wenn der Schöpfer des Alls der Weisheit befohlen hat, ihr Zelt in Jakob aufzuschlagen und vor ihm im heiligen Zelt auf dem Zion zu dienen, so daß Israel ihr Erbteil ist (24,8–12), kann nur die Tora der Inbegriff aller Weisheit sein, wie es der Weise denn auch in den V. 23–29* ausdrücklich darlegt.[3] Von dieser Gleichsetzung her erklärt sich zum Beispiel ein Rat wie der folgende (Sir 1,26):

---

2 Vgl. dazu Johannes Marböck, Weisheit, 17–34; Otto Rickenbacher, Weisheitsperikopen, 4–34; Wicke-Reuter, Providenz,, 202–206 und Martin Neher, Wege, 71–78.

3 Zu Sir 24 vgl. Marböck, Weisheit, 34–68; ders., Beitrag, 55–65 = ders., Gottes Weisheit, 73–87; Rickenbacher, Weisheitsperikopen, 111–172; Wicke-Reuter, Providenz, 206–219 und Martin Neher, Wege, 78–88. Zum Problem des Verhältnisses zwischen Weisheit und Gesetz bei Ben Sira vgl. z.B. Marböck, Weisheit, 81–96; ders., Gesetz, 1–21 = ders., Gottes Weisheit, 52–72; Eckhard J. Schnabel, Law, 69–92; John J. Collins Wisdom, 42–62; Wicke-Reuter, Providenz, 188–219 und zum Verhältnis zwischen Weisheit und Tora im pharisäisch-rabbinischen Judentum Martin Hengel, Judentum, 307–318.

Begehrst du Weisheit, halte die Gebote;
dann wird sie dir der Herr geben.

Andererseits hat Ben Sira die Furcht Gottes, die er in unmittelbar nach dem Prolog (1,1–10) in 1,11–20 als Anfang, Fülle und Kranz der Weisheit gepriesen hat, als das eigentliche Motiv für ein vor Gott unsträfliches Leben und den Gehorsam gegen die Tora als ihre Folge bezeichnet (2,16):[4]

Die den Herrn fürchten suchen sein Wohlgefallen,
und die ihn lieben, erfüllen sein Gesetz.

Allerdings wird deshalb die Erfahrungsweisheit nicht entwertet; denn es kommt eben alle Weisheit von Gott dem Herrn und zudem hat er sie allem Fleisch gegeben (1,1–10).[5] Die konkrete Brücke von der einen zu der anderen besteht darin, daß gerade das Bestreben, die Tora zu halten, den Menschen zur Beherrschung seiner Triebe führt (22,11).[6] Daher kann Ben Sira das Wissen des Weisen als einen vollen Born und seinen Rat als einen Quell des Lebens bezeichnen (22,13).

---

4 Man darf freilich nicht übersehen, daß die Gottesfurcht bei Ben Sira vom Gottvertrauen getragen ist; vgl. Sir 2.6–14; 32,24–33.1 und 34,13–17. Zur Beziehung zwischen Gottesfurcht und der Gottesliebe vgl. Sir 2,15–16; 34.13–16 und 7,29–31,2; zu ihrem Verhältnis zur Demut und Hingabe an Gottes Willen 1,26–27; 45;4; 3,17–20; 4,8; 13,20; 10,14.28; 7,16–17 und 18,21 und dazu ausführlich Josef Haspecker, Gottesfurcht, bzw. knapp Oda Wischmeyer, Kultur, 278–296 und Renate Egger-Wenzel, Faith, 211–226, bes .219–224; und zuletzt Michael Welker, Gottesfurcht, 154–162.

5 Vgl. dazu Alexander A. Di Lella, God, 3–17 sowie Kaiser, Furcht, 39–75, bes. 45–47.

6 Zum „Trieb" (*yēsær*) vgl. Wicke-Reuter, Providenz, 116–117; zur stoischen ὁρμή vgl. J.M. Rist, Philosophy, 32–33 und Michael Forschner, Ethik, 120–121, zum vermutlichen Einfluß der stoischen Trieblehre auf Ben Sira. unten, 52–54, 63–69 und 73–74 und zur Bezähmung des bösen Triebs in der rabbinischen Literatur, Friedrich Avemarie, Tora, 117–120 mit den Belegen 121–133.

2. Die Behandlung des Problems der Entsprechung von Weisheit und heilvollem Leben bei Ben Sira

Derartige Anpreisungen wären sinnlos, wenn sie nicht auf der Überzeugung beruhten, daß ein gottesfürchtiges und weises Leben von Gott gesegnet wird (4,11–14):[7]

11 *Die Weisheit belehrt ihre Söhne*
und ermahnt alle, die sie beachten.
12 *Die sie lieben, lieben ihr Leben,*
und die sie suchen, finden Wohlgefallen.
13 *Die an ihr festhalten, finden Ehre,*
und wo sie wohnen, werden sie vom Herrn gesegnet.
14 *Die ihr dienen, dienen dem Heiligen,*
und die sie lieben, die liebt Gott.[8]

Doch obwohl Ben Sira mit einer derartigen Empfehlung der Weisheit auf dem Boden des biblischen Vergeltungsglaubens steht, darf sein Leser davon ausgehen, daß der Weise den Einspruch des Kohelet kannte.[9] Dieser hatte keinen Zweifel daran gelassen, daß der Mensch zwar sein Leben durch Torheit verkürzen,[10] es aber durch Weisheit keineswegs mit Sicherheit vor Unglück bewahren kann, weil es vorkommt, daß es Gerechten so geht, als hätten sie wie Frevler gehandelt, und Frevlern so, als hätten sie wie Gerechte gehandelt (Koh 8,14).[11] Um seine Schüler gegen diese Anfechtung zu feien, hat er eine vierfache Argumentation aufgeboten: So hat er seine Schüler bereits im 2. Kapitel daraufhingewiesen, daß gerade der, der sich anschickt dem Herrn zu dienen, mit seiner Prüfung durch Leiden rechnen müsse. Im gleichen Zusammen-

---

7 Vgl. dazu ausführlich Marböck, Gerechtigkeit, 305–319 = ders., Frömmigkeit, 173–197.

8 Zu Sir 4,11–19 (vgl. 14, 20–15,10) vgl. Marböck, Weisheit, 96–104 und 104–113, Rickenbacher, Weisheitsperikopen, 35–54 und z.B. Prov 1,20–33 (vgl. auch 3,13–20) und 9,1–12 und dazu Neher, Weg, 18–59.

9 Vgl. dazu Marböck, Kohelet, 275–301 = ders., Frömmigkeit, 79–104.

10 Vgl. Koh 2,13–14a mit 7,16–17.20 und dazu Ludger Schwienhorst-Schönberger, Glück, 168–173; Kaiser Botschaft, 48–70, bes. 65–66 = ders., Weisheit, 126–148, bes. 145–146; Thomas Krüger, Kohelet, 256–260; anders Alexander A. Fischer, Skepsis, 99–100.

11 Vgl. dazu Kaiser, Botschaft, 53–56 = ders., Weisheit, 131–134 und ders., oben, 19–23, bes. 20–22.

hang hat er auf das Zeugnis der Tradition hingewiesen, die bezeugt, daß Gott die auf ihn gesetzte Hoffnung nicht enttäuscht und die an ihn gerichteten Gebete erhört. In einer Lehre über den Bildungswert des Reisens hat er auf seine eigene, die Grundlehre bestätigende Erfahrung hingewiesen, daß ein erfahrener Mann dank göttlichen Beistands auch lebensgefährliche Situationen zu meistern versteht. Und schließlich hat er versucht, seinen Schülern die Angst vor dem Tode zu nehmen, gleichgültig ob sie jung oder alt sterben müssen. Den Schock des Blicks in die Abgründe des Lebens und Sterbens aber hat er dadurch abzufangen gesucht, daß er den entsprechenden Texten einen Hymnus auf die Güte der Werke Gottes voranstellte und ihnen einen solchen auf die Schönheit der Werke Gottes und seine sich in ihnen spiegelnde unergründliche Macht und Kraft folgen ließ. Mag die Welt ihre Abgründe besitzen und mögen die Führungen und Fügungen Gottes oft dunkel genug sein, so ist es trotzdem für den Menschen das Beste, sie in Demut anzunehmen und sich nicht vom Pfade der Gottesfurcht abbringen zu lassen. In dieser von Ben Sira angeratenen Selbstbescheidung liegt das Eingeständnis, daß eine durchgehende moralische Rechtfertigung des Weltenlaufs und der so unterschiedlichen Schicksale der Menschen unmöglich ist. Aber wer seine Schüler zu einem Wandel in der Gottesfurcht anhalten will, darf ihren Blick nicht vorwiegend auf die Nachtseiten der Welt richten, sondern muß versuchen, sie davon zu überzeugen, daß ein frommes Leben zugleich ein gelingendes ist. Andererseits darf er die Schwierigkeiten, Gefahren und Dunkelheiten, mit denen sie in ihrem Leben zu rechnen haben, nicht einfach ausblenden, sondern muß versuchen, sie darauf vorzubereiten, so daß sie, sollten ihnen jene begegnen, Lebensmut und Gottvertrauen nicht sinken lassen.

In diesem Sinne wußte Ben Sira, warum er seinen Schüler am Ende seiner einleitenden Lehrrede über die Furcht des Herrn als der Quelle aller Weisheit in 1,11–20 abschließend in den V. 27–30 ebenso Treue und Demut empfahl, wie er sie vor Heuchelei und Selbstüberhebung als der Ursache von Schmach und Schande warnte. Dann aber erinnerte er sie in 2,1–8:[12]

1 *Mein Sohn, schickst du dich an, dem Herrn zu dienen,*
so sei bereit, daß er dich prüft.
2 *Mach fest dein Herz und sei gefaßt*

12 Vgl. dazu ausführlich Núria Calduch-Benages, Crisol, 269–297 bzw. dies., gioiello, 159–196.

und bleib gelassen auch in schlechten Zeiten.
3 *Halt fest an ihm und bleibe unverzagt,*
dann wird es dir am Ende wohl ergehen.

4 *Was immer dir begegnet, nimm es an,*
in Not und Krankheit sei geduldig.
5 *Denn im Feuer prüft man Gold*
und die Erwählten im Ofen der Not.
6 *Vertraue ihm, dann hilft er dir,*
hoffe auf ihn, dann ebnet er deine Pfade.

Die Furcht des Herrn schließt nämlich die Hoffnung ein, daß er sich denen, die ihm die Treue bewahren, als der Barmherzige erweist, der sich ihrer in allen Nöten erbarmt (2,7–9).

7 *Die ihr den Herren fürchtet, hofft auf sein Erbarmen*
und weicht nicht ab, daß ihr nicht fallt.
8 *Die ihr den Herren fürchtet, traut auf ihn,*
dann bleibt euer Lohn nicht aus.
9 *Die ihr den Herren fürchtet, hofft auf Glück,*
auf bleibende Freude und seine Huld.[13]

Dafür, daß solches Vertrauen von Gott nicht übersehen wird, stehen die Erfahrungen der Vorfahren, die bezeugen können, daß ihre Gebete von Gott erhört worden sind. Davon aber berichten die heiligen Schriften: Es ist das Zeugnis der Schrift, das den Angefochtenen die Kraft gibt, die Hoffnung auf bessere Zeiten nicht fahren zu lassen. Verheißungen, wie die in Ps 50,15:

Rufe mich an am Tage der Not,
dann rette ich dich und du preist mich

haben sich nach Ben Siras Einsicht im Leben der Vorfahren bewährt. Und so tritt neben das Zeugnis der Schrift das Zeugnis derer, die es als bewährt gefunden haben (Sir 2,7–11):[14]

---

13 V.9c gehört zu G II-Tradition.

14 Vgl. dazu ausführlich Calduch-Benages, Crisol, 123–148 bzw. gioiello, 80–96 und weiterhin Sir 16,6–11 und 44,50. Zum biblischen Hintergrund der Weisheit Ben Siras vgl. die Nachweise bei Theophil Middendorp, Stellung, 35–91; Marböck, Kohelet, 275–301 = ders., Frömmigkeit, 79–104. Dazu

10 *Blickt auf die einstigen Geschlechter und seht:*
Wer traute dem Herrn und ward zuschanden?
Oder wer blieb in seiner Furcht und ward verlassen?
Oder wer rief ihn an und blieb bei ihm verborgen?
11 *Denn barmherzig und gnädig ist der Herr,*
er vergibt Sünde und rettet in Zeiten der Not.

Die Mahnung zur Geduld konnte sich auf den jähen Sturz der Großen und Aufstieg der Geringen berufen, ein Argument, dessen Überzeugungskraft auf seiner Entsprechung zu den politischen Verhältnissen der hellenistischen Epoche mit ihren häufigen Herrschaftswechseln und ihrem Aufstieg und Niedergang von Dynastien und Einzelnen beruhte. Daher warnt Ben Sira seine Schüler davor, Menschen, die arm sind und sich in Not befinden, zu verlachen (11,4–6):[15]

4 *Verspotte keinen, der nur einen Mantel trägt,*
und verlache keinen, dem es schlecht ergeht;
denn wundersam sind die Werke des Herrn,
und sein Tun ist dem Menschen verborgen.
5 *Oft besteigen Niedrige einen Thron,*
und tragen Unbeachtete eine Krone.
6 *Oft verfallen Hohe tiefer Verachtung,*
und fallen Angesehene in die Hand der Feinde.

Viel wichtiger, als sich über andere zu erheben, denen es schlecht geht, oder gar Sünder deswegen zu beneiden, weil es ihnen gerade gut geht, ist es, seinerseits unerschrocken ein Leben lang im Vertrauen auf Gottes Beistand seine Pflicht zu tun (11,20–22):

20 *Mein Sohn, behalte deine Pflichten fest im Sinn*
und werde bei deiner Arbeit alt.

---

kommen jetzt die einschlägigen Untersuchungen in Corley/Skemp, Studies von Maurice Gilbert zur Genesis 1–11, 89–99; Friedrich V. Reiterer zum Buch Exodus, 100–117; Pancratius C. Beentjes zu den Königsbüchern, 118–131; Leo G. Perdue zu den Propheten, 132–154 und Jeremy Corley zu den Proverbien, 155–182.

15 Vgl. Miriam Lichtheim, Wisdom Literature, 138–141, die auf die Motivparallelen in der demotischen Lehre des Anch-Scheschonqi 11,4–5 (117–118).11–14 (124–127) und 20,9–12 (322–325) hingewiesen hat. Zur Vorstellung von der Launenhaftigkeit der Tyche im hellenistischen Zeitalter vgl. Martin P. Nilsson, Geschichte II, 200–210.

21 *Sei nicht verwundert ob der Sünder Leben,*
vertraue auf den Herrn und warte auf sein Licht;
denn in des Herren Augen ist es leicht,
den Armen plötzlich reich zu machen.
22 *Der Segen des Herrn ist das Los des Gerechten,*
und zur rechten Zeit erfüllt sich sein Hoffen.

Ben Sira brauchte sich bei solchen Ermahnungen nicht allein auf das Zeugnis der Schrift zu stützen, sondern er konnte sich auch auf seine eigene Erfahrung berufen, die dessen Wahrheit bestätigt hatte: Denn er selbst wurde dank seiner Lebensklugheit und göttlichen Beistandes auf seinen Reisen[16] mehrfach aus Lebensgefahr gerettet. Das aber gab ihm vollends das gute Gewissen, Gottesfurcht und Demut als einen sicheren Kompaß auf dem Wege zu einem gelingenden und gesegneten Leben zu empfehlen (34,9–20):

9 *Ein unterrichteter Mann weiß viel,*
und ein erfahrener spricht verständig.
10 *Wer nichts erfahren hat, weiß wenig,*
11 *aber wer viel gereist ist, weiß viel.*
12 *Vieles habe ich auf meinen Reisen gesehen*
und dabei mehr gelernt, als ich sagen kann.
13 *Oftmals war ich in Lebensgefahr,*
doch wurde ich deswegen gerettet:
14 *Lebendig ist der Mut der Gottesfürchtigen;*
15 *denn ihre Hoffnung gilt dem, der sie rettet.*
16 *Wer den Herrn fürchtet, braucht sich nicht zu sorgen,*
ihm sinkt der Mut nicht, weil er seine Hoffnung ist.
17 *Wohl dem, der den Herren fürchtet.*
18 *An wen sonst könnte er sich halten und wer seine Stärke sein?*
19 *Die Augen des Herrn sehen auf die, die ihn lieben,*
er ist ein sicherer Schild und starker Schutz,
Schirm gegen Hitze und Schatten vor der Sonne,
ein Schutz vor dem Straucheln und Hilfe vor dem Fall.
20 *Er erfrischt die Seele und erleuchtet die Augen,*
er schenkt Genesung und Segen.

16 Zu dem von Hause aus hellenistischen Thema der Reisen vgl. auch Sir 39,4 und Marböck, Weisheit, 161–162.

3. Fragen ohne Antwort

Aber seine Ermahnung zur Demut in 3,17–29* zeigt, daß Ben Sira Fragen kannte, auf die es keine Antwort gibt. Die erste Strophe legt Ps 131,1 aus. Dort heißt es:

Herr, mein Herz ist nicht hochmütig,
und meine Augen überheben sich nicht;
ich gehe nicht mit Dingen um, die zu groß
und zu wunderbar für mich sind.

Entsprechend heißt es in Sir 3,17–20*:

17 *Mein Sohn, in Demut tue deine Werke,*
dann wirst du mehr geliebt, als wer viel gibt.
18 *Je größer du bist, desto mehr erniedrige dich,*
dann findest du bei Gott Erbarmen.[17]
20 *Denn groß ist die Macht des Herrn,*
und durch die Geringen wird sie verherrlicht.

Dann aber folgt in den V. 21–24 eine Warnung, sich auf Fragen einzulassen, die für den Menschen zu hoch sind und von Dingen handeln, die ihm entzogen sind (Sir 3,21–24):

21 *Was dir zu schwierig ist, erforsche nicht,*
und was dich überfordert, ergründe nicht;
22 *Was dir anvertraut ist, darüber sinne nach;*
denn was verborgen ist, geht dich nichts an.
23 *Über das, was dir entzogen ist, sei nicht erbittert;*
denn mehr als du versteht, ist dir gezeigt.
24 *Denn viel sind die Gedanken der Menschenkinder,*
und schlechte Ansichten führen irre.

Unter den dem Schüler verborgenen und entzogenen Dingen sind vermutlich auch, aber wohl nicht allein, die Spekulationen über die Geheimnisse des Kosmos und der Endgeschichte zu verstehen, die den Gegenstand der damals in Schwang kommenden Apokalypsen wie zum Beispiel dem Wächterbuch (I Hen 1–36) bildeten und die Absicht

17 3,19 gehört zur G II-Überlieferung und wird hier ausgespart.

verfolgten, die metaphysische Neugier und Ungeduld zu stillen. Möglicherweise hat man auch an das negativ ausgefallene Vorhaben Kohelets zu denken, alles, was unter der Sonne geschieht, zu erforschen (Koh 1,12–15).[18]

Dann folgen in den 3,26–29 vier Sentenzen, die einprägen, daß Eigensinn, Verstockung, und Spott ins Verderben führen, während ein weises Herz sich froh an die Sprüche der Weisheit hält (Sir 3,26–29):

> 26 *Wer eigensinnig ist, dem geht's am Ende schlecht,*
> *und wer Gefahr liebt, der kommt in ihr um.*
> 27 *Ein verstocktes Herz – zahlreich sind seine Schmerzen,*
> *wer aber lose ist, häuft Schuld auf Schuld.*
> 28 *Für eines Spötters Wunde gibt es keine Heilung,*
> *denn er stammt von schlechter Art.*
> 29 *Ein weises Herz bedenkt der Weisen Sprüche,*
> *so freut ein Ohr sich, wenn es Weisheit lauscht.*

4. Das Rätsel des Todes

Das eigentliche Rätsel der menschlichen Existenz ist der Tod.[19] Einerseits ist er das Schicksal aller Menschen, andererseits trifft er die einen zu früh und die anderen zu spät. Dieser Zweideutigkeit des Todes hat Ben Sira in 41,1–2 gültigen Ausdruck gegeben:[20]

> 1 *O Tod, wie bitter ist der Gedanke an dich*
> *dem Mann, der ruhig lebt in seiner Habe,*
> *dem Mann, der zufrieden und dem alles gelingt*
> *und der noch die Kraft besitzt, es zu genießen.*[21]
> 2 *O Tod, wie willkommen ist dein Befehl*
> *einem armen und kraftlosen Menschen,*

18 Vgl. Alexander A. Di Lella, in: Patrick Skehan/A.A. Di Lella, Wisdom, 160 und Josef Schreiner Jesus Sirach, 29 z. St.– Wohl ein Späterer hat die Sache von Sir 2,21–24 in dem nur von HB und G II bezeugten V. 25 auf den Punkt gebracht: *Wo der Augapfel fehlt, gibt es kein Licht // und wo es kein Wissen gibt, fehlt die Weisheit.*

19 Vgl. dazu auch Kaiser, Verständnis, 175–192 = ders., Athen, 275–292.

20 Vgl. dazu auch Friedrich V. Reiterer, Deutung, 203–236 = ders., Weisheit, 309–337.

21 Vgl. Koh 5,18.

der sich strauchelnd an allem stößt,
der verstört und ohne Hoffnung ist.

Daß der Tod den Jungen und Vollkräftigen als Feind und den Alten und Schwachen als Freund begegnet, ist eine Feststellung, die eigentlich keines Kommentars bedarf. Daher verzichtet Ben Sira an dieser Stelle auch auf irgendeine Erklärung dafür, warum die einen zu früh und die anderen oft zu spät abberufen werden.[22] Was er seinen Schülern eigentlich in Erinnerung rufen will, ist die Tatsache, daß Gott jedem Menschen seinen Tod bestimmt hat und niemand dagegen protestieren kann. Daher sollen sie ihm ohne Angst entgegensehen (Sir 41,3–4):

3 *Fürchte dich nicht vor dem Tode, der dir bestimmt.*
Bedenke, daß es keinem vor und nach dir anders geht;
denn das ist Gottes Los für alles Fleisch,[23] –
4 *was willst du dich des Höchsten Weisung widersetzen?*
Ob das Leben tausend, hundert oder zehn Jahre währte,
in der Unterwelt kann man sich nicht beschweren.

Auffallender Weise übergeht Ben Sira hier wie in 17,1–2, wo er von der Erschaffung des Menschen und dem ihm von Gott am Anfang bestimmten Tod spricht, die Sündenfallgeschichte in Gen 3. Das entspricht auch seinem Verfahren in 17,6–7, wo er das Unterscheidungsvermögen zwischen Gut und Böse keineswegs als Folge des Sündenfalls, sondern als eine dem Menschen als Geschöpf verliehene Fähigkeit betrachtet.[24] Nur im Zusammenhang seiner Lehre von der bösen Frau als dem Unglück und der guten als dem Glück ihres Mannes in 25,13–26,18 weist er die schädliche Rolle der bösen unterstreichend in 25,24 darauf hin, daß der Anfang der Sünde von einer Frau stammt und wir alle um ihretwillen sterben müssen, ohne an irgendeiner an-

22 Vgl. aber Weish 4,7–14 und dazu Kaiser, Anweisungen, 108.

23 Vgl. Sir 17,1–2a: „Der Herr schuf den Menschen aus Erde / und läßt ihn wieder zu ihr zurückkehren. / Er zählte ihre Tage und befristete ihre Zeit." mit Gen 3,19 und weiterhin Sir 18,9 mit Gen 6,3. Zur Anthropologie Ben Siras vgl. Oda Wischmeyer, Theologie, 18–32, bes. 24–28 und unten, 47–54 sowie 68–73.

24 Vgl. dazu auch Collins, Wisdom, 59: „Sirach 25,24 ascribes the original sin to Eve … but this explanation of the origin of sin and death is anomalous, and unsupported by anything else in Ben Sira." Zur Verantwortlichkeit des Menschen vgl. Sir 15,14–15 sowie unten, 55–58.

deren Stelle noch einmal auf dieses Mythologem einzugehen.[25] So ist der Tod für Ben Sira in 41,1–4 eine unhinterfragbare und unaufhebbare göttliche Ordnung. Daher wäre es töricht, wenn sich die Menschen gegen sie auflehnen statt sich mit ihrer Endlichkeit versöhnen würden.

Ähnlich kontextgebunden kommt er am Ende der Lehrrede in 11,10–28 im Zusammenhang seiner Erinnerung daran, daß Gott das Schicksal der Menschen unversehens ändern kann, auf den Tod zu sprechen. Zunächst ruft er in Erinnerung, wie vergänglich die mit dem Wechsel zwischen Glück und Unglück verbundenen Stimmungen sind, weil der Mensch immer im Heute lebt, so daß er am guten Tag die bösen und am bösen die guten Tage vergißt. Dabei sollten die Menschen jedoch nicht vergessen, daß auf ein scheinbar glückliches Leben ein von Gott verhängter böser Tod folgen kann, so daß man keinen Menschen vor dem Ende glücklich preisen kann (Sir 11,25–28):

> 25 *An glücklichen Tagen vergißt man das Unglück,*
> *und an unglücklichen Tagen vergißt man das Glück.*
> 26 *Denn leicht ist es für den Herrn, am Todestag*
> *den Menschen ihr Tun zu vergelten.*
> 27 *Das heutige Unglück läßt einstige Lust vergessen,*
> *und das Ende des Menschen gibt über ihn Auskunft.*
> 28 *Vor dem Ende preise keinen glücklich,*
> *denn an seinem Ende wird der Mensch erkannt.*[26]

Fehlte V. 26, der Gottes Vergeltung ins Spiel bringt, wäre die Argumentation geschlossener. Man darf den Vers trotzdem nicht streichen, weil er den Tod zum extremen Beispiel des göttlichen Erhöhens und Erniedrigens macht, von dem in V. 21c-d die Rede war. Sünde und Strafe können also zeitlich auseinanderfallen, ohne daß ihre Korrespondenz aufgehoben wird. Als einen Generalschlüssel zur Deutung des menschlichen Schicksals hat Ben Sira die Maxime wohl nicht verstanden.[27] Denn schon in seiner Lehre vom *carpe diem* und *memento mori* in

25 Daß Ben Sira kein Frauenfeind war, zeigen seine Lehren von der guten Frau in 26,1–4.13–18 und 36, 26–31.

26 Vgl. Hdt. I.32.7 und 32.9–33.1; Soph. Oid. T. 1524–1530 und dazu auch Kaiser, Carpe diem, in: Athen, 247–274, bes. 268.

27 Vgl. dazu Marböck, Gerechtigkeit, 26–28 = ders., Frömmigkeit, 177–178.

14,11–19, in der er in der Tradition Kohelets steht,[28] ist davon nicht mehr die Rede. Hier unterstützt Ben Sira dessen Aufforderung, sich das Glück des Tages nicht zu versagen,[29] mit dem Hinweis darauf, daß niemand weiß, wann er sterben muß. Anders als Kohelet fügt er der Mahnung, das Seine solange es Zeit ist zu genießen, die Ermahnung an, auch dem Freund Gutes zu tun. Das aber entspricht der großen Bedeutung, die er der Freundschaft in einer Zeit sich auflösender Blutsbanden zugemessen hat (Sir 14,11–19):[30]

11 *Mein Sohn, wenn du was hast, laß es dir dienen,*
und wenn du was besitzt, erfreue dich daran.
12 *Bedenke, daß der Tod nicht zaudert*
und du den Spruch der Unterwelt nicht kennst.
13 *Ehe du stirbst, tue dem Freunde Gutes,*
gib ihm soviel, wie du vermagst.[31]

14 *Versäume nicht das Glück des Tages,*
am dir bestimmten Teil der Freude gehe nicht vorbei.
15 *Mußt du nicht andern dein Vermögen lassen,*
was du erworben, denen die's erlosen?[32]
16 *So gib und nimm und labe deine Seele,*
denn freudlos ist das Dasein in der Unterwelt.

17 *Es altert alles Fleisch wie ein Gewand,*[33]

28 Vgl. Koh 2, 24–26; 3,12–13.22; 5, 17–19; 9,1–10 und 11,7–12,7 und konkret Sir 14,15 mit Koh 2,18b.

29 Vgl. dazu auch Kaiser, Carpe diem, in ders., Athen, 247–274.

30 Zur politischen Situation vgl. vor allem Sir 45,25–26 und 50, 23–24, dazu Marböck, Hohepriester, 215–230 = ders., Frömmigkeit, 155–168 und Kaiser, Covenant, 235–260. bes. 244–249 = ders., unten, 78–99, bes. 87–92 und zum allgemeinen geschichtlichen Hintergrund Klaus Bringmann, Geschichte, 95–112, bes. 100–106, zum sozialgeschichtlichen Rainer Kessler, Sozialgeschichte,180–182. – Das Thema der Freundschaft hat Ben Sira ungewöhnlich breit in 6,15–17, 9,10–16; 13,15–23, 19,13–17; 22, 19–26; 27,16–21 und 37,1–6 entfaltet; vgl. dazu ausführlich Reiterer, Hg., Freundschaft und Corley, Teaching, sowie knapp ders., Friendship, 65–72.

31 HB hat den Vers um die drei folgenden Kola erweitert: „Ziehe nichts ab von dem, was er täglich braucht, / und versäume nicht, dem Bruder zu geben, / und trachte nicht nach dem, was dein Nachbar begehrt.

32 Vgl. Joel 4,1–2.

33 Vgl. Hi 13,28; Jes 51,6; Ps 102,27.

nach uralter Satzung muß jeder sterben.[34]
18 *Wie sprossendes Laub am grünenden Baum,*
von dem eines fällt und anderes sproßt,
so sind die Geschlechter von Fleisch und Blut,
eines verscheidet, ein andres wächst nach.[35]
19 *All seine Werke vermodern gewiß,*
und was er geschaffen, das folgt ihm nach.[36]

Das einzige was einem Menschen nach seinem Tode bleibt, ist nach Ben Siras Überzeugung ein guter Name (Sir 41,10–13):[37]

10 *Alles, was aus dem Nichts kommt, endet im Nichts,*
so auch der Gottlose – aus dem Leeren zum Leeren.
11 *Nichtig ist der Mensch mit seinem Leibe,*
doch ein guter Name wird nicht zerstört.
12 *Sei besorgt um deinen Namen, denn er wird dich begleiten*
länger als tausend große Schätze aus Gold.
13 *Die Güter des Lebens dauern eine bestimmte Zeit,*
aber das Gut des Namens in Ewigkeit.

Steckt dahinter bereits ein heimlicher Glaube an das ewige Leben der Frommen? Nach allem was Ben Sira über den Tod gesagt hat, ist die Hoffnung auf das bleibende Gedenken an seinen Namen der letzte Trost, der dem Menschen angesichts seiner unentrinnbaren Todverfallenheit bleibt. Wenn man nicht davon ausgeht, daß die Namen der Frommen im Himmel für die Stunde der Auferweckung zum ewigen Leben aufgezeichnet sind,[38] vermag diese Verheißung freilich nur in einer überschaubaren und ortsfesten Lebensgemeinschaft zu überzeugen, in der die Sippen Generationen überdauern und guter Ruf und

34 Vgl. Sir 41,3–4.

35 Vgl. Il.VI.146–149 und dazu unten, 74–76.

36 Vgl. Koh 5,14.

37 Vgl. auch 37,26; 39,9–11 und 44,7–15 einerseits mit Prov 10,7; ferner Jes 56,5; II Sam 18,18 und andererseits mit Ps 9,6; Hi 18,17.

38 Vgl. Dan 12,1; I Hen 103,1–4; 104,1–4; Jub 19,9; Lk 10,20; Phil 4,3; Apk 3,5; 13,8, 20,15; zur sekundären Überschreitung der Todesgrenze durch Worte der Hoffnung auf eine entsprechende Vergeltung und Auferweckung zum ewigen Leben vgl. Marböck, Gerechtigkeit, 44–48 = ders., Frömmigkeit, 191–194; vgl. aber auch Reiterer, Deutung, 203–236 = ders., Weisheit, 337–339.

böser Leumund sich vererbt. Daher erscheint das nüchterne Urteil Kohelets im Horizont eines immanenten Vergeltungsglaubens einleuchtender, denn nach ihm schwindet die Erinnerung an die Weisen wie die Toren (Koh 2,16), weil schließlich alle Toten vergessen werden (Koh 9,5).[39]

5. Vom Elend des Menschen und der Harmonie des Ganzen

Es ist nicht zufällig, daß Ben Sira seine in den in 40,1–42,14 enthaltenen Lehren, die fast durchgehend einen Blick auf die Nachtseiten des Lebens werfen, durch zwei fundamentaltheologische Hymnen gerahmt und auf diese Weise das Problem der Gerechtigkeit Gottes ausgeblendet hat.[40] Die Lehren selbst, deren letzte vom guten Namen wir gerade

39 Zu der vermuteten Auseinandersetzung Ben Siras mit der Absage Kohelets an den Glauben an das Fortleben im Namen vgl. Marböck, Kohelet, 28 = ders., Frömmigkeit, 178. – Wischmeyer, Theologie, 29 weist jedoch auf Sir 10,11 hin. Dort heißt es: „Im Tode sind Maden des Menschen Teil, / Würmer und Asseln und ein Gewimmel.“ Daraus schließt sie wohl mit Recht, daß der Tod als solcher für Ben Sira eine schreckliche Sache war. Daß er an dem überkommenen Glauben festhielt, daß die Verbindung des Menschen mit Gott im Tode endet, belegen Sir 17,27–28: „Wer kann den Höchsten in der Unterwelt preisen / statt derer, die leben und Lobopfer bringen? // Bei dem Toten, der nicht mehr lebt, endet der Lobgesang; / nur wer lebt und gesund ist, preist den Herrn.“

40 Daß das unter dem Titel der Theodizee in der Neuzeit vielverhandelte Problem philosophisch nicht lösbar ist, dürfte seit Immanuel Kant, Mißlingen (1791) AA VII, 253–272; Werke hg. Weischedel VI, 105–124 feststehen. Zur kritischen Bewertung des Problems vgl. das Kapitel „Theodizee und Kontingenzerfahrung“ in: Herman Lübbe, Religion, 195–218. Hier seien nur einige Sätze zitiert, die den Unterschied zwischen Moral und Religion hervorheben. So heißt es 203: „Die Theodizee ist, kantisch gesprochen, der Versuch, die Ordnung dieser Welt der emanzipatorischen Zulassungsbedürftigkeit der in ihr anzutreffenden Übel wegen als eine moralische Ordnung zu erweisen. Die Bedingung der Möglichkeit der Religion ist demgegenüber gerade die Nichterweislichkeit der moralischen Ordnung der Welt.“ Und dann 204–205: „Die Einsicht in die moralische Wohlgeordnetheit dieser Welt, wie die Versuche der Theodizee sie verheißen, ist keine Bedingung der Möglichkeit frommen Lebens in dieser Welt. Sie wäre, ganz im Gegenteil, die Bedingung eines unfrommen Lebens. ‚Der Herr hat's gegeben, der Herr hat's genommen, der Name des Herrn sei gelobt!' – das ist nicht ein Satz moralisierender, vielmehr religiöser Lebensannahme. Damit ist zugleich auch an dieser Stelle noch einmal verdeutlicht, nach welcher Regel hier der Prädikator ‚religiös'

bedacht haben, werden in 40,1–10* durch eine solche vom Elend des Menschen eröffnet (Sir 40,1–10*):

> 1 *Ein mühselig Los und ein hartes Joch*
> *ist Gottes Teil für die Menschenkinder.*
> *Von seiner Geburt aus dem Mutterleibe*
> *bis zum Tag seiner Rückkehr zur Mutter alles Lebens.*[41]
> 3 *Von dem, der hoch auf dem Throne sitzt,*
> *bis zu dem, den Staub und Asche bekleiden;*
> 4 *von dem, der Turban und Kopftuch trägt,*
> *bis zu dem, der in Felle gekleidet:*
>
> 5 *Zorn und Ärger und Neid und Furcht,*
> *Angst vor dem Tode, Hader und Streit.*
> *Auch wenn er auf seinem Lager ruht,*
> *verstört nächtlicher Schlaf sein Herz.*
> 6 *Er schläft kaum einen Augenblick,*
> *dann schrecken ihn seine Träume auf.*
> *Verwirrt von seinem Traumgesicht*
> *flieht er einsam vor seinem Verfolger.*
>
> 7 *Im richtigen Augenblick wacht er auf*
> *und staunt, daß der Schrecken vorüber.*
> 8 *Bei allem Fleisch vom Menschen bis zum Vieh,*
> *und bei Sündern siebenfach mehr:*
> 9 *Seuche und Blutvergießen, Hitze und Dürre,*
> *Verwüstung und Untergang, Hunger und Tod.*
> 10 *Wegen des Frevlers*[42] *wurde das Übel erschaffen*
> *und seinetwegen trifft die Vernichtung ein.*[43]

Doch welchen Trost zieht der Gerechte daraus, wenn Gottes Heimsuchungen ihn zusammen mit den Sündern treffen, selbst wenn diese

verwendet wird. Er wird verwendet zur Kennzeichnung eines Lebens- und Wirklichkeitsverständnisses konditionsfreier Annahme unverfügbarer und im Handlungssinn nicht transformierbarer Daseinskontingenz."

41 G II bietet zusätzlich als V.2: „Ihre Sorgen und die Furcht ihres Herzens, / ein sorgenvolles Denken an den Tag des Endes."

42 Anders Pancratius C. Beentjes, Theodicy, 520–521, der unter Berufung auf das ἐπί von G „für die Frevler" liest; unsere Übersetzung schließt sich an HB an.

43 Zur Übersetzung von V.10b vgl. Hans-Peter Rüger, Text, 103–109, bes.106–107; GesDonner, 648b.

angeblich siebenfach mehr als die Gerechten leiden müssen? Was nützt es ihm, daß das Übel wegen der Frevler erschaffen ist, wenn er zusammen mit ihnen von Gottes Heimsuchungen betroffen wird? So wird der Sache nach lediglich begründet, warum es unverschuldetes Leiden gibt: es ist ein unvermeidbarer Teil der Wiederherstellung der Weltordnung.[44] Aber diese Frage klammert Ben Sira in seinem Hymnus auf die Güte der Werke Gottes in 39,12–35 völlig aus:[45] Nach ihm hat Gott das Gute von Anfang an für die Guten geschaffen, für die Bösen aber Gutes und Böses. Das Gute besteht in dem, was zum Leben nötig ist, in Wasser und Feuer, Eisen und Salz, Mehl, Milch und Honig, Wein und Bekleidung. Doch dieses Gute verwandelt sich für die Bösen zum Bösen. In ihrer Maßlosigkeit, so dürfen wir auslegen, mißbrauchen sie diese guten Gottesgaben zur Befriedigung ihrer unstillbaren Begierden und schaden sich dadurch selbst (V. 25–27). Das Böse aber besteht in Unwettern, Hungersnöten, Seuchen, schädlichen Tieren und Schwertern, die Gott in seiner Voraussicht für seine Gerichte erschaffen hat. Vielleicht sollte sich der Leser daran erinnern, daß alle Werke Gottes aus Gegensatzpaaren bestehen, so daß es niemals das Gute allein ohne das Böse geben kann (Sir 33,14–15).[46] Doch wo das Denken angesichts der Abgründe des Daseins versagt, stimmt der Glaube einen Hymnus auf die Güte der Werke Gottes an, von denen jedes zu seiner Zeit seinen Zweck erfüllt (Sir 39,16 und 33):

Die Werke des Herrn sind alle gut,
für jeden Zweck sorgt er zu seiner Zeit.
Man sage nicht: Wozu ist denn das?
Denn alles ist zu seinem Zweck bestimmt.

Mag der Mensch auch nicht einsehen, warum sein Leben von Mühsal begleitet (Sir 40,1–10) und sein Tod unentrinnbar ist (Sir 41,3–4), so bleibt doch dem Frommen im Gegensatz zu dem Frevler, der aus dem Nichts stammt und im Nichts vergeht, sein guter Name (Sir 41,10–13).

---

44 Vgl. Wicke-Reuter, Providenz, 99–100.

45 Vgl. dazu Marböck, Weisheit, 138–145; ders., Gerechtigkeit, 21–52 = ders., Frömmigkeit, 173–188; Gian Luigi Prato, problema, 87–115; Wicke-Reuter, Providenz, 55–105 und zu 33,7–15 Prato, 13–59; Wicke-Reuter, 224–273, Beentjes, Theodicy, 515–520 und Kaiser, Glück, 96–112.

46 Vgl. dazu Marböck, Gerechtigkeit, 40 = ders., Frömmigkeit, 188, Wicke-Reuter, Providenz, 266; Beentjes, Theodicy, 516–517 und Kaiser, Glück, 146–152.

Besser als über das dem menschlichen Verstehen Entzogene zu grübeln, ist es, sich demütig der Hand Gottes zu beugen. Und besser als mit Gott zu hadern, ist es, ein zuchtvolles Leben zu führen und sich nicht seiner Aufrichtigkeit und Frömmigkeit, sondern seiner Zuchtlosigkeit zu schämen (41,14–42,8)[47] und seine Tochter in Zucht zu halten (42,9–14). Dann aber lenkt Ben Sira in dem großen Schlußhymnus 42,15–43,33 den Blick auf die Schönheit der von Gott geschaffenen Welt und damit auf ihren Schöpfer, der größer ist als seine Werke, von denen doch selbst der Weise nur einen Bruchteil erkennt.[48] Der Blick auf den sich in der grandiosen Ordnung und Schönheit der Welt offenbarenden Gott und das Eingeständnis, daß Gottes Handeln auch von einem Weisen wie Ben Sira nur fragmentarisch erkannt wird, kann und soll den Frommen daran erinnern, daß nicht das *Disputare de Deo*, sondern Lob, Dank und ehrfürchtige Scheu vor dem Gott, dessen Weisheit unermeßlich ist, des Menschen angemessenes Teil ist (Sir 43,27–33):[49]

27 *Noch mehrt wie dieses fügen wir nicht zu,*
und das Ende der Rede lautet: Alles ist nur er!
28 *Laßt uns denn jubeln, weil wir ihn nicht ergründen,*
denn er ist größer als alle seine Werke.
29 *Zu fürchten über alle Maßen ist der Herr,*
und wunderbar sind seine Machterweise.
30 *Die ihr den Herren preist, erhebt die Stimme*
mit aller Kraft, denn es gibt noch mehr.
Erhöhet ihn mit neuer Kraft,
ermüdet nicht, ihr könnt ihn nicht ergründen!
31 *Wer hat ihn gesehen und kann ihn beschreiben*
und wer kann ihn preisen als den, der er ist?
32 *Die Fülle des Verborgenen ist mehr als das,*
was ich von seinen Werken gesehen habe.
33 *Das alles hat der Herr geschaffen*
und seinen Frommen gibt er Weisheit.

47 Vgl. dazu Wischmeyer, Kultur, 239–240 und Collins, Wisdom, 77–78.
48 Vgl. zu ihm Prato, problema, 116–208, bes.206–208 und Kaiser, Rezeption, 41–54, bes.47–50 = ders., Athen, 293–303, bes. 300–302.
49 Vgl. dazu auch Kaiser, Glück,160–167.

Die wahre Weisheit aber besteht in der Gottesfurcht, dem Halten der Gebote und in der demütigen Hoffnung auf Gottes Beistand, so daß sie sich seinen Händen anvertraut (Sir 2,18):

Laßt uns in die Hand des Herrn fallen,
und nicht in die Hände der Menschen,
denn wie seine Größe ist sein Güte
und wie sein Name sind seine Taten.

Göttliche Weisheit und menschliche Freiheit bei Ben Sira

1. Ben Sira und die geistige Situation seiner Zeit

Im ersten Viertel des 2. vorchristlichen Jahrhunderts formierten sich in der aristokratischen Oberschicht Jerusalems die Kräfte, die an seinem Ende für eine Öffnung des Judentums gegenüber der hellenistischen Kultur eintraten. Juda war im 5. Syrischen Krieg der Jahre 201/200 durch den Seleukiden Antiochos III. den es seit 301 v. Chr. beherrschenden Ptolemäern entrissen worden. Nur zwölf Jahre später wurde Antiochos III. von den Römern besiegt und zu einer Kriegsentschädigung verurteilt, an der noch seine Nachfolger Seleukos IV. und Antiochos IV. zu tragen hatten. Als Antiochos IV. 175 seinem Bruder auf dem Thron folgte, machte sich Jason, der Bruder des jüdischen Hohenpriesters Onias III., die Geldnot des Königs zunutze und erkaufte sich nicht nur das hohepriesterliche Amt, sondern auch die Genehmigung für die Errichtung eines Gymnasiums, die Einführung der Ephebie und die Auslegung einer Bürgerliste als Vorbereitung für die Gründung der Polis Antiocheia in Jerusalem (II Makk 4,7–15).[1]

Das Buch der Weisheit Ben Siras ist offensichtlich vor 175 geschrieben, weil es keine Anspielungen auf diese Ereignisse enthält. Da es den Tod des Hohenpriesters Simon II., des Vorgängers Onias III., voraussetzt, dürfte es etwa zwischen 195 und 185 entstanden sein.[2] Seine Polemiken gegen die Bagatellisierung der Verantwortlichkeit des Menschen vor Gott und entsprechend auch der Gerechtigkeit Gottes,[3]

1 Vgl. dazu z B. R. Malcolm Errington, Rome, 244–289, bes. 274–289; Christian Habicht, Seleucids, 324–387, bes. 350–353; Klaus Bringmann, Reform, 97–140; ders., Geschichte, 95–125 bzw. Paolo Sacchi, History, 214–249.

2 Vgl. dazu Otto Kaiser, Apokryphen, 79–90, bes. 82–84. = ders., Apocrypha, 88–104, bes. 91–94; ders., Leben, 123–156, bes.129–135 bzw. Johannes Marböck, Sirach/Sirachbuch, 307–317 = ders., Frömmigkeit, 15–29; ders., Buch, 408–416, bes.400–404.

3 Vgl. Sir 5,3–8; 15,11–17 und 16,17–25. und dazu James L. Crenshaw, Problem, 47–64; Gian L. Prato, problema, 379–387 und Johannes Marböck, Gerechtigkeit, 305–310 = ders., Frömmigkeit, 173–197.

seine Versuche, beide in einer zwielichtigen Welt auch unter Rückgriff auf stoische Konzepte zu erweisen,[4] seine Kenntnis griechischer Dichtung[5] und nicht zuletzt die Aufnahme hellenistischer Themen in seinen Lehren[6] weisen ihrerseits darauf hin, daß Ben Sira Zugang zu Kreisen der judäischen Oberschicht besessen hat, in denen schon damals hellenistisches Gedankengut diskutiert und vermutlich auch favorisiert wurde.[7] So dienen Ben Siras Lehren ebenso der denkenden Selbstversicherung des eigenen angefochtenen Glaubens wie dem Zweck, seinen zumal in der nachwachsenden Generation zu suchenden Adressaten ihre jüdische Identität mittels des Nachweises zu sichern, daß das in der Toraobservanz seine Mitte besitzende Judentum eine dem hellenistischen Denken nicht unterlegene Religion ist. Daher besitzt Ben Siras Werk gerade in seinen theologischen Abschnitten eine apologetische Tendenz.[8] Sie spiegelt sich in der eigentümlichen Zweipoligkeit seines Denkens, das zwischen Gottes universalem Schöpfungs- und partikularem Offenbarungshandeln zu vermitteln sucht.

2. Die universale Weisheit und die Tora als Summe aller Weisheit

Konkret suchte Ben Sira diese Aufgabe zu lösen, indem er die beiden Konzepte von Gottes Weisheit als dem Quell aller Weisheit mit dem von ihrer Einwohnung in Israel in Gestalt der göttlichen Weisung, der Tora als ihrem konkreten Quell verband.[9] Den Anknüpfungspunkt für

4 Vgl. Ursel Wicke-Reuter, Providenz, 275–283.

5 Vgl. dazu Theophil Middendorp, Stellung, 18–26, und dazu kritisch Kaiser, Judentum, 68–86, bes. 82–83 = ders., Mensch, 135–153, bes.149–150 und ausführlich Hans-Volker Kieweler, Ben Sira, 90–262.

6 Vgl, dazu Marböck, Weisheit, 154–164.

7 Aus seiner Beurteilung des Umgangs der Reichen und Mächtigen mit den Armen kann man entnehmen, daß Ben Sira von Hause aus nicht zur Oberschicht gehörte, sondern es sich bei ihm um einen Aufsteiger handelt; vgl. z B. Sir 13,1–13.15–24; dazu Martin Hengel, Judentum, 249–252; John J. Collins, Wisdom, 29–32; Victor Maria Asensio, Poverty, 151–178; Kaiser, Leben, 134–135.

8 Vgl. dazu auch Hengel, Judentum, 252–275.

9 Vgl. dazu Marböck, Weisheit, 81–96; ders., Gesetz, 1–21 = ders., Gottes Weisheit, 52–72; Eckart L. Schnabel, Law, 69–92, bes. 89–91; Oda Wischmeyer, Kultur, 270–278; Collins, Wisdom, 42–61, und Wicke-Reuter, Providenz, 188–223; Kaiser, Leben, 143–147: zur Entwicklung des Gedan-

dieses Konzept bot ihm die stoische Lehre vom göttlichen Logos als dem formativen Prinzip des ganzen Kosmos, an dem auch die menschliche Vernunft Anteil hat.[10] So heißt es programmatisch in dem inneren, die Lehrreden Ben Siras eröffnenden Prolog in 1,1–10*:[11]

1 *Alle Weisheit* [kommt] *von dem Herrn*
und bleibt bei ihm in Ewigkeit.
2 *Der Sand der Meere und die Regentropfen*
und die Tage der Ewigkeit – wer kann sie zählen?
3 *Die Höhe des Himmels und die Breite der Erde*
und die Tiefe des Meeres[12] *– wer kann sie ergründen?*
4 *Als erste von allem wurde die Weisheit geschaffen*
und die verständige Einsicht von Ewigkeit her.[13]
6 *Die Wurzel der Weisheit – wem wurde sie offenbart?*
Und ihre Allwissenheit[14] *– wer hat sie erkannt?*
8 *Einer ist weise und sehr zu fürchten,*
er sitzt auf seinem Thron, der Herr![15]
9 Er schuf sie und sah sie und zählte sie[16]
und goß sie über all seine Werke.
10 Sie ist bei allem Fleisch nach seiner Gabe
und er verlieh sie reichlich denen, die ihn lieben.

Jeder jüdische Leser ergänzte bei dem letzten Kolon sogleich gemäß Ex 20,6 par Dtn 5,10 im Geiste ein „und seine Gebote halten.[17] Die universale Teilhabe aller Schöpfungswerke und mithin auch aller Menschen an der göttlichen Weisheit gipfelt in der Besonderheit der Mose

---

kens in der spätbiblischen Weisheit vgl. Joseph Blenkinsopp, Wisdom, 151–182, und zur Weisheit in den frühjüdichen Schriften einschließlich der Funde vom Toten Meer Schnabel, Law, 93–226, bes. 162–165 bzw. 225–226.

10 Vgl. dazu Marböck, Weisheit, 93; Collins, Wisdom, 56–57 und Wicke-Reuter, Providenz, 188–223, bes. 220–223.

11 Vgl. dazu Marböck, Weisheit, 17–34, und Wicke-Reuter, Providenz, 202–207.

12 Zur Auslassung des *kai sophian* vgl. den Befund bei Ziegler, Sirach z. St., und Rickenbacher, Weisheitsperikopen, 9.

13 V. 4 und V. 7 sind erst in G II überliefert.

14 *panourgeumata.*

15 Zur Versabteilung vgl. Ziegler, z. St.

16 Zur Zusammenziehung von V. 9b.c in ein Kolon vgl. Wicke-Reuter, Providenz, 203 Anm. 82.

17 Vgl. auch Dtn 10,12.

offenbarten und Israel seither als Bundesvolk bindenden göttlichen Weisung (Sir 45,5; 24,10–12.23).[18] Aus dieser Beurteilung der Tora ergibt es sich, daß sie in Ben Siras Augen der Inbegriff und mithin auch die Quelle aller Weisheit ist (Sir 1,26):

Begehrst du Weisheit, so halte die Gebote,
und der Herr wird sie dir reichlich geben.

In dem Gedicht über die Weisheit in 14,20–15,10 werden in 15,1 die Furcht des Herrn, die nach 1,14 Anfang, nach 1,16 Quelle und nach 1,20 (nährende)Wurzel der Weisheit ist,[19] und der Toragehorsam zusammengebunden. Gleichzeitig wird der Mann, der über der Weisheit nachsinnt, mit dem identifiziert, der sich an das Gesetz hält (Sir 14,20):[20]

Wer den Herrn fürchtet, handelt so,
und wer sich an das Gesetz hält, erlangt sie.

Wie das konkret geschieht, gibt der Wahrspruch 21,11 zu erkennen:

Wer das Gesetz hält, beherrscht seine Gedanken,
und Vollendung der Weisheit ist die Furcht des Herrn.[21]

Der Mensch, der Tag und Nacht über die Tora nachsinnt (Ps 1,2), beherrscht auch seine Gedanken, so daß er sie nicht auf sündigen und daher verderblichen Bahnen umherschweifen läßt, sondern die Furcht des Herrn im Auge behält. Demgemäß kann es in 33,2 heißen:

Nicht ist weise, wer die Tora haßt,
denn er schwankt wie ein Schiff im Sturm.

---

18 Vgl. auch Sir 1,15; 17,11–12 und zur Sache Marböck, Weisheit, 17–80; Gerhard von Rad, Weisheit, 316–317; Rickenbacher, Weisheitsperikopen, 125–129; vgl. weiterhin Bar 3,9–4,4 und dazu Marböck, Weisheit, 57, und Odil Hannes Steck, Baruch 45–55.

19 Vgl. Haspecker, Gottesfurcht, 140–141 und Schnabel, Law, 45–46.

20 Vgl. auch Sir 6,37 und dazu von Rad, Weisheit, 314–315.

21 Vgl. Haspecker, Gottesfurcht, 140–141 und Schnabel, Law, 45–46.

Und nach 35, 1-2 besteht das vornehmste Opfer im Halten der Gebote:[22]

Wer das Gesetz hält, vermehrt die Opfer,
Heilsopfer schlachtet, wer sich an die Gebote hält.

3. Der Schöpfungsglaube als Stütze des Offenbarungsglaubens

Eine eigentümliche Verbindung des Gedankens der universalen, das sittliche Entscheidungsvermögen begründenden und der speziellen, nur Israel anvertrauten Offenbarung enthält dagegen das große Gedicht über Gottes Weisheit und Barmherzigkeit in 16,24–18,14. Nachdem Ben Sira in 16,24–30 berichtet hatte, wie sich Gottes Weisheit in seinen Werken spiegelt, kommt er in 17,1–10 auf die geschöpfliche Ausstattung des Menschen zu sprechen.[23] Dabei greift er in den V. 1–4 ganz offensichtlich zumal auf Gen 1–3 zurück (Sir 17,1–4):[24]

1 *Der Herr erschuf aus Erde den Menschen*
und ließ ihn wieder zu ihr zurückkehren.
2 *Eine befristete Zeit*[25] *gab ihnen der Herr*
und gab ihnen Macht über alles auf Erden.[26]
3 *Sich selbst gleich bekleidete er sie mit Stärke*
und machte sie nach seinem Ebenbild.
4 *Er legte die Furcht vor ihm*[27] *auf alles Fleisch,*
damit er herrsche über Landgetier und Vögel.

---

22 Daß sich daraus keine Ablehnung der in der Tora vorgeschriebenen Opfer ergibt, belegen die V.6,13, wo Ben Sira in V.9 feststellt, daß nur das Opfer des Gerechten angenommen wird; vgl. dazu auch Plat. leg. IV 716d-717a und dazu Glenn R. Morrow, Cretan City, 399–400 und zur Sache auch unten, 102–107.

23 Vgl. dazu Wicke-Reuter, Providence, 158–160.

24 Zu V.1 vgl. Gen 3,19b; zu V.2b Gen 1,28; zu V.3 Gen 1,27–28. V.2a dürfte dagegen an Gen 6,3b anknüpfen; vgl. auch Ps 90,10; zu V.4a vgl. Gen 1,27–28, wobei Ben Sira die Fische im Meer deswegen ausgelassen hat, weil der Mensch sie zwar fangen, aber nicht lenken kann, und Gen 9,2.

25 Wörtlich: „Zahl der Tage und Zeit."

26 Wörtlich: „aber das, was auf Erden."

27 Slc. den Menschen.

In den V. 6–7[28] folgen Aussagen über die Verleihung der Sinnesorgane und der Einsicht an den Menschen, die weder in dem priesterlichen Schöpfungsbericht noch in der jahwistischen Schöpfungserzählung eine Parallele besitzen (Sir 17,6–7):[29]

> 6 *Er bildete*[30] *ihnen Zunge und Augen,*
> *Ohren und Herz gab er ihnen, um zu verstehen.*
> 7 *Er erfüllte sie mit verständiger Einsicht*
> *und Gut und Böse zeigte er ihnen.*

Keine Rede davon, dass die Menschen das Unterscheidungsvermögen zwischen Gut und Böse der Überlistung der Erzeltern durch die Schlange verdanken: Gott selbst hat es ihnen als seinen Geschöpfen verliehen. Des Menschen bestes Teil ist für den Ben Sira keineswegs die Folge des Falls, sondern eine gute Gabe Gottes.[31] Dabei belegt der Wahrspruch in 25,24, nach dem der Anfang der Schuld und unser aller Tod durch eine Frau bewirkt worden ist, daß ihm die Sündenfallgeschichte bekannt war.[32]

Die drei folgenden V. 8–10 benennen das Ziel der Vernunftbegabung des Menschen: Sie soll es dem Menschen ermöglichen, Gott zur fürchten, zu rühmen, seine großen Taten zu erzählen und seinen heiligen Namen zu preisen.[33] Gewiß läßt sich das teleologisch dahingehend verstehen, daß alle Menschen im Sinne von Jes 45,22–24 zum Got-

28 V. 5 ist erst in G II bezeugt.

29 Vgl. dazu Gerhard von Rad, Weisheit, 327–328: „Gegenüber der steinernen Unbeweglichkeit der Aussagen in Gen 1 spricht sich hier [in 17,1 ff.] zugleich auch etwas Emotionales, eine vom Pathos der Bewunderung bewegte Subjektivität aus. In die Darstellung des Menschenschöpfung mengt sich jetzt das Staunen über die geistige Ausstattung des Menschen ... Besonders liegt Sirach daran, von dem geistigen Verhältnis des Menschen zu Gott zu sprechen, von dem in Gen 1 wiederum (zumindest nicht explizit) die Rede war; dort ging es bekanntlich um die Bestimmung des Menschen zur Welt. Sirach aber interpretiert den alten Text auf die Erkenntnis der Werke Gottes hin und auf den Lobpreis, den ihm der Mensch schuldet."

30 Lies mit Rudolf Smend, Weisheit, 156 statt des Nomens *yēṣær* das *yāṣar*.

31 Vgl. dazu Collins, Wisdom, 59 und Georg Sauer, Ben Sira, 31.

32 Vgl. dazu Kaiser, Geschöpf, 1–22, bes. 10–11 = ders., Athen, 225–243, bes. 234–235.

33 Vgl. dazu auch Marböck, Ansätze, 267–276 = ders., Gottes Weisheit, 167–175 sowie Sauer, Ben Sira, 142, der mit Recht auf die von Sirach in 39,12–35 und 42,15–43,33 eingeschalteten Hymnen und den Abschluß durch die hymnischen Verse in 50,22–24 verweist.

teslob berufen sind.[34] Allerdings darf man nicht übersehen, daß in den Tagen Ben Siras die Furcht und das Rühmen der großen Taten Jahwes[35] in Israel ihre Heimat besaßen (Sir 17,8–10):

> 8 *Er legte die Furcht vor ihm in ihre Herzen*
> *indem er ihnen die Größe seiner Taten zeigte,*[36]
> 9 *damit sie seine großen Taten erzählen*
> 10 *und den heiligen Namen preisen.*

In den V. 11–14 ist er dann jedenfalls bei der zunächst Israel geltenden Offenbarung der Tora angelangt:[37]

> 11 *Er gewährte ihnen Erkenntnis*
> *und ließ sie das Gesetz des Lebens erben.*[38]
> 12 *Einen ewigen Bund richtete er mit ihnen auf*
> *und ließ sie seine Gebote erkennen.*
> 13 *Ihre Augen sahen seine gewaltige Herrlichkeit*
> *und ihre Ohren hörten seine hehre Stimme.*
> 14 *Und er sagte zu ihnen: Enthaltet euch von allem Trug!*
> *und befahl jedem sein Verhalten gegen seinen Nächsten.*

Die Abfolge der Gedanken gibt zu erkennen, daß die universellen Aussagen über die Ausstattung des Menschen bei der Schöpfung als Fundament letztlich doch der Erinnerung an die besondere Berufung Israels und die ihm zuteil gewordene besondere Verpflichtung durch den Sinai-Bund dienen. Generelle Schöpfung und spezielle Offenbarung sind so aufeinander bezogen,[39] daß die eine den Gehorsam gegen die andere ermöglicht. Israel besitzt in der ihm von Gott offenbarten Weisung einen zuverlässigen Führer zum richtigen und gesegneten Leben und hat auf diesem Gebiet nichts von seiner hellenistischen Umwelt zu lernen, sondern höchstens alles zu verlieren. Damit erweist sich die Religion des Judentums zugleich als der menschlichen Natur und Bestimmung gemäß.

---

34 Vgl. dazu unten, 68–70.
35 Vgl. Ps 106,2.
36 Zu V.8c vgl. Ziegler, Sirach z. St.
37 Vgl. dazu aber Marböck, Bund, 133–140 und unten, 69–70 und 98.
38 V.11c gehört erst der G II-Überlieferung an.
39 Vgl. auch Sir 1,10.

4. Gottes Allmacht und des Menschen Freiheit

Die herkömmliche alttestamentliche jüdische Entscheidungsethik hat ihre klassische Formel in dem Zeugenanruf Dtn 30,19–20. gefunden, welcher die Gesetzesverkündigung Moses im Lande Moab beschließt:

> 19 *Ich nehme Himmel und Erde heute über euch zu Zeugen: Ich habe euch Leben und Tod, Segen und Fluch vorgelegt, damit du das Leben erwählst und am Leben bleibst, du und deine Nachkommen,* 20 *indem du den Herrn, deinen Gott, liebst und seiner Stimme gehorchst und ihm anhängst. Denn das bedeutet für dich, daß du lebst und alt wirst und wohnen bleibst in dem Lande, das der Herr deinen Vätern Abraham, Isaak und Jakob geschworen hat, ihnen zu geben.*

Diese allen biblischen Büchern gemeinsame und hier auf ihr Verhältnis zur Tora hin spezialisierte Grundüberzeugung, daß der Mensch für seine Taten vor Gott verantwortlich ist, war im Judentum des beginnenden 2. Jh. v. Chr. gefährdet, so daß sich Ben Sira in seiner Lehrrede Sir 15,11–20 dazu genötigt sah, sie unter Verweis auf Dtn 30 zu verteidigen: Die Rede setzt in den V. 11–12 mit zwei begründeten Abmahnungen ein (Sir 15,11–12):[40]

> 11 *Sage nicht: Von Gott kommt meine Sünde!*
> *Denn was er haßt, bewirkt er nicht.*
> 12 *Sage ja nicht: Er ließ mich straucheln!*
> *Denn er hat keinen Bedarf an Übeltätern.*

Die hier zitierte und zunächst knapp widerlegte Meinung geht offenbar von der Vorstellung aus, daß Gott allmächtig ist und demgemäß alles was in der Welt geschieht und also auch das menschliche Handeln bewirkt. Sie leugnet mithin die Verantwortung des Menschen für seine Sünden und Missetaten. Das aber ist genau der Vorwurf, den die Gegner gegen die stoische Lehre von der durchgehenden Kausalität alles Geschehens vorbrachten. Gegen diese Konsequenz mußten sich schon Kleanthes und Chrysipp wehren. So erklärte Kleanthes in seinem Zeus-

40 Vgl. dazu Wicke-Reuter, Providence, 113–115.

Hymnus, daß Zeus alles mit Ausnahme der unvernünftigen und daher schlechten Handlungen bewirke (SVF I 537, 15–17):[41]

Nichts geschieht auf der Erde ohne dich, waltender Gott,
nichts in dem göttlichen Reich des Äthers noch drunten im Meere,
außer was schlechte Menschen vollbringen aufgrund ihrer Torheit.

In ähnlicher Weise bestand Chrysipp darauf, daß die Götter ebenso wenig Mitursache der Gottlosigkeit wie des Schändlichen seien (SVF II 1125).[42] Wir dürfen daher vermuten, daß sich die von Ben Sira zitierte Meinung auf eine popularisierte Version der stoischen Theologie stützte. Ben Sira beruft sich zu ihrer Widerlegung zunächst auf ihre Unverträglichkeit mit der jüdischen Gottesvorstellung: Wenn der Gott, der von den Menschen das Halten seiner Gebote verlangt, zugleich Ursache der Gebotsübertretung wäre, verlöre jede in seinem Namen an den Menschen gerichtete Forderung ihren Sinn. Die Aussage in Jes 45,7, daß Gott das Licht und die Finsternis, das Heil wie das Unheil schaffe, bezieht sich in der zweiten Reihe nicht auf Gott als Ursache des ethischen Verhaltens, sondern des geschichtlichen Ergehens der Menschen.[43] Auf ihn kann sich daher die hier zurückgewiesene Position nicht berufen. Dagegen bestätigt der gestaffelte Zahlenspruch in Prov 6,16–19 die Aussage Ben Siras in V.11bα; denn dort wird festgestellt, daß Jahwe alle Formen von Falschheit und Bosheit verhaßt sind.[44] Wenn Ben Sira in V. 12b erklärt, daß Gott keinen Bedarf (צֹרֶךְ) an den Bösen habe, so folgt daraus, daß ihr Handeln seiner Schöpfungsabsicht widerspricht. Das steht nicht im Gegensatz zu seiner anderen Aussage, daß Gott in seinem die ganze Weltzeit umspannenden Blick (Sir 39,19–20) die Existenz der Bösen vorausgesehen und daher für die Guten die Güter und für die Bösen die nötigen Übel bereitgestellt habe (Sir

41 Vgl. dazu Kaiser, Glück, 121–130 und zu den zitierten Versen des Zeus-Hymnus Johan C. Thom, Hymn, 92–98.

42 Die Frage, ob und inwiefern es Chrysipp gelungen ist und überhaupt gelingen konnte, mittels einer differenzierten Lehre von den Ursachen diesen Vorwurf zu entkräften, können wir hier offenlassen; vgl. dazu z.B. Maximilian Forschner, Ethik, 98–113 und bes. 109–113.

43 Vgl. dazu Karl Elliger, Deuterojesaja, 500, und zum redaktionellen Charakter des Verses Jürgen van Oorschot, Babel, 89.

44 Vgl. zu ihm Arndt Meinhold, Sprüche I, 114–116, und Achim Müller, Weisheit, 3–47.

39,25–31).[45] V.13a faßt die Begründungen der beiden Abmahnungen zusammen, um dann in V. 13b die positiven Folgen für die hier als die Gottfürchtigen vorgestellten Guten zu ziehen (Sir 15,13):

Böses und Greuel haßt der Herr,
er läßt es denen nicht begegnen, die ihn fürchten.

Damit ist bereits gesagt, daß es die Gottesfurcht ist, die den Menschen dazu anhält, nach Gottes Willen zu handeln.[46] Doch dann folgt in 15,14 der entscheidende, die Verantwortlichkeit des Menschen mit einer Schöpfungsaussage begründende Satz (Sir 15,14):[47]

Als Gott am Anfang den Menschen erschuf,
da gab er ihn die Hand seines יֵצֶר.[48]

Bei diesem Vers handelt es sich um den ersten biblischen Versuch, die Entscheidungs- oder Wahlfreiheit anthropologisch zu begründen.[49] Dem allgemeinen Trend gemäß habe auch ich das hier als Sitz des Entscheidungsprozesses bezeichnete יֵצֶר früher mit „Wille“ übersetzt. Aber vor dieser uns selbstverständlich in die Feder fließenden Wiedergabe sollte uns ebenso der alttestamentliche Befund wie die Feststellung von Alfred Dihle warnen, daß die Alten keine Vorstellung vom Willen als einem besonderen Element der menschlichen Konstitution besessen haben.[50] In der Tat bezeichnet auch das alttestamentliche Verb אבה nicht den Akt des Wollens, sondern des Begehrens und Wählens.[51] Das Alte Testament kennt mithin keine Willens-, wohl aber eine Wahlfreiheit. Besondere Beachtung verdient die Tatsache, daß das Wort יֵצֶר in Sir 15,14 das Mittel der Entscheidung und in 27,6[52] wiederum ethisch neutral den Ursprung des Denkens bezeichnet.[53]

---

45 Zu Sir 33,14–15 vgl. unten, 57–58 und Kaiser, Leben, 147–153.

46 Vgl. dazu oben, 14–15 und 46.

47 Vgl. dazu Wicke-Reuter, Providenz, 115–119.

48 Zu HB V.14c vgl. Smend, Weisheit, 143.

49 Vgl auch Hengel, Judentum, 255. – Sauer, Ben Sira, 132 findet hier einen Rückgriff auf Gen 2.

50 Vgl. dazu Albrecht Dihle, Vorstellung, 28–30.

51 Vgl. z B. Jes 1,19; 28,12 und 30,15.

52 „Durch Pflege trägt ein Baum seine Frucht/ so ist Einsicht Ergebnis des Denkens.“

53 Vgl. Gerhard Maier, Mensch, 92–93.

Scheinbar nimmt Ben Sira damit lediglich den übertragenen, durchgehend späten Wortgebrauch auf, nach dem es das denkende Streben bzw. die Intention oder Absicht der der Erwägungen des Menschen bezeichnet.[54]

Bedenkt man, daß das Wort in 15,14 ein dem Menschen eigenes, ethisch neutrales Entscheidungsvermögen bezeichnet,[55] das als solches zu seiner Natur gehört, so legt sich die Annahme nahe, daß hinter ihm das bedeutungsgleiche griechische Wort ὁρμή (Trieb) steht, das die Besonderheit der stoischen Lehre von der Wahlfreiheit ausmacht. In der griechischen Philosophie wurde der Entscheidungsprozeß durchgehend als ein intellektueller Vorgang verstanden: So folgte bei Aristoteles auf die βούλησις oder Erwägung die προαίρεσις oder Auswahl bzw. Entscheidung. Letztere zieht aus dem Urteil der φρόνεσις der Überlegung, und der ὄρεξις, dem zielgerichteten Streben, die Konsequenz. Dabei wird das affektive, im Widerspruch mit der Vernunft stehende Streben dem Urteil der zielgerichteten Vernunft unterworfen. Mithin ist die Entscheidung, die προαίρεσις eine ὄρεξις βουλευτική, ein beratendes Streben (Aristot. EN1139a 23) und als solche ebenso strebende Vernunft, νοῦς ὀρεκτικός, wie denkendes Streben, ὄρεξις διανοητική (Aristot. EN 1139b.4 f.). Darüber hinaus ergibt sich für Aristoteles aus der Tatsache, daß die Entscheidung auf ein gewähltes Ziel gerichtet ist, daß die aus ihr folgenden Taten absichtlich bzw. freiwillig (ἑκουσίως) erfolgen. Demgemäß ist der Mensch für seine Taten verantwortlich (EN 1113b 1–3).[56] Da bei Aristoteles eine Unsicherheit über den Charakter der Affekte und mithin über die Freiheit des Menschen bestand,[57] führten

54 Das כל־יצר מחשבת לבו in Gen 6,5 (vgl. 8,21 und I Chr 29,18 entspricht einem „alle Intentionen“ bzw. „Erwägungen“. Zur Diskussion des literarischen Befundes vgl. Kaiser, Gott I, 167; Eckart Otto; Paradieserzählung, 167–192, bes. 189; Markus Witte, Urgeschichte, 171–184 und Jan Christian Gertz, Adam. 215–236. Zu Jes 26,3, wo der יצר סמוך einen festen Sinn bzw. eine feste Denkungsart bezeichnet, vgl. Kaiser Jesaja 13–39, 165–167, ders., Jesaja/ Jesajabuch, 636–658, bes. 652 653 und zuletzt Reinhard Scholl, Elenden, 285–288.

55 Vgl. aber auch Hengel, Judentum, 255–256, wonach der Begriff des יצר zuerst bei Ben Sira seine zentrale anthropologische Bedeutung im Sinne von „Charakter“ oder „Antrieb“ erhalten habe, wobei von vornherein eine Tendenz zu seiner Beurteilung als „bösem Trieb“ bestehe, den es im Zaume zu halten gelte.

56 Zum Zusammenspiel der Konstituenten des Entscheidungsprozesses bei Aristoteles vgl. Forschner, Ethik, 126–134, Christoph Jedan, Willensfreiheit, 88–134 und Kaiser, Glück, 52–62.

57 Vgl: dazu Forschner, Ethik, 134–141.

die Stoiker im Rahmen ihrer Lehre von der οἰκείωσις oder dem, was den Lebewesen eigentümlich ist, die ὁρμή, den „Trieb" ein. Nach diesem Konzept besitzt jedes von ihnen eine spezifische πρώτη ὁρμή, ein „erstes Streben", das der Selbsterhaltung der Individuen und der Gattung dient.[58] Demgemäß sucht es auf, was seiner Art gemäß ist, und flieht, was ihm zuwider ist. Dabei besitzen die Menschen neben diesem ersten Trieb noch einen weiteren, der durch die Teilhabe am göttlichen λόγος, der göttlichen Weltvernunft bestimmt ist und demnach auf Handlungen abzielt, die der Einsicht und den als Pflichten aufgefaßten Tugenden entsprechen.[59] Von hier aus geurteilt erweist es sich, daß der יצר, der Trieb, das zielgerichtete Vermögen ist, sich für oder gegen Gottes Gebote zu entscheiden und damit zwischen Feuer und Wasser, Leben und Tod die Wahl zu treffen (Sir 15,15–17):

15 *Wenn es dir gefällt, kannst du das Gebot halten,*
und Einsicht ist es, nach seinem Gefallen zu handeln.
16 *Feuer und Wasser sind vor dir ausgeschüttet,*
strecke deine Hand nach dem aus, was dir gefällt.
17 *Vor dem Menschen liegen Leben und Tod,*
was ihm gefällt, das wird ihm gegeben.

So bestätigt es sich auch hier: Die dem Menschen als Geschöpfeigene Wahlfreiheit zielt auf den Gehorsam gegen Gottes Gebot.[60] Die Schöpfungsaussage stützt die Gehorsamsforderung der Tora, und das stoische Konzept von den ὁρμαί ermöglicht es dem jüdischen Weisen, die Entscheidungsfreiheit des Menschen in dem der Teilhabe an der göttlichen Weisheit fähigen Trieb zu orten.

58 Vgl. Diog.Laert. VII.85–86 = SVF III 178; Diog.Laert. VII 87 = SVF I 179 und dazu Forschner, 142–159; Robert Bees, Oikeiosislehre, 213–237 und unten, 63–68.

59 Vgl. Diog.Laert. VII.88 = SVF I 162.

60 Vgl. dazu Andreas Nissen, Gott, 140–141.

5. Steht die Entscheidungsfreiheit des Menschen bei Ben Sira unter dem Vorzeichen der Prädestination?[61]

Doch ehe wir uns mit dem bisher erzielten Ergebnis zufrieden geben, müssen wir einen Blick auf den Text werfen, der in der Diskussion immer wieder zugunsten der Hypothese herangezogen worden ist, daß die menschliche Entscheidungsfreiheit durch die göttliche Prädestination begrenzt wird (Sir 33,7–15):[62]

> 7 *Weshalb unterscheidet sich ein Tag vom anderen,*[63]
> *obwohl alles Licht des Jahres von der Sonne (stammt)?*
> 8 *Durch die Weisheit des Herrn wurden sie abgesondert,*
> *denn er bestimmte unter ihnen Zeiten und Feste.*
> 9 *Etliche von ihnen erhöhte und heiligte er*
> *und etliche von ihnen bestimmte er zu Alltagen.*[64]
> 10 *Jedermann ist ein Gebilde aus Ton,*
> *und aus Staub wurde der Mensch geformt.*
> 11 *Die Weisheit des Herrn unterschied sie*
> *und veränderte ihre Wege.*
> 12 *Etliche von ihnen segnete und erhöhte er*
> *und etliche von ihnen heiligte er und ließ sie zu sich nahen.*
> *Etliche von ihnen verfluchte und erniedrigte er*
> *und verstieß sie von ihrem Posten.*
> 13 *Wie Ton in der Hand des Töpfers,*
> *daß er ihn nach seinem Wohlgefallen formt,*
> *so ist der Mensch in der Hand seines Schöpfers:*
> *er stellt ihn hin, wie er beschlossen hat.*[65]
> 14 *Gegenüber dem Bösen (steht) das Gute,*
> *gegenüber dem Leben der Tod,*
> *Gegenüber dem guten Mann der Frevler*
> *und gegenüber dem Licht das Dunkel.*[66]

---

61 Vgl. dazu Wicke-Reuter, Providenz, 236–273 und Kaiser, Glück, 146–153.

62 Vgl. dazu z.B. von Rad Weisheit,321; Maier, Mensch, 98–112 und Kaiser, Begründung, 51–63, bes. 60–61 = ders., Mensch, 110–121, bes. 118–119.

63 Zum Text vgl. Wicke-Reuter, Providenz, 227 Anm. 16.

64 Wörtlich: „setzte er Tage der Zahl."

65 Wörtlich; „daß sich vor ihn das Geschick (חֵלֶק) hinstelle."

66 Vgl. aber Wicke-Reuter, Providenz, 229 Anm. 35, die sich mit Smend, Weisheit, 314 für die Zusammenziehung von a und b zu einem Kolon und für

15 *Schaue alle Werke Gottes an:*
sie alle sind paarweise, eins (steht) dem anderen gegenüber.

Der Abschnitt setzt in den V.7–9 mit der Feststellung ein, daß Gott trotz der fundamentalen Gleichheit aller Tage, die sämtlich ihr Licht von der Sonne erhalten, zwischen ihm geheiligten und normalen Tagen unterschieden hat. Fundamentale Gleichheit und eine bestimmte von Gott vorgenommene Auszeichnung schließen also einander nicht aus. Von diesem Grundsatz her sollen die folgenden V.10–13 verstanden werden, die durch das aus Jes 29,16 und 45,9 bekannte Töpfergleichnis in V.10 ein- und in V.13 ausgeleitet werden: Alle Menschen sind aus Lehm geformt, und doch steht es Gott frei, sie nach seinem Belieben zu erhöhen oder zu erniedrigen.[67] Nach 7,11 soll niemand einen Unglücklichen (אנוש במר רוח) verachten, weil es einen gibt, der erhöht und erniedrigt. Nach 11,4–7 soll niemand über die Kleidung eines Verkommenen spotten, weil das Handeln des Herrn wunderbar ist, was man daran ersehen kann, daß einstige Könige erniedrigt und Reiche verachtet wurden. Andererseits kann er Arme und Leidende erhöhen (V.11–13). Daher hebt Ben Sira Gottes souveräne Freiheit bei der Gestaltung der menschlichen Lose hervor (Sir 11,14):

Glück und Unglück, Leben und Tod,
Armut und Reichtum kommen vom Herrn.

Daß es sich bei ihrer Verteilung um keine Willkürakte handelt, hält der Wahrspruch in 11,22 (HA: 11,21) fest (Sir 11,22):

Der Segen des Herrn ist das Los des Gerechten
und zur (bestimmten) Zeit wird seine[68] *Hoffnung sprießen.*[69]

---

den sekundären Charakter von e entscheidet, der nur durch HE und S bezeugt ist.

67 Bei dem nur HB bezeugten Text 31,10e-f, nach dem Gott den Mann segnet, der untadlig befunden wird und auch in Versuchungen das Gesetz nicht übertritt, handelt es sich offensichtlich um einen jüngeren Zusatz.

68 Vgl. z B. Sauer, Jesus Sirach, 533 z. St.

69 Erst durch die von G II bezeugte Erweiterung in Gestalt der V.15–16, die Gott auch die Zuteilung der Weisheit, der Sünde und der Wege der Rechtschaffenen zuweist, erhält der Abschnitt eine prädestinatianische Note, die aber nach HA 14 und 15 kaum intendiert war.

Daher darf der arme Gerechte trotz der scheinbaren Undurchschaubarkeit der menschlichen Lose darauf vertrauen, daß Gott ihn plötzlich reich machen kann (V. 21). Das letzte göttliche Urteil aber spricht der Tod, vor dem man angesichts der Wandelbarkeit der Lose keinen Menschen glücklich preisen sollte (V.28 [HA: 26])[70]. Vor allem aber will beachtet sein, daß der uns beschäftigende Abschnitt 33,7–15 Teil der von V. 1-18 reichenden Lehrrede ist und diese in V. 1 mit dem Wahrspruch eröffnet wird, daß den, der den Herrn fürchtet, kein Unglück triff und der Herr ihn aus der Versuchung errettet. Ist Gott „der große Wundermann, der bald erhöhn, bald stürzen kann“,[71] so hält er doch denen, die ihm treu bleiben, auch seinerseits die Treue. Kann der Leser bei den von Gott Gesegneten und Erhöhten in 33,12a.b an die ganze Kette der Frommen der Heilsgeschichte denken,[72] so handelt es sich bei den von ihm Geheiligten und in seine Nähe Zugelassenen nach Sir 45,6a jedenfalls um Aaron samt seinen hohepriesterlichen Nachkommen (vgl. 45,25c.d). Weiterhin liegt es nahe, bei den nach V.12c.d vom Herrn Verfluchten und von ihrem Posten Vertriebenen an den in 45,18–19 erwähnten Untergang von Dotan, Abiram und der Rotte Korach zu denken, die sich mit ihrem Aufruhr gegen Aaron gegen Gottes eigene, ewiggültige Satzung (חוק) vergangen hatten (45,17). So erscheint das unterschiedliche Schicksal der Menschen als Folge ihrer Gerechtigkeit bzw. ihrer Frevelhaftigkeit. Gottes Souveränität erweist sich also zum einen darin, daß er die Sünder in ihre Schranken verweist und den Gerechten (sowie den bußfertigen Sündern 18,13) gnädig ist, zum anderen aber darin, daß er in seinem Erwählungshandeln frei ist. Damit ist die grundsätzliche Frage bereits beantwortet: Von einer *gemina praedestinatio*, einer doppelten Prädestination zum Heil oder zum Gericht kann bei Ben Sira nicht die Rede sein.[73] Ebenso wenig belegen die den Abschnitt beendenden V.14–15 die These, daß Ben Sira einen die Menschenwelt einschließenden kosmischen Dualismus vertreten habe. Wenn er hier das Gute und das Böse in die alle Werke Gottes kenn-

70 Zu den griechischen Parallelen vgl. Hdt I.32,7; Soph. Oid.T. 1524–1530; Eur. And. 100–103 und zur Sache Marböck, Gerechtigkeit, 21–52, bes. 26–28 = ders., Frömmigkeit, 173–197, bes. 177–178.

71 Vgl. I Sam 2,7; Ps 76,8.11; Dan 4,14; vgl. Dan 5,9 und schließlich Ez 21,31 mit Mt 23,12 und zu den demotischen Parallelen Miriam Lichtheim, Wisdom Literature, 138–150.

72 Vgl. auch Sir 47,11b, wo es darum geht, daß der Herr das Horn Davids erhöht hat.

73 Vgl. auch Wicke-Reuter, Providenz, 236–270.

zeichnende Polarität einordnet, dürfte er vielmehr dieselbe Tendenz wie die Stoiker verfolgen, auf diese Weise den Glauben an die Güte und Einheit der Welt trotz der Existenz der Übel und des Bösen aufrecht zu erhalten. Oder um es mit Ursel Wicke-Reuter zu sagen: „Wie die Stoiker widerlegt er (Ben Sira) mit dem Polaritätsprinzip die Infragestellung der Güte der Schöpfung durch die Existenz des Bösen.“[74] So erweist es sich, daß Ben Sira auch diesen Topos aus der stoischen Philosophie aufgenommen hat, um damit den biblischen Schöpfungs- und Erwählungsglauben zu stützen.[75]

6. Rückblick

Blicken wir zurück, so stellt sich uns der Sirazide in der vorausgehenden exemplarischen Nachforschung als ein Jude dar, für den die Tora der Inbegriff aller Weisheit war. Seine universalen Schöpfungsaussagen besitzen noch keine missionstheologischen, sondern apologetische Absichten. Er will nicht die Nichtjuden, sondern die eigenen Glaubensgenossen und zumal seine Schüler davon überzeugen, daß ihr väterlicher Dienst vernunftgemäß ist und nichts von ihnen fordert, wozu sie Gott nicht als seine Geschöpfe in die Lage versetzt hat. Demgemäß erfüllt sich für Ben Sira die Entscheidungsfreiheit des Menschen im Gehorsam gegen die Gebote des Gottes, dessen gegensätzliche Werke weder seine Güte noch seine Barmherzigkeit und Treue in Frage stellen, sondern darauf verweisen, daß wir Menschen nur begrenzte Einsicht in seine unermeßliche Macht, Herrlichkeit und Weisheit besitzen und ihn daher auch nur unvollkommen zu rühmen vermögen (Sir 43,27–33):[76]

> 27 *Noch mehr wie dieses fügen wir nicht zu,*
> *und das Ende der Rede lautet: Alles ist nur er!*[77]
> 28 *Laßt uns denn jubeln, weil wir (ihn) nicht ergründen;*
> *denn er ist größer als alle seine Werke.*

---

74 Wicke-Reuter, Providenz, 273.

75 Vgl. dazu auch Kaiser, Glück, 113–167, bes. 131–134 und 146–160.

76 Vgl. auch den Hymnus auf die Güte Gottes in Sir 39,12–35 und dazu Kaiser , Glück, 96–105.

77 Zur Bedeutung der Formel τὸ πᾶν ἐστιν αὐτός vgl. Kaiser, Rezeption, 41–54, bes. 50 = ders., Athen, 293–303, bes. 302.

29 *Zu fürchten über alle Maßen ist der Herr,*
und wunderbar sind seine Machterweise,
30 *Die ihr den Herren preist, erhebt die Stimme*
mit aller Kraft, denn er ist noch mehr.
Die ihr ihn rühmt, singt lauter,
ermüdet nicht, weil ihr (ihn) nicht ergründet.
31 *Wer hätte ihn gesehen und ergründet*
und wer kann ihn so preisen wie er ist?
32 *Die Fülle des Verborgenen ist mehr als das,*[78]
denn weniges nur sahen wir von seinen Werken.
33 *Das alles hat der Herr geschaffen*
und seinen Frommen gab er Weisheit.[79]

78 Ergänze: „einsehen und wissen."

79 Überarbeitete Fassung eines Vertrags, gehalten auf Einladung der Theologischen Fakultät der Ernst-Moritz-Arndt Universität, Greifswald, am 7. Juni 2000. Ich danke den Herren Kollegen Prof. Dr. Christof Hardmeier und Prof. Dr. Thomas Willi für die Einladung und ihnen und der Greifswalder Fakultät für die anregende Diskussion, die sich in dem vorliegenden Text spiegelt.

Die stoische Oikeiosis-Lehre und die Anthropologie des Jesus Sirach

1. Jesus Sirach als Zeuge für die geistige Begegnung zwischen Judentum und Hellenismus

Der jüdische schriftgelehrte „Schreiber" Jesus Sirach hat seine Lehrschrift aufgrund innerer und äußerer Indizien während der beiden ersten Jahrzehnte des 2. Jh. v. Chr. in Jerusalem verfaßt.[1] Seine Betonung der Autorität des Priestertums der Zadokiden[2] und Warnung, sie zu untergraben, läßt erkennen, daß sich bereits damals in der Jerusalemer Oberschicht eine Reformpartei zu konstituieren begann. Sie sollte 175 in dem Hohenpriester Jason ihren Führer finden, der mittels der Umwandlung Jerusalems in eine Polis und der Gründung eines Gymnasiums das Judentum aus seinem Abseits herausführen und in die politisch, wirtschaftlich und kulturell dominierende hellenistische Welt integrieren wollte. Dieser Versuch führte bekanntlich zum Aufstand der Makkabäer, die freilich alsbald selbst zu hellenistischen Herrschern mutierten.[3]

Diese Entwicklung setzt voraus, daß es in Jerusalem schon in den vorausgehenden Jahrzehnten zu einer intensiveren Berührung mit der hellenistischen Kultur gekommen war.[4] In der Tat läßt es sich zeigen, daß Jesus Sirach in seiner Lehrschrift nicht nur auf Topoi griechischer Dichtung und Gnomik, sondern auch auf Konzepte der Frühen Stoa zurückgriffen hat. Diese einflußreiche Philosophenschule hat ihren Namen nach ihrem Tagungsort in der στοὰ ποικίλη, der „Bunten

1 Zu Jesus Sirach und seinem Buch vgl. Roland E. Murphy, Tree, 65–81; John J. Collins, Wisdom, 23–111; Kaiser, Apokrpyhen, 79–90 = ders., Apocrypha, 88–98; ders., Leben, 123–157; Johannes Marböck, Sirach/Sirachbuch, 307–314 = ders., Frömmigkeit, 15–30 bzw. ders., Jesus Sirach, 408–416.

2 Zu seiner Genese vgl. Ulrike Dahm, Opferkult,42–44.

3 Vgl. dazu Elias Bickerman(n), Gott, 50–89 = ders., God, 32–60; Martin Hengel, Judentum, 503–564; Klaus Bringmann, Reform, 97–140; ders., Geschichte,101–14 und zu den Makkabäern als einem hellenistischen Herscherhaus Bickermann, Makkabäer, 53–62.

4 Vgl. dazu Victor Techerikover, Civilization, 117–151 und Hengel, Judentum, 108–143.

Säulenhalle" am Nordrand der Agora in Athen erhalten. Sie wurde durch den aus Zypern stammenden Phönizier Zenon um 300 v. Chr. begründet, der 333/32 in dem zyprischen Kition geboren war und 262/61 in Athen seinem Leben ein Ende setzte.[5] Seine Lehren wurden zumal von seinen Nachfolgern in der Leitung der Schule, Kleanthes und Chrysippos ausgebaut und gegen die Vertreter der Akademie und des Peripatos verteidigt. Kleanthos stammte aus Assos, einer Stadt an der Südküste der Troas, wo er bald nach 310 geboren sein dürfte und schied 232/1 in Athen aus dem Leben.[6] Chrysipp wurde zwischen 281 und 277 in dem kilikischen Soloi geboren und ist entweder 208 oder 204 in Athen gestorben.[7] Die Stoa hat bis in die römische Kaiserzeit fortgelebt und in dem Kaiser Mark Aurel (121–180) ihren letzten großen Vertreter gefunden.[8]

Bedenkt man, daß die persische Provinz Jehud seit 332 zum Alexanderreich gehörte und seit 301 als ἔθνος in das Reich der Ptolemäer bzw. seit 198 in das der Seleukiden einbezogen war,[9] bereitet der Gedanke, daß es in Jerusalem Intellektuelle und d. h. „Schreiber" gab, die sich mit dem griechisch-hellenistischen Geistesleben auseinandersetzten und so auch in Berührung mit der stoischen Philosophie kamen, keine Schwierigkeiten. So rechnet es Jesus Sirach in seinem „Lob des Schreibers" (Sir 38,24–39,11) zu den Vorzügen seines Standes, daß ihm die Möglichkeit offenstand, die Länder fremder Völker zu bereisen, um dort zu prüfen, was den Menschen als gut und böse gilt (39,4c-d). Darüber hinaus bekennt er in 34,9–13, daß er selbst vielfach von dieser Möglichkeit Gebrauch gemacht hat. So nimmt es nicht wunder, daß in seinen Lehren auch griechisch-hellenistischen Themen wie das Reisen,[10] das Benehmen auf dem Gastmahl,[11] der rechte Umgang mit dem Arzt,[12] die Scham[13] und nicht zuletzt das der Freundschaft begegnen.[14]

5 Zu Zenons Biographie und Denken vgl. Peter Steinmetz, Stoa, 518–521.

6 Zu Kleanthes' Biographie und Denken vgl. Steinmetz, Stoa, 566–576.

7 Zu Chrysipps' Biographie und Denken vgl. Steinmetz, Stoa, 584–586.

8 Zu Mark Aurels Biographie und Denken vgl. Pierre Hadot, Mark Aurel, 199–215.

9 Vgl. dazu Klaus Bringmann, Geschichte, 63–84 und 95–101.

10 Sir 34,9–11; 39,4; vgl. dazu Marböck, Weisheit, 161–162; Kaiser, Leben, 142–143.

11 Sir 31,12–32,13; vgl. dazu Marböck, Weisheit, 164; Collins, Wisdom, 32–33; Kaiser, Leben, 142.

12 Sir 38,1–15; vgl. dazu Dieter Lührmann, Arzt, 55–78; Marböck, Weisheit, 154–160 und Kaiser, Krankheit, 9–43, bes. 33–35 = unten, 212–245 bes. 243–245, bzw. knapp ders., Leben, 141.

2. Stoische Konzepte in der Weisheit Ben Siras

Daß Ben Sira wesentliche Konzepte der stoischen Philosophie seinem eigenen Versuch dienstbar gemacht, um seinen Schülern[15] nicht nur praktische Lebensweisheit, sondern auch die Überzeugung von der Vernünftigkeit ihrer väterlichen Religion zu vermitteln, dürfte angesichts der einschlägigen Forschungen der letzten vierzig Jahre unbestritten sein.[16] So hat er in seinem das Buch eröffnenden Hymnus auf die Weisheit Gottes in Sir 1,1–10 von der stoischen Lehre vom die Welt als performatives Prinzip gestaltenden göttlichen Logos,[17] in 39,12–35 von der in ihr wirkenden Providenz,[18] in 33,7–15 von dem dualen Kontrast aller Dinge,[19] in 15,11–17 dem Problem der Wahlfreiheit und dem Trieb[20] sowie in 42,15–43,33 dem von der Harmonie der Welt gebrauch gemacht.[21] Da Ben Sira in seiner Anthropologie in 17,1–7 in bemerkenswerter Weise anders als die biblische Paradies- und Sündenfallgeschichte in Gen 2,4b-3,24 davon ausgeht, daß die menschliche Urteilskraft nicht erst das Ergebnis des Falls der beiden Urmenschen, sondern von Anfang an zu den kreatürlichen Fähigkeiten des Menschen gehört, verdient die Frage, ob er darin von der Oikeiosis-Lehre als dem zentralen Element der stoischen Anthropologie beeinflußt ist, eine ausführlichere Erörterung, als ich sie im Zusammenhang mit der Lehre vom Trieb vorgelegt habe.[22]

13 Sir 41,14–42,8; Collins, Wisdom, 34–35; Kaiser, Leben, 142.

14 Sir 6,5–17; 12,8–12; 19,13–17; 22,19–26; 25,1–12; 27,16–21 und 37,1–6; vgl. dazu Friedrich V. Reiterer Hg, Freundschaft; Jeremy Corley, Friendhip, 65–72 und ders., Teaching, bes. 215; Kaiser, Leben, 141–142.

15 V gl. dazu Collins, Wisdom, 36–39; Kaiser, Leben, 142–143.

16 Vgl. dazu grundlegend Hengel, Judentum, 252–275.

17 Vgl. dazu Marböck, Weisheit, 93–95; Kaiser, Anknüpfung, 54–69, bes. 58–60 = ders., Weisheit, 201–216, bes. 205–207; ders., Freiheit, 291–305, bes. 293–295 = oben, 43–59, bes. 44–49; ders., Glück, 31–33 und vor allem Ursel Wicke-Reuter, Providenz, 188–223.

18 Kaiser, Rezeption, 41–51 = ders., Athen, 293–303; Wicke-Reuter, Providenz, 55–102; dies., Ben Sira, 268–281; James K. Aitken, Will, 282–301 und Kaiser, Glück, 65–112..

19 Wicke-Reuter, Providenz, 224–274; Kaiser, Glück, 146–160.

20 Wicke-Reuter, Providenz, 106–142; Kaiser, Freiheit, 297–301.

21 Kaiser, Glück, 117–168.

22 Vgl. dazu oben, 52–54.

3. Die stoische Oikeiosis-Lehre

Dabei kann es im vorliegenden Zusammenhang nicht darum gehen, sämtliche mit dieser Lehre verbundenen Probleme zu behandeln,[23] sondern nur darum, sie in ihren anthropologischen und ethischen Konsequenzen vorzustellen, wie es für den sachlichen Vergleich mit den einschlägigen Texten des Sirachbuches erforderlich ist. Die stoische οἰκείωσις-Lehre handelt von dem, was allen Lebewesen und besonders dem Menschen zugeeignet oder eigentümlich ist und bildet damit das Fundament der stoischen Anthropologie und Ethik. Der Begriff leitet sich über οἶκος, „Haus, Hausstand, Eigentum", von dem dazugehörigen Verb οἰκειόω, „zu eigen machen, M. sich aneignen", nebst dem dazugehörigen Adjektiv οικεῖος mit der Bedeutung „häuslich, angehörig, eigen(tümlich)" ab und bezeichnet mithin formalisiert *„eine spezifische Beziehung von Etwas (Jemandem) zu Etwas (Jemandem), die als Vertrautsein mit, interessiertes Gerichtetsein auf, Besorgtheit um etwas (Jemanden) charakterisiert werden."*[24] Sie bezieht sich also grundsätzlich auf alle Pflanzen, Tiere und Menschen, wobei es darum geht, sowohl das aufzuzeigen, was allen Lebewesen, was Tieren und Menschen und was nur den Menschen gemeinsam ist.[25] Sie umschließt mithin ebenso die Lehre von den vegetativen Kräften, die Pflanzen, Tieren und Menschen gemeinsam ist, den sensitiven, die nur den Tieren und Menschen zukommt und den kognitiven, die allein auf den Menschen beschränkt sind. Der für das Verständnis der Lehre grundlegenden Text findet sich bei Diog. Laert. VII 85–86 und lautet:[26]

> *„(Die Stoiker) sagen, der erste Trieb* (ἡ πρώτη ὁρμή) *eines Lebewesens* (ζῷον) *richte sich darauf, sich selbst zu erhalten, weil es die Natur dafür von Anfang an geneigt mache* (οἰκειούσης αὐτῷ τῆς φύσεως ἀπ' ἀρχῆς)*; wie es Chrysipp in seinem ersten Buch über die Zwecke* (Περὶ Τελῶν) *sagt. „Das jedem Lebewesen erste Eigene* (πρῶτον οἰκεῖον)*," so sagt er, „sei die eigene Konstitution* (σύστασις) *und das Bewußtsein* (συνείδησις) *davon; denn es wäre ihr* (scl. der Natur) *nicht angemessen, sich das zu entfremden und nicht in ein Verhältnis zu sich zu setzen* (οἰκειῶσαι). *Es bleibt also nur zu sagen, daß sie es herstellend in ein Verhältnis zu sich selbst gesetzt hat. Denn daraus ergibt sich, daß es das Schädliche abwehrt und das ihm Angemessene*

23 Vgl. dazu zuletzt ausführlich Robert Bees, Oikeiosislehre.

24 Forschner, Ethik, 145.

25 Vgl: zum Folgenden A.A. Long, Philosophy, 185–187; Forschner, Ethik, 142–159; Peter Steinmetz, Stoa, 613–615 und Robert Bees, Oikeiosislehre, 149–199 und die verhaltensbiologische Auslegung 200–321.

26 SVF III Nr. 178; Long/Sedley 57A.

(τὰ οἰκεῖα) *herankommen läßt.*"

Der Grundtrieb der Lebewesen besteht nach dem Gesagten in dem Selbsterhaltungstrieb oder der πρώτη ὁρμή. Er ist mit einem Selbstverhältnis verbunden, das bei Tieren und Menschen von einem Selbstbewußtsein begleitet ist. Daher streben beide danach, das, was ihnen schaden könnte, zu meiden, und nach dem, was ihnen angemessen ist und daher nützt, zu streben. Es folgt bei Chrysipp eine Abgrenzung gegen die Epikureer, den Erbfeind und erfolgreichen Konkurrenten der Stoiker, bei denen das Streben nach Lust an der ersten Stelle stand.[27] Für die Stoiker ist diese dagegen lediglich eine Begleiterscheinung, die immer dann eintritt, wenn sich Pflanzen und Tiere in einem ihrer Natur angemessenen Umstand befinden:

> „*Sie erklären es aber für falsch, wenn etliche sagen, daß sich der erste Trieb bei den Lebewesen auf die Lust* (ἡδονή) *richtet. (86) Denn sie sagen, daß die Lust, wenn sie nämlich auftritt, eine Begleiterscheinung* (ἐπιγέννημα) *sei, die dann entstehe, wenn die Natur* [einem Lebewesen] *von sich aus das Passende für seine Konstitution ausgesucht und abgesondert habe; auf diese Weise trollten die Tiere fröhlich herum und blühten die Pflanzen.*"

An diese Feststellung schließt sich eine grundlegende Aussage über das an, was Pflanzen, Tieren und Menschen gemeinsam ist und was sie unterscheidet: Gemeinsam sind allen Lebewesen die unbewußten vegetativen Fähigkeiten („pflanzenhaften Abläufe"). Den Tieren wird darüber hinaus der Trieb zur Selbstversorgung zugesprochen, ohne daß von ihren sensitiven Fähigkeiten die Rede ist. Sie sind demnach vegetative und triebhafte Lebewesen:

> „*Sie sagen, daß es für die Natur bei den Pflanzen und bei den Tieren keinen Unterschied mache, solange sie* [diese] *ohne Trieb und ohne Wahrnehmung einrichtet und bei uns pflanzenhafte Abläufe geschehen. Darüber hinaus sind die Tiere mit dem Trieb ausgestattet, durch dessen Gebrauch sie nach dem ihnen Eigentümlichen streben, so daß sie gemäß der Natur entsprechend dem Trieb versorgt werden.*"

Das, was die Menschen zum Menschen macht, ist darüber hinaus ihr Anteil am göttlichen λόγος: Sie sind im Unterschied zu den Tieren

27 Zur Bedeutung der Lust bei Epikur vgl. z.B. A.A. Long, Philosophy, 61–68; Michael Erler, Schule,154–159; ders., Epikur, 53–56; Forschner, Ethik, 32–39.

nicht nur mit äußerer, sondern auch mit innerer Rede[28] begabte λογικά, Vernunftwesen.[29] Daraus ergibt sich zugleich ihre sittliche Bestimmung zum κατὰ φύσιν ζῆν und das heißt: ihrer allgemeinen und besonderen Natur gemäß und daher richtig (ὀρθῶς ζῆν)zu leben:

> „*Weil aber den Vernünftigen* (τοῖς λογικοῖς) *nach einer vollkommeneren Leitung die Vernunft* (λόγος) *gegeben ist, deshalb ergibt sich für sie, daß es für sie naturgemäß ist, in Übereinstimmung mit der Vernunft richtig zu leben. Denn diese tritt als Bildnerin zu dem Trieb hinzu.*"[30]

Aus dieser Vernunftnatur des Menschen ergibt sich, daß er auch nicht einfach wie Pflanzen und Tiere einem blinden Trieb folgen darf, sondern die durch die Phantasie erweckten Antriebe durch seine λογικὴ δύναμις[31] bzw. seine λογικὴ ὁρμή,[32] sein vernünftiges Streben kontrollieren und leiten muß. Denn ein „ausufernder Trieb", eine ὁρμὴ πλεονάζουσα, wüchse sich zu Leidenschaften oder Affekten (τὰ πάθη) aus, die als vernunftwidrige und der Seele abträgliche Bewegungen dem Glück entgegenstünden, das in einem ausgewogenen und tugendhaften Leben besteht.[33]

Aus der biologischen und der geistigen Natur des Menschen ergeben sich unterschiedliche, wenn auch teilweise überschneidende „Pflichten": Aus der biologischen leiten sich die ihm als Naturwesen „zukommenden Funktionen" (καθήκοντα) ab. Diese hat er mit Pflanzen und Tieren gemeinsam,[34] wobei sich die Pflanzen nur dadurch von Tieren und Menschen unterscheiden, daß sie kein Selbstbewußtsein, keine συνείδησις besitzen. Nach Diogenes Laertius entsprechen die dem Menschen „zukommenden Funktionen" allem, was ihm die Vernunft

---

28 Vgl. Sext.emp. Adv. math. VIII.275–276 = Long/Sedley 53 T.

29 Daß die Kinder erst zur Vernunft heranreifen und es lernen müssen, ihre Affekte zu beherrschen (Cic.fin. III 20–21; SVF III 188), und alle, die diesem Entwicklungs- und Erziehungsprozeß nicht gewachsen sind, Toren bleiben (Galen, De plac. Hippocr. et Plat; Long/Sedley 65 R), haben die Stoiker nicht übersehen; vgl. dazu z.B. Max Pohlenz, Stoa I, 88–89 und zumal Forschner, Ethik, 150–151. Vgl. auch das Schema bei Steinmetz, Stoa, 546.

30 SVF III, 178; Long/Sedley 57 A.

31 Philo, Imm. IX 44 = SVF II 714.

32 Stob. 2.86,17–87,6 = Long/Sedley 53 Q.

33 Diog. Laert. VII 110 = SVF I, 205, vgl. Cic. Tusc. IV11 = SVF I,205: „*est igitur Zenonis haec definitio ut perturbatio sit, quod* πάθος *ille dicit, aversa a recta ratione contra naturam animi commotio.*"

34 Diog.Laert. VII 107 (SVF I 230; III 493).

zu tun nahelegt. Als Beispiele dafür führt er auf, die Eltern, die Brüder und das Vaterland zu ehren und mit den Freunden Zeit zu verbringen,[35] aber auch auf Gesundheit und Funktionsfähigkeit des Leibes zu achten,[36] eine Familie zu gründen,[37] politisch tätig zu sein[38] und seinen Geist zu schulen.[39]Es handelt sich mithin um konsensfähige Handlungen, aber noch nicht um spezifisch sittliche. Denn deren Bereich und damit den der Tugend(en) umfassen die κατορθώματα oder (annähernd wörtlich übersetzt) die „richtigen Handlungen". Zu ihnen zählen alle Handlungen, die vom ὀρθὸς λόγος, von der richtigen Vernunft geleitet sind. Für sie gilt, daß sie der Tugend, der ἀρετή entsprechen. Auf diesem Feld aber gilt nur ein „Schwarz oder Weiß": Das Gute war für sie allein das sittlich Gute, μόνον τὸ καλὸν ἀγαθόν.[40] Das aber sollte allein um seiner selbst willen getan werden, so daß das Glück in einem der Natur gemäßen Leben bzw. in der Tugend der Seele selbst be-

---

35 Diog.Laert. VII 108–109 (SVF III. 495 u.496; Long/Sedley 59 C.). Zur Ableitung der Sozialität aus der Elternliebe zu ihren Kindern, die zu den *oikeia* gehört, vgl. Cic. de fin. III 63–64: „*multo haec coniunctius homines, itaque natura sumus apti ad coetus, concilia, civitates. (64) mundum autem censent regi numine deorum, eumque esse quasi communem urbem et civitatem hominum et deorum, et unum quemque nostrum eius mundi esse partem; ex quo illud natura consequi, ut communem utilitatem nostrae anteponamus.* (Noch viel enger ist die Verbindung der Menschen untereinander. (64) So sind wir von der Natur zum Zusammenleben, zur Vergesellschaftung und zur Staatenbildung bestimmt. Von der Welt lehren sie [die Stoiker], daß sie durch die Götter verwaltet wird und daß sie sozusagen die gemeinsame Stadt und den gemeinsamen Staat der Menschen und Götter darstellt; jeder von uns ist ein Teil dieser Welt: daraus folgert naturgemäß, daß wir den Nutzen aller unserem eigenen Nutzen voranstellen sollen)." Übers. Olof Gigon/Laila Straume-Zimmermann, Cicero, Ziele, 228–229.

36 Fronto, epist. ed. Naber 140 = SVF III 514.

37 Vgl. Cic. de fin. III 62: „*quod primum intellegi debet figura membrisque corporum, quae ipsa declarant procreandi a natura habitam esse rationem. neque vero haec inter se congruere possent, ut natura et procreari vellet et diligi procreatos non curaret. atque etiam in bestiis vis naturae perspici potest* (zunächst zeigt sich dies an der Gestalt und den Gliedern des Körpers, die selber beweisen, daß die Natur die Fortpflanzung eingeplant hat. Es wäre fernerhin ein Widerspruch, daß die Natur zwar die Fortpflanzung wollte, aber sich nicht darum kümmerte, daß die Kinder auch geliebt würden. Diese Intention der Natur läßt sich selbst bei wilden Tieren beobachten)." Gigon/Straume-Zimmermann, Cicero, Ziele, 228–229.

38 Diog.Laert. VII 121 (SVF III 697).

39 Cic.off. I 4.13.

40 Plut. Stoic.rep. 13, 1039C (SVF III 29).

stand.[41] Entsprechend galt ihnen als gut alles, was tugendhaft ist, als schlecht aber alles, was den Tugenden entgegengesetzt ist. In diesem Sinne hat Zenon alles Seiende in drei Klassen eingeteilt, in die der Güter, der καλά, der Übel, der κακά und der Indifferenten, weder gut noch schlechten, der ἀδιάφορα. Dabei beschränken sich die Güter auf die vier klassischen Tugenden der φρόνησις, σωφροσύνη, δικαιοσύνη und ἀνδρεία, der Einsicht, Selbstbeherrschung, Gerechtigkeit und Tapferkeit.[42]

Wir fassen zusammen: Da die Vernunft zur Natur des Menschen gehört, lebt er naturgemäß, wenn er in Übereinstimmung mit der Vernunft, mit dem λόγος lebt. So heißt es bei Diog.Laert. VII 87, schon Zenon habe in seinem Buch über die Natur des Menschen (Περὶ ἀνθρώπου φύσεως) das mit der Natur in Einklang bestehende Leben als Endziel (τέλος) seines Handelns bezeichnet und es mit einem tugendhaften Leben identifiziert. Damit wir diesen Naturbegriff nicht naturalistisch mißverstehen und die Gleichsetzung von einem naturgemäßen und tugendhaften mit einem glücklichen Leben erkennen, sei die Erläuterung angeschlossen, mit der Diogenes Laertius seine Ausführungen am Ende von VII. 87 Ende und Anfang von 88 ergänzt:

„*Denn unsere Naturen sind Teile des Alls.* (88) *Daher besteht das Endziel in einem in Übereinstimmung mit der Natur bestehenden Leben, das heißt einem der eigenen und der des Ganzen gemäßen, wobei wir nichts tun, was das allgemeine Gesetz zu verbieten pflegt, wie es der wahren Vernunft, dem* ὀρθὸς λόγος, *entspricht, der alles durchdringt und selbst mit Zeus identisch ist, dem Herrscher und Lenker von allem, was ist. Eben darin besteht die Tugend des Glücklichen und der gute Ablauf des Lebens, wenn alles in Harmonie mit dem Genius getan wird, der in jedem Einzelnen wohnt in Übereinstimmung mit dem Ratschluß des Leiters des Alls.*“

Überblicken wir das Ganze dieser Lehre, so ahnen wir, warum sich der Jude Jesus Sirach, für den auf religiösem Gebiet nur der Gegensatz zwischen einem Leben in gottesfürchtiger Erfüllung der göttlichen

41 Vgl. Alex.Aphrod. De anima libri mant. p. 162,32 Bruns (SVF III, 65) und ebd., 166.21 Bruns (SVF III 57).

42 Die Übel setzten sie entsprechend mit der ἀφροσύνη, dem Unverstand, der ἀκολασία, der Unmäßigkeit, der ἀδικία, der Ungerechtigkeit und der δειλία, der Feigheit gleich. Alles andere rechnete dagegen zu den ἀδιάφορα, so daß dem Glück die ganze biologische und soziale Basis entzogen wurde: Leben und Tod, Ruhm und Schande, Mühsal und Freude (Lust) (ἡδονή), Reichtum und Mangel, Krankheit und Gesundheit „und dergleichen“ gehören dagegen zu den ἀδιάφορα (Stobaeus Ecl. II. p. 57,18 W / SVF I 190).

Gebote und einem sündhaften Leben zählte, sich durch die verwandte Strenge des stoischen Denkens angezogen fühlte, das um einen νόμος, eine *lex naturalis,* ein natürliches Gesetz als das *principium omnium*, das gestaltende Prinzip aller Dinge kreiste.[43]

4. Das Verhältnis zwischen Ben Sira und der stoischen Oikeiosislehre: 1. Der Mensch als vernünftiges Sprachwesen Sir 17,6–7

Sucht man nach einem entsprechenden Text so legt es sich, wie oben bereits angedeutet, nahe, die kleine Anthropologie in 17,1–6(14) genauer zu untersuchen. Sie ist Teil einer von 16,24 bis 18,14 reichenden Lehrerede, die von Gottes Weisheit als Schöpfer und seinem Erbarmen mit den sterblichen Menschen handelt. Da für sie keine hebräischen Textzeugen vorliegen, bildet die auf den Enkel Ben Siras zurückgehende griechische Version[44] den Grundtext, den wir fallweise an der Syrischen Übersetzung kontrollieren. Die Lehre wird in 16,24–30 durch zwei Strophen zu je acht Kola eröffnet, die das Thema der ganzen Rede benennen. So heißt es in der zweiten Hälfte der 1. Strophe direkt hinter der Lehreröffnung (Sir 16,26–27):

> 26 *Als Gott am Anfang seine Werke schuf,*
> *sie machte und ihren Zweck bestimmte,*
> 27 *da ordnete er seine Werke für immer*
> *und ihre Bereiche für alle Geschlechter.*

Die zweite Strophe schließt ihrerseits mit der Feststellung, daß Gott das Antlitz der Erde mit allerlei Leben bedeckt habe, das ausnahmslos zu ihr zurückkehrt. Damit hat Ben Sira den Übergang zum Menschen geschaffen, von dessen Ausstattung und Bestimmung in den nächsten drei Strophen die Rede ist. Von ihnen umspannt die 17,1–4, die zweite (nach Ausscheidung jüngerer Zusätze) die V. 6-b.9 und 10 und die dritte die V. 11–14. Die in der Auslegung diskutierte Frage, ob sich alle drei Strophen auf die Menschen als solche beziehen oder (nach einem gleitenden Übergang in der zweiten) erst die dritte von Israel handelt,

43 Min.Fel.19,10 (SVF I 162).

44 Zu ihrer veränderten Lebenswelt und Eigenart vgl. Georg Sauer, Jerusalem, 339–347.

können wir hier auf sich beruhen lassen. Da der Themenwechsel dem in 1,10 entspricht und 17,13 unverkennbar auf die Sinaioffenbarung der Tora anspielt, dürfte die zweite Möglichkeit nach wie vor die wahrscheinlichere sein.[45] Die Anthropologie der ersten Strophe entspricht in

---

45 Die zweite Strophe irritiert die Ausleger dadurch, daß sie ohne eine deutliche Zäsur den allgemeinen anthropologischen Aussagen in den V.1–4 und V.6–10*eine religiöse Zuspitzung gibt, die sich vor dem Anbruch der Heilszeit nur bei den Juden verifizieren läßt; denn erst nach dem Antritt der Königsherrschaft Jahwes sollen auch die Völker zum Zion wallfahren, um dort dem wahren Gott und Richter der Erde ihre Reverenz zu erweisen; vgl. Ps 96,7–9. In diesem Sinne schließt das Psalmenbuch in Ps 150,6 mit einem: *„Alles, was Odem hat, lobe den Herrn!“* In der geschichtlichen Realität Ben Siras waren es allein die Juden, welche dieser Aufforderung Folge leisteten. Die Furcht Jahwes war in Ben Siras Augen der Inbegriff der Weisheit und entsprach mit ihren segensreichen Folgen dem, was der Grieche als Lohn der Tugend erwartete. Aus dem Gesagten ergibt sich, daß die zweite Strophe zwar fundamental von der Bestimmung aller Menschen redet, ihr vorerst jedoch nur die Juden entsprechen. Die dritte Strophe V.11–14 handelt in Analogie zu dem Wechsel von der allgemeinen Verleihung der Weisheit zu der ihres Vollmaßes an Israel in 1,9–10 allein von Israel als dem Volk, mit dem Gott am Sinai aufgrund des Gesetzes des Lebens einen Bund geschlossen hat. Die Bezeichnung der Tora als „Gesetz des Lebens“ besitzt in 45,5 ihre Parallele, wo die Mose am Sinai anvertraute Tora als das „Gesetz des Lebens und der Einsicht“ bezeichnet wird. Dieser Spezialisierung auf die Israeliten entspricht die Aussage in V.12–13, daß sie beim Abschluß des ewigen Bundes seine Herrlichkeit (δόξα) gesehen und seine gewaltige Stimme gehört hätten; denn das ist eine eindeutige Anspielung auf die Gewitter-Theophanie am Sinai, die hier auf ihre wesentlichen Züge reduziert wird (vgl. vor allem Dtn 5,23–24 und dann Ex 19,16–19 und 24,15–18). Wie in 1,9–10 besteht Ben Sira auch hier darauf, daß die Gabe des Gesetzes Ausdruck der Erwählung Israels zum Volk des Herrn ist. V.14 ist keine allgemeine, sondern eine spezielle Zusammenfassung der Gesetzgebung am Sinai, wie sie im Dekalog vorliegt. Während die griechische Übersetzung in V.14a von Enthaltung von allem Unrecht (πάντος ἀδικίας) spricht, scheint der Syrer ein hebräisches שָׁוְא vorauszusetzen, das in Sir 30,17 (HB) ein „nichtiges Leben“ und d.h. dem Kontext nach: ein armes und unglückliche Leben bezeichnet. Da es sich das Wort im Alten Testament zumal auf Götzendienst (vgl. z.B. Jes 1,13; Jer 15,18; Hos 12, 12) und falsche Prophetie (vgl. z.B. Ez 12,24; 13,6–9; Sach 10,2) bezieht, liegt die Annahme nahe, daß es sich in V.14a um eine Umschreibung des 1. Gebots und in V.14b um eine solche der sittlichen Gebote des Dekalogs handelt. Mithin ist in der dritten Strophe konkret von der Sonderstellung Israels als dem Volk des Gesetzes die Rede: Die vierte Strophe V.15–20* unterstreicht diese Bevorzugung Israels als des unmittelbar der Leitung des Herrn unterstehenden Volkes (V.17) und erinnert daran, daß es daher in besonderer Weise von ihm beobachtet und also auch gerichtet wird. Da es Ben Sira um den Gehorsam seines Volkes geht, verzichtet er darauf, den

allen Zügen dem, was die biblische Urgeschichte berichtet (Sir 17,1–4).[46]

> 1 *Der Herr schuf den Menschen aus Erde*
> *und läßt ihn wieder zu ihr zurückkehren.*
> 2 *Er zählte ihre Tage und befristete ihre Zeit*
> *und machte sie zum Herrscher über alles auf Erden.*
> 3 *Sich selbst gleich bekleidete er sie mit Stärke*
> *und schuf sie nach seinem Ebenbild.*
> 4 *Er legte die Furcht vor ihnen auf alles Fleisch,*
> *damit sie über Tiere und Vögel herrschten.*

Spannender wird es, wenn wir uns der zweiten Strophe in den V. 6–10* zuwenden:

> 6 *‚Er bildete ihnen'*[47] *Zunge, Augen und Ohren*
> *und gab ihnen ein Herz, um zu denken.*
> 7 *Er erfüllte sie mit Weisheit und Einsicht*

Horizont erneut zu erweitern und im Sinne von Jes 2,1–5 und Mi 4,1–5 daran zu erinnern, daß einst alle Völker die Tora halten werden; vgl. aber Marböck, Bund, 133–140.

46 Daß der Mensch von Gott aus Erde gebildet und zur Erde zurückkehren muß, stimmt sachlich mit dem überein, was in Gen 2,7 und 3,19 erzählt wird. V.2a paraphrasiert Gen 6,1, wo das Höchstalter des Menschen auf 120 Jahre begrenzt wird – nach Ps 90,10 sind daraus realistischer 70–80 Jahre geworden. Die Feststellungen, daß Gott den Menschen zum Herrn über alles auf Erden geschaffen hat in V. 2b und ihre Ausführung in V.3, die diese Sonderstellung von seiner Erschaffung zum Ebenbild Gottes her erklärt, greifen auf den priesterlichen Schöpfungsbericht in Gen 1,1–2,4a und speziell auf die 1,26–28 zurück, wobei V.2b an das „alles hast du unter seine Füße gelegt" von Ps 8,7b anklingt. Die Syrische Übersetzung spricht bereits in V.3b statt von der Gottebenbildlichkeit davon, daß Gott den Menschen mit Furcht bekleidete, so daß V.4 zu einer Ausführung von V.3b wird. Nach V.4a ermöglicht die von Gott bewirkte Furcht vor dem Menschen bei allem Fleisch seine Herrschaftsfähigkeit über Tiere und Menschen. Dabei zieht Ben Sira Gen 1,28 und 9,2 aus der zutreffenden Einsicht zusammen, daß die Menschen die Tiere nur beherrschen können, weil und sofern sich diese vor ihm fürchten. Mithin hat Ben Sira in der Art eines Midrasch aus biblischen Daten ein neues Ganzes geschaffen, das doch völlig im Horizont seiner Grundtexte bleibt; zu den Parallelen vgl. auch Prato, problema, 274–276.

47 Lies יָצַר לָהֶם . Hinter G steht eine Verlesung des Verbs יָצַר als Nomen יֵצֶר . „Ohren" ist zu 6a zu ziehen; vgl. z. B. Rudolf Smend, Weisheit, 156; Prato, problema, 276–278 und Georg Sauer, Jesus Sirach, 547. = ders., Ben Sira, 139.

und lehrte sie, was gut und was böse.
8 *Er legte seine Furcht in ihre Herzen,*[48]
um ihnen seine großen Werke zu zeigen,
9 *damit sie für immer*[49] *seine Großtaten verkünden*[50]
10 *und seinen heiligen Namen preisen.*

Die Strophe ist unschwer zu verstehen: Sie handelt in V. 6 von der kognitiven und sensitiven Ausstattung des Menschen. In V. 6a werden ihm als Geschöpf Sprache („Zunge") und Sinneswahrnehmungen („Augen und Ohren") zuerkannt. Dabei fällt auf, daß von der „Zunge" an erster Stelle die Rede ist, so daß auf ihr ein besonderer Akzent liegt. V. 6b bildet dazu die nötige Ergänzung: denn nur als Sprachwesen besitzt der Mensch Vernunft, kann er sich seiner Zunge zum Sprechen bedienen und seine Sinneswahrnehmungen auswerten. Als Organ des Verstehens benennt Ben Sira das Herz,[51] wie es im Altertum überwiegend der Fall war.[52] V. 7a führt aus, daß Gott ihnen weiterhin „Weisheit und Einsicht"[53] verliehen hat, was V. 7b dahingehend ergänzt, daß Gott ihnen damit die allgemeine Urteilsfähigkeit gegeben hat zwischen טוב ורע, zwischen „gut/nützlich" und „böse/schlecht/schädigend" zu unterscheiden.[54] Das Gegensatzpaar kann sich ebenso auf vegetative, sensitive wie sittlich begründete Urteile beziehen, denn es

48 Zur Diskussion des Textes der V.8–10 vgl. Smend, Weisheit, 157–158 und Prato, problema, 279–280. Ich folge in V.8a der Lesart Zieglers, während Prato statt der Lesart „Furcht" die Variante „Augen" bevorzugt; vgl. auch Sauer, Jesus Sirach, 547 = ders., Ben Sira, 140; Skehan, in: Skehan/Di Lella, Wisdom, 279.

49 Vgl. S, lies aber statt „in der Welt" (בעלמא) mit Prato, problema, 280 ein לעולם.

50 Die von Ziegler vorgenommene Umstellung von V.9 hinter V.10, die sich an den Syrer anschließt, halte ich trotz ihrer Empfehlung von Smend, Weisheit, 157 und ihrer Aufnahme bei Prato, problema, 217, vgl. 280, mit Sauer, Jesus Sirach, 547 = ders., Ben Sira, 140; Josef Schreiner, Jesus Sirach, 94 und Skehan in: Skehan/Di Lella, Wisdom, 277 nicht für erforderlich.

51 Zum Herzen als kognitivem und sensitivem Zentrum des Menschen bei Ben Sira vgl. z.B. Sir 3,29; 8,19, 12,16; 13,25–26; 14,20–21; 16,20–24; 21,17–26; 22,16–17; 23,2; 25,7; 26,4–5; 30,16 und dazu Kaiser, Geschöpf, 1–22, bes. 2–3 = ders., Athen, 225–246, bes. 226–227 und unten, 72–73.

52 Vgl. dazu z.B. W.K.C. Guthrie, History VI, 296–298 ; Hans Walter Wolff, Anthropologie, 77–84; Jutta Hausmann, Studien, 185–186 bzw. Kaiser, Gott II, 297–299.

53 Lies mit dem Syrer.

54 Vgl. dazu I. Höver-Johag, Artikel טוב, 329–331.

bezeichnet schon in Gen 3,5 die Fähigkeit, zwischen dem, was dem Menschen nützt oder schadet zu differenzieren.[55] Die Fähigkeit dazu, entwickelt das Kind erst im Laufe der Jahre.[56] Es fällt jedenfalls auf, daß Ben Sira die Urteilsfähigkeit des Menschen anders als die biblische Paradiesgeschichte nicht auf den Sündenfall des Urelternpaares zurückführt, obwohl ihm die Erzählung bekannt war, denn er spielt in der Lehrrede über die Frau als Unglück und Glück ihres Mannes in 25,24 im Zusammenhang seiner Schilderung des Unglücks, das eine bösartige Frau ihrem Mann bereitet, auf sie an, macht aber in seinen Texten über den Tod davon keinen Gebrauch (Sir 25,24):[57]

> *Von einer Frau stammt der Anfang der Sünde,*
> *und um ihretwillen müssen wir sterben.*

Um nicht in den Verdacht zu kommen, vorschnell eine Abhängigkeit Ben Siras von der stoischen Lehre zu postulieren, erinnern wir daran, daß das Thema der Menschenschöpfung in Israel auch losgelöst von dem der Weltschöpfung verhandelt worden ist. So erinnert z. B. der Beter im Gebet eines Angeklagten Ps 139 Gott in den V. 13–15 daran, daß er ihn im Leib seiner Mutter erschaffen habe.[58] Weiterhin gehörte die Rede vom Herzen als dem Organ des Denkens zu den anthropologischen Grundeinsichten der Spruchweisheit: Ein Mensch, dem das Herz fehlt (חֲסַר־לֵב)[59] galt als unerfahren und einfältig (פְּתִי), ihm fehlte die Einsicht (בִּינָה).[60] Entsprechend erinnert der Lehrer seinen als Sohn angesprochenen Schüler in Prov 2,1–3 daran, daß er nur dann zu einem rechtschaffenen und sicheren Leben gelangen könne, wenn sein Ohr auf die Weisheit seines Lehrer merke und sein Herz der Einsicht (תְּבוּנָה) zuneige.[61] Doch um Ben Sira noch selbst zur Sache das Wort zu geben, seien aus der kleinen Lehrrede vom Nutzen der Weisheit in 37,16–26 die ersten sechs Kola zitiert (Sir 37,16–18):

55 Vgl. dazu Hans Joachim Stoebe, Gut und Böse, 188–204, bes. 201, aufgenommen bei Lothar Ruppert, Genesis I,148.

56 Vgl. Dtn 1,39 und Jes 7,15–16.

57 Vgl. dazu auch Kaiser, Verständnis, 175–192, bes. 178 und 182–183 = ders., Athen, 275–292, bes.278 und 282–283.

58 Vgl. dazu Kaiser, Gott II,150 und Bernd Janowski, Konfliktgespräche, 170–173.

59 Vgl. z. B. Prov. 7,7; 9,4 und 11,12.

60 Prov 9,4–5.

61 Vgl. dazu Jutta Hausmann, Studien, 179–184.

16 *Der Anfang jeder Tat ist ein Gedanke,*
der Anfang jeder Handlung ist ein Plan.
17 *Die Wurzel der Gedanken ist das Herz,*
18 *aus dem vier Zweige sprossen:*
Gutes und Böses, Leben und Tod,
doch sie beherrscht gänzlich die Zunge.

Kaum an einer anderen Stelle des Alten Testaments dürfte der Zusammenhang zwischen Denken, Planen und Handeln und die Verwurzelung des Denkens im Herzen und d.h. in diesem Fall: der Gesinnung so klar beobachtet sein wie hier. Daher liegt es nahe, daß Ben Sira durch seine Kenntnis der stoischen Oikeiosislehre dazu angeregt worden ist, seinen Schülern den Menschen von seiner Geschöpflichkeit her als ein mit Sprache, Vernunft und Urteilsvermögen begabtes Wesen vorzustellen.

5. Das Verhältnis zwischen Ben Sira und der stoischen Oikeiosis-Lehre: 2. Das Streben des Menschen und seine sittliche Verantwortung nach Sir 15,11–20

Schon in meinem Beitrag zur Festschrift für Johannes Marböck habe ich darauf aufmerksam gemacht,[62] daß die Rede Ben Siras vom יֵצֶר in 15,14 von dem stoischen Verständnis der ὁρμή beeinflußt sein dürfte.[63] In den Abschnitt als solchem geht es um die Zurückweisung von Skeptikern, die Gott als Schöpfer aller Dinge und damit auch des Menschen für die eigene Sünde verantwortlich machen. Es reicht im vorliegenden Zusammenhang aus, die ersten sieben Verse genauer zu betrachten (Sir 15,11–17):[64]

11 *Sage nicht: ‚Von Gott kommt meine Sünde!'*
Denn was er haßt, das bewirkt er nicht.

62 Vgl. dazu oben, 43–59.

63 Kaiser, Freiheit, 301, vgl. oben, 53–54.

64 Zur Auslegung vgl. zumal Prato, problema, 234–249, der hier sämtliche Parallelen im Sirachbuch (Sir 17,30–31; 21,11; 23,2 und 37,3) diskutiert und abschließend auf Gen 6,5; 8,21 verweist, und dann Wicke-Reuter, Providenz, 179–187, die besonders darauf hinweist, daß sowohl Ben Sira wie die Stoa die Erkenntnisfähigkeit des Menschen betont haben.

12 *Sage nicht: ‚Er führte mich irre!'*
Denn an Ungerechtigkeit hat er keinen Bedarf.
13 *Böses und Greuel haßt der Herr,*
er läßt sie nicht treffen, die ihn fürchten.

14 *Als Gott am Anfang den Menschen schuf,*
gab er ihn in die Hand seines Triebes.
15 *Wenn es dir gefällt, hältst du das Gebot,*
und Einsicht ist es, nach seinem Gefallen zu handeln.[65]
16 *Feuer und Wasser sind vor dir ausgeschüttet,*
was dir gefällt, nach dem strecke aus deine Hand.
17 *Vor dem Menschen liegen Leben und Tod,*
was ihm gefällt, das wird ihm gegeben.

Diese Bestreitung handelt eindeutig von dem Vermögen des Menschen, sich zwischen Gut und Böse zu entscheiden. Die Ermöglichung dafür liegt nach V. 14b eindeutig im „Trieb".[66] Diese Aussage ist nur sinnvoll, wenn der Trieb mit der ὁρμή λογιστκή, dem „vernünftigen Trieb" als der Kontrollinstanz des Urteilsvermögens des Menschen gleichgesetzt wird. Als inneralttestamentliche Parallele lassen sich nur Gen 6,5 und 8,21 anführen, wo das Wort die Bedeutung „Sinnen und Trachten" hat, und I Chr 28,9.19, wo das כל יצר מחשבות „alle Absichten/Bestrebungen" bedeutet. Doch mit keiner dieser Stellen kommen wir in vorpersische Zeit.[67] Und so zeichnet sich in Sir 15,14 ein zweites Mal die Möglichkeit einer Beeinflussung Ben Siras durch die stoische Trieblehre als Teil der Oikeiosis-Lehre ab.

6. Einige Homerische Parallelen bei Ben Sira

In seiner Lehrrede über das Verhältnis zwischen Arm und Reich in 13,1–14,2[68] findet sich in den V. 15–16 eine Variation der Grundmaxime, die als „Gleich und gleich gesellt sich gern" noch heute als Sprichwort im Deutschen begegnet (Sir 13,15–16):[69]

---

65 V.15c „Und wenn du treu bist, wirst du leben." ist Sondergut von HB.
66 So liest auch der Syrer. G interpretiert mit διαβούλιον; Urteilsvermögen.
67 Vgl. dazu Kaiser, Freiheit, 300 Anm. 55 = oben, 53 Anm. 54.
68 Vgl. zu ihr unten, 148–153.
69 Büchmann, Goldene Worte, 149.

15 *Alles Fleisch liebt seine Art,*
und jeder Mensch, den, der ihm gleicht.
16 *Alles Fleisch hält sich an seine Art*
und schließt sich seinesgleichen an.

Da sie prinzipiell mit der stoischen Oikeiosislehre harmoniert, nach der der soziale Trieb eine der Wirkungen der πρώτη ὁρμή ist,[70] könnte sie der Sirazide unter ihrem Einfluß in seine Lehren aufgenommen haben. Aber schon ein Blick in die Vorgeschichte der deutschen Maxime „*Gleich und gleich gesellt sich gern*" rät von einer so speziellen Ableitung ab; denn sie geht über die Vermittlung durch Ciceros „*pares cum paribus facillime congregantur* (Gleiche gesellen sich leichthin mit Gleichen)"[71] und Platons ὡς ὅμοιον ὁμοίῳ αἰεὶ πελάζει („Wie doch Gleiches zu Gleichem sich immer gesellt)"[72] auf die Odyssee zurück. Hier ist es freilich der Gott, der es so fügt: ὡς αἰεὶ τὸν ὁμοῖον ἄγει θεὸς ὡς τὸν ὁμοῖον („Wie denn immer ein Gott das gleiche zum gleichen gesellet").[73] Will man den Gedanken bei Sira nicht auf einen allgemeinen griechisch-hellenistischen, sondern einen speziellen zurückführen, so würde man wohl eher an Homer als an Platon zu denken haben, da sich bei ihm noch drei weitere Nachklänge des Dichters finden. Daher griff Theophil Middendorp kaum zu kurz, als er (Sir 13,17):

Verbindet sich etwa ein Wolf mit einem Lamm?
So verhält sich der Sünder gegen den Frommen.

als ein Echo auf Ilias XXII.261–266 deutete.[74] Hier verweigert Achill dem Hektor die Freundschaft mit den Worten:[75]

Hektor, rede mir nicht, Verhaßter, von Übereinkunft.
Wie zwischen Löwen und Menschen nicht möglich verläßliche Eide,
Und wie Wölfe und Schafe sich nie vereinen in Eintracht,
Sondern Haß nur empfinden, durch und durch, gegeneinander,
So auch gibt es für mich und dich keine Freundschaft ....

70 Vgl. dazu oben, 65–66.
71 Cic. Cato M. III.7.
72 Plat.symp. 195b.
73 Hom.Od. XVII.218. Alle Belege bei Büchmann, 149.
74 Th. Middendorp, Stellung, 9, aufgenommen von Hans Volker Kieweler, Ben Sira, 94.
75 Zitiert nach Roland Hampe, Ilias, 462.

Noch greifbarer ist der Einfluß von Ilias VI 146–149 auf Sir 14,18.[76] In der Ilias heißt es:[77]

So wie der Blätter Geschlecht, so ist auch jenes der Menschen,
Blätter, die schüttet die einen der Wind zu Boden, und andre
Treibt der sprießende Wald hervor zur Stunde des Frühlings.
So der Menschen Geschlecht, dies spießt und jenes verwelkt.

Bei Sirach heißt es poetisch nicht weniger kraftvoll (Sir 14,18):

Wie sprossendes Laub am grünenden Baum,
von dem eines fällt und anderes sprießt,
so sind die Geschlechter von Fleisch und Blut,
eines verscheidet, ein andres wächst nach.

Daß die Ilias möglicher Weise auch Sir 4,21 eingewirkt hat,[78] sei abschließend angemerkt:

In Ilias XXIV 44–45 heißt es:[79]

So hat Achilleus das Mitleid verloren, es mangelt die Scheu ihm,
Die ja den Menschen großen Schaden bringt oder Nutzen.

Bei Sirach heißt es (Sir 4,21):

Es gibt eine Scheu, die führt zur Sünde,
und eine Scham, die Achtung und Respekt verdient.

Unter diesem Gesichtspunkt behandelt er in 41,14–42,8 das Problem der berechtigten und unberechtigten Scham. – Fragt man sich, ob es überhaupt möglich war, daß Ben Sira Homer kannte, so läßt sich zugunsten dieser Annahme daran erinnern, daß in Jerusalem nur wenige Jahrzehnte später auf Betreiben des Hohenpriesters Jason ein Gymna-

76 Middendorp, Stellung,10; Kaiser, Gottesgewißheit, 76–88, bes. 85 = ders., Mensch, 122–134, bes. 132, ders.,Judentum, 68–86, bes. 82 = Mensch, 135–153, bes.149 und Kieweler, Ben Sira, 93.

77 Übers. Hampe, Ilias, 114.

78 Middendorp, Stellung, 14, Kaiser, Judentum, 82 = ders., Mensch,149 und Kieweler, Ben Sira, 91–92.

79 Übers. Hampe, 503.

sium eingerichtet worden ist (II Makk 4,12–15). Zur gymnasialen Ausbildung aber gehörte damals unabdingbar die Homerlektüre.[80]

7. Das Ergebnis

Abschließend seien die für die vorliegende Fragestellung wesentlichen Elemente der Oikeiosis-Lehre noch einmal zusammengefaßt: 1.) ist allen Lebewesen der Trieb zur Selbsterhaltung und ein Selbstverhältnis eigen. 2.) beruht die Sonderstellung der Menschen darauf, daß sie Anteil an der göttlichen Vernunft haben und damit sittlich verantwortliche Wesen sind. 3.) gehört zu allen Lebewesen die Liebe zur eigenen Nachkommenschaft. 4.) besitzen viele Tiere einen ausgesprochen sozialen Trieb, der die Menschen als Vernunftwesen zur Staatenbildung führt und von ihnen als solchen verlangt, den allgemeinen Nutzen von Göttern und Menschen über den Eigennutz zu stellen. Bei Jesus Sirach begegnet uns das zweite für seine Anthropologie wesentliche, weil die Verantwortung des Menschen begründende Element gleich zweimal wieder, ein erstes Mal im Zusammenhang seiner Lehrrede 16,24–18,14 in 17,4–6 und ein zweites in seiner Polemik gegen die Verantwortungslosigkeit in 15,11–20. Aber im Rückblick erkennen wir, daß auch schon Sir 1,1–10 nicht nur ganz allgemein unter dem Einfluß der kosmischen λόγος-Theologie der Stoa steht, sondern zugleich der erste Beleg für die Abhängigkeit von der Oikeiosis-Lehre als dem Herz der stoischen Anthropologie und Ethik ist, weil die Teilhabe am göttlichen Logos der Ermöglichungsgrund für alle Weisheit ist, die der Mensch nur erlangen kann, sofern er Urteilskraft und das heißt die Fähigkeit des inneren Sprechens oder Denkens verfügt (Sir 17,6–7). Ben Sira hat sich die zentralen Elemente der Oikeiosis-Lehre so assimiliert, daß dadurch die Freiheit Gottes gegenüber der Welt als seiner Schöpfung sowie sein erwählendes und richtendes Handeln nicht tangiert werden. Daher können wir ihn – füge ich abschließend hinzu – als einen Theologen betrachten, der das biblische Fundament nicht verlassen und daran festgehalten hat, daß die Furcht des Herrn Weisheit und Zucht (מוּסָר/παιδεία) ist und ihm Treue und Demut gefallen (Sir 1,27).[81]

---

80 Carl Schneider, Welt, 94–108, bes. 105–106 und Hermann Bengtson, Weltkultur, 60–61.

81 Diesem Aufsatz liegt ein Vortrag zugrunde, den ich am 9. November 2007 in der Theol. Fakultät der Kath. Universität Eichstätt zu halten die Ehre hatte. Ich danke Herrn Prof. Dr. Burghard M. Zapff herzlich für die Einladung.

Bund und Gesetz bei Jesus Sirach

1. Ben Siras Weisheit im Schatten der biblischen Bundestheologie

Bedenkt man, daß Ben Sira in einer Zeit wirkte, in der die Tora längst als Grundlage der jüdischen Rechtsprechung galt, so versteht es sich von selbst, daß er als סֹפֵר oder „Schreiber" nicht nur mit den heiligen Schriften seines Volkes im Allgemeinen, sondern im Besonderen auch und vor allem mit der Tora vertraut war,[1] wie es uns sein Enkel bezeugt und es sich in seinen eigenen Lehren spiegelt.[2] Der Enkel bescheinigt ihm, daß er ein Mann gewesen ist, der sich dem sorgfältigen Studium des Gesetzes und der Propheten und der ihnen nachfolgenden Bücher widmete (Prol.Sir 7–11). Seine sich mit Fragen der παιδία und σοφία der Bildung und Weisheit beschäftigenden Aufzeichnungen sollten denen zu einem Fortschritt in der Lebensweise nach dem Gesetz verhelfen, die sich beständig als bildungsliebend (φιλομαθεῖς) erwiesen (Prol.Sir 12–14).

Doch in der Art, mit der Ben Sira die biblischen Traditionen über die von Noah bis zu David reichenden Bundesschlüsse im „Lob der Väter" (Sir 44,1–50,24) nachzeichnet, gibt sich nicht nur ein allgemeines pädagogisches, sondern auch und zumal ein aktuelles politisches Interesse zu erkennen. In einer Zeit, in der sich in Jerusalems Oberschicht bis in das hohepriesterliche Geschlecht der Zadokiden hinein

1 Die Annahme einer „Reichsautorisation" der Tora durch die persischen Großkönige, wie sie im Anschluß an Peter Frei/Klaus Koch, Reichsidee, vertreten wurde, ist inzwischen aufgrund einer neuen historischen Einordnung und Gewichtung von Esra 7,12–26 und einer skeptischeren Beurteilung der Einflußnahme der Achämeniden auf die Gesetzgebung der von ihnen beherrschten Gebiete wieder fraglich geworden. Die Autorisierung regionaler Gesetze durch fremde Oberherren ist erst in hellenistischer Zeit nachweisbar; Sebastian Graetz Literatur, 294–296; zur Genese der mosaischen Gesetzgebung vgl. Eckart Otto; Tora.

2 Vgl. dazu die Nachweise bei Theophil Middendorp, Stellung, 35–91, die einschlägigen Beiträge in Jeremy Corley/Vincent Skemp, Studies, und zu der umstrittenen Frage der Bezugnahme Ben Siras auf Kohelet Johannes Marböck, Kohelet, 275–301 = ders., Frömmigkeit, 79–103.

Kräfte formierten, die wenige Jahrzehnte ganz offen eine Hellenisierung der Verfassung anstrebten,[3] die vorsichtig ausgedrückt eine Lockerung des Lebensstils zur Folge haben mußte,[4] erkannte Ben Sira in dem an der Spitze des jüdischen ἔθνος stehenden Hohenpriester den Bewahrer der Eigenart Israels, die auf seiner Bindung an die Tora beruhte. Die auffällig breite Ausgestaltung des Priesterbundes in 45,6–26 und die nicht minder ausführliche Vorstellung des Hohenpriesters Simon II. in Sir 50,1–24 zeigen schon formal an, daß in ihnen die Brennpunkte des ganzen Väterlobs liegen. Im Hintergrund steht seine Überzeugung, daß Israel in der ihm am Sinai offenbarten Tora die Summe aller Weisheit und damit eine verläßliche Anweisung zum richtigen und gesegneten Leben besitzt. Daher hat es Ben Sira prägnant als „das Gesetz des Lebens" (17,11; 45,5) bezeichnet.[5]

2. Weisheit und Tora bei Ben Sira

Das besondere Gewicht, das Ben Sira in seinen Lehrereden auf die Tora legt, tritt bereits deutlich in dem das Buch eröffnenden Hymnus auf Gott als die Quelle aller Weisheit in 1,1–10 zutage: Gott hat allen Menschen an ihr Anteil gegeben, um doch ihr volles Maß nur denen zu gewähren, die ihn lieben, das aber sind nach dem Zeugnis des Deuteronomiums die, die seine Gebote halten.[6] Diese Überzeugung gab Ben Sira freilich die Freiheit, nicht nur aus dem Schatz der biblischen Schriften, sondern auch aus dem der Erfahrungsweisheit seines Volkes und (soweit sie ihm zugänglich war) auch der anderer Völker wie zumal der Griechen zu schöpfen (39,1–4). Darüber hinaus hat er das überlieferte Spruch- und Gedankengut seiner eigenen Lebens- und Welterfahrung gemäß erweitert und in Lehrreden zusammengefaßt. Unbeschadet dessen besaß nach seiner Einsicht jedoch die Tora für jeden, der nach Weisheit strebte, einen theoretischen wie praktischen Vorrang vor aller sonstigen Weisheit, weil sie in seinen Augen ihr Inbegriff und ihre Quelle war.[7] Dem gemäß heißt es in (Sir 2,16):[8]

---

3 Vgl. dazu unten, 87–93 und zu den Motiven der innerjüdischen Reformpartei vgl. Klaus Bringmann, Reform, 66–74.
4 Vgl. dazu Martin Hengel, Judentum, 103.
5 Vgl. dazu oben. 68–70; aber auch J. Marböck (2007), 133–140.
6 Vgl. Dtn 5,10; 6,5; 7,9; 10,12 u. ö.
7 Vgl. dazu Núria Calduch-Benages, gioiello, 118–120.
8 Zum Kontext vgl. Calduch-Benages, 123–125.

Die den Herrn fürchten, suchen sein Wohlgefallen,
und die ihn lieben, sind vom Gesetz durchdrungen.

Ist die Furcht des Herrn die Wurzel (1,20), der Anfang (1,14), die Fülle (1,16) und die Krone (1,18) der Weisheit, die dem Gott wohlgefälligen Menschen Freude und lange Tage sichert (1,12),[9] so bildet das Halten der Gebote die Voraussetzung, sie zu erlangen. Denn es ist für den Juden ganz selbstverständlich, daß der, der seinen Gott fürchtet, auch nach seinem Willen lebt (19,20a-b)[10]:

Die ganze Weisheit ist Furcht des Herrn,
und vollkommene Weisheit das Tun des Gesetzes.

Demgemäß lautet Ben Siras Rat (1,26):

Begehrst du Weisheit, so halte die Gebote,
dann wird sie dir der Herr reichlich geben.

Diese Anweisung ist keineswegs lediglich dogmatischer Natur, sondern entspricht der Lebenserfahrung; denn wer gemäß den zahlreichen Ge- und Verboten der Tora zu leben versucht, wird dadurch notwendig zu einer umsichtigen Lebensführung angehalten.[11] Daher erklärt Ben Sira in 21,11:

Wer das Gesetz hält, beherrscht seinen Trieb,[12]
und die Furcht des Herrn ist vollkommene Weisheit.[13]

Durch das Streben, auch nicht eines der 613 biblischen Gebote zu übertreten, wird die Umsicht gleichsam zu einem Habitus und der ihr

9 Zu ihrer Funktion bei Ben Sira vgl. grundsätzlich Joseph Haspecker, Gottesfurcht, und präzise Oda Wischmeyer, Kultur, 278–281 bzw. Collins, Wisdom, 46–47, aber auch Renate Egger-Wenzel, Faith, 211–226.

10 20c „und Erkenntnis seiner Allmacht" ist nur schwach in GII bezeugt.

11 Vgl. schon Mich 6,8 und dazu Hans Joachim Stoebe, Micha, 6,8, 180–185= ders., Geschichte, 209–223, und Rainer Keßler, Micha, 271 und Jörg Jeremias, Propheten, 203–205.

12 Zum Text vgl. Rudolf Smend, Weisheit, 174, M. Segal, Sefer, 116 und PatrickW. Skehan, in: Skehan/Di Lella, Wisdom, 311 z.St.

13 G: „Die Vollkommenheit der Furcht des Herrn ist Weisheit." Vgl. aber Segal, 116.

gemäß handelnde zu einem gottesfürchtigen Menschen. Denn der gesetzestreue Jude folgt nicht seinen augenblicklichen Impulsen, sondern überlegt umsichtig, was in der jeweiligen Situation der göttlichen Weisung entspricht und handelt daher weise.[14] Andererseits verleiht ihm diese Haltung auf die Länge der Zeit auch die Sicherheit, seinem eigenen Urteil zu vertrauen (Sir 32,14–16):

14 *Wer nach Gott fragt, nimmt Zucht an,*
und wer sich an ihn wendet, erhält eine Antwort.
15 *Wer in der Weisung forscht, erkennt es,*
doch der Heuchler verfängt sich in ihm.
16 *Wer den Herrn fürchtet, versteht das Recht,*
gute Ratschläge bringt er hervor aus dem Dunkeln.[15]

3. Die Väterbünde von Noah bis zu Israel/Jakob

Aus dem bisher Ausgeführten ergibt sich, daß Ben Sira dem Sinaibund in seinen Lehren sachlich die größte Bedeutung zuerkannt hat, ohne deshalb die anderen in der Bibel berichteten Bundesschlüsse zu übergehen. Aus echter Bewunderung des Priestertums, aber auch in Sorge um seine sich ankündigende Destabilisierung, rückt er daneben den mit Aaron und Pinchas geschlossenen Bund und das beispielhafte Wirken des inzwischen verstorbenen Hohenpriesters Simon II. in den Mittelpunkt.[16] Folgen wir seiner Vergegenwärtigung der von Noah bis Israel/Jakob bzw. David erfolgten Bundesschlüsse im Lob der Väter, so zeigt es sich, daß sie ihm vor allem als Garanten für die Dauer der Sonderstellung Israels unter den Völkern galten. Der in 44,17–18 erinnerte Noahbund garanierte mit der verbindlichen Zusage der Beständigkeit des Lebens auf dieser Erde die grundlegenden Voraussetzungen der ganzen weiteren Menschheitsgeschichte. Seiner Überzeugung des Zusammenhangs von Gerechtigkeit und Leben gemäß[17] unterstreicht Ben Sira, daß Noahs Gerechtigkeit Gott zur Rettung eines Restes veranlaßte

14 Vgl. Koh 2,14a: „Der Weise hat seine Augen im Kopf, aber der Tor wandert im Dunkeln."

15 Zum Text vgl. Smend, Weisheit, 291–292 und Skehan, in: Skehan/Di Lella, Wisdom, 387, 396. Unsere Übersetzung folgt HB, V. 16 auch HE, unter Ausschaltung der von G nicht gestützten V. 14c-d. 15c-d und 16c-d.

16 Vgl. dazu unten, 87–93.

17 Vgl. dazu Johannes Marböck, Weisheit, 21–52.

und hinfort keine derartig katastrophale Flut mehr alles Fleisch verderben solle, womit der Weise geschickt Gen 8,1 mit 9,15–16 verbindet. So liegt der Nachdruck einerseits auf dem vorbildlichen Charakter des Urvaters[18] und andererseits auf der bleibenden Bewohnbarkeit der Erde als der Ermöglichung der Fortdauer des sie erfüllenden Lebens. Dagegen bleiben der neue Mehrungssegen (vgl. Gen 1,28 mit 9,1.7), die neue Speiseordnung mit ihrer Erlaubnis zur Tierschlachtung (vgl. Gen 1,29–30 mit 9,3), das Verbot des Blutgenusses (Gen 9,4) und die Sanktionierung des Menschenblutes (Gen 9,5–6) unberücksichtigt (44,17–18):[19]

> 17 *Noah, der Gerechte wurde als vollkommen erfunden,*
> *in der Zeit der Vernichtung blieb er ein Sproß.*
> *Um seinetwillen blieb ein Rest auf Erden,*
> *und wegen des Bundes mit ihm endete die Flut.*
> 18 *Ein ewiges Zeichen war mit ihm verbunden,*
> *daß alles Fleisch nie mehr vernichtet würde.*

Dagegen dient der in 44,19–21 zumal im Anschluß an Gen 17 und 22 behandelte Abrahambund dazu, die Sonderrolle Israels unter den Völkern als des für immer erwählten Volkes des Herrn zu begründen. Dabei ruft V. 19a die Erinnerung an die ihm in Gen 17,4 gegebene Verheißung wach, daß er zum Vater einer Menge von Völkern (המון גוים) werden solle, während V. 19b in Anspielung auf die Rettung der Ehre seiner Frau vor Pharao[20] und dem König Abimelek von Gerar[21] unterstreicht, daß auf seine Ehre kein Makel fiel. Der Erzvater wird damit als Vorbild seiner sämtlichen Nachkommen gekennzeichnet.[22] In V. 20a-c wird festgehalten, daß er in die ihm von Gott angebotene und mit dem Zeichen der Beschneidung verbundene ברית („Bund") eingetreten sei und er sein eigenes „Fleisch" beschnitten habe. Nach Gen 17,23 hätte Abraham allerdings nur seinen Sohn Ismael und seine sämtlichen männlichen Sklaven beschnitten. Daß Abraham die Rite nicht nur an seinem Sohn und seinen Hausgenossen, sondern auch an

---

18 Vgl. dazu Thomas R. Lee, Studies, 37.

19 Zu Ben Siras Verhältnis zur Ritual- und Reinheitsgesetzgebung sowie den Opfern vgl. unten, 100–118, bes. 101–102 und 103–107.

20 Vgl. Gen 12,10–20.

21 Vgl. Gen 20,1–18.

22 Vgl. auch. Lee, Studies, 37 und 218 f.

sich selbst vollzogen hätte, wird dagegen in dem vermutlich einige Jahrzehnte jüngeren Jubiläenbuch[23] (Jub 15,23–24) ausdrücklich berichtet. Die Erweiterung lag in der Logik Ben Siras, denn sie drückte den vollkommenen Gehorsam des Erzvaters aus, der sich weiterhin darin äußerte, daß er auch dem ihm als Gehorsamsprobe auferlegten Befehl, den eigenen Sohn als Opfer darzubringen, nachzukommen bereit war (Gen 22,1–14) und so als treu erfunden wurde (vgl. Gen 22,12b mit Sir 44,20e).[24] V. 21 berichtet im selektiven Anschluß an Gen 22,16–18 davon, daß Gott ihm deshalb eidlich bestätigt habe, durch ihn die Völker zu segnen (vgl. V. 21a mit Gen 22,16a und V. 22b mit Gen 22,18, vgl. 12,3a). Damit bekennt sich Ben Sira zu der Hoffnung, daß sich eines Tages alle Völker der Erde mit Israel vor dem einen Gott beugen und sich dem Israel gegebenen Gesetz des Lebens (Sir 17,11) unterwerfen würden, auch wenn er den nationalen Gesichtspunkt in den beiden folgenden Bikola sogleich nachdrücklich unterstreicht, indem er seinen Bericht in V20c-d in losem Anschluß an Gen 22,17 (vgl. 13,16 und 15,5) mit der Verheißung einer unzählbaren Nachkommenschaft und in 20e-f mit der Ps 72,8 zitierenden einer gewaltigen Ausdehnung ihres Landes beschließt. Das Zitat läßt erkennen, daß Ben Sira die Messiaserwartung seines Volkes teilte (Sir 44,19–21):[25]

19 *Abraham ist der Vater einer Menge von Völkern,*
an seiner Ehre gibt es keinen Makel.
20 *Er bewahrte das Gebot des Höchsten*
und trat ein in einen Bund mit ihm.
Sein Fleisch beschnitt er nach der Vorschrift,
und in Versuchung ward er treu erfunden.
21 *Daher bestätigte er ihm durch Eid,*
durch seinen Samen die Völker zu segnen,
Ihn zahlreich zu machen wie den Sand der Erde
und wie die Sternen seinen Samen zu erhöhen,[26]
Ihnen Besitz zu geben vom Meer bis zum Meer
und vom Strom zu den Enden der Erde.

23 Zu seiner Datierung vgl. Gerbern Oegema, Unterweisungen, 82.

24 Zu der Erzählung von Isaaks Bindung vgl. auch Kaiser, Athen, 199–224.

25 Vgl. auch das Gebet um die Niederwerfung des fremden Volkes in Sir 36,1–22 und dazu Marböck, Gebet, 93–115 = ders., Gottes Weisheit, 149–166, bes.165–166.

26 V. 21c-d ist nur von G überliefert; V. 21e-f auch von HB; zum Befund vgl. auch Friedrich V. Reiterer, Urtext, 103–106.

Das Interesse Ben Siras liegt also auch hier in erster Linie beim Gehorsam gegenüber der Tora als der Bedingung für das Wohl des Einzelnen und die heilvolle Zukunft des Volkes. So hatte er schon in der Einleitung zum Lob der Väter den Nachkommen in Erinnerung gerufenen, daß sie ihre Existenz den Bundesschlüssen Gottes mit ihren von ihm begnadeten Vorfahren verdankten (Sir 44,10–12):

> 10 *Aber es gab auch begnadete Männer,*
> *was sie getan, bleibt unvergessen.*
> 11 *Ihr Gut bleibt bei ihrem Samen*
> *und ihr Erbe Kindeskindern.*
> 12 *Dank ihres Bundes dauert fort ihr Same*
> *und ihr Gesproß um ihretwillen.*[27]

Beruht die Existenz Israels letztlich auf dem Gottesbund mit Abraham, so unterläßt es Ben Sira in 44,22–23 trotzdem nicht, kurz und bündig die Linie der Bundeszusagen von Abraham über Isaak bis zu Israel (Jakob), dem Stammvater der Zwölf Stämme Israels auszuziehen, um seine Leser auf diese Weise von der Zuverlässigkeit der göttlichen Verheißungen zu überzeugen:[28] In V. 22a-b hält er fest, daß Gott seinen Bund[29] mit Isaak um seines Vaters Abraham willen erneuert hat.[30] In V. 22c-23a hält er fest, daß Gott auch Israel (Jakob) in alle seinen Vätern gegebenen Bundeszusagen einbezogen[31] und die ihnen gegebenen Segensverheißungen[32] in seinem Leben erfüllt habe. Dann erst kommt Ben Sira abschließend in V. 23b-e konkret auf Jakobs Geschick in Gestalt der göttlichen Bestätigung seiner (auf problematische Weise gewonnenen)[33] Erstgeburt[34] und seiner Bestimmung, Ahnherr der

27 Vgl. G.

28 Zu den Gründen, die zur Aussparung Josephs geführt haben dürften, vgl. Lee, Studies, 208.

29 In V. 22a ist G, HBm und L zu folgen.

30 Vgl. V. 22a-b mit Gen 26,3–5.

31 V. 22c gehört mit V. 23a zusammen und bezieht sich auf Jakob; daher handelt es sich bei dem „Bund aller Vorderen" um die Abraham und Isaak gegebenen Bundeszusagen.

32 Vgl. V. 22d-23a mit Gen 28,3–4 und zumal V. 13–15 sowie 46,2–3. Die Wiederholung der Bundesverheißungen wird von Ben Sira als Wiederholung des Bundesschlusses gedeutet.

33 Vgl. Gen 27,1–29; 28,1–4.

34 Vgl. auch Ex 4,22; Hos 11,1.

Zwölf Stämme Israels zu werden, zu sprechen, die entsprechend ihrer Zahl Anteile am Erbland erhalten würden (Sir 44,22–23):[35]

> 22 *Und auch an Isaak handelte er so*[36]
> *um Abrahams, seines Vaters willen.*
> *Den Bund seiner Vorfahren gab er ihm,*
> 23 *und Segen ruhte auf Israels*[37] *Haupt.*
> *Er bestätigte ihm seine Erstgeburt*[38]
> *und gab ihm seinen Erbbesitz*
> *und bestimmte ihn*[39] *zu Stämmen,*[40]
> *entsprechend dem Anteil der Zwölf.*

In diesem insgesamt knappen Rückblick von der Selbstverpflichtung Gottes gegenüber Noah als des Ahnherren der nach der Sintflut lebenden Menschheit bis zu Israel/Jakob als dem Ahnherren der Zwölf Stämme Israels steht Abraham deutlich im Mittelpunkt, weil er der Vater des Gehorsams ist, den auch seine Nachkommen dem ihnen offenbarten Gotteswillen schulden. Denn als Urbild des Gehorsams ist er das Vorbild, das seine Nachkommen lehrt, des Herrn Wege zu bewahren und zu tun, was recht und gut ist (Gen 18,19).

---

35 Vgl. auch Sir 46,1e-f.

36 Lies mit HBm, vgl. G.

37 G liest erleichternd Jakob.

38 Lies mit HBm.

39 Das Suffixpronomen der 3. sing. masc. kann sich nur auf Jakob, nicht auf die נחלה in V. 23c beziehen.

40 Der Text von 23d-e ist schlecht überliefert und vieldeutig; vgl. Rudolf Smend, Weisheit, 425. So übersetzen Ryssel, Jesus Sirach, 452: „Und er siedelte ihn an in Stämmen / indem er [so] den Zwölfen ihren Anteil zukommen ließ." Peters, Buch, 380: „Und er machte ihn zu Stämmen, zu einem Besitz von Zwölf." John G. Snaith, Ecclesiasticus, 218: „dividing it into portions / which he allotted to the twelve tribes." Skehan, in: Skehan /Di Lella, Wisdom, 503: „He fixed the boundaries für his tribes/and their divison into twelve." Georg Sauer, Jesus Sirach, 516 := ders., Ben Sira, 304: „ und er ließ ihn fortbestehen in Stämmen / entsprechend dem Anteil der Zwölf."

4. Mose als Mittler und Lehrer der göttlichen Weisung

Angesichts der zentralen Stellung der Tora im Denken Ben Siras bedarf es einer Erklärung, warum der Würdigung Moses in Kapitel 44,23 f-g und 45,1–5 lediglich neun,[41] die der als Ahnherren der Zadokiden betrachteten Leviten Aaron und Pinchas aber vierzig Bikola gewidmet sind.[42] Sachlich setzt Ben Sira mit seiner Behandlung einen kräftigen Akzent, in dem er in überaus gedrängten Sätzen die Ausnahmestellung Moses unter allen Menschen und seine besonderen göttlichen Begabungen hervorhebt, die in der Vermittlung des göttlichen Gesetzes des Lebens[43] an 45,5 Israel gipfeln. Schon seine Einführung in 44,23 f-g+45,1 (H 45,1a-b)[44] als einem Mann, der Gnade in den Augen aller Lebenden fand und von Gott und den Menschen geliebt wird, verweist auf seine einmalige Sonderstellung. In 45,2–4 gibt Ben Sira eine Zusammenfassung seines ganzen Wirkens in der Form einer Aufzählung der ihm von Gott gegebenen Kräfte, Aufgaben und Gnaden: V. 2a-3b hebt seine jedes Menschenmaß übersteigende Auszeichnung durch Gott hervor,[45] die ihn den Engeln gleichen ließ: Er verlieh ihm nämlich Wunderkräfte, so daß seinen Worte an den Pharao sogleich wundermächtige Zeichen folgten.[46] So stellt Ben Sira seine Rolle als Werkzeug der Befreiung Israels aus der ägyptischen Knechtschaft an den Anfang der Aufzählung. Grund seiner Erwählung aber seien seine אמונה und ענוה, seine Treue und Demut gewesen,[47] womit er würdig an die Seite Abrahams trat.[48] Vor allem aber zeichnete ihn Gott dadurch aus, daß er ihn seine Stimme hören und ihn sich ihm nahen ließ,[49] um ihm „das Gesetz des Lebens und der Einsicht“[50] zu übergeben und so zum Gebotsmittler für sein Volk zu machen.[51] Mehr über ihn zu sagen, erüb-

41 Vgl. dazu Markus Witte, Mose, 161–186.

42 Zu der in der Perserzeit erfolgten Levitisierung der Priester vgl. Reinhard Achenbach, Priester, 285–309.

43 Vgl. Sir 17,11.

44 Zum Text vgl. F.V. Reiterer, Urtext, 117–123.

45 Vgl. auch Ps 8,6.

46 Vgl. Ex 4,1–13,16.

47 Vgl. Sir 1,14–15; 3,17; 10,28; ferner 13,20.

48 Vgl. 44,20d.

49 Vgl. Ex 19,20–24; 20,20–21; 24,18–25,1

50 Vgl. Sir 17,11 und 6,37: „Habe stets das Gesetz des Höchsten im Sinn / und sinne nach über seine Gebote. / Dann gibt er deinem Herzen Einsicht / und erfüllt dein Verlangen nach Weisheit.“ sowie weiterhin Ex 31,18; 34,1.28.

51 Vgl. Ex 20–24.

rigte sich, da seine Bedeutung im zeitgenössischen Judentum über alle Zweifel erhaben war (Sir 44,23 f-45,5):

> 23 f *Er ließ aus ihm*[52] *hervorgehn einen Mann,*
> *und gab ihm Gunst bei allen Lebenden,*[53]
> 1 *Geliebt von Gott und Menschen,*
> *Moses, gesegnet sei sein Angedenken.*
> 2 *Er gab ihm engelgleiche Ehre,*[54]
> *gab ihm durch Wundertaten*[55] *Stärke,*
> 3 *ließ seinen Worten eilends Zeichen folgen*
> *und gab ihm vor dem König Stärke.*
> *Er gab ihm die Gebote für das Volk*[56]
> *und ließ ihn schauen seine Herrlichkeit.*
> 4 *Um seiner Treue, seiner Demut willen,*
> *hat er aus allem Fleische ihn erwählt.*
> 5 *Er ließ ihn seine Stimme hören*
> *und sich (ihm) im Dunkel nahen*
> *und legte das Gebot in seine Hand,*
> *die Weisung des Lebens und der Einsicht,*
> *daß er Jakob*[57] *lehre seine Satzungen*
> *und seine Zeugnisse und Rechte Israel.*[58]

5. Der Priesterbund mit Aaron

Wer sich daran erinnert, daß das Lob der Väter in c. 50 in die Rühmung des Hohenpriesters Simon (II.) sein Ziel besitzt,[59] versteht, warum Ben Sira dem Lob der Urpriester Aaron und Pinchas in 45,6–26 eine so breite Darstellung zuteil werden läßt. Der das Buch beschließende

52 Nämlich: aus Jakob/Israel.
53 Wörtlich: „und ließ ihn Gunst finden in den Augen jedes Lebenden."
54 Zum Text vgl. Reiterer, Urtext, 125 f.
55 Lies mit HBm; vgl. Reiterer, 126.
56 Zum Text von V. 3c vgl. Smend, Weisheit, 427 und Reiterer,130.
57 Lies mit Bm. G, S und L; anders Reiterer, 139.
58 Vgl. I Chr 29,19; II Chr 34,31; Neh 9,34.
59 Das ist, wie Lee (1986), 12 nachweist, seit den 70er Jahren des letzten Jahrhunderts wiederholt beobachtet worden. Vgl. dazu zuletzt Marböck, Hohepriester, 215–229 = ders., Frömmigkeit, 155.168 und ausführlich Otto Mulder, Simon.

Gebetswunsch in 50,22–24 HB endet in V. 24 mit der Fürbitte, Gott möge für die Dauer des hohepriesterlichen, durch Simon II. noch einmal eindrucksvoll repräsentierten Geschlechts eintreten und ihm und seinen Nachkommen die gegenüber Pinchas eingegangene Verpflichtung halten (Sir 50,24):[60]

Seine Treue (חסדו) *möge bei Simon bleiben*
und er ihm den Bund des Pinchas erhalten,
So daß er ihn ihm nicht zerschneidet
und seinem Samen, solange der Himmel steht.

Da der vorausgehende V. 23 sich an die in V. 22 zum Gotteslob Aufgeforderten richtet und den Gebetswunsch enthält, Gott möge ihnen ein weises Herz verleihe, damit Friede unter ihnen herrsche, dürften sich die V. 21–24 insgesamt vornehmlich an die Adresse der Jerusalemer Priesterschaft und zumal der Zadokiden richten. Wie die Anspielung auf die Verleihung eines weisen Herzens an Salomo zeigt,[61] denkt Ben Sira an die priesterliche Leitung Judas (vgl. auch 45,17). Zieht man die Parallele in Gestalt der dem Abschnitt über Aaron und Pinchas in 45,25e-26 angehängten Schlußbitte heran,[62] wird das noch deutlicher; denn hier folgt auf die Anspielung auf I Reg 3 in V. 26a in V. 26b Ps 72,2a als Zitat (Sir 45,25e-26):

25e *Und nun preiset doch den guten Herrn,*
der euch mit Herrlichkeit gekrönt hat.[63]
26 *Er gebe euch Weisheit des Herzens*[64]
sein Volk zu richten in Gerechtigkeit,[65]
Damit man nicht vergesse euer Glück[66]
und eure Herrschaft[67] *in ewigen Geschlechtern.*

---

60 Zur Adaption der V. 23–24 in G an die veränderte Situation vgl. Skehan, in: Skehan/Di Lella, Wisdom, 550 z. St.

61 Vgl. I Reg 3,9–12.

62 Zur Unentbehrlichkeit von den in G ausgelassenen Kola 25e-f vgl. Smend, Weisheit, 438, zu den Gründen der Aussparung Lee, Studies, 238.

63 Vgl. Ps 8,6.

64 Vgl. 50,23a.

65 Vgl. Ps 72,2a.

66 Vgl. auch Reiterer, Urtext, 233.

67 Lies mit Reiterer, 233 משלחם.

Der Streit, den es nach 50,23b zu vermeiden gilt, bedroht offensichtlich den inneren Frieden der Zadokien. Daher verdient die Vermutung von Martin Hengel und Alexander A. Di Lella Zustimmung, daß Ben Siras Gebetswünsche an beiden Stellen eine Reaktion auf die sich nach dem Tode des Hohenpriesters Simon II. abzeichnende Schwächung der Stellung des zadokidischen Hohenpriesters darstellen. Für sie dürften die Umtriebe der Tobiaden und Ereignisse wie der Versuch des seleukidischen Kanzlers Helidor, die im Tempel deponierten Gelder zu konfiszieren,[68] und die offensichtlich schon vor dem Tode Seleukos IV. einsetzende Zwistigkeiten im Kreise der Zadokiden verantwortlich gewesen sein.[69] Ben Sira stellt den rivalisierenden Priestern und ihrer jeweiligen Anhängerschaft Glück und Größe der Herrschaft der zadokidischen Hohenpriester vor Augen und fordert sie zweimal dazu auf (45,26 und 50,24), dieses Erbe nicht durch eine unwürdige und willkürliche Wahrnehmung ihrer Pflichten zu gefährden. Dem entspricht es, daß er unmittelbar nach der Rühmung der exzeptionellen Stellung Aarons in 45,6–17 in den V. 18–19 an die von dem Herrn vereitelte Auflehnung Dathans, Abirams und der Rotte Korachs gegen Aaron erinnert.[70] Kann man Norbert Peters Ansicht wegen fehlender konkreter Hinweise auf die Ereignisse der Jahre 174–171 nicht zustimmen, daß das Buch Ben Siras die Ränke und Kämpfe um das Amt des Hohenpriesters dieser Jahre spiegele,[71] so muß man Rudolf Smend zustimmen, daß uns das Buch „die Vorbedingungen vor Augen" führt, die das Eingreifen Antiochus IV. Epiphanes in die inneren Zuständen der jüdischen Gemeinde ermöglichten.[72]

Bei 50,22–24 handelt es sich also um eine bewußte und zugleich erweiterte Wiederaufnahme von 45,23–24.[73] Dadurch wird der Leser dazu angeleitet, 45,6–22 und 50,1–21 als zwei einander ergänzende Texte zu lesen: 45,6–22 stellt das Urbild des zadokidischen Priestertums und die ihm gewährten Gnadenzusagen und 50,1–21 den nach Ben Siras Urteil letzten vorbildlich seines Amtes waltenden Hohenpriester aus Zadoks Geschlecht Simon II. den Gerechten vor Augen.

68 Vgl. II Makk 3,3–13 und dazu Victor Techerikover, Civilization, 156–158.

69 Zu 50,22–24 vgl. Hengel, Judentum, 244 und zu 35,25–26 Di Lella, in: Skehan/Di Lella, Wisdom, 514.

70 Vgl. Num 16 und Sir 33,12.

71 Peters, Buch, XXXIV- XXXV.

72 Smend, Weiseit, XVII.

73 Vgl. Marböck, Hohepriester, 224–225 = ders. Frömmigkeit,164–165 und ausführlich Mulder, Simon.

Schon die Schilderung seines Ornats und Auftretens beim Tamidopfer (V. 5–15) und seiner die Aussprache des Gottesnamens einschließenden Segenshandlung (V. 16–21, vgl. V. 20d) zeigen ihn vorbildlich auf dem Höhepunkt seines der Gemeinde sichtbaren Handelns am Großen Versöhnungstag.[74]

In diesem Sinne unterstreicht das Lob Aarons in 45,6–22 und seines Enkels Pinchas in 45,23–26 die exzeptionelle Stellung des Hohenpriesters: In V. 6 setzt es Aarons Würde in V. 6 der des Mose gleich und in V. 7 hebt es die Ewigkeit seines Priesteramtes hervor (Sir 45,6–7):

> 6 *Und er erhöhte wie jenen*[75] *als heilig*
> *Aaron vom Stamme Levi*
> 7 *Und setzte ihn ein zu ewiger Satzung*
> *und bekleidete*[76] *ihn mit Herrlichkeit,*
> *Daß er ihm diene in seiner Zier,*
> *umgürtete er seine Gestalt*[77] *mit Schönheit.*

Die folgende Beschreibung des hohepriesterlichen Ornats nimmt die V. 8–13 ein. Sie schließt sich grundsätzlich an Ex 28 an und entspricht der Kleidung, in welcher der Hohepriester im Tempelhaus agierte und anschließend beim Tamidopfer (V. 14) und zur Erteilung des Segens (50,11–20) vor die Gemeinde trat. Diese Beschreibung wird in der Schilderung der Herrlichkeit des aus dem archaisierend als „Zelt“ bezeichneten Tempelhaus[78] hervortretenden Hohenpriesters Simon in 50,5–11 nicht wiederholt, sondern vorausgesetzt. Dabei zeigt 45,13, daß die Hervorhebung seiner prächtigen Gewandung der Einprägung der seinem Geschlecht vorbehaltenen Sonderstellung in Israel gilt (Sir 45,13):

> *Vor ihm ward solches nicht gesehen,*
> *und in Ewigkeit darf sie kein Fremder*[79] *tragen*
> *außer seinen Söhnen allein*
> *und seinen Kindeskindern.*

---

74 Vgl. dazu John G. Snaith, Ecclesiasticus, 251–252 und Lee, Studies, 236.
75 Zum Text vgl. Smend (1906), 428 und Reiterer, Urtext, 142–144.
76 Wörtlich: „gab auf ihn“. Zu G vgl. kritisch Reiterer, Urtext, 147–148.
77 Lies בתואר vgl. Bm. Zu HE 7e vgl. Smend, Weisheit, 428.
78 Peters (1913), 428.
79 D.h.: ein nicht zu dem auserwählten Geschlecht zählender Priester, Reiterer, Urtext, 172.

In den V. 14–16 werden die für alle seine Nachkommen geltende Einsetzung und Salbung durch Mose[80] und seine Aufgabe, die verschiedenen Opfer darzubringen, hervorgehoben. Im überhöhenden Anschluß an Ex 29,9, wo das Priestertum Aaron und seinen Söhnen nach einer חקת עולם, einer „ewigen Satzung" übertragen wird, spricht Ben Sira von einer ברית עולם, einem ewigen Bund[81] (Sir 45,15–16 +14):

15 Und Mose füllte seine Hand
und salbte ihn mit heiligem Öl.
Und dies wurde für ihn zum ewigen Bund[82]
und für seinen Samen, solang der Himmel besteht,
um ihm als Priester zu dienen
und sein Volk in seinem Namen zu segnen.[83]
16 Vor allem, was lebt, erwählte er ihn,[84]
um Ganzopfer[85] *und Fettstücke*[86] *darzubringen*
und aufsteigen zu lassen Duft-[87] *und Gedenkopfer*[88]
und Sühne zu wirken für Israel.[89]'
14 Sein Speisopfer geht ganz in Rauch auf,
und jeden Tag zweimal das Tamid.

Aber Ben Sira hat natürlich neben der kultischen Vorrangstelle Aarons bzw. des Hohenpriesters auch seine Rolle als Richter und verbindlicher Lehrer der Tora nicht vergessen (Sir 45,17):

Er gab ihm seine Gebote
und setzte ihn über Satzung und Recht,

80 Vgl. Lev 8 und zu V. 15a Ex 28,41 und 29,9.
81 Vgl. auch Reiterer, Urtext, 179 und Lee, Studies, 210–211.
82 Vgl. Ex 29,9; Num 25,13.
83 Num 6,23–27, vgl. Sir 50,20–21.
84 Vgl. auch Num 16,5–7 und 17,16–23.
85 Lev 1.
86 Lev 3,9–11.
87 Zur Formel vgl. Gen 8,21 und z.B. Ex 29,18; Lev 6,8; 23,18 u.ö. und dazu K. Elliger, Leviticus, 35–36. und Rolf Rendtorff, Studien, 66–69.
88 Vgl. z.B. Lev 2,9, dazu Elliger, Leviticus, 45–46.
89 Vgl. Lev 16,14–16.30–34, dazu Bernd Janowski, Sühne, 265–286.

Zu lehren Jakob das Zeugnis
und zu unterweisen[90] *Israel durch sein Gesetz.*

Denn der Hohepriester war das Haupt des in Dtn 17,8–11 vorgesehenen Jerusalemer Obergerichts, das sich aller in den Ortsgerichten nicht lösbaren Fälle annehmen sollte. Er dürfte wohl schon in der Perserzeit als Vorsitzender eines sich aus den Vertretern der Nobilität zusammensetzenden Ältestenrates, der Gerousia der hellenistischen Zeit, das letzte Wort bei Gerichtsverhandlungen besessen haben.[91] Außerdem war er die höchste Instanz für die Auslegung der Tora, eine Funktion, die Dtn 33,8–10 ausdrücklich den levitischen Priestern zugewiesen hatte. Da die Knappheit der Behandlung dieser Seite des hohepriesterlichen Amtes der im Lob des Mose entspricht (vgl. 45,5), kann man sie nicht als Abwertung der Verantwortung „Aarons" und das heißt: des Hohenpriesters für die an die Tora gebundene Rechtsbelehrung und Rechtssprechung bewerten. Sie gehört vielmehr zu seinen allgemein anerkannten Aufgaben, denen er freilich im Interesse des Ansehens seines Amtes besondere Sorgfalt zuwenden sollte (V. 26a-b).

Der auffallende, den Sohn Aarons Eleazer überspringende und statt dessen den Enkel Pinchas preisende Schluß in 45,23–24 diente wohl bereits in Num 25 der Sicherung des Anspruchs der Zadokiden angesichts von Sukzessionsstreitigkeiten (vgl. I Chr 5,29–41 mit 6,35–38).[92] Hier aber besitzt er den Charakter einer Mahnung an die Zeitgenossen, den Anspruch dieses Priestergeschlechts nicht in Frage zu stellen, und an die Zadokiden, ihn nicht durch inneren Zwist zu gefährden (V. 26a-b).[93]

90 Lies mit Smend, Weisheit, 434 und Reiterer, Urtext, 194 עהורות.

91 Vgl. dazu Schürer-Vermes, History II, 200–204. und dazu besonders Hekataios bei Diod.XLI.3.3–6 (FGrHJac III A,264 F.6; ferner 1QS V 2–4 und 1QSa I 27-II 3 und zur faktischen Eingrenzung der politischen Gewalt des Hohenpriesters Hengel, Judentum, 42–47.

92 Zum konstruierten Charakter der Genealogie, die von Aaron bis zum Tempelbau mit zwölf und vom Tempelbau bis zum Exil elf Generationen ansetzt, vgl. H.G.M. Williamson, Chronicles, 70 und zum vermutlich erst nach Nehemia erfolgten Aufstieg der Zadokiden zu Hohenpriestern vgl. Ulrike Dahm, Opferkult, 20–43, bes.42–43 42.

93 Vgl. oben, 88–89.

6. Der Davidbund im Schatten des Priesterbundes?

Angesichts der vitalen Bedeutung des Hohenpriesters für das jüdische ἔθνος zur Zeit Ben Siras ist es alles andere als zufällig, daß der *Davidbund* im Väterlob in 45,25a-c nur in drei Kola im Rahmen der Erwähnung des Pinchas gewährten Heilsbundes in V. 24 und seiner in V. 25d vergleichend aufgenommenen Rühmung erwähnt wird. In dem David selbst gewidmeten Abschnitt in 47,1–12 findet er lediglich in einer knappen Anspielung in den vier abschließenden Kola des 11. Verses Erwähnung (Sir 47,11):

Auch vergab der Herr seine Sünde
und er erhöhte sein Horn
Und gab ihm das Recht des Königtums
und befestigte seinen Thron über Jerusalem.

Im Klartext: Jahwe hat David Macht und Größe verliehen und darüber hinaus die Verheißung der ewigen Dauer seiner Dynastie gegeben (II Sam 7,12–13.16). Ben Siras Zurückhaltung gegenüber dem Davidbund findet darin ihre Erklärung, daß es ihm auf die Stabilisierung des zadokidischen Priestertums ankam. Daher erwähnte er den Davidbund mit seiner Verheißung der Ewigkeit der davidischen Dynastie (die beide zum festen Glaubensgut des Judentums gehörten und auf denen sich die messianischen Hoffnungen gründeten)[94] nur, um denselben Anspruch für die Zadokiden auf das Hohepriestertum zu unterstreichen.

In den vorausgehenden Versen 23 und 24 hatte er das Lob auf Pinchas gesungen, den Enkel Aarons und Ahnherren der Zadokiden.[95] In seiner summarischen und überhöhenden Nacherzählung von Num 25,6–13 erklärt Ben Sira, daß Pinchas zum Lohn für sein Eifern für den Gott des Alls und sein beherztes Eingreifen zur Sühnung der Schuld (der abtrünnigen) Israeliten in einem *heilvollen Bund,* einer ברית שלום die verbindliche Zusage erhalten habe, daß ihm und seinen Nachkommen in Ewigkeit die Sorge für das Heiligtum und das hohepriesterliche Amt, die כהונה גדולה gehören sollten. Dann aber setzt er in 25a-d den Priesterbund in Parallele zum Davidbund (Sir 45,25-a-d):[96]

---

94 Vgl. PsSal 17 und dazu Ernst-Joachim Waschke, Gesalbte, 127–140.

95 Vgl. I Chr 6,35–38.

96 Vgl. II Sam 7,12–16 mit Ps 89,20–30; 132,11–12; Jes 55,3 und dazu Ernst-Joachim Waschke, Gesalbte, 52–74.

Und wie sein Bund mit David (geschlossen wurde),
dem Sohn Isais vom Stamme Juda,
daß das Erbteil des Königs seinem Sohn allein (gehört),[97]
(so) das Erbteil Aarons seinem ganzen Geschlecht.[98]

Es ist nicht ganz deutlich, wie der knapp formulierte V. 25c zu verstehen ist: Er könnte die Dynastiezusage im wörtlichen Sinne auf II Sam 7,12–13 eingrenzen, wo David der Thronerbe und erst dem Thronerben die Ewigkeit seiner Dynastie verheißen wird, womit der Satz sich schwerlich in den Kontext einfügte. Er könnte aber auch daran erinnern, daß die Verheißung *de facto* jeweils immer nur dem Thronnachfolger gilt, während alle levitischen, sich auf Aaron zurückführenden Priester an dem mit ihrem Ahnherren geschlossenen Bund partizipieren. Aber selbst für eine in einem unausgesprochenen Vergleich vorgenommene Abwertung des Davidbundes gegenüber dem Priesterbund läßt sich kein einleuchtender Grund in der zeitgeschichtlichen Situation Ben Siras finden. Dagegen ist es nach dem bisher Gesagten einleuchtend, daß Ben Sira nachdrücklich daran erinnern wollte, daß das Priesteramt nach demselben göttlichen Recht ebenso allen Aaroniden offen steht, wie die Nachfolge auf Davids Thron dem jeweiligen Thronerben.[99] Diesem allgemeinen Rechtstitel der Aaroniden entspricht freilich nach dem vorausgehenden V. 24 der spezielle der Zadokiden auf das Amt des Hohenpriesters. Er wird durch den allgemeinen nicht eingeschränkt, sondern ist in ihm enthalten. Damit fügt sich auch 45,25 in den Kontext als sachlich abschließende Vorbereitung der Schlußbitte in V. 26 ein, Gott möge den Zadokiden Weisheit

97 Zum Text vgl. Skehan, in: Skehan/Di Lella, Wisdom, 510, aber auch Reiterer, Urtext, 227–228, dessen Textherstellung ich mich anschließe: 25c HB bezieht sich auf das Feueropfer der Priester, doch setzen G und S eine der oben gebotenen Übersetzung entsprechende hebräische Vorlage voraus.

98 Vgl. auch Sir 51,12 g-i: „Danket dem, der seine Stadt und seinen Tempel baut, /denn ewig währt seine Treue. Danket dem,. der Davids Haus ein Horn erweckt, /denn ewig währt seine Treue. Danket dem, der Zadoks Söhne zu Priestern erwählt, / denn ewig währt seine Treue."

99 Vgl. bei vorausgesetzten unterschiedlichen Lesarten. Ryssel, Jesus Sirach, 456; Peters, Buch, 392; Skehan, in: Skehan/Di Lella, Wisdom, 510 und 514 sowie Sauer, Ben Sira, 312–313. und besonders die Übersetzung und knappe Kommentierung von Snaith, Ecclesiasticus, 226–227.

geben, so daß sie sein Volk in Gerechtigkeit richten und die Vorteile ihres Regiments nicht in Vergessenheit geraten.[100]

Weil die Schrift die Dauer der davidischen Dynastie verheißt, zweifelt auch Ben Sira nicht an der Erfüllung der ihr gegebenen Bundeszusage, sondern der Leser darf sie sich in die an den Gott des Alls in 36,1–22 gerichteten Bitten eingeschlossen denken, in denen er ihn um die Befreiung Israels von dem Joch seiner Feinde, die Sammlung der zwölf Stämme Israels, die Verherrlichung des Zion, die weltweite Anerkennung seiner ewigen Gottheit (V. 22c)[101] und damit um die Erfüllung aller Israel in seinem Namen erteilten Verheißungen anruft (36,20–22):[102]

20 *Bezeuge dich denen, die du einst geschaffen.*
und erfülle die Prophetie, die in deinem Namen gesprochen.[103]
21 *Belohne die, die auf dich hoffen,*
und bestätige deine Propheten.
22 *Erhöre, Herr, die Bitten deiner Knechte*
nach dem Wohlgefallen an deinem Volke,
damit alle Völker auf Erden erkennen,
daß du der ewige Gott bist.

7. Das Gesetz der Schöpfung und das Gesetz vom Sinai

Schon oben wurde darauf hingewiesen, daß Israel dem am Sinai offenbarten Bundesgesetz als Quelle aller Weisheit Gehorsam schuldet und es auch für Jesus Sirach den Maßstab bildet, den Gott an das Verhalten des Israeliten legt. Das kommt besonders grundsätzlich in

100 Vgl. dazu auch Lee, Studies, 238–239, nach dem die Ermahnung zumal dem Hohenpriester Onias III. gilt, und Heinz-Josef Fabry, Jesus Sirach, 265–282, der 282 darauf hinweist, daß Ben Sira mit seiner Rede von den Zadokiden den politischen und mit der von den Aaroniden den theologischen Aspekt des Priestertums unterstreicht

101 Vgl. Gen 21,33; Jes 40,28, vgl. Tob 13,4; Bar 4,8 und Dan (G) Sus 35.

102 Die Verfasserschaft Ben Siras wird z.B. durch Middendorp, Stellung,125–132 bestritten, aber von Marböck, Gebet, 93–115 = ders., Gottes Weisheit, 149–166 eindrucksvoll verteidigt. Auch Di Lella, in: Skehan/Di Lella, Wisdom, 418 und Sauer, Ben Sira, 249 sehen keinen Grund für eine Atethese. Auf die unterschiedliche Beurteilung verweist Maurice Gilbert, Wisdom Literature, 298.

103 Zum Befund vgl. Smend, Weisheit, 323.

17,11–14 zum Ausdruck, einem Abschnitt des großen Lehrgedichtes, das mit Gian L. Prato und Ursel Wicke-Reuter in 15,11 beginnt und mit 18,14 endet.[104] Das Ganze gliedert sich in die beiden Teile 15,11–16,16 und 16,17–18,14. Im vorliegenden Zusammenhang besteht kein Anlaß, die beiden Argumentationsstränge im einzelnen zu verfolgen, denn sie interessieren hier nur insofern, als sie dem Leser einen Eindruck von der Art und Weise geben, mit der Ben Sira seine Einsichten in die Natur und Bestimmung des Menschen mit der Sonderstellung Israels als dem Bundesvolk des Herrn kombiniert hat. Das läßt sich am besten an 17,1–14 beobachten, wo er in den V. 1–10 eine kleine Lehre vom Wesen des Menschen vorträgt, die mit einem solchen über seine Bestimmung endet. Mit seinem Nachweis, daß der Mensch als Geschöpf eine moralische Urteilsfähigkeit besitzt, gibt er seiner Feststellung in 1,10a, daß Gott allen Menschen Anteil an seiner Weisheit gegeben hat, eine konkrete Füllung. Aber gleichzeitig damit ist auch das Fundament für die besondere Situation Israels gelegt, die in den V. 11–14 behandelt wird. Denn hier erklärt Ben Sira, daß Israel von Gott das Gesetz des Lebens als eine sichere Richtschnur für sein Handeln gegeben ist. Doch bevor wir uns diesen beiden Abschnitten zuwenden, sei wenigstens angemerkt, daß die V. 1–10 eine Rückbeziehung auf 15,11–20 besitzen und dazu dienen, die Leugnung der menschlichen Verantwortung zu widerlegen und damit die Berechtigung der Forderung zu untermauern, daß Israel zum Gehorsam gegen das „Gesetz des Lebens" verpflichtet ist (Sir 17,1–8):

1 *Der Herr schuf den Menschen aus Erde*
und sendet ihn wieder zu ihr zurück.
2 *Er zählte ihre Tage und befristete ihre Zeit,*
und er gab ihnen Macht über alles auf Erden.
3 *Sich selbst gleich bekleidete er sie mit Stärke,*
und schuf sie nach seinem Ebenbild.
4 *Er legte die Furcht vor ihnen auf alles Fleisch,*
damit sie beherrschten Tiere und Vögel.[105]

104 Vgl. Gian Luigi Prato, problema, 229–234 und Wicke-Reuter, Providenz, 143–146, aber auch Di Lella, in: Skehan/Di Lella, Wisdom, 280, der die Komposition auf 16,24–17,14 begrenzt.

105 V. 5 ist nur schwach in G II bezeugt, vgl. Ziegler z. St. „"Sie empfingen den Gebrauch der fünf Vermögen des Herrn, / als sechstes gab er ihnen einen Teil der Einsicht / und als siebtes das Wort, den Deuter, der Einsicht, gab er ihnen

6 ‚*Er bildete*‘[106] *Zunge und Augen und Ohren,*
und gab ihnen ein verständiges Herz.
7 *Er erfüllte sie mit verständiger Einsicht*
und zeigte ihnen, was gut und was böse.
8 *Er gab die Furcht vor ihm in ihre Herzen,*
um ihnen die Größe seiner Werke zu zeigen.[107]

Die Sterblichkeit des Menschen wird in V. 1 so wenig als Folge des Sündenfalls betrachtet wie in den V. 6 und 7 sein Erkenntnisvermögen:[108] Nach 14,17 ist es eine ewige Satzung, nach 41,4 eine Weisung des Höchsten, daß jedermann sterben muß.[109] Zwar notiert Ben Sira in 25,24, daß der Tod durch die Schuld einer Frau in die Welt gekommen ist; aber mit John J. Collins ist festzuhalten, daß dieses Mythologem weiterhin keinen nachweisbaren Einfluß auf sein Denken ausgeübt hat.[110] Entsprechend beurteilt Ben Sira das menschliche Erkenntnisvermögen und die in ihm begründete Verantwortlichkeit weder in 17,4–6 noch in 15,14–17 als Folge des Sündenfalls.[111] In 15,14–15 heißt es:

14 *Als Gott im Anfang den Menschen schuf,*
da gab er ihn in die Hand seines Triebes[112].
15 *Wenn es dir gefällt, kannst du seine Gebote halten,*
und Treue[113] *ist es, nach seinem Gefallen*[114] *zu handeln.*

Besondere Hervorhebung verdient es weiterhin, daß Ben Sira die Vernunftbegabung aller Menschen in 17,8–10 teleologisch deutet:[115] Alle Menschen sind dazu bestimmt, Gott aufgrund seiner gewaltigen Taten zu fürchten und zu preisen, eine Aussage, die in der Bitte in

eine Teil, / als siebtes gab er ihnen die Einsicht und als siebentes das Wort, den Deuter seiner Vermögen.“

106 G hat das hebräische יצר als Nomen „Trieb“ statt als Verbform, „er bildete“ verlesen; vgl. Smend, Weisheit, 156 und z.B. Sauer, Ben Sira, 139 Anm.242.

107 V. 18c gehört zu dem jüngeren Zuwachs von G II.

108 Vgl. dazu oben, 68–73, bes. 70–72.

109 Vgl. dazu auch Kaiser, Verständnis, 182–186 = ders., Athen, 275–292.

110 Vgl. Gen 3,19 und zur Sache Collins, Wisdom, 81.

111 Vgl. Gen 3,4–5.7.22.

112 Lies mit HB.

113 HA: „Einsicht“.

114 HBm, vgl. HB.

115 Vgl. auch Wicke-Reuter, Providenz,160.

36,20–22, Gott möge sich durch die Erfüllung der Israel gegebenen Verheißungen alle Völker zur Erkenntnis seiner ewigen Gottheit führen, ihre Entsprechung besitzt.[116] Dieser Korrespondenz zwischen den allen Menschen im Anfang verliehenen Fähigkeiten und der verheißenen und erbetenen Vollendung der Geschichte entspricht nun die spezielle, die sich in Israel als dem stets in seinem Blick bleibenden Eigentumsvolk des Herrn (17,17b-c, vgl. V. 15 und 19–20) in der Forderung erfüllt, dem allein ihm am Sinai offenbarten Gesetz zu gehorchen. In kühnem Sprung geht Ben Sira daher von der Rede über die Konstitution und Bestimmung des Menschen zu den Folgen der Sonderstellung Israels als dem Bundesvolk des Herrn über (17,11–14):[117]

> 11 *Er gewährte ihnen Erkenntnis*
> *und ließ sie das Gesetz des Lebens erben.*[118]
> 12 *Einen ewigen Bund richtete er mit ihnen auf*
> *und offenbarte ihnen seine Gebote.*
> 13 *Ihre Augen sahen seine gewaltige Herrlichkeit,*
> *und ihre Ohren hörten seine gewaltige Stimme.*
> 14 *Und er sagte zu ihnen: Enthaltet euch von allem Bösen!*
> *und befahl jedem (sein Verhalten) gegen den Nächsten.*

Daß die V. 11–13 von der Offenbarung der Tora und dem auf ihrer Grundlage erfolgten Bundesschluß vom Sinai/Horeb[119] handeln, ist offensichtlich. Die Darstellung ist jedoch nicht von Ex 19–24, sondern (wie Ursel Wicke-Reuter gezeigt hat) von der Gesetzestheologie des Deuteronomiums abhängig. Schon die glückliche Begriffsprägung des „Gesetzes des Lebens" (vgl. auch 45,5) erinnert an den nach dem Dtn dem Gehorsam gegen die Tora winkenden Lohn.[120] Weiterhin ist Ben Sira in V. 11a von Dtn 4,6, in V. 12a sachlich von Dtn 5,2 und in V. 13 von Dtn 5,24 abhängig. Daher liegt es nahe, V. 14 als eine Zusammenfassung des Dekalogs[121] zu interpretieren: Bei dem in V. 14a verbotenen „Bösen" handelt es sich demgemäß wahrscheinlich um die im Ersten oder Hauptgebot untersagte Verehrung anderer Götter (vgl. Dtn

116 Zum Problem der Authentizität des Gebetes vgl. oben, 95.

117 Vgl. aber auch. Marböck, Bund, 133–140.

118 V. 11c ist jüngere Nachinterpretation und daher erst durch G II belegt.

119 Vgl. Sir 48,7.

120 Vgl. mit Wicke-Reuter, Providenz, 164 Dtn 4,1.40; 5,33; 6,2.24; 8,1; 11,19 und 30,15.19–20.

121 Vgl. zu ihm Lothar Perlitt, Dekalog, 408–413 und Kaiser, Gott III, 48–60.

5,6–10),[122] bei den sich auf den Verkehr mit dem Nächsten beziehenden Geboten von V. 14b dagegen auf die Gebote der sog. Zweiten Tafel (Dtn 5,16–21).[123]

In seinem Kontext begründet 17,1–14 die allgemeine Verantwortungsfähigkeit des Menschen und die sich aus der Sonderstellung Israels als des Bundesvolkes ergebende Verpflichtung auf den Gehorsam gegen die Weisung seines Gottes mit der Absicht, damit einerseits die skeptische Ansicht, Gott kümmere sich nicht um die Menschen zu widerlegen: Seine Augen seien vielmehr unablässig auf Israels Tun und Ergehen und mithin auch auf seine Sünder gerichtet (V. 15–20). Zum anderen aber sucht Ben Sira einsichtig zu machen, daß der einschlägige Irrtum darauf beruht, daß Gott mit den kurzlebigen Menschen langmütig verfährt und ihnen Raum zur Buße läßt (17,22–18,14*). Das Denken des Weisen, der Gottes Weisheit in aller Welt am Werke und alle Menschen unter dem gleichen Gesetz des Todes stehend und in gleicher Weise geistig ausgestattet wußte, besitzt seine Mitte trotzdem in dem „Gesetz des Lebens", welches die Quelle der Weisheit und dem zu folgen der Weg zu einem glücklichen und gesegneten Leben ist. Das aber hat der Herr nach 45,5 Mose in die Hände gegeben. Das Israel seiner eigenen Zeit hatte aber nach der Überzeugung Ben Siras allen Grund, sich dankbar an das Wirken des Hohenpriesters Simon II. zu erinnern und seinen Gott darum zu bitten, daß er ihm und seinem Geschlecht den mit Pinchas geschlossenen Bund, nach dem ihm und seinem Samen das Amt des Hohenpriesters gehören sollte (Sir 45,24), erhalten möge (Sir 50,24).

122 Vgl. oben, 69.

123 Vgl. Snaith, Ecclesiasticus, 88: „The author either gives a general summary of the whole law or summarizes some of the Ten Commandments." Di Lella, in: Skehan/Di Lella, Wisdom, 283 faßt beide Möglichkeiten zusammen, indem er die Gebote des Dekalogs auf Dtn 6,5 und Lev 19,18 hin auslegt. Dagegen votiert Wicke-Reuter, Providenz, 164 dafür, den Vers als eine Zusammenfassung des Dekalogs zu verstehen, da die Rede vom „Gesetz des Lebens" eine glückliche Zusammenfassung der im Dtn vorgenommenen Verbindung des Gesetzesgehorsams mit der Gabe des Lebens sei (vgl. bes. Dtn 5,33). Prato, problema, 282 macht auch auf die Beziehung von V. 14b zu 16,28 aufmerksam.

Kultische und sittliche Sühne bei Jesus Sirach

על שלשה דברים העולם עומד
על התורה ועל העבדה ועל גמילות חסדים
Simon der Gerechte, Pirqe Aboth I ii.[1]

1. Der Sühne bewirkende Kult als Privileg Israels

Daß der vermutlich in den Jahrzehnte zwischen 195 und 185 v. Chr. seine Lehre zusammenfassende Weise Jesus Sirach von der sühnewirkenden Kraft des Jerusalemer Opferkults überzeugt war, ergibt sich aus seinem Grundsatz, daß die Tora der Born aller Weisheit (Sir 24,23.25–29) und das Halten der Gebote der sicherste Weg sie zu erlangen sind (1,26):[2]

Begehrst du Weisheit, halte die Gebote,
dann wird sie dir der Herr reichlich geben.

Es gehörte nach seiner tief in der Tradition seines Volkes verwurzelten Überzeugung zu den Auszeichnungen, die der Herr seinem Volk zuteil werden ließ, daß er ihm das „Gesetz des Lebens" gegeben (Sir 17,11; 45,5) und es in einem für alle Zeiten gültigen „ewigen Bund" dazu verpflichtet hatte, ihm allein zu dienen und dem Nächsten kein Unrecht zuzufügen (Sir 17,11–14).[3] Zu den großen Taten dieses Gottes gehört es nach dem „Lob der Väter", daß er Aaron als dem Urbild des Hohenpriesters zur Darbringung der Sühne bewirkenden Opfer erwählt[4] und ihn zum Lehrer des Gesetzes gemacht hat (Sir 45,16–17):[5]

1 „Auf dreierlei hat die Welt Bestand: auf der Tora und auf dem Dienst und auf Liebeswerken."

2 Vgl. Sir 19,20–24; 21,11; 28,6–7; 33,1–3 und dazu z. B. Johannes Marböck, Gesetz, 1–21 = ders., Gottes Weisheit, 52–57; Eckard J. Schnabel, Law, 69–92; John J. Collins, Wisdom, 42–61 oder Kaiser, Leben, 143–149.

3 Vgl. dazu oben, 24 und 69.

4 Vgl. zu dem ganzen hier behandelten Themenbereich Helge Stadelmann, Ben Sira, 63–138. bes. 118–138; Marböck, Sündenvergebung, 480–486 = ders., Gottes Weisheit, 176–184 sowie weiterhin Roland E. Murphey, God, 261–270 und Maurice Gilbert, God, 118–135.

16 *Vor allen, die leben, erwählte er ihn,*
um Ganzopfer und Fettstücke darzubringen
und Duft und Gedenkopfer aufsteigen zu lassen,[6]
um Sühne zu wirken für Israel.
14 *Das Speisopfer geht ganz in Rauch auf*
und jeden Tag zweimal das ständige Opfer.
17 *Er gab ihm seine Gebote*
und setzte ihn über Satzung und Recht,
um Jakob das Zeugnis zu lehren
und Israel sein Gesetz.

2. Ben Siras Zurückhaltung gegenüber den Reinheits- und Tabubestimmungen

Trotz der Hochschätzung des hohenpriesterlichen Amtes der Zadokiden, das nicht zu beschädigen er die Priesterschaft seiner Tage in 45,26 und 50,22–24 geradezu leidenschaftlich aufruft,[7] treten die Forderungen der Reinheits- und Tabubestimmungen der Tora in seinen Lehren auffallend in den Hintergrund. Daß er sie kennt und selbst einhält, versteht sich nach dem oben über seine Bewertung der Tora Gesagten von selbst. Er gibt das auch in seiner Lehre vom rechten Opfer und der wahren Reinheit (Sir 34,21–31) mit seiner paradigmatischen Berücksichtigung der Vorschriften über die Verunreinigung durch die Berührung eines Toten in Num 19,11–22 (vgl. besonders V. 19) und des in der Tora nicht ausdrücklich gebotenen, aber herkömmlich mit der Bittklage verbundenen Fastens ausdrücklich zu erkennen (34,30–31):

30 *Wer einen Toten berührt, nachdem er gebadet hat,*
was nützt ihm das Tauchbad?
31 *So ist ein Mensch, der wegen seiner Sünden fastet*
und weiterzieht und dasselbe tut:

---

5 Vgl. dazu Benjamin G. Wright III, Fear, 189–222, bes. 192–196; Friedrich V. Reiterer, Gott, 136–179, bes. 171–176; Kaiser, Covenant, 235–260, bes. 244–251 = ders., oben, 78–99 und zur priesterlichen Sühnetheologie mit ihrer Unterscheidung zwischen priesterlicher Sühnehandlung und göttlicher Vergebung Bernd Janowski, Sühne, 259.

6 Vgl. Lev 24,7; zur Sache Willi Schottroff, Gedenken, 335–338; Menahem Haran, Temple, 233–235 bzw. Paul Heger, Development, 186–187.

7 Vgl. dazu oben, 87–92, bes. 89–90.

Wer wird sein Gebet erhören,
und was nützt es ihm, daß er sich gedemütigt hat?

Das Fasten war in der rituellen Bußpraxis Israels verankert: Es sollte die Demut des Beters bezeugen und dadurch Gott gnädig stimmen.[8] Der hier behandelte Fall der Wertlosigkeit einer kultischen Reinigung, auf die eine weitere Verunreinigung folgt, dient dem Siraziden nur als Hintergrund für den Analogieschluß im Blick auf das Verhalten eines Büßers, der nach seinem Bußfasten sogleich wieder sündigt und dessen Gebete daher nicht erhört werden. Die Erforderlichkeit der Reinigungsriten wird als solche nicht beanstandet, aber das eigentliche Interesse Ben Siras liegt nicht bei ihm, sondern bei der Haltung des Büßers, der die Echtheit seiner Reue erweisen muß, weil ein bloß formaler und zeitlich begrenzter Gehorsam gegen Gottes Willen keinerlei Garantie für die Erhörung der Gebete bietet. Mit einem lediglich rituellen und punktuellen Gehorsam gewinnt der Mensch bei Gott kein Wohlgefallen. Der Vollzug von Bußriten, dem keine Umkehr in der ganzen Lebenseinstellung und Lebensführung folgt, ist wertlos.

3. Gerechtigkeit als Voraussetzung der Wirksamkeit des Opfers

Ähnlich verhält es sich mit den Opfern. Auf die Pflicht, die Gott und den Priestern geschuldeten Opfer darzubringen, hat Ben Sira in 7,30–31 und 35,1–13 nachdrücklich hingewiesen. Das Mahnwort in 7,30–31 ist Teil einer Mahnrede, die von 7,1–36 reicht und in den V. 18–36 der Reihe nach das Zusammenleben in Familie und Haus (V. 18–26), die Pflichten gegen die Eltern (V. 27–28) und die Priester (V. 29–31) sowie die Armen und Kranken (V. 21–35) behandelt und mit dem Rat schließt, das Ende des eigenen Tuns zu bedenken, um künftig weniger zu sündigen (V. 36).[9] In 7,29–31 wird die Beachtung der Sonderstel-

---

8 Vgl. z.B. bei Trauer anläßlich eines Todesfalles I Sam 31,13; II Sam 1,12, 3,35; 14,24 und bei sonstigen Anlässen Jdc 20,26; I Sam 14,24; I Reg 21,9.12.27; Jes 58,3–8; Jer 36,6–9; Joel 1,14; Jon 3,5–10; Sach 7,1–6; 8,18–19; Ps 35,13; 69,11; 109,24; Est 4,3; 9,31, Esr 8,21; Neh 1,4; 9,1, Dan 9,4; 10,2; Jud 4,9–15; Bar 1,5 und dazu Ernst Kutsch, Trauerbräuche, 23–42 = ders., Schriften, 78–95; Klaus Seybold, Gebet, 82–84 bzw. knapp Horst Dietrich Preuß, Artikel צוֹם, 959–963.

9 Vgl. dazu Marböck, Gerechtigkeit, 21–32, bes. 26–28 = ders., Frömmigkeit, 173–197, bes. 177–178 und die Parallelen in den Lehren des Anch Sches-

lung der Priester mit der Furcht (פחד) vor Gott in einem Atem genannt.[10] Der Respekt vor den göttlichen Geboten verlange es, den Priestern die ihnen gebührende Ehre zu erweisen und ihnen also die ihnen zustehenden Opferanteile abzuliefern (Sir 7,29–31):[11]

> 29 *Mit deinem ganzen Herzen fürchte Gott*
> *und halte seine Priester heilig!*
> 30 *Mit ganzem Herzen liebe deinen Schöpfer*
> *und lasse seine Diener nicht im Stich!*
> 31 *Ehre Gott und achte die Priester,*
> *und gib ihnen ihr Teil, wie es verordnet:*
> *Fleisch von Stieren und freiwillige Gaben,*
> *gebotene Schlachtopfer*[12] *und heilige Hebe.*[13]

Nachdem der Opferkult in spätvorexilischer Zeit im Jerusalemer Tempel konzentriert war, mußte das Gebet sowohl als Gebet des Einzelnen wie in Gemeindeversammlungen nicht nur in der Gola und Diaspora, sondern auch im Mutterland an Bedeutung gewinnen, weil die Menschen nicht täglich das außerhalb der Hauptstadt gelegene Heiligtum aufsuchen konnten.[14] Abgesehen von den drei Wallfahrtsfesten war es den meisten schwerlich möglich nach Jerusalem zu pilgern. Die dadurch erzwungene Enthaltung Distanz zum Opferkult kam dem Gebet zu gute. Die Steigerung seiner Bedeutung als Ersatz für das Opfer wurde zudem durch das Interesse der Weisen am Handeln und Wohlergehen des Einzelnen unterstützt, das von seinem solidarischen

---

chonqi 11,21–23 = 134–135 und 18,16–17 = 284–285 bei Miriam Lichtheim, Wisdom Literature, 76 und 83 bzw. Hellmut Brunner, Weisheit, 274 und 282 oder Heinz J. Thissen, Anch-Scheschonqi, 261 und 268; sowie die im Papyrus Insinger 19,10–20 = 420–431; vgl. 30,23–31,1 = 691–695 bei Lichtheim, 217 bzw. 282; Brunner, 326–327 oder Thissen, P. Insinger, 302 sowie Hdt I. 32.9, Aischyl. Ag. 928–930; Soph. Trach. 1–3; Ant. 583–585; Oid. T. 1524–1530; Eurip. Andr. 100–103 und Tro. 509–510.

10 Vgl. Friedrich V. Reiterer, Gott, 136–179, bes. 144–145.

11 Vgl. Stadelmann, Ben Sira, 65–68 und Reiterer, Gott, 142–165, der den „Anteil" unter Berufung auf Sir 45,22 und Ez 45,6–7; 48,8.21 auf den priesterlichen Landbesitz beziehen will; vgl. aber Alexander A. Di. Lella, in: Patrick Skehan/ Di Lella, Wisdom, 206–207.

12 Zur Wendung „Schlachtopfer der Gerechtigkeit" vgl. Dtn 33,19.

13 Zur Wendung und Bedeutung von „heiliger Hebe" vgl. Ez 20,40; zur Vieldeutigkeit des Wortes vgl. Ludwig Wächter/ Theodor Seidl, Artikel *tĕrûmāh*, 759–763, bes. Wächter, 761.

14 Vgl. z.B. I Reg 8,46–51; Dan 6,11; Ps 55,18; Jer 51,50; Ps 137,1.

Verhalten abhängig war.[15] Im Zuge der Annäherung der Weisheit an die Thora konnte es dann heißen, daß Gehorsam gegen die Stimme des Herrn besser als Opfer sei.[16] Daher kann Ben Sira in 35,1–2 die vom Gesetz verlangten Opfer mit dem Halten der Gebote als gleichwertig bezeichnen und in den V. 3–5 Liebeserweise mit dem Feinmehl des Speisopfers und das Geben von Almosen mit dem Dankopfer gleichsetzen. Zudem bewirke die Unterlassung boshafter und frevelhafter Handlungen ebenso Versöhnung wie eines der vorgeschriebenen Opfer (vgl. V. 5 mit V. 9). Das ändert jedoch nichts daran, daß jedermann grundsätzlich die gebotenen Opfer darzubringen hat (V. 1 vgl. V. 7).[17] So heißt es in (Sir 35,1–5):[18]

1 *Wer das Gesetz bewahrt, vermehrt die Opfer,*
2 *und Heilsopfer bringt dar, wer die Gebote hält.*
3 *Wer Treue erweist, bringt Feinmehl dar,*
4 *und wer Almosen gibt, Lobopfer.*
5 *Dem Herrn gefällt, wer von Bosheit läßt,*
denn vom Unrecht zu lassen bedeutet Versöhnung.

Mit der Versöhnung klingt ein Motiv an, das alsbald genauer in den Blick zu nehmen ist. Zunächst gilt es festzuhalten, daß für Ben Sira ganz selbstverständlich das Gebot aus Ex 23,15b par Dtn 16,16b, gilt (anläßlich der drei Jahresfeste) nicht mit leeren Händen vor dem Herrn zu erscheinen: Weil es so in der Tora geboten ist, sind alle, die an einem der Feste oder aus besonderem Anlaß den Tempel aufsuchen, zur Darbringung eines Opfers verpflichtet. Dabei ist von keinem verlangt, mehr zu gaben als er vermag. Aussicht auf gnädige Annahme durch den Herrn und sühnende Kraft besitzt freilich nur das Opfer des Gerechten und d. h. eines Mannes, der nicht nur die religiösen, sondern auch die sittlichen Gebote der Tora hält. Ihm stellt Ben Sira in Aussicht, daß sich Gott seiner in Notzeiten erinnern werde. Dabei gilt der weitere Grundsatz, daß Gott nur einen fröhlichen Geber liebt (II Kor 9,7). Die Israel von Gott erwiesene Liebe, verlangt die Liebe Israels zu Gott (Dtn

15 Vgl. z.B. Prov 15,8–9; 21,33 und dazu Jutta Hausmann, Studien, 357–358 und 368–369.

16 Vgl. I Sam 15,22; Hos 6,6; Mich 6,6–8; Ps 40,7–9; 51,18–19; Koh 4,17, ferner Jes 58,9–12.

17 Vgl. dazu auch Friedrich Reiterer, Gott, 168–171.

18 Vgl. dazu auch Friedrich Reiterer, Opferterminologie, 371–374.

7,7–8 mit 6,4–5; 10,12–13).[19] Aus dieser Liebe heraus folgt von selbst, daß der Mensch bei den Gott und seinen Priestern zugedachten Gaben nicht kleinlich berechnet und knausert, sondern in fröhlicher Dankbarkeit eine Großzügigkeit walten läßt, die angesichts dessen, was Gott für den Menschen tut, immer nur analogen Charakter besitzen kann. Seiner Hoheit und Würde gemäß läßt Gott sich vom Menschen freilich nichts schenken, ohne es ihm reichlich zu erstatten.[20] So empfiehlt Ben Sira rechtschaffen zu leben und Gott mit fröhlicher Hingabe zu danken; denn dann würde es ihnen Gott zu seiner Zeit reichlich vergelten (32,6–13):[21]

6 *Erscheine nicht leer, vor dem Antlitz des Herrn*
7 *und erfülle alles, was dir geboten.*
8 *Die Gabe des Gerechten macht den Altar fett,*
und ihr Wohlgeruch steigt zum Höchsten empor.
9 *Das Schlachtopfer des Gerechten ist willkommen,*
und die Erinnerung daran geht nicht verloren.

10 *Mit Freunde verehre den Herrn*
und verkleinere nicht deine Erstlingsgabe.
11 *Bei jeder Gabe sei dein Antlitz heiter*
und den Zehnten heilige mit Freuden.
12 *Gib dem Höchsten gemäß seiner Gabe*
mit fröhlichem Blick, so viel du vermagst;
13 *denn er ist ein Gott, der vergelten kann,*
er wird dir siebenfach vergelten.

Dagegen wäre die Darbringung eines Opfers durch einen Frevler nutzlos, weil Gott unbestechlich und der Wächter des Rechts schlechthin ist, der kein Ansehen der Person kennt.[22] Kommt der

---

19 Vgl. dazu Kaiser, Gott II, 54–67 und weiterhin I Joh 4,19.

20 Die Siebenzahl steht für das Übermaß der göttlichen Vergeltung.

21 Vgl. dazu auch Reiterer, Gott, 165–171, bes. 171, wo er darauf aufmerksam macht, daß inhaltlich statt von den korrekten Opferregeln von der Korrektheit des Opfernden die Rede ist. „Gott will Anstand und Wohltaten, nicht (kultische) Opfer."

22 Vgl. Dtn 10,17. Wie selbstverständlich der Grundsatz im Altertum war, daß die Opfer der Frevler wertlos sind, zeigt ein Blick auf die Lehre des Amenemope XVII 5–16 = 320–329 (Brunner, Weisheit, 240 bzw. Irene Shirun-Grumach, Amenemope, 240) und des P. Insinger 5,7–8 = 91–92, Lichtheim, Wisdom

Frevler, um Gott zu opfern, so erinnert er ihn damit an die Notschreie der in besonderer Weise unter seinem Schutz stehenden *personae miserae,* der Bedrückten, Waisen und Witwen,[23] so daß er sich ihrer Klagen annimmt und den Übeltäter zur Rechenschaft zieht (Sir 35,14–22):

14 *Bestich ihn nicht, er nimmt es nicht an,*
15 *und vertraue nicht auf Opfer von Erpreßtem.*
Denn er ist ein Gott des Rechts
und kennt kein Ansehen der Person.
16 *Er nimmt nicht Partei gegen einen Geringen*
und hört das Flehen der Bedrückten.
17 *Er überhört der Waise Notschrei nicht*
noch die Witwe, die sich in Klagen ergeht.
18 *Wie rinnt ihre Träne die Wange hinab*
19 *und ihre Klage über ihren Bedrücker!*
20 *Er erhört das bittere Klagen des Armen,*
und seine Bitte gelangt zu den Wolken.
21 *Das Gebet des Geringen dringt durch die Wolken,*
bevor es dort ankommt, verstummt es nicht.
Es hört nicht auf, bis es der Höchste beachtet
22 *und als ein gerechter Richter richtet.*

Wie nötig es Ben Sira schien, seinen Schülern und Lesern die Wertlosigkeit eines mit auf unrechte Weise erworbenen Mitteln dargebrachten Opfers einzuprägen, zeigt auch seine vorausgehende kleine einschlägige Lehre, in der er vor drastischen Vergleichen nicht zurückschreckt (34,21–26): Ein derartiges Opfer wäre gleichsam befleckt, als ob es fehlerhaft wäre.[24] Daher könne es keinesfalls Sühne bewirken, sondern würde dem Opfernden im Gegenteil von Gott angerechnet, als wenn er ihm einen Sohn geschlachtet hätte. Wer einem Mann das Brot, das ihm von anderen aus Solidarität (חסד) geschenkt worden ist, raubt

---

Literatur, 200; bzw. Brunner, Weisheit, 307 oder Thissen, P. Insinger, 286); vgl. auch Platon, leg. IV.716d4–717a3.

23 Vgl. Ex 22,21–23; Dtn 10,18; 24,17 und 27,19, ferner die Inschrift des Menthu-User, Brunner, Weisheit, 374–375 bzw. Miriam Lichtheim, Wisdom Literature, Nr. 44, 104–105; vgl. auch das Graffito 24 aus dem Grab des Nehri, Sohn des Kay, bei dies., Maat, Text 26, 30–31 und zur Frage nach der Fähigkeit der alten Ägypter, den Ansprüchen der Maat, der Gerechtigkeit zu entsprechen, 46–47.

24 Vgl. Lev 22,18–25; Dtn 15,21;17,1; Mal 1,8.

und damit die Lebensgrundlage entzieht, macht sich an ihm blutschuldig. Mit gleicher Schuld würde sich beladen, wer einem Lohnarbeiter nach getaner Arbeit den Lohn vorenthält[25] (34,21–26):

> 21 *Ein Opfer von unrechtem Gut ist befleckt,*
> 22 *und Geschenke Gesetzloser finden kein Wohlgefallen.*
> 23 *Dem Höchsten gefallen die Gaben der Frevler nicht,*
> *und die Menge der Schlachtopfer sühnt keine Sünden.*
> 24 *Wie einer, der den Sohn vor seines Vaters Augen schlachtet,*
> *ist, wer Opfer von der Armen Habe darbringt.*
> 25 *Gespendetes Brot*[26] *bedeutet für die Armen Leben,*
> *wer es ihnen raubt, macht sich blutschuldig.*
> 26 *Den Nächsten ermordet, wer ihm den Unterhalt raubt,*
> 27 *und Blut vergießt, wer den Lohnarbeiter nicht bezahlt.*

Sühnende Kraft besitzen also nach der Überzeugung Ben Siras nur solche Opfer, die von Menschen dargebracht werden, die tatsächlich rechtschaffen sind. Sie dürfen darauf vertrauen, daß ihnen das Blut der Opfertiere, mit dem sie sich durch Handauflegung identifiziert haben, stellvertretend bei Gott Versöhnung bewirkt.[27] Die versöhnende Wirkung des Opfers liegt also für Ben Sira nicht allein in seinem rituell richtigen Vollzug, sondern in der sittlich-religiösen Disposition des Opfernden. Seine Wirksamkeit beruht am Ende darauf, ob Gott das Verhalten des Opfernden billigt oder mißbilligt.

4. Die Umkehr als Bedingung der göttlichen Vergebung

Damit ist allerdings noch nicht das letzte Wort über die Frevler gesagt. Denn auch ihnen steht nach Ben Siras Überzeugung die Möglichkeit zur Umkehr als der Bedingung für Gottes barmherzige Zuwendung offen. Seine Barmherzigkeit und Treue gelten nach der Tora nur denen, die ihn lieben und seine Gebote halten (Ex 20,6 par Dtn 5,10; Ex 34,6–7) beziehungsweise denen, die zum Gehorsam gegen seine Weisung zurückkehren (Dtn 30,1–10).[28] So erweist er sich als der

25 Vgl. Lev 19,13; Dtn 24,14–15.
26 Lies לחם החסד; vgl. S und Skehan, in Skehan/Di Lella, Wisdom, 414.
27 Vgl. dazu Janowski, Sühne, 215–221.
28 Vgl. dazu auch Kaiser, Gott II, 59–63 und Gott III, 243.

barmherzige Gott, der geduldig ist und von großer Güte und daher bereit ist, des Menschen Sünden zu vergeben und alle seine Gebrechen zu heilen (Ps 103,8–18).[29] Daher fordert Ben Sira dazu auf, die Lehren der Schrift nicht in den Wind zu schlagen. Denn nur aus ihr läßt sich entnehmen, daß Gott getreu ist und keinen zuschanden werden läßt, der ihn fürchtet und sich auf ihn verläßt (Sir 2,10–11):[30]

> 10 *Blickt auf die einstigen Geschlechter und seht:*
> *Wer traute auf den Herrn und ward zuschanden?*
> *Oder wer blieb in der Furcht des Herrn und ward verlassen?*
> *Oder wer rief ihn an und blieb vor ihm verborgen?*
> 11 *Denn barmherzig und gnädig ist der Herr,*
> *er vergibt Sünde und rettet in der Zeit der Not.*

Gottes Gnade bleibt freilich an die Umkehr des Sünders gebunden.[31] Will der Sünder die Treue und Barmherzigkeit Gottes erfahren, so muß er unbedingt vorher zu Gott umkehren. Er darf sich keinesfalls der Täuschung hingeben, er könne Gottes Erbarmen auch ohne Umkehr erlangen. Obwohl es grundsätzlich von Gott her keine zeitliche Grenze für die Umkehr gibt,[32] darf der Sünder sie doch nicht aufschieben, denn er weiß nicht, wie lange er noch zu leben hat und wann ihn Gott in seinem Zorn vernichtet (Sir 5,4–8):[33]

> 4 *Sage nicht: „Ich sündigte, doch was ist mir geschehen?*
> *Denn der Herr ist langmütig.“*[34]
> 5 *Auf Vergebung vertraue nicht,*
> *um Schuld zu Schuld zu fügen,*
> 6 *wobei du sagst: „Sein Erbarmen ist groß,*

---

29 Vgl. dazu Kaiser, Gott II, 137; vgl. auch Ex 20,6 par Dtn 5,10 und Ex 34, 6–7, dazu Kaiser, Gott III, 243.

30 Vgl. dazu ausführlich Núria Calduch-Benages, Crisol, 124–148 bzw. dies., gioiello, 80–96.

31 Vgl. dazu Marböck, Sündenvergebung, 480–486 = ders., Gottes Weisheit, 176–184; Roland E. Murphy, Sin, 261–269, bes. 265–269 und zur Spannung zwischen menschlicher Umkehr und göttlicher Vergebung Hartwig Thyen, Studien, 74–77.

32 Vgl. dazu Adrian Schenker, Umkehr, 349–357, bes. 354–355.

33 Vgl. auch Sir 4,26 und 8,5 sowie Pancratius C. Beentjes, Mercy, 118–135, bes. 104–106.

34 HA bietet als V. 4c-d: „Sage nicht: Der Herr ist barmherzig, er wird all meine Sünden vergeben.“

um die Fülle meiner Sünden zu vergeben!“
Denn Erbarmen und Zorn sind bei ihm,
doch auf den Sündern ruht sein Zorn
7 *Zaudere nicht, zu ihm umzukehren,*
und verschiebe es nicht von Tag zu Tag!
Denn ganz plötzlich entbrennt sein Zorn,
und du gehst am Tage der Rache zugrunde.
8 *Vertraue nicht auf unrechtes Gut,*
denn es nützt nichts am Tage des Zornes.

Gottes Barmherzigkeit und Vergebungsbereitschaft gründen für Ben Sira nicht anders als für den Dichter des 103. Psalms darin, daß er weiß, wie vergänglich die Menschen sind. Das hat Ben Sira am eindrücklichsten am Ende seiner von 16,24–18,14 reichenden Lehre über den Menschen und Gottes Barmherzigkeit zum Ausdruck gebracht (Sir 18,8–14⋆):[35]

8 *Was ist der Mensch und was ist er wert,*
was ist sein Glück und was ist sein Unglück?
9 *Die Tage des Menschen sind zahlreich,*
wenn er hundert Jahre alt wird.[36]
10 *Wie ein Tropfen im Meer oder ein Sandkorn*
sind die wenigen Jahre vor einem Tag der Ewigkeit.
11 *Daher ist der Herr langmütig gegen die Menschen*
und gießt sein Erbarmen über sie aus.
12 *Denn er sieht und weiß, daß ihr Ende schlimm ist,*
daher vergibt er ihnen reichlich.
13 *Ein Mensch erbarmt sich über seinen Nächsten,*
das Erbarmen des Herrn aber gilt allem Fleisch.
Er überführt, er erzieht und belehrt
und führt zurück seine Herde.
14 *Er erbarmt sich derer, die Zucht annehmen*
und wachsam seinen Satzungen folgen.

---

35 Vgl. Ps 103,10–18; Hi 33,14–18 und zu 17,24–18,14 Maurice Gilbert, God, 129–132, bes. 131–132 und zur Sache Marböck, Sündenvergebung, 483–484 = ders., Gottes Weisheit, 180–181.

36 GII fügt als V. 9c an: „Aber das Entschlafen ist für jeden ein Rätsel.“

Dabei setzt Ben Sira voraus, daß der Mensch für sein Tun und Lassen verantwortlich ist, weil ihm Gott als Geschöpf die Freiheit verliehen hat, sich zwischen Gut und Böse zu entscheiden (Sir 15,11–17 und 17,6–7).[37] Daher kann sich der Sünder nicht darauf berufen, daß ihm das sittliche Unterscheidungsvermögen und die Fähigkeit fehlten, seiner Einsicht gemäß zu handeln. Mithin ist der Mensch nicht nur grundsätzlich dazu in der Lage, seine Verfehlungen zu erkennen, sondern auch aus Einsicht dazu verpflichtet, dem Ruf zur Umkehr zu folgen, weil ihm Gott nur unter dieser Bedingung seine Sünden vergibt.

5. Almosen als Mittel der Sündentilgung

Ohne Umkehr und Buße gibt es keine göttliche Vergebung, jene aber müssen ihren konkreten Ausdruck in Werken der Barmherzigkeit finden, wie sie grundsätzlich in der Tora geboten sind und in der Spätzeit zudem im Geben von Almosen ihren Ausdruck fand (Sir 3,30–4,6):

> 30 *Lodernes Feuer löscht Wasser,*
> *und ein Almosen sühnt Sünde.*
> 31 *Wer Gutes tut, dem begegnet es auf seinem Wege,*
> *gerät er ins Wanken, wird er gestützt.*
> 4,1 *Mein Sohn, verspotte keines Armen Leben*
> *und lasse den Betrübten nicht verschmachten.*
> 2 *Den Hunger des Bedürftigen enttäusche nicht*
> *und vor einem Gescheiterten versteck dich nicht.*
> 3 *Die Galle eines Elenden errege nicht*
> *und des Gefühlen eines Elenden bereite keine Schmerzen.*[38]
>
> 4 *Die Bitten eines Elenden weise nicht ab*
> *und wende nicht dein Antlitz von dem Armen.*
> 5 *Wende dein Antlitz nicht von einem der in Not*
> *und gib ihm keinen Grund, dich zu verfluchen.*
> 6 *Wenn der Verbitterte in seinen Schmerzen schreit,*
> *dann wird der Schöpfer auf sein Schreien hören.*[39]

---

37 Vgl. dazu John J. Collins, Wisdom, 80–84; Murphy, Sin, 261–270, bes. 263; Ursel Wicke-Reuter, Providenz, 106–138, bes. 111–117 und weiterhin 143–187, bes. 158–160; Gilbert, God, 118–135, bes. 119–121 und oben, 73–74.

38 Zusatz HB: „und einem Bettler schlage keine Gabe ab."

39 Vgl. Ex 22,20–26.

So wie Ben Sira in 3,30 eine prägnante Formulierung für die sühnende Kraft des Almosens gefunden hat, hat er in einem vergleichenden ṭôb-Spruch an seine rettende Kraft erinnert (Sir 40,24):

Ein Bruder und Helfer retten in den Zeiten der Not,
aber besser als beide sind rettende Almosen.[40]

Hinter beiden Sprüchen steht die Überzeugung, daß von Gott in Notzeiten nur der Hilfe erwarten kann, der anderen in ihren Nöten geholfen hat. In 40,11–17 entfaltet Ben Sira den Gedanken, indem er dem plötzlichen Ende des Frevlers die Unerschütterlichkeit dessen gegenüberstellt, der treue Huld oder Solidarität (חסד) geübt und Almosen (צדקה) gegeben hat. Wer sich aufgrund des Besitzes von Bestechungsgeschenken und sonstigem durch Unrecht erworbenem Gut sicher wähnt, wird erleben, daß er beide plötzlich verliert (V. 12a). Das unrechte Gut, so erklärt Ben Sira bildhaft, gleiche einem trockenen Wadi, das sich nach einem Gewitterregen in einen reißenden Strom verwandelt, der ebenso plötzlich versiegt wie er gekommen ist (V. 13–14).[41] Die Frevler selbst aber glichen dem Schilf, das am Ufer steht und bei Hochwasser als erstes von allen Pflanzen zerdrückt wird.[42] Doch während der Frevler samt seinem Besitz plötzlich unterginge, blieben die Frommen auf Dauer unversehrt, weil sie dank ihre Treue und Hilfsbereitschaft (durch Gott) beschützt werden (Sir 40,11–17):

11 *Alles, was aus der Erde, kehrt zur Erde zurück,*
und was aus der Höhe, zur Höhe.
12 *Alles unrecht erworbene Gut wird vernichtet,*
aber treue Huld bleibt ewig bestehen.
13 *Der Besitz des Frevlers ist wie ein reißender Bach*
und ein mächtiger Strom unter Blitz und Donner:
14 *Bei seinem Steigen rollt er Steine,*
doch plötzlich und dauernd versiegt er.
15 *Der Sproß des Frevlers vermehrt sich nicht,*
denn der Gottlose wurzelt auf blankem Felsen.
16 *Wie Röhricht auf der Uferbank*
wird er vor allem Gewächs zerdrückt.

40 Lies mit HBm, vgl. S צדקה.
41 Vgl. Hi 6,15–17.
42 Vgl. auch Hi 8,11–12.

17 *Aber treue Huld wankt nicht in Ewigkeit,*
und Almosen bleiben für immer bestehen.

Denn wer dem Armen ein Almosen gibt und seinen Brüdern und Freunden mit Geld aushilft und auf diese Weise die Gebote hält,[43] dem erweisen sie sich als ein unzerstörbarer Schatz, von dem er in Notzeiten zehren kann, weil er sich Gott dadurch zum Verbündeten gemacht hat (Sir 29,8–13):

8 *Gegen einen Armen aber lasse Großmut walten,*
verweigere ihm ein Almosen nicht.
9 *Um des Gebotes willen nimm dich des Bedürftigen an*
und weise ihn in seiner Not nicht leer zurück.
10 *Gib dein Geld deinem Bruder und Freunde preis*
und lasse es nicht unter Steine rosten.
11 *Die Gebote des Höchsten seien dein Schatz,*
denn sie bringen mehr ein als Gold.
12 *Rechne deine Almosen zu deinen Schätzen,*
denn sie retten dich aus jeder Not.
13 *Sie schützen dich besser vor deinem Feind*
als ein starker Schild und ein kräftiger Speer.

6. Die Ehrung der Eltern als Sündentilgung[44]

So wie nach dem Dekalog die Ehrung der Eltern die erste soziale Pflicht des Menschen ist (Ex 20,12 par Dtn 5,16), kommt ihr auch im Verhältnis zu Gott besondere Bedeutung zu. Weil der Mensch seinen Eltern das Leben verdankt, steht er bei ihnen in einer Schuld, die er nicht abtragen kann (Sir 7,27–28):

27 Mit ganzem Herzen ehre deinen Vater
und vergiß nicht deiner Mutter Wehen.
28 Denke daran, daß du durch sie geboren,
was sie dir getan, kannst du nimmer vergelten

43 Vgl. Ex 22, 20–26; Dtn 23,20.25–26; 24,10–22; Lev 19,8–18.
44 Vgl. dazu umfassend Reinhold Bohlen, Ehrung.

Da das Schlagen oder die Verfluchung von Vater oder Mutter eine Versündigung an der Wurzel des eigenen Lebens darstellen, galten beide Handlungen als todeswürdige Verbrechen (Ex 21,15. 17; Lev 20,9).[45] Positiv aber erwuchs dem Sohn aus dieser Schuld die Pflicht, die Eltern ihr Leben lang zu respektieren und gegebenenfalls zu versorgen. Wenn Ben Sira schon dem Geben von Almosen als solchen sühnende und segnende Kraft zugeschrieben hat, mußte er das wegen der fundamentalen Bedeutung des Elterngebots und des durch sie für die Dauer sanktionierten Verhältnisses zwischen den Eltern und ihren Kindern auch im Blick auf die Ehrung der Eltern nachdrücklich betonen: Wer seine Eltern ehrt und mithin ebenso respektiert wie im Bedarfsfall versorgt, kann damit eigene Sünden tilgen (Sir 3,1–6):[46]

1 *Hört auf das Recht des Vaters, ihr Söhne,*
und tut darnach, damit ihr lebt.
2 *Denn der Herr gab dem Vater Ehre über die Söhne*
und der Weisung der Mutter Kraft über die Kinder.
3 *Wer seinen Vater ehrt, sühnt seine Sünden,*
4 *als ob er Schätze sammelt ist, wer seine Mutter ehrt.*
5 *Wer seinen Vater ehrt, freut sich an seinen Söhnen,*
und wenn er betet. so wird er erhört.
6 *Wer seinen Vater ehrt, wird länger leben,*[47]
und wer dem Herrn gehorcht, ehrt seine Mutter.

Nicht zufällig, ermahnt Ben Sira seine Schüler, sich auch im Alter des Vaters anzunehmen und ihm den geschuldeten Respekt auch dann nicht zu versagen, wenn seine geistigen Kräfte nachlassen; denn so lange die Eltern in ihrer vollen Kraft stehen, bedarf es in der Regel keiner Überwindung ihnen mit Achtung zu begegnen und ihnen zu gehorchen. Anders verhält es sich, wenn beide körperlich und seelisch altern und seltsam werden. Dann erst erweist es sich im vollen Maße, ob die Kinder das Gebot, die Eltern zu ehren, halten oder nicht. Es wäre jedenfalls vermessen, wollten Kinder ihre alt gewordenen Väter verachten oder gar ihre Mutter verwünschen. Lassen sich die Kinder nicht dazu hinreißen, sondern erfüllen sie stets getreulich ihre Pflichten gegen

45 Vgl. Prov 20,20 und Dtn 27,16.

46 Zum Gebot der Elternehrung vgl. Rainer Albertz, Hintergrund, 348–374 = ders., Geschichte, 157–186.

47 Vgl. Ex 20,12b par Dtn 5,16b.

ihre Eltern, so wohnt ihrem Verhalten in besonderem Maße die sühnende Kraft eines Sündopfers inne (Lev 4, 1–13), so daß Gott ihrer seinerseits in Notzeiten gedenkt (Sir 3,12–16):

> 12 *Mein Sohn, nimm dich im Alter deines Vaters an*
> *und laß ihn nicht allein, solang er lebt.*
> 13 *Und wenn er abnimmt an Verstand, sieh es ihm nach,*
> *solang du lebst, darfst du ihn nicht beschämen.*[48]
> 14 *Denn nicht vergessen wird der Beistand*[49] *für den Vater,*
> *er bleibt dir als ein Sündopfer erhalten.*
> 15 *Am Tage der Not wird deiner gedacht,*
> *um wie Wärme den Reif deine Schuld zu tilgen.*
> 16 *Vermessen ist, wer seinen Vater verachtet,*
> *und seinen Schöpfer kränkt, wer seine Mutter schmäht.*

7. Die sühnende Kraft des Almosen im Buch Tobit mit einem Ausblick auf das rabbinische Judentum

Sucht man nach einer Illustration und Zusammenfassung dessen, was Ben Sira über die sühnende und rettende Kraft der Almosen und der Elternehrung gesagt hat, so findet man es im Tobitbuch. Es handelt sich bei ihm um eine in der östlichen Diaspora in Mesopotamien und Medien situierten Lehrerzählung, die vermutlich zwischen dem letzten Viertel des 3. und dem ersten des 2. Jh. v. Chr. und nach eventuellen Anfängen in Palästina jedenfalls in ihrer überlieferten Form auch dort entstanden ist.[50] Während kultische Opfer in ihm ihrem Handlungsfeld und Entstehungsort gemäß nur in einer Jugenderzählung Tobits in 1,4–8 begegnen und mithin nur einer periphere, aber unbestrittene Rolle spielen, nehmen in ihm freie Gebete[51] und das Geben von Almosen[52] eine zentrale Stellung ein. Selbst das Lied von der künftigen

48 Zum Text vgl. Skehan, in: Skehan/ Di Lella, Wisdom, 154.

49 צדקה.

50 Zur Diskussion der Einleitungsprobleme des Buches vgl. Beate Ego, Tobit, 116.136 bzw. Joseph A. Fitzmyer (2003), 3–58. Den griechischen Text hat Robert Hanhart ediert und eine Polyglotte der überlieferten Texte hat Christian J. Wagner vorgelegt.

51 Vgl. dazu Merten Rabenau, Studien, 134–147.

52 Vgl. dazu Rabenau, Studien, 40–45; Ego, Buch Tobit,138–139 und Fytzmyer, Tobit, 48.

Herrlichkeit der heiligen Stadt Jerusalem in 13,1–18* erwähnt weder in seinem Grundbestand noch in seinen Ergänzungen die im Tempel dargebrachten Opfer.[53] Für die Bedeutung der Almosen im Tobitbuch sind besonders die Ratschläge kennzeichnend, die Tobit seinem Sohn Tobias und schließlich der Erzengel Rafael beiden erteilt.[54] So heißt es in der Mahnrede, mit der der alt gewordene und erblindete Tobit seinen Sohn auf die Reise nach Medien entläßt (Tob 4,5–11 G I):[55]

> 5 *Und alle Tage, mein Sohn, gedenke des Herrn und sündige weder absichtlich noch übertritt seine Gebote. Übe Gerechtigkeit alle Tage deines Lebens und wandle nicht auf den Wegen der Ungerechtigkeit.* 6 *Denn wenn du die Wahrheit tust, werden alle deine Werke wohl gelingen.*7 *Und allen, die Gerechtigkeit tun, sollst du Almosen geben von deinem Besitz, aber dein Auge soll nicht neidisch sein, wenn du ein Almosen gibst. Und wende dein Angesicht nicht von irgendeinem Armen ab. Dann wird sich das Angesicht des Herrn nicht von dir abwenden.*
> 8 *Wieviel dir gehört, entsprechend der Menge gib davon Almosen, und wenn du wenig besitzt, fürchte dich nicht, mein Sohn, dem gemäß ein Almosen zu geben.* 9 *Denn du sammelst dir damit einen guten Schatz für den Tag der Not.* 10 *Denn ein Almosen errettet vom Tode*[56] *und bewahrt davor, in die Finsternis einzugehen.* 11 *Eine gute Gabe ist ein Almosen für alle, die es geben, vor dem Höchsten.*

53 Vgl. die Textsynopse bei Ego, Buch Tobit, 992–998 bzw. Fytzmyer, Tobit. 301–302. Für Hieronymus bzw. die von ihm benutzten Vorlagen war der Tempel der Endzeit vor allem ein Bethaus für alle Völker (Tob 13,13–15): „13 luce splendida fulgebis et omnes fines terrae adorabunt te 14 nationes ex longinquo ad te venient et munera deferentes adorabunt Dominum in te et terram tuam in sanctificatione habebunt 15 nomen magnum invoabunt in te.“

54 Zur Rolle der Almosen im Tobit Buch vgl. Rabenau, Studien, 127–134.

55 Zur Abschiedsrede Tob 4,3–18 als Zeugnis katechetischer Gebotsreihen im Frühen Judentum vgl. Karl-Wilhelm Niebuhr, Gesetz, 203–206; Zum Verhältnis zwischen G II, den Verbesserungen nach G I und Ergänzungen nach Ms 319, vgl. Wagner, Tobit-Synopse, 40 und Fitzmyer, Tobit, 163–164. Zum Problem des Verhältnisses zwischen dem Langtext G II zu dem Kurztext von G I und dem vermutlichen Vorrang von G II vgl. Robert Hanhart, Text, 37; Rabenau, Studien, 3–7; Ego, Buch Tobit, 875–884 und Fitzmyer, Tobit, 4–5.

56 Vgl. Prov 10,2; 11,4.

Paul Deselaers hat die Rede so klar gegliedert, daß wir seine Analyse als Zusammenfassung übernehmen können:[57] „1. Die Solidarität läßt das eigene Handeln gelingen (V. 6). 2. Sie schenkt die Zuwendung Gottes (V. 7b). 3. Sie rettet aus Not und vor unzeitigem Tod (V. 9–10). 4. Sie erhält den Rang einer Opfergabe vor Jahwe (V. 11)." Die im vorliegenden Zusammenhang besonders relevante sühnende Kraft des Almosens wird in der Abschiedsrede des Erzengels Rafael ausdrücklich erwähnt (Tob 12,8–10 G II):[58]

> 8 *Besser ist ein Gebet mit Wahrheit*[59] *und ein Almosen mit Gerechtigkeit als Reichtum mit Ungerechtigkeit. Besser ist es, Almosen zu geben, als Gold zu horten.* 9 *Denn Almosen zu geben rettet vom Tod und tilgt jede Sünde. Die Almosen geben, werden gesättigt mit Leben.*
> 10 *Doch die Sünde und Unrecht tun sind ihre eigenen Feinde.*

Beten und Almosengeben waren zwei Frömmigkeitsübungen, deren Ausübung jedem Juden an allen Orten und zu allen Zeiten möglich war. In einem dem Hohenpriester Simon (II.) dem Gerechten, einem älteren Zeitgenossen Ben Siras[60] zugeschriebenen Wahrspruch heißt es (Abot I ii):[61]

> *Auf dreierlei Dingen besteht die Welt: Auf der Tora und auf dem Gottesdienst und auf Liebeswerken.*

---

57 Paul Deselaers, Tobit, 87.

58 Alle Textzeugen außer G II bieten statt „Wahrheit" „Fasten". Zum Befund und seiner Bedeutung vgl. Fitzmyer, Tobit, 292, der für die Lesart von VL als die vermutlich ursprüngliche plädiert, so daß hier der älteste Beleg für die drei jüdischen frommen Werke des Fastens, Betens und Almosengebens vorläge. VL lautet: V. 8: „Bona est oratio cum ieiunio et elemosyna cum iustitia. Super utrumque autem melius est modicum cum iustitia quam plurimum cum iniquitate. Bonum est, facere elemosynam magis quam thesauros auri condere. 9 Quia elemosyna a morte liberat et ipse purgat peccata."

59 G I: und VL: „mit Fasten."

60 Zur Diskussion über die Identifizierung und zeitliche Ansetzung des Hohenpriesters Simon des Gerechten und seiner Identifikation mit Simon II., dem älteren Zeitgenossen Ben Siras vgl. Schürer-Vermes History II, 359–360 und zuletzt umfassend Otto Mulder, Simon the High Priest; zu seiner politischen Rolle vgl. auch Victor Tcherikover, Civilization, 79–88.

61 Lazarus Goldschmidt, Talmud III, 180.

Damit sind die drei Pflichten des Juden gegen Gott in Gestalt des Gehorsams gegen die Tora, gegen sich selbst in Gestalt des Gottesdienstes und gegen den Nächsten in Gestalt der Almosen genannt, auf deren Bestand nach dieser Lehre die Welt beruht.[62] Damit bleibt die für Sirach charakteristische Zweipoligkeit der kultischen und der sittlichen Sühne gewahrt. Nach dem mit der Zerstörung des Zweiten Tempels gekommenen Ende des priesterlichen Opferkultes traten die Almosen und die von ihnen unterschiedenen freiwilligen Werke der Barmherzigkeit unvermeidlich in den Vordergrund. Da das Geben von Almosen inzwischen durch rechtliche Bestimmungen geregelt war,[63] wurde den freiwilligen Werken der Barmherzigkeit eine größere Bedeutung als jenen zugewiesen. So lehrten die Rabbanen nach b. Sukka 49b:[64]

> *Durch dreierlei ist die Wohltätigkeit bedeutender als das Almosen. Das Almosen erfolgt mit dem Gelde, die Wohltätigkeit sowohl mit dem Gelde als auch mit seinem Körper: Almosen nur an Arme, die Wohltätigkeit sowohl an Arme als auch an Reiche; Almosen nur an Lebende, die Wohltätigkeit sowohl an Lebende als auch an Tote.*

Von Rabbi Eleaza[65] sind unter Berufung auf Prov 21,3 und Hos 10,12 in b.Sukka fol.49b die beiden folgenden Aussprüche überliefert:[66]

> „*Almosengeben ist bedeutender als alle Opfer.*" und „*Almosen und Gerechtigkeit sind dem Herrn lieber als alle Opfer.*"

Vom Almosen aber erklärte er unter erneuter Berufung auf Hos 10,12:

> „*Das Almosen wird nur nach der damit verbundenen Liebe vergolten.*"

Damit machte er die sühnende Kraft der Almosen von der Liebe abhängig, aus der die freien Taten der Barmherzigkeit vollbracht werden sollten. Lediglich aus Pflicht, aber nicht aus innerer Neigung darge-

---

62 Vgl. dazu Martin Lehmann, Pirqe Abot1.1–2, 20–25.

63 Zu den Almosen vgl. Andreas Nissen, Gott, 267–272, zu den Barmherzigkeitserweisungen oder Liebesgaben 272–277.

64 Goldschmidt, Talmud III, 392.

65 Identisch mit Eleazar Ben Pedat, der zur dritten Generation der Amoräer gehörte und 279 n.Chr. gestorben ist, vgl. zu ihm Hermann L. Strack/ Günter Stemberger, Einleitung, 94.

66 Zitate nach Goldschmidt, Talmud III, 391 und 392.

brachte „gute Werke" werden von Gott nicht als solche anerkannt. Die sühnende Kraft der blutigen Opfer ist damit auf die als Liebeswerke verrichteten Almosen übergegangen.[67] Der biblische Grundsatz, daß der Mensch gleichzeitig in der Beziehung zu Gott und zum Nächsten steht und die eine nicht auf Kosten der anderen gepflegt werden darf, hat auch im Rabbinischen Judentum nichts von seiner Gültigkeit verloren. Ist die Gottesbeziehung durch schuldhaftes und unbewußtes Fehlverhalten gestört, so kann sie durch aus dem Herzen kommende Werke der Barmherzigkeit an dem bedürftigen Nächsten getilgt werden; denn Gott erweist dem seine Barmherzigkeit, der sich selbst gegen seinen Nächsten als barmherzig erweist. Gegenüber der sowohl kultisch- rituellen als auch sittlichen Sühne, wie sie sich für Ben Sira als charakteristisch erwies, sollte sich nach der Zerstörung des Zweiten Tempels die Idee der sittlichen als hilfreich erweisen. In dem Mit- und Nebeneinander von asketischer Selbsterniedrigung im Fasten, demütigen Schuldbekenntnissen, Bitten und den Werken barmherziger Liebe blieb die Möglichkeit auch nach der Zerstörung des Zweiten Tempels offen, Gottes Versöhnung durch Liebeswerke zu erlangen. Um daran zu erinnern, daß sich in der nachapostolischen Zeit auch in der Kirche die Lehre von den guten Werken durchgesetzt hat, sei abschließend 1 Tim 6,17–19 zitiert:

> 17 *Den Reichen in dieser Welt befehle ich, nicht hochmütig zu sein noch ihre Hoffnung auf unsicheren Reichtum zu setzen, sondern auf Gott, der uns alles reichlich zum Genuß darbietet,* 18 *so daß sie Gutes tun, reich sind an guten Werke, freigebig sind, zu teilen bereit,* 19 [und] *sich dadurch einen sicheren Grundstock für die Zukunft aufspeichern, damit sie das wahre Leben erlangen.*

67 Zum paulinischen Verständnis des Verhältnisses zwischen Glaube und Liebe vgl. Rudolf Bultmann, Theologie, 330–346 und bes. Jürgen Becker, Paulus, 458–468.

Erziehung und Bildung in der Weisheit des Jesus Sirach

1. Das Buch des Jesus Sirach, seine Zeitstellung und Adressaten

Für unsere beiden Begriffe „Erziehung" und „Bildung" besitzt das Hebräische bekanntlich nur das eine Wort מוסר (*mûsār*), das sowohl die „Züchtigung" wie ihr Ergebnis die „Zucht" bedeutet. Der Neffe Ben Siras, auf den die griechische Version des Buches zurückgeht, hat das entsprechende Verb יסר (*jāsar*) mit παιδεύω, „ein Kind aufziehen, erziehen"[1] und seine resultative Form נוסר (*nôsar*) mit σοφὸς εἶναι, mit „weise sein" übersetzt. Entsprechend finden wir bei ihm für das Substantiv in der Regel παιδεία[2] und in einem Fall auch σοφία, „Weisheit".[3] Wir werden uns im folgenden dem Hebräischen anschließen und in Anpassung an den jeweiligen Kontext entweder von „züchtigen" oder „Züchtigung" bzw. „Zucht" sprechen. Ben Sira hat den Zweck seines Buches in dem sogenannten Kolophon, der unter seine Lehren gesetzten Unterschrift, in 50,27–29 als מוסר סכל ומושל אפונים, als „Erziehung des Einfältigen und wohlgeformte Spruchdichtung" bezeichnet.[4] In dem nachgetragenen autobiographischen Lehrgedicht 51,13–30 lädt er in V. 23 die כסילים (*kĕsîlîm*), die Ungebildeten ein, in sein בית מדרש (*bêt midrāš*), sein Lehrhaus zu kommen und ohne Zahlung Weisheit, חכמה (*ḥâkmâ*) zu erwerben. In 51,29 fordert er sie auf, sich unter seiner ישיבה (*yĕšîbâ*), seinem Lehrstuhl zu erfreuen.[5] In beiden Fällen liegt ganz offensichtlich eine metaphorische Empfehlung seines

1 Vgl. z.B. 7,23; 10,1; 40,29.

2 Vgl. z.B. 34,17; 35 (32),14; und 50,27a.

3 Vgl. 6,22.

4 Zum Problem der divergierenden Angabe seines Namens als Simon, Sohn des Jeschua, Sohn des Eleazar, Sohn des Sirach in den beiden Kolophonen 50,27 und 51,30 im Gegensatz zu der Angabe des Enkels im Prol.7, der von seinem Großvater Jesus spricht, vgl. Friedrich .V. Reiterer, Text und Buch, 1–43, bes. 1–10, der vorschlägt, man solle, meine man den Autor des Buches, von Jes(ch)ua, Sohn des Simon [aus dem Geschlecht] Siras, habe man aber das Buch im Auge, von der Weisheit des Ben Sira oder vom Siraziden reden.

5 Zur Rekonstruktion des Textes von 51,13–30 vgl. Maurice Gilbert, école, 283–290.

Buches vor: Er verspricht seinen Lesern, daß sie durch die Lektüre wie durch den Besuch einer Schule Zucht und Weisheit erlernen werden.[6] Daher erlauben beide Belege keinen Rückschluß darauf, daß Ben Sira tatsächlich als Weisheitslehrer gewirkt hat; denn es könnte ja sein, daß er sich auf Grund seiner Lebenserfahrung nur den Mantel eines solchen umgelegt hat. Da er in seinem Lehrgedicht 38,24–39,11 den gebildeten und schriftkundigen, diplomatisch tätigen Schreiber als Inbegriff des Weisen vorstellt, wird fast allgemein angenommen, daß er auch selbst ein solcher gewesen ist.[7] Die zahlreichen Lehren, die an den Sohn und das heißt: den Schüler gerichtet sind,[8] belegen jedenfalls, daß er sich in seinem Buch an Heranwachsende wendet,[9] ohne (wie seine Appelle an die Zadokiden in 45,25c-26 und 50,22–24 zeigen) damit eine breitere gebildete Leserschaft auszuschließen.[10] Seine Lehren erlauben es, auf die damals übliche mündliche Form des Unterrichts zurückzuschließen. Schon die zahlreichen Lehreröffnungsformeln, mit denen er den „Sohn" und das heißt: den Schüler zum Hören auffordert, verweisen auf die Schulpraxis zurück, in welcher der Lehrer vortrug und die

6 Unter diesem Aspekt ist der Vorschlag von Theophil Middendorp, Stellung, 32–33, das Buch des Siraziden als ein Schulbuch für den fortgeschrittenen Unterricht zu betrachten, durchaus erwägenswert.

7 Vgl. dazu bes. Johannes Marböck, Weise, 293–316 = ders., Gottes Weisheit, 25–51, der Ben Sira für einen schriftgelehrten Weisen hält und Helge Stadelmann, Ben Sira, 4–26, vgl. auch 291–293, der ihn als einen priesterlichen Schriftgelehrten beurteilt; dagegen auch Collins, Wisdom, 37, der in ihm wie Marböck einen Weisheitslehrer sieht. Als einen juristischen Laien und Schreiber ordnet ihn J.G. Gammie, Sage, 364–365 ein. Vorsichtig urteilt Christine Schams, Scribes, 99: „Although it is possible that the author of Ben Sira was a scribe, there is no explicit evidence to support this view." Zur Funktion der schriftgelehrten Schreiber in der Perserzeit vgl. Reinhard G. Kratz, Judentum, 111–118 bes. 118.

8 Die Anrede τέκνον bzw. τέκνα begegnet in G 19 mal und zwar in 2,1; 3,12.17; 4,1; 6,18.23; 10,28; 11,10; 14,11; 16,24; 18,13; 21,1; 34(31),22; 37,27; 38,9.16; 40,28; bzw. 3,1; 23,7, die beide hebräisch nicht erhalten sind. Entsprechendes בן findet sich in H 20 mal und zwar in 3,8.12.17; 3,18; 4,1.20; 6,32; 10,28; 11,8.10bis.18; 14,11; 31,12.22; 37,27; 38,9.16; 40,28 und 42,11.

9 Zu den im Buch begegnenden Gattungen vgl. Alexander A. Di Lella, in: Skehan/Di Lella, Wisdom, 21–30, zu seiner Poetologie ebd., 63–74; hilfreich ist auch die thematisch geordnete Inhaltsangabe 4–6. Zur Geschichte der Lehrrede vgl. K.F.D. Römheld, Weisheitslehre, mit der Zusammenfassung 133–138.

10 Dabei dürfte angesichts seiner vermutlich gehobenen Stellung eher an eine private Unterweisung als an den Betrieb eines Lehrhauses zu denken sein; vgl. dazu Collins, Wisdom, 36–39.

Schüler vor allem zuhörten und das Gehörte (oder Gelesene) memorierten, nachschrieben und dann seine Fragen beantworteten.[11]

Ben Siras kritisches Urteil über die Reichen und Mächtigen seiner Zeit und seine Mahnung in 13,1–14,2, vor ihnen auf der Hut zu sein und sich lieber mit Gleichen zusammenzutun, spricht dafür, daß nicht nur seine tatsächlichen oder imaginierten Schüler, sondern auch er selbst der aufsteigenden Mittelklasse entstammten.[12] Ihm selbst scheint freilich der Aufstieg gelungen zu sein, denn als Dorfschreiber wäre er kaum in der Lage gewesen, ins Ausland zu reisen (34,9–13). Schon die Tatsache, daß er nicht nur *über* die Erziehung der Söhne, sondern auch *zu* dem erziehenden „Sohn", aber lediglich *über* die Erziehung der Töchter spricht, beweist, daß er bei seine Adressaten an Jünglinge und Männer dachte. Die Mädchen erhielten wie in der Regel auch im damaligen Griechenland nur eine häusliche Erziehung, die sie auf ihre künftige Rolle als Ehe- und Hausfrau vorbereiten sollte.[13]

2. Sirachs Wirken in einer kritischen Zeit

In der heutigen Forschung besteht Einmütigkeit darüber, daß Jesus Sirachs Wirken in das erste Viertel des 2.Jh. v. Chr. fällt: Der von ihm als Vorbild betrachtete Hohepriester Simon II. der Gerechte war bereits gestorben, als er sein Lob in 50,1–24 schrieb. Da dessen Tod in die ausgehenden 90er Jahre fällt, läßt sich die Niederschrift der Lehren Ben Siras nach oben jedenfalls nicht vor 190 v. Chr. ansetzen. Die untere Grenze ergibt sich daraus, daß er von den 170 v. Chr. einsetzenden Reformen und Wirren keine Kenntnis nimmt. Allerdings bereiteten sie sich offenbar bereits im Kreise des hohepriesterlichen Geschlechts der

11 Vgl. Oda Wischmeyer, Kultur, 184–200, die auch einen Überblick über die Lehrinhalte gibt.

12 Vgl. dazu Collins, Wisdom, 98 und Kaiser, Arm, 19–20 = unten, 135–137.

13 Vgl. Oda Wischmeyer, 180: „... es gibt nur Schüler, aber keine Schülerinnen. ... Die israelitischen Töchter zur Zeit Sirachs teilten das Schicksal der griechischen Frau, lediglich für das Haus- und Eheleben vorbereitet zu sein." Daß diese Rolle nicht global unterschätzt werden darf, sondern gegebenenfalls der der athenischen Frau eines Vollbürgers entsprach, hat Bernhard Lang, Women's work, 188–207 mittels eines Vergleiches von Prov 31,10–31 und Xenophons Oeconomicus gezeigt; zur Rolle der Frau in Prov 31. vgl. ausführlich Irmtraud Fischer, Gotteslehrerinnen, 142–172. Zur Erziehung und Schulung der Knaben und Jünglinge im Hellenismus vgl. Carl Schneider, Welt, 94–108, zur Stellung der Frau und den Ansätzen zu ihrer Emanzipation 42–81.

Zadokiden vor. Denn Ben Sira sah sich genötigt, sie in 45,25–26 und 50,22–24 aufzufordern, den Herrn zu preisen, damit er ihnen Weisheit gebe, das Volk in Gerechtigkeit zu richten und Frieden untereinander zu bewahren, damit der von Gott mit ihnen geschlossene Bund dauere, so lange der Himmel steht.[14] Als im Jahre 170 v. Chr. Zwistigkeiten zwischen dem Hohenpriester Onias III. und dem Epistaten der Tempelverwaltung Simon ausbrachen, machte sich der Bruder des Hohenpriesters Jason die permanente Geldnot Antiochos IV., des seleukidischen Oberherren zu nutze, die durch die seit der Niederlage seines Vaters Antiochos III. alljährlich fälligen Tributzahlungen an die Römer verursacht wurde.[15] Als Wortführer der hellenistischen Partei im Jerusalemer Adel erkaufte sich Jason bei dem König das Amt seines Bruders und gleichzeitig die Genehmigung zur Einrichtung einer Polis und eines Gymnasiums in Jerusalem. Damit wurde eine Entwicklung eingeleitet, die schließlich nicht nur zu Jasons Verdrängung durch Menelaos und dem Religionsverbot, sondern auch zum Aufstand der Makkabäer führte.[16] So sollten sich die Vorahnungen Ben Siras erfüllen und Juda in einen Strudel gerissen werden, aus dem es erst nach Jahre langen Kämpfen durch die Makkabäer gerettet wurde.

Da die im Geiste des Hellenismus stehenden Reformen Jasons, welche die Gründung eines Gymnasiums und die Ephebenausbildung als künftigen Zugang zu öffentlichen Ämtern einschlossen (vgl. II Makk 4,12–15) und eine vorausgehende Öffnung der hinter ihm stehenden Kreise der Jerusalemer Oberschicht für die griechisch-hellenistische Lebensweise voraussetzen, wäre es erstaunlich, wenn sich in den Lehren Ben Siras keine entsprechenden Hinweise fänden. Sehen wir von seiner vermutlichen Kenntnis griechisch-hellenistischer Dichtungen ab[17] und konzentrieren wir uns auf die theologischen Zentralthemen der Forderung des unbedingten Gehorsams gegen die Tora als das Gesetz des Lebens und die damit vorausgesetzte Verantwortung des Menschen für sein Tun und Lassen, so bezeugen zumal die mit einem „Sage nicht (אל תאמר)“ eingeleiteten Abmahnungen, daß Ben Sira in seinem Jerusalemer Umfeld kritischen Stimmen begegnet ist, welche die über-

14 Vgl. dazu Martin Hengel, Judentum, 244–245 und Kaiser, Covenant, 244–249 = oben, 87–92.

15 Vgl. dazu R. Malcolm Errington, Rome, 274–289, bes. 286.

16 Vgl. dazu Christian Habicht, Seleucids, 346–350.

17 Zur Bekanntschaft Ben Siras mit griechischer Philosophie und Dichtung vgl. ausführlich Hans-Volker Kieweler, Ben Sira, bzw. knapp Kaiser, Judentum, 68–86. bes. 79–84 = ders., Mensch, 135–153.

kommene Vorstellung von Gottes Gerechtigkeit und des Menschen Verantwortlichkeit anzweifelten.[18] So mußte der Sirazide in 5,1–8 den Einwänden entgegentreten, der Reiche könne aufgrund seines Reichtums ungestraft seinen Begierden folgen, weil Gott die Sünden des Menschen verborgen blieben. Darüber hinaus mußte er sich in 15,11–20 mit dem die biblischen Verantwortungsethik bestreitenden Argument auseinandersetzen, daß nicht der Mensch, sondern Gott die Verantwortung für die Sünden des Menschen trage.[19] Die sich in diesen Abmahnungen spiegelnde, gegenüber der Tradition skeptische und zugleich liberalistische Haltung dürfte sich teils dem Einfluß der hellenistischen Popularphilosophie,[20] teils dem der Epoche eigenen Zeitgeist verdanken, unter dessen Einfluß die väterlichen Lehren durch die Enkel auf den Prüfstand der Erfahrung gestellt wurden, ein Verfahren, daß sich am deutlichsten in dem wohl um die Mitte des 3.Jh. v.Chr. entstandenen Buch des Predigers Salomo, dem Kohelet niedergeschlagen hat.[21] Ben Siras Lehre in 11,10–28, daß die Stellung des Menschen vor Gott erst an und in seinem Ende offenbar werde und die großen Theodizeedichtungen in 39,12–35 und 42,15–43,33 werfen weitere Lichter auf die angefochtene Situation des jüdischen Glaubens. Zwischen beide Hymnen hat Ben Sira in 40,1–41,13 seine Lehre über das Elend und die Freuden des kurzen Menschenlebens und in 41,14–42,14 die über angebrachte und unangebrachte Scham und die Sorgen des Vaters wegen seiner Tochter gestellt. Es ist, als sollten die beiden Hymnen die Ambivalenz des Lebens im Lichte einer göttlichen Gerechtigkeit sehen lehren, die jedem zu seiner Zeit das Seine gibt. Der Hymnus in 39,12–35 dient dem Nachweis, daß alle Werke Gottes gut und jedes von ihnen zu seinem besonderen Zweck erschaffen worden

18 Vgl. dazu James L. Crenshaw, Wisdom, 170–172.

19 Vgl. dazu Ursel Wicke-Reiter, Providenz, 111–122; A.A. Di Lella, Free will, 253–264 und Kaiser Freiheit, 291–305, bes. 297–305 = oben, 43–59, bes. 50–54.

20 Vgl. dazu Wicke-Reuter, Providenz, 131–138.

21 Vgl. dazu Hengel, Judentum, 209–237; James A. Loader, Polar Structures, 116 und A.A. Fischer, Skepsis, 328–250, der 248 feststellt, daß „seine skeptische Begrenzung der Weisheit in der gewonnenen Überzeugung (gründet), daß Gottes umfassendes Welthandeln dem Menschen schlechthin verborgen bleibt Zugleich ist Gott in seiner Allmacht über alles Geschehen erhaben, so daß sich ihm gegenüber die Furcht Gottes als die einzig mögliche Haltung empfiehlt." Ähnlich Kaiser, Anweisungen, 38–55; Michael V. Fox, Time, 85–86, plädiert dagegen auf einer wohl doch zu schmalen Textbasis für einen „ radical epistemological scepticism" Kohelets.

ist. In seiner Voraussicht hat Gott die Welt so eingerichtet, daß alles bereits steht, um den Guten ein gutes und den Schlechten ein schlechtes Leben zu garantieren. Die Tatsache, daß die kosmischen Gerichte Gottes nicht nur die Frevler, sondern auch die Gerechten treffen, blieb dabei unberücksichtigt. Dieses Defizit in der Theodizee soll der den Lehrteil der c.1–43 in 42,15–43,33 beschließende Schlußhymnus auf die Schönheit der Werke Gottes mit seinem Bekenntnis ausgleichen, daß die Einsicht des Menschen in das Ganze zu begrenzt ist, um alle Werke Gottes zu ergründen. Die sichtbare, rational zugängliche Harmonie des Kosmos soll gleichsam seine irrationale Seite ausbalancieren, so daß sich der Fromme mit dem Bekenntnis zufrieden geben kann, daß Gottes Wirken das menschliche Fassungsvermögen übersteigt. Es liegt auf der Hand, daß sich der Sirazide dabei zweier Konzepte der Stoa bedient, der Lehre von der den Weltenlauf von seinem Anfang bis zu seinem Ende bestimmenden göttlichen πρόνοια, der Vorsehung, und der von der Harmonie des notwendig aus Gegensätzen bestehenden Ganzen.[22] – Das verbleibende theoretische und empirische Defizit, das bis heute allen Versuchen der Theodizee einen Riegel vorschiebt,[23] konnte er einerseits auf sich beruhen lassen, da ihm die Erfahrung der früheren Geschlechter und d.h. konkret: das Zeugnis der Heiligen Schriften die Gewähr für die Gültigkeit der auf Gott als gerechten Richter gerichteten Erwartungen bot (2,10).[24] Andererseits aber konnte er die Tatsache, daß auch die Gerechten leiden, damit erklären, daß Gott die prüft, die ihm ihr Leben weihen wollen (2,1–6).[25]

---

22 Zu 39,12–35 und 42,15–43,33 und ihren alttestamentlichen Wurzeln sowie als Theodizeedichtungen vgl. Gian Luigi. Prato, problema, 62–115, bes. 115 und 116–206, bes.206–208 und zu ihrem Verhältnis zur Stoa Kaiser, Rezeption, 41–51 = ders., Athen, 293–303 und jetzt ders., Glück, 113–167 und im Blick auf 39,12–35 unbedingt Wicke-Reuter, Providenz, 55–102, bes. 88–102 und zu 43,27–30 Núria Calduch-Benages, God, 79–100.

23 Zu ihrer theoretischen Unmöglichkeit vgl. Immanuel Kant, Mißlingen, 253–271 = Kant, Werke, hg. Weischedel VI,103–124; zu ihrer praktischen z.B. Hans Mohr, Wissen, 63 und zu ihrer Entbehrlichkeit für den Glaubenden Hermann Lübbe, Religion, 195–206.

24 „Blickt auf die früheren Geschlechter und seht://Wer vertraute auf ihn und wurde zuschanden? Oder wer blieb in seiner Furcht und wurde verlassen? // Oder wer rief ihn an und wurde von ihm übersehen?"

25 „2,1 Mein Sohn, schickst du dich an, dem Herrn zu dienen, // so sei darauf gefaßt, daß er dich prüft. 2 Mache dein Herz bereit und sei gefaßt, // verliere nicht den Mut in Unglückszeiten. 3 Schließ dich ihm an und laß nicht ab, // dann wirst du groß an deinem Ende. 4 Nimm alles, was dir zustößt, an // in

Doch trotz dieser offensichtlichen apologetischen Tendenzen, mit denen Ben Sira in seinen Schülern das Vertrauen in die väterliche Überlieferung sichern und den Stolz auf die eigene jüdische Identität erhalten wollte, täte man ihm Unrecht, wenn man ihn lediglich als einen Traditionalisten beurteilte. Denn mustert man seine Lehrreden genauer, so wird deutlich, daß er eher ein liberal-konservativ ausgerichteter Mann gewesen ist, der sich dem Denken und Leben seiner Zeit soweit öffnete, wie es mit den unantastbaren Grundsätzen der jüdischen Religion in Gestalt des Glaubens an die Erwählung Israels und seiner Verpflichtung auf das Gesetz des Lebens (Sir 17,11–14) vereinbar war.[26] Denn aus beiden Prämissen folgerte, daß das Wohl und Heil Israels und jedes seiner Glieder an den Gehorsam gegen die Tora geknüpft sind, weil Gott als ein gerechter Richter über der Bundestreue seines Volkes wacht (17,15–24). Der fundamentalen Bedeutung der Tora aber suchte Ben Sira gerecht zu werden, indem er sie als den Inbegriff aller Weisheit verherrlichte (24,23–29)[27] und daraus die Folgerungen zog, daß der Weg zu ihr in der Furcht des Herrn (1,11–20) und ihr Wesen im Halten seiner Gebote besteht (Sir 1,26; 19,20).[28] Der Primat der Tora hinderte den Weisen allerdings nicht daran, von seiner Lebenserfahrung vernünftigen Gebrauch zu machen. Denn wenn jeder Menschen als solcher Teil an der Weisheit Gottes besitzt (1,10) und nach seiner Überzeugung sittliches Unterscheidungsvermögen und Verantwortlichkeit zu seiner natürlichen Ausstattung gehören (vgl. 17,1–7 mit 15,11–20), stehen Vernunft und Offenbarung gleichsam in einem

---

Krankheit und in Elend hab Geduld. 5 Denn Gold prüft man im Feuer // den Menschen, der Gott gefällt, im Ofen der Not. 6 Glaube an ihn, dann hilft er dir, // vertraue ihm, und er ebnet deine Pfade." Vgl. dazu ausführlich Lutz Schrader, Leiden, 31–204, bes. 203–204 und Calduch-Benages, Trial Motive, 135–151.

26 Vgl. dazu auch A.A. Di Lella, Theology, 139–154. James G. Gammie, Sage, 360–361 testiert Ben Sira einen „Assimilatonism" im Umgang mit der Tora, da er die Speisevorschriften unberücksichtigt lasse.

27 Zum Verhältnis zwischen Weisheit und Tora bei Ben Sira Hengel, Judentum, 284–292; Eckart J. Schnabel, Law, 69–92; Marböck, Gesetz, 1–21 = ders., Gottes Weisheit, 52–72; Wischmeyer, Kultur, 270–273; Collins, Wisdom, 42–61; zur Personifikation der Weisheit bei Ben Sira Martin Neher, Wesen, 71–88.

28 Vgl. dazu Josef. Haspecker, Gottesfurcht, 95 und jetzt vor allem Wischmeyer, Kultur, 278–281, weiterhin A.A. Di Lella, Fear, 113–133, aber auch Renate Egger-Wenzel, Faith, 211–226 und zur alttestamentlichen Vorgeschichte Joachim Becker, Gottesfurcht, 214–222.

dialektischen Verhältnis zueinander.[29] Die in einem langen Leben erworbenen Einsichten ergänzen gleichsam die göttlichen Gebote. Die damit gegebene geistige Freiheit ermöglichte es Ben Sira, hellenistische Konzepte und Sitten positiv in seine Lehren aufzunehmen, soweit sie sich mit der Forderung des Gehorsams gegen die Tora vertrugen. Daher konnte er in seinen Lehren ebenso die in der jüdischen Weisheitstradition neuen Themen des Reisens,[30] des Verhaltens gegenüber dem Arzt[31] und beim Gastmahl[32] aufnehmen wie zur Verteidigung der religiösen Grundkonzepte das stoischen Konzept vom göttlichen Logos adaptieren, der den Lauf der Welt durch seine Vorsehung bestimmt, die notwendigen Gegensätze der Welt in einer kosmischen Harmonie aufhebt und gleichzeitig im Denken jedes Menschen wirksam ist.[33]

3. Die Auslegung und Einprägung des dekalogischen Elterngebots als Grundmaxime für das Verhalten der Kinder gegenüber ihren Eltern[34]

Wenden wir uns mit diesem Vorwissen seinen konkreten Ratschlägen zur Gestaltung des Verhältnisses zwischen Eltern und Kindern zu, so ergibt sich aus dem bisher Gesagten als selbstverständlich, daß Ben Sira dabei einerseits vom Elterngebot des Dekalogs ausgeht und seinen Schüler andererseits einprägt, daß der Weg zur Weisheit grundsätzlich im Halten der Gebote besteht (Sir 1, 26):

Begehrst du Weisheit, halte die Gebote,
dann wird sie dir der Herr reichlich geben.

---

29 Vgl. dazu oben, 24–25.

30 Vgl. 34,9–13 und 39,4 und dazu Marböck, Weisheit, 161–162,

31 Vgl. 38,1–15 und dazu Marböck, Weisheit, 154–160; Lutz Schrader, Beruf, 135–144 und Kaiser, Krankheit, 9–43, bes. 26–27 und 33–35 = unten, 212–245, bes. 243–245.

32 Vgl. 31,12–32,13 und dazu Marböck, Weisheit, Weisheit, 162–164; Kieweler, Benehmen, 191–216.

33 Vgl. dazu Kaiser, Rezeption, 41–51 = ders., Athen, 293–302; ders., Glück, 65–112 und weiterhin Wicke-Reuter, Providenz, passim bzw. ihre Zusammenfassung, Ben Sira, 268–281.

34 Vgl. zum Folgenden auch Jutta Hausmann, Studien, 105–122 und zur Vorgeschichte des Elterngebots im Dekalog Rainer Albertz, Hintergrund, 348–374 = ders., Geschichte, 157–180.

Und ganz entsprechend heißt es in 19,20:

Die ganze Weisheit besteht in der Furcht des Herrn
und die Fülle der Weisheit beruht auf dem Halten der Tora.[35]

Es entspricht jedoch der Einsicht des Weisen in das Denken seiner Zeit, daß er das biblische Gebot der Elternehrung aus Ex 20,12 par Dtn 5,16 nicht lediglich wiederholt, sondern in 3,1–20* auch begründend auslegt. Die erste Strophe lautet (3,1–6):[36]

1 *Des Vaters Satzung höret an, ihr Söhne,*
und tut danach, damit ihr lebt!
2 *Denn Ehre gab der Herr dem Vater bei den Söhnen,*
der Mutter Satzung gab er Kraft über die Kinder.
3 *Sünden bedeckt, wer seinen Vater ehrt,*
4 *und einen Vorrat*[37] *sammelt, wer seine Mutter ehrt.*
5 *Wer seinen Vater ehrt, freut sich an seinen Kindern,*
und betet er, wird er erhört.
6 *Wer seinen Vater ehrt, wird länger leben,*
und wer dem Herrn gehorcht, ehrt seine Mutter.[38]

Die auffälligste Neuerung in dieser Auslegung des Elterngebotes ist die Erweiterung der über dem Gehorsam stehenden Verheißung in den V. 3–4 um den Gedanken der verdienstlichen Werke: Wer seine Eltern ehrt, gewinnt damit einen himmlischen Schatz, der seine Sünden tilgt.[39]

---

35 Vgl. auch Pap. Insinger (21),9, bearb. v. Heinz J. Thissen, 304: „Die Geduld eines Weisen besteht darin, sich mit Gott zu beraten.“

36 Zu seiner Vorgeschichte im altisraelitischen Recht vgl. Anthony Phillips, Criminal Law, 80–82; Rainer Albertz, Hintergrund, 364–374 = ders., Geschichte, 175–185; Lothar Perlitt, Dekalog,411–412; Frank-Lothar Hossfeld, Dekalog, 252–259 (mit einem hilfreichen Exkurs über das Verhältnis von Eltern und Kindern im Spruchbuch); Werner H. Schmidt mit Holger Delkurt u. Axel Graupner, Zehn Gebote, 98–106 und Kaiser, Gott III, 49–51. Auf den Streit über den geschichtlichen Vorrang der beiden Fassungen brauchen wir hier nicht einzugehen. – Zum Dekalog als Kanon jüdischer Ethik bei Ben Sira vgl. Kaiser, Furcht, 66–69.

37 An guten Werken.

38 In der G II- Tradition folgt als Verdeutlichung ein 7. Vers: „ Wer den Herrn fürchtet, wird seinen Vater ehren // und wie Herren dient er als Sklave den Eltern.“

39 Vgl. Mk 10,21 par Mt 19,21 und Lk 18,22.

Aufgrund seines Wohlverhaltens gegenüber den Eltern erhält der Sohn sozusagen ein himmlisches Guthaben, das Gott zu Tilgung seiner Sünden verwenden kann.[40] Die Verheißung des langen Lebens im Land, die ursprünglich Israel als Volk galt, wird in V. 6 auf den Einzelnen spezialisiert: Wer seine Eltern ehrt, verlängert sein Leben, gleichviel, ob er in Juda oder in der Gola oder Diaspora wohnt.[41] Aber die Verheißung ist auch spiegelbildlich erweitert: Wer seine eigenen Eltern ehrt, dem wird verheißen, daß er durch seine Kinder erfreut wird, und das heißt: daß auch sie ihm gehorchen und ihn ehren werden.[42] Darüber hinaus sichert die Erfüllung des Elterngebots nach V. 5a in besonderer Weise, was von jeder Gebotserfüllung gilt: sie hält die Verbindung mit Gott offen und gehört damit zu den Bedingungen, unter denen Gott bereit ist, ein Gebet zu erhören (V. 5b).[43]

Die zweite, aus den V. 8–13 bestehende Strophe macht mit ihrem Schußvers deutlich, daß es sich bei der Elternehrung nicht um bloße Gesten der Ehrerbietung, sondern zugleich um ein entsprechendes praktisches Verhalten handelt. Denn es gab in alten Zeiten keine Alters- und Lebensversicherung, sondern beides waren die Kinder und in erster Linie der erstgeborene Sohn. Die Eltern aber konnten während ihres ganzen Lebens das Wohl wie das Wehe ihrer Kinder befördern, indem sie die, die ihnen gehorchten und für sie sorgten, segneten oder im umgekehrten Fall verfluchten. Segen und Fluch, in biblischer Brechung als Segenswünsche und Fluchbitten an Gott gerichtet, wurden allgemein als Machtworte oder, wie man heute zu sagen liebt, als performative Sprechakte verstanden: Sie bewirken, was sie ankündigen bzw. in den biblischen Fällen: erbitten.[44]

Aber im Verhalten gegenüber den Eltern steht auch die eigene Ehre, das eigene Ansehen in der Gemeinde auf dem Spiel: Wer sich in der Öffentlichkeit Ehre zu verschaffen sucht, indem er sich zu Lasten seines Vaters brüstet, schadet seiner eigenen Ehre. Das Leben der einzelnen war jedenfalls noch so stark in das der Ortgemeinde eingebunden, daß

40 Vgl. dazu Reinhold Bohlen, Ehrung, 168–180, bes. 180.

41 Vgl. dazu Bohlen, 194–200, bes. 200.

42 Vgl. dazu Bohlen, 181–186, bes. 186.

43 Vgl. dazu Bohlen, 187–194, bes.194.

44 Vgl. dazu Timo Veijola, Segen, 76–79 und zur Stelle Bohlen, Ehrung, 224–232, bes. 231–232. Der aronitische Segen in Num 6,24–26, der schon damals den Tempelgottesdienst beendete, vermittelte dem getreuen Israel gleichsam Gottes heilvolle Gegenwart und Zuwendung; vgl. Sir 50,20–21 und zur Sache Kaiser, Gott II, 194–195.

das Ansehen der Vaters und des Sohnes in einem reziproken Verhältnis standen (3,8–13):[45]

> 8 *Mein Sohn, mit Wort und Tat sollst du den Vater ehren,*
> *damit sein Segen dich erreicht.*
> 9 *Der Segen des Vaters ist eine tiefe Wurzel,*
> *aber der Fluch der Mutter reißt die Pflanze aus.*
> 10 *Brüste dich nicht mit deines Vaters Schande,*
> *denn das bringt dir keine Ehre.*
> 11 *Wer seinen Vater ehrt, der ehrt sich selbst,*
> *und Sünden mehrt, wer seiner Mutter flucht.*[46]
> 12 *Mein Sohn, nimm dich im Alter deines Vaters an*
> *und laß ihn nicht allein, solang er lebt.*
> 13 *Und wenn er abnimmt an Verstand, sieh es ihm nach,*
> *schmähe ihn nicht, weil du in Kraft stehst.*

Die Ehre der Eltern steht jedoch nicht nur im direkten Umgang mit ihnen auf dem Spiel, sondern auch im eigenen Verhalten. Die Erinnerung daran soll den Sohn davon abhalten, sich selbst durch unbedachte Äußerungen in Schande zu bringen (23,14):

> *Denke an deinen Vater und an deine Mutter,*
> *wenn du unter Mächtigsten sitzt,*
> *damit du bei ihnen keinen Anstoß erweckst*[47]
> *und dich durch dein Verhalten zum Narren machst,*
> *so daß du nie geboren zu sein wünschst*
> *und den Tag deiner Geburt verfluchst.*

Daß gegenüber den Eltern selbst ein demütiges Verhalten am Platze ist, war Ben Sira so wichtig, daß er am Schluß der dritten und letzten Stanze seiner Lehre über das rechte Verhalten gegenüber den Eltern in 3,17–20 noch einmal darauf zurückkommt. Zunächst unterstreicht er freilich in den V. 14–16 die These, daß die kindliche Treue nicht nur eigene

---

45 Vgl. dazu Bohlen, Ehrung, 233–246, bes. 245–246 und zum „dyadic contract", der Ansehen und Verhalten des Einzelnen als ein reziprokes innerhalb der Gemeinschaft bestimmt, Anselm.C. Hagedorn, Moses, 89–99.

46 Auf die Verfluchung von Vater und Mutter stand im altisraelitischen Kriminalrecht die Todesstrafe, vgl. Ex 21,17 mit Lev 20,9.

47 G hat vermutlich mit Ryssel, Jesus Sirach, 239 תשצל als תשכח gelesen; vgl. S.

Sünden tilgt, sondern Gott auch dazu bewegt, den Beter in seiner Not zu erhören. Die Forderung, daß die Kinder ihr Leben lang für Ruf und Wohl der Eltern zu sorgen verpflichtet sind, führt er hier auf die Schöpfungsordnung zurück, nach der die Kinder ihr Leben den Eltern verdanken. Daher wäre ein Vergehen gegen die Eltern zugleich ein solches gegen Gott (V. 14–16):[48]

> 14 *Hilfe für den Vater wird nicht vergessen*
> *und bleibt wie ein Sündopfer eingepflanzt.*
> 15 *Am Tage der Not wird deiner gedacht,*
> *um wie Wärme den Reif deine Schuld zu tilgen.*
> 16 *Vermessen handelt, wer seinen Vater verachtet,*
> *und seinen Schöpfer reizt, wer seiner Mutter flucht.*

Entsprechend heißt es in 7,27–28:[49]

> 27 *Mit ganzem Herzen ehre deinen Vater*
> *und vergiß nicht die Wehen deiner Mutter.*
> 28 *Denke daran, daß du durch sie geboren wurdest, –*
> *was kannst du ihnen geben für das, was sie dir gaben?*

Die Grundhaltung, aus der sich das angemessene Verhalten der Kinder zu ihren Eltern wie von selbst ergibt, ist mithin eine demütige Dankbarkeit. Daher beschließt Ben Sira die dritte Strophe der Lehre in c. 3 mit der Ermahnung, in allen Lebenslagen im Vertrauen auf Gottes Erbarmen demütig zu sein und zu bleiben (3,17–20):

> 17 *Mein Sohn, auch wenn du reich wirst, bleibe demütig.*
> *Dann wirst du mehr geliebt als wer viel gibt.*
> 18 *Halte dich für geringer als alles Große dieser Welt,*
> *dann findest du bei Gott Erbarmen.*[50]
> 20 *Denn groß ist die Macht des Herrn,*
> *und von den Geringen wird er verherrlicht.*

---

48 Vgl. dazu Bohlen, Ehrung, 262–271, bes. 271.

49 Vgl. dazu auch Bohlen, Ehrung, 272–305, bes. 305, der auf die hellenistischen Parallelen verweist.

50 G bietet über H hinaus als V. 19: „Viele sind hoch und gefürchtet // aber den Sanftmütigen offenbart er seinen geheimen Ratschluß.“

4. Das Erziehungsziel

Erziehungsziel ist der sich unter Menschen seines Wertes bewußte, Gott fürchtende und daher vor ihm demütige und zugleich gebildete junge Mann, der als solcher zu rechten Zeit zu reden und zu schweigen versteht. Demut und Selbstverachtung und Demut und Muckertum sind allerdings entgegen heute weit verbreitetem Vorurteil durchaus zweierlei Ding. So sehr Ben Sira zur Demut riet, so wenig hielt er von der Selbsterniedrigung gegenüber anderen oder übertriebener Zurückhaltung. Es kommt allerdings darauf an, zur rechten Zeit zu reden.[51] Dann aber soll auch der Jüngling seine Weisheit nicht unter den Scheffel stellen, sondern sagen, was er zu sagen hat. In seiner Lehrrede über das rechte Verhalten in unterschiedlichen Lebenslagen in 4,20–31 kommt Ben Sira in den V. 20–28 darauf zu sprechen. In ihr greift er auch das Thema der Scham auf, dem er weiterhin in 41,14–42,8 eine eigene Lehrrede gewidmet hat. Je anfälliger die Menschen im Zuge der Individualisierung für diese Erfahrung werden, desto wichtiger ist es, daß sie zwischen begründeter und unbegründeter Scham und Beschämung zu unterscheiden wissen.[52]

Scham läßt sich phänomenologisch als ein Gefühl der Preisgegebenheit und schutzlosen Nacktheit gegenüber Menschen und vor Gott beschreiben, in dem das eigene Dasein als schuldverfallen erfahren wird (vgl. Gen 3,6–11).[53] In Gesellschaften, in denen die Ehre des Einzelnen auf seinem öffentlichen Ansehen beruhte, mußte der Vater darauf achten, daß ihm das Verhalten seines Sohnes keine Schande machte, weil er ihn dadurch dem Verdacht aussetzte, daß er seinen Erziehungspflichten nicht in der erforderlichen Weise nachgekommen sei und dadurch die Gemeinschaft geschädigt habe.[54] Erst wenn die überlieferten Handlungsgrundsätze ihre bindende Kraft verlieren und der Einzelne in die Spannung zwischen der sittlich-religiösen Forderung und ihrer Bestreitung gerät, muß er lernen, zwischen begründeter und unbegründeter Scham und Beschämung zu unterscheiden. Daher hat

---

51 Vgl. dazu Gerhard von Rad, Weisheit, 182–188.

52 Zur Rolle der Scham im Pap. Insinger vgl. Miriam Lichtheim, Wisdom Literature, 158–160.

53 Zur Geschichte der Scham, ihren anthropologischen und theologischen Aspekten vgl. Matthias Heesch, Scham, 65–72.

54 Vgl. dazu Anselm.C. Hagedorn (2004), Moses, dessen Behandlung von Dtn 21,18–21 auf dem Hintergrund einer Scham-Kultur und der ihr entsprechenden Kindererziehung 224–238 Beachtung verdient.

Ben Sira diesem Thema in 41,14–42,8 eine eigene Lehre gewidmet. Wie in den bisher behandelten Mahnreden geht es ihm auch in ihr darum, seine Schüler und Leser über angebrachte und unangebrachte Gründe zur Scham zu belehren: Wegen aller rechtlichen und sittlichen Vergehen soll man sich schämen, aber keinesfalls wegen einer religiös und sittlich motivierten und dem eigenen Schutz dienenden Handlung: Wer sich bei seinem Tun mit Gottes Willen im Einklang weiß, braucht sich nicht zu schämen, auch wenn ihn andere deshalb als einfältig verachten. Denn der Gott Israels ist gerecht und hat Gerechtigkeit lieb (Ps 11,7; 33,5). Daher fordert ihn zum Gericht heraus, wer ungerecht handelt. So mündet denn auch die Lehre in 4,20–28 in die Mahnung, sich nicht durch andere vom rechten Wege abbringen zu lassen und zur rechten Zeit die eigene Meinung nachdrücklich zu vertreten (4,20–28):

> 20 *Mein Sohn, die rechte Zeit beachte und hüte dich vor Bösem,*
> *damit du dich deiner nicht schämen mußt.*
> 21 *Es gibt eine Scham, die führt zur Sünde,*
> *und eine Scham, die Achtung und Ehre verdient.*
> 22 *Ergreife nicht Partei gegen dich selbst*
> *und trage nicht bei zu deinem Fall.*
> 23 *Zur rechten Zeit halt nicht zurück dein Wort*
> *und halte deine Weisheit nicht verborgen.*[55]
> 24 *Denn durch Reden wird Weisheit erkannt*
> *und Einsicht durch der Zunge Antwort.*
> 25 *Widerstrebe der Wahrheit nicht,*
> *sondern schäme dich deiner Torheit.*[56]
> 26 *Schäme dich nicht, von Unrecht zu lassen,*
> *und „stelle dich nicht gegen den Strom.“*[57]

---

55 Vgl. auch 20,7: „Ein Weiser schweigt bis zur rechten Zeit, // aber der Tor achtet nicht auf sie.“ Bei den Toren handelt es sich um keine soziologische Größe, sondern um durch ihre mangelnde Begabung und Charakterfestigkeit bestimmte Personen; vgl. Wischmeyer, Kultur, 181–183. Zum Reden und Schweigen zur rechten Zeit vgl. auch die Lehre des Amenemope VI.7–12, bearb. Irene Shirun-Grumach, 230 und Pap. Insinger (22), 20–21, bearb. Heinz J. Thissen, 306.

56 HA:„Stelle dich nicht gegen Gott, sondern beuge dich unter ihn.“

57 Nach Di Lella, in: Skehan/Di Lella, Wisdom, 177 handelt es sich um ein Sprichwort, das davor warnt, etwas Unmögliches zu tun, und im syrischen Achiqar belegt ist. Die Einheitsübersetzung bietet dafür passend zum Kontext „leiste nicht trotzig Widerstand.“ Vgl. auch Josef Schreiner, Jesus Sirach, 36 z.

27 *Gib dich keinem Toren preis,*
und nimm nicht Partei für einen Herrscher.[58]
28 *Bis zum Tode streite für die Gerechtigkeit,*
so wird der Herr für dich kämpfen.

Eindeutig fordert Ben Sira seine Schüler in 10,28–31 dazu auf, Demut nicht mit Selbstverachtung zu verwechseln: Wer sich selbst verachtet, kann nicht damit rechnen, daß ihn andere achten (10,28–30):

28 *Mein Sohn, in Demut achte dich selbst*
und gib dir den Wert, den du verdienst.
29 *Wer wird den achten, der sich selbst verdammt,*
und wer den ehren, der sich selbst mißachtet?
30 *Es gibt Geringe, die achtet man wegen ihrer Weisheit,*
und es gibt Reiche, die achtet man wegen ihres Reichtums.

Ben Sira will seinen Schülern mit derartigen Ratschlägen und Warnungen zu einem gelingenden, in der Gemeinde geachteten und unter Gottes Schutz und Segen stehenden Leben verhelfen. Daher greifen seine Lehren immer wieder weit über ihre derzeitige Situation hinaus in die Zeit, in der sie selbst ihren Mann zu stehen haben. Aber darüber hat er nicht vergessen, ihnen konkrete Anweisungen zu geben, die sie dazu anleiten sollten, sich schon als Jünglinge um Umgang mit Älteren zu bewähren. Als Beispiel dafür sei ein Abschnitt aus seiner Anweisung zum rechten Verhalten beim Symposion in 31,12–32,13 angeführt.[59] Hier berät er sie in 32,7–9 darüber, wie sie es bei einer solchen Gelegenheit mit ihren Worten zu halten hätten (32,7–9):[60]

St: „ Es hat keinen Sinn sich trotzig gegen die Strömung eines Flusses zu stellen, der Wahrheit zu widerstehen, die sich durchsetzen wird."

58 HA bietet als V. 27 c-d: „Setze dich nicht zu einem, der ungerecht richtet; // denn nach seiner Laune wirst du von ihm gerichtet."

59 Vgl. auch die Lehre des Ptahhotep VII.119–123, bearb. v. Günter Burkard, 201 und die Lehre des Amenemope XXIII.13–20, bearb. v. Irene Shirun-Grumach, 246 und zum Thema des Maßhaltens beim Essen und Trinken im Pap. Insinger Miriam Lichtheim, Wisdom Literature,164.

60 Die Alten sollen ihrerseits den Jungen nach 32,3–4 nicht mit in der Situation eines fröhlichen Gelages unangemessen langen Reden verkürzen und sich so am falschen Ort als weise gebärden. Vgl. dazu auch H.-V. Kieweler, Benehmen, 191–216, bes.195–210.

7 Rede, Jüngling, wenn es dir nötig erscheint,
ungern zweimal, selbst wenn man dich bittet.
8 Fasse dich kurz und sage mit wenigen Worten viel,
dann gleichst du einem wissenden Schweiger.
9 Unter Alten spiele dich nicht auf
und unter Großen[61] *mache nicht viel Worte.*[62]

Zurückhaltendes und trotzdem nicht kriecherisches, aber im Verkehr mit Höhergestellten taktvolles Benehmen gehörte schon deshalb zu seinen Erziehungszielen, weil es die unentbehrliche Voraussetzung für den Zugang zum Beruf des Schreibers darstellte. Ben Sira hat in 38,24–39,11 in leuchtenden Farben das Ideal des schriftgelehrten Weisen gezeichnet, der sich ungehindert von handwerklichen Pflichten dem Studium der Schriften der Väter widmen, vor Große als Ratgeber treten, in fremde Länder reisen und dabei die Sitten anderer Völker erkunden und obendrein als inspiriertem Ausleger der Tora einen bleibenden Namen gewinnen kann.[63] Aber es dürfte ihm klar gewesen sein, daß die Erreichung dieses Ideals unter den damals im Lande herrschenden sozialen Verhältnissen nur wenigen seiner Schüler offen stand. Daher hat er sie so zu beraten versucht, daß sie wenigstens ihre Chancen nutzen könnten, um einer mehr oder weniger untergeordnete

---

61 H: שרים „Fürsten, Beamten". G: μεγιστάνες, vgl. dazu Antonino Minissale, Selbstverständnis, 103–116, bes.109.

62 H bietet als V. 11a-b: „Vor dem Hagel leuchtet der Blitz auf // und vor dem Verständigen Anmut."

63 Zum Fortleben im Namen vgl. Sir 37,25–26 und dazu Aubray R. Johnson, One, 3–4. – Das Lob des Schreibers und der Schreibkunst gehört zum internationalen Repertoire der Weisheit; vgl. z.B. das sumerische Lob der Schreibkunst (TCL 16 [1930]) Nr. 96, bearb. v. W. H. Ph. Römer, 46–48, und zum Schulbetrieb ders., Jets bzw. Samuel N. Kramer, Sage, 32–37, und zum ägyptischen Lob des Schreibers im Pap. Lansing Hellmut Brunner, Erziehung, 174–176, bes. die drastische Empfehlung:„*Sei ein Schreiber, denn deine Glieder sind glatt, und dein Hand ermüdet leicht. Du sollst doch nicht (durch körperliche Arbeit) ausbrennen wie eine Lampe, wie einer, dessen Glieder erschöpft sind, da ja doch keine Knochen eines Mannes in dir sind! Du bist hochgeschossen und schmächtig. Wenn du eine Last aufnimmst, um sie zu tragen, dann brichst du zusammen, denn deine Füße schlurfen zuviel, und dir fehlt die Kraft. Du bist schwächlich an allen deinen Gliedmaßen und kraftlos an deinem Körper. Nimm dir vor, ein Schreiber zu werden, ein schönes Amt, zu dem du paßt. Da rufst du einem, und tausend antworten dir. Du schreitest frei auf dem Wege und wirst nicht wie ein Ochse, der verhandelt wird. Du stehst an der Spitze von anderen.*" Es folgt dann als abschreckendes Beispiel die Schilderung des mühseligen Lebens eines Soldaten.

Stellung als Schreiber bei einem Reichen oder Mächtigen zu erhalten:[64] Um das zu erreichen, sollten sie sich im Verkehr mit ihren möglichen Patronen ebenso klug wie taktvoll benehmen. Einerseits durften sie sich bei passender Gelegenheit weder vordrängeln noch verstecken. Andererseits mußten sie mit dem Hochmut der Vornehmen und Reichen rechnen und auf der Hut sein, um sich von ihnen weder in eine Falle locken noch ausnutzen zu lassen. Daher warnte Ben Sira seine Schüler in 13,1–8 grundsätzlich vor dem Umgang mit den Reichen (V. 3–8):[65]

3 *Ein Reicher tut Unrecht und rühmt sich dessen,*
ein Geringer tut Unrecht und muß um Vergebung bitten.
4 *Wenn du ihm nützt, läßt er dich für sich arbeiten,*
und bist du erschöpft, schont er dich nicht.
5 *Wenn du etwas besitzt, redet er freundlich zu dir,*
macht er dich arm, stört es ihn nicht.[66]
6 *Bedarf er deiner, so hilft er dir*
und wirbt lächelnd um dein Vertrauen.
7 *Doch nützt es ihm, betrügt er dich,*
setzt er dich zwei- und dreimal in Schrecken.
Sieht er dich dann, geht er an dir vorbei
und schüttelt sein Haupt über dich.
8 *Sei auf der Hut, laß dich nicht täuschen*
und demütigen durch deinen Unverstand.

Wer aufsteigen und in den Dienst eines Adligen, Beamten oder reichen Händlers treten will, der muß ihn bei einem Zusammentreffen in einem größeren Kreise ebenso taktvoll auf sich aufmerksam machen, wie sich vorsichtig bedeckt halten, damit er sich nicht durch seinen Freimut gefährdet (13,9–13):

---

64 Zu unterschiedlichen Verwendungen eines Schreibers in der hellenistischen Epoche vgl. Christine Schams, Scribes, 309–321.

65 Vgl. dazu Victor Maria Asensio, Poverty, 151–178, bes. 157–163 und 167–168; Kaiser, Reichtum,10–49, bes. 28–33 bzw. ders., Arm, 17–30, bes. 21–24 = unten, 144–160, bes. 148–153.

66 Die Überlieferung der V. 5–8 ist einigermaßen verwirrend, vgl. den Versuch von Skehan, in: Skehan/Di Lella, Wisdom, 249–250, den Befund durch Umstellungen zu klären. Die vorgelegte Übersetzung hält sich an H, schließt sich aber in V. 8 G an.

> 9 *Kommst du in die Nähe eines Vornehmen, halte Abstand,*
> *um so eher wird er sich dir nähern.*[67]
> 10 *Drängle dich nicht vor, damit du nicht abgewiesen wirst.*
> *und steh nicht zu fern, damit man dich nicht vergißt.*
> 11 *Vertraue seinem Freimut nicht*
> *und glaube nicht seinem Geplauder.*[68]
> *Denn mit vielen Worten versucht er dich*
> *und lächelt dir zu, um dich zu ergründen.*
> 12 *Feindlich merkt er sich, was du sagst,*
> *und spart nicht mit Tücke und Banden.*
> 13 *Hüte dich und sei auf der Hut*
> *und lasse dich nicht auf Erpresser ein.*[69]

So begehrenswert er seinen Schülern den Beruf des arrivierten Schreibers in 38,24–39,11 darstellte,[70] so genau wußte er doch, daß das nicht die normale und auch nicht die unbedingt wünschenswerte Laufbahn für seine eher aus mittelständischen Verhältnissen stammenden Schüler darstellte. Daher gab er ihnen den Rat, sich an ihresgleichen zu halten, treu und ohne Murren ihre Pflicht zu tun und fest auf Gottes Segen zu hoffen. Entsprechend prägte er ihnen in 13,15–19 das seit Alters sprichwörtliche „Gleich und gleich gesellt sich gern" ein (13,15–16):[71]

> 15 *Alles Fleisch liebt seine Art*
> *und jedermann den, der ihm gleicht.*
> 16 *Gleicher Art bleibt nahe alles Fleisch,*
> *und zu seiner Art gesellt sich der Mensch.*

In seiner großen Meditation über Gottes Segen für die Gerechten in 11,14–28 forderte er sie in V. 20–21 dazu auf, statt mit Gottes

67 Vgl. auch Pap. Insinger (10),12–13, bearb. v. Thissen, 292: „Tritt nicht näher, wenn es nicht der rechte Zeitpunkt ist, sonst mag Dich Dein Vorgesetzter nicht. Sei (aber auch) nicht zu weit weg, damit man Dich nicht sucht, sonst erregst Du Abscheu in seinem Herzen."

68 Vgl. auch Pap. Insinger (11).23, Thissen, 293: „Vertraue nicht auf den, den Du nichts kennst, damit er Dich nicht arglistig hintergehe."

69 Vgl. H mit S.

70 Vgl. dazu oben, 134.

71 Vgl. Hom.Od. XVII.218; Plat.Lys.214b 3–4 mit Aristot.EN VIII.1157b 25–36 und dazu ausführlich A.W. Price (1989) und nicht zuletzt die Lehre des Amenemope XXIV.2-XXV.4, bearb. v. Shirun-Grumach, 247.

scheinbar so ungleich ausgeteilten Gaben zu hadern,[72] darauf zu vertrauen, daß der Gott, der die Freiheit besitzt, das Schicksal der Menschen unversehens zu ändern,[73] es auch mit ihm recht machen wird, und im übrigen geduldig seine Pflicht zu tun (11,20–21):

20 Mein Sohn, steh fest in deiner Pflicht und behalte sie im Sinn,
und werde dabei alt.
21 Wundre dich nicht, wie Sünder leben,
vertraue auf den Herrn und warte auf sein Licht.
Denn in des Herren Augen ist es leicht,
den Armen unversehens reich zu machen.

Ben Sira wußte, daß das Glück des Menschen nicht vom Reichtum abhängt. Daher prägte er seinen Schülern ein, daß Gesundheit und ein fröhliches Herz die höchsten Güter und mehr wert als Reichtum seien (30,14–18) und daß sich glücklich preisen könne, wer einen treuen Freund (6,14),[74] und glücklicher, wer eine gute Frau besitze (26,1–18).[75]

5. Grundsätze und Mittel der Erziehung

Ben Sira weiß, daß Zucht oder Bildung Folge der Selbstdisziplinierung ist. Diese aber setzt zunächst voraus, daß die Eltern ihre Kinder disziplinieren, indem sie unbedingtem Gehorsam von ihnen verlangen. Andererseits ist es offensichtlich, daß Ben Sira von seinen den Kinderschuhen entwachsenen Schülern keinen blinden Gehorsam erwar-

72 Vgl. auch den Wahrspruch in der Lehre des Amenemope IX.5–8, Shirun-Grumach, 232: „Besser ist Armut aus der Hand des Gottes als Reichtum im Vorratshaus. Besser sind Brote, wenn das Herz vergnügt ist, als Reichtum mit Unrast.“ Vgl. auch XVI.11–14, 239.

73 Vgl. auch Pap. Insinger (17), 2–3, bearb. Thissen, 299: „Gott ist es, der Reichtum und Geiz gibt, so wie er es bestimmt hat. Das Schicksal und der Zufall treten ein- Gott ist es, der über sie bestimmt.“ Vgl. auch (19),15, 302: „Das Schicksal und Gott bringen Schönes nach dem Abend.“ Zur Sache vgl. Lichtheim, Wisdom Literature, 138–158.

74 Zu Ben Siras Lehren über die Freundschaft vgl. Reiterer, Freundschaft bzw. Jeremy Corley, Teaching.

75 Vgl. dazu auch Kaiser, Reichtum, 39–43.

tet,[76] sondern sich durchgehend darum bemüht, die an sie gerichteten Ermahnungen und Ratschläge sachlich zu begründen.[77] Sein Buch appelliert an die Einsicht seiner Leser. Das schließt jedoch nicht aus, daß er die körperliche Züchtigung der Knaben für notwendig erachtet, um sie rechtzeitig zu disziplinieren. Die Rute galt nicht nur im Altertum sondern bis in die Neuzeit hinein als ein unentbehrliches pädagogisches Mittel.[78] Demgemäß heißt es auch in Prov 13,24:[79]

> *Wer seine Rut spart, haßt seinen Sohn,*
> *aber wer ihn liebt, der züchtigt ihn beizeiten.*

Wendet sich dieser Wahrspruch an den Vater, so der folgende in Prov 13,1 an den Sohn:

> *Ein weiser Sohn liebt Zucht,*
> *aber ein Spötter hört nicht auf die Schelte.*

Ben Siras Rat in 7,23, die Rute bei der Erziehung eines Jungen nicht zu sparen, entspricht mithin den herkömmlichen pädagogischen Maximen seines Volkes:

> *Hast du Söhne? so züchtige sie*
> *und beuge ihren Hals von Kindheit an!*

Umfassender kommt das Verhältnis zwischen Vater und Sohn in 30,1–13 zur Sprache: Nur rechtzeitige Erziehung, die vor kräftigen Streichen nicht zurückschreckt und auf strikte Bewahrung des Abstandes zwischen Vater und Sohn achtet, garantiert nach Ben Siras Überzeugung, daß der

---

76 Zum Unterschied zwischen den antiken und den modernen Vorstellungen vom Verhältnis zwischen Eltern und Kindern vgl. Hagedorn, Moses, 233.

77 Ich danke Frau Kollegin Jutta Hausmann für ihren entsprechenden Hinweis in der Diskussion.

78 Die Bedeutung der körperlichen Züchtigung in der altmesopotamischen Erziehung spiegelt sich auch in der sumerischen Schulsatire vom Sohn des Tafelhauses, bearb. v. W.H.Ph. Römer, 68–70. Einen Katalog der altägyptischen Disziplinarmaßnahmen, die von Schlägen bis zum Vorbild des Lehrers reichten, bietet Brunner, Erziehung, 56–65 und 117; vgl. auch die im Pap. Anastasi III stehende Maxime: „*Das Ohr eines Jungen sitzt doch auf seinem Rücken; er hört, wenn man ihn schlägt.*“ Vgl. auch Men.mon. 573: Ὁ μὴ δαρεὶς ἄνθρωπος οὐ παιδεύεται „Ein nicht geschundner Mensch ist nicht erzogen.“

79 Vgl. dazu auch Jutta Hausmann, Studien, 113–115.

Vater später Freude an seinem Sohn hat,[80] weil der Sohn ihm Ehre macht; denn dann kann er getrost von dieser Welt scheiden, weil er gleichsam in seinem Ebenbild fortlebt (30,1–13):[81]

1 *Wer seinen Sohn liebt, züchtigt ihn mit der Rute,*
damit er sich später an ihm erfreut.
2 *Wer seinen Sohn züchtigt, hat später an ihm Freude*
und rühmt sich seiner vor seinen Bekannten.
3 *Wer seinen Sohn züchtigt, macht seinen Feind eifersüchtig*
und freut sich seiner vor seinen Freunden.

4 *Ist der Vater gestorben, lebt er gleichsam in ihm fort;*
denn einen, der ihm gleicht, ließ er zurück.[82]
5 *Während er lebt, blickt er mit Freude auf ihn,*
und in seinem Ende bleibt er ohne Kummer.
6 *Gegen seine Feinde hinterließ er einen Rächer*
und seinen Freunden einen, der Dank erstattet.

7 *Wer seine Sohn verwöhnt, muß seine Wunden binden,*
bei jedem Schrei wird er im Innersten erschreckt.
8 *Ein ungezügelt Pferd bricht störrisch aus,*
ein zügelloser Sohn gerät auf schiefe Bahn.
9 *Verzärtle deinen Sohn, dann wird er dich erschrecken,*
spiele mit ihm, dann wird er dich betrüben.
10 *Lache nicht mit ihm, daß du nicht mit ihm trauerst*
und schließlich[83] *mit den Zähnen knirschst.*

11 *In seiner Jugend lasse ihn nicht herrschen,*
und übersieh nicht seine Missetaten.
12 *Als Jungen hau ihm kräftig auf die Seiten,*[84]
daß er dir nicht störrisch ungehorsam wird.
13 *Züchtige deinen Sohn und mache sein Joch schwer,*
damit er dich nicht in seiner Torheit verlacht.

---

80 Vgl. dazu einerseits Prov 10,1; 15,20; 29,3 und 29,15, andererseits 17,21; 17,25; 23,24–25 und 28,7 und dazu Hausmann, 106–109.

81 Vgl. auch 40, 19: „Ein Sohn und eine Stadt geben dem Namen Dauer, // aber besser als beide ist ein geliebtes Weib."

82 Zu den Pflichten des Erstgeborenen gehörte auch die rituell richtige Beisetzung der Eltern und die Totenpflege; vgl. zu ihr Klaas Spronck, Afterlife, 237–250.

83 In zorniger Ohnmacht.

84 G stellt voran: „Beuge seinen Hals in seiner Jugend." Vgl. auch Sir 7,23.

Diesen an den Vater gerichteten Ratschlägen, seinen Sohn zu disziplinieren, entsprechen die an den Sohn gerichteten in 6,16–37, sich disziplinieren zu lassen (6,18–28):

18 *Mein Sohn, von Jugend an nimm Zucht an,*
dann wirst du bis ins Alter Weisheit finden.
19 *Wie ein Pflüger und Schnitter bleibe ihr nah*
und warte auf die Fülle deiner Ernte.
Ein wenig mühst du dich in ihrem Dienst
und kannst schon morgen ihre Früchte essen.

20 *Ein höckerig Land ist sie dem Toren,*
niemand erträgt sie, dem die Einsicht fehlt.
21 *Als schwerer Stein liegt sie auf ihm,*
er zögert nicht, sie abzuwerfen.
22 *Denn wie ihr Name ist die Zucht,*
nur wenigen erscheint sie leicht.

23 *Höre, mein Sohn, nimm meine Lehre an*
und weise nicht zurück, was ich dir rate:
24 *In ihre Fesseln stecke deine Füße*[85]
und deinen Hals tief in ihr Eisen.
25 *Beug deine Schultern, trage ihre Last*
schrick nicht zurück vor ihren Banden.

26 *Mit ganzer Seele nahe ihr,*
bleibe mit deiner ganzen Kraft auf ihren Wegen.
27 *Frage und forsche, suche und finde,*
halte sie fest und laß' sie nicht los.
28 *Dann wirst du schließlich Ruhe finden,*
verwandelt sie sich dir zur Freude.

Weise wird nur, wer sich disziplinieren läßt und weiterhin selbst diszipliniert. Die sicherste Methode dieser Selbsterziehung ist nach Ben Siras Ansicht der Gehorsam gegen die Tora mit ihren über sechshundert Geboten und Verboten (6,37):

---

85 Zur Fesselung des schlechten Schülers mittels eines Blocks vgl. Pap. Anastasi V, 17,3–18,5 bei Hellmut Brunner Erziehung, 173.

Bedenke die Anordnungen des Höchsten,[86]
und sinne über seine Gebote ständig nach.
Dann wird er deinem Herzen Einsicht geben
und dir, wie du es wünschst, Weisheit verliehen.

6. Hinweise zur Erziehung der Töchter

Die Erziehung der Töchter scheint den Vätern seiner Zeit mehr Sorgen als die der Söhne gemacht zu haben. Parierte der Junge nicht, bekam er eins mit der Rute. Das brachte ihn, war er nicht gänzlich aus der Art geschlagen oder das Verhältnis zu seinem Vater grundlegend gestört, schnell zur Vernunft. Die Töchter stellten dagegen wegen ihrer heiklen Konstitution als Frauen einen Risikofaktor dar, der den Vätern den Schlaf rauben konnte. Denn in Ben Siras Tagen wurde (wie noch heute bei den orientalischen Völkern) die strikte voreheliche Keuschheit der Braut als ein Gut betrachtet, daß es unter allen Umständen zu bewahren galt. Grundsätzlich ging es bei den Mädchen nicht darum, sie zu schulen, sondern ihre Unschuld zu bewahren, bis sich der passende Mann für sie gefunden hatte. Dem entspricht 7,24–25 als Grundmaxime:

24 *Hast du Töchter? So bewahre ihren Leib*
und schau sie nicht zu freundlich an.
25 *Verheirate die Tochter, und deine Angst hört auf,*
und gib ihr einen klugen Burschen zum Gefährten.

Wer die Ängste eines damaligen Vaters kennenlernen will, muß sich an 42,9–14 halten, die Lehre, mit der Ben Sira seinen didaktischen Teil abgeschlossen hat, ein Umstand, der ihm neuerdings wegen ihrer misogynen Züge eher verübelt wird (42,9–14):

9 *Eine Tochter ist für den Vater ein Schatz, der ihn wach hält,*[87]
die Sorge über sie vertreibt ihm den Schlaf:
In ihrer Jugend, daß sie nicht sitzenbleibt,
in ihrer Ehe, daß sie nicht verabscheut wird.
10 *In ihrer Jungfräulichkeit, daß sie nicht verführt wird,*

86 Vgl. H: die Furcht des Höchsten.
87 Lies statt שקר ein שקד; vgl. G und Smend, Weisheit, 391.

in ihrem Vaterhaus, daß sie nicht schwanger wird.
Bei ihrem Mann, daß sie nicht fehltritt,
in ihrer Ehe, daß sie nicht kinderlos bleibt.
11 *Mein Sohn, gib ständig acht auf deine Tochter,*
daß sie dich nicht zum Spotte deiner Feinde macht,
zum Geschwätz in Stadt und Volksversammlung,
und sie dir Schande macht bei vielen Menschen.
12 *Laß keinen Fremden ihre Schönheit sehen,*
mit Frauen soll sie nicht zusammensitzen.
13 *Denn aus dem Mantel schlüpft die Motte,*
und aus dem Weibe Schlechtigkeit der Weiber.
14 *„Besser ist die Bosheit eines Mannes als die Freundlichkeit einer Frau!"*
Aber eine schandbare[88] *Tochter bringt Schmach.*

Doch um den Weisen von dem Vorwurf der Frauenfeindlichkeit zu entlasten, sei sogleich sein Lob auf die Ehefrau in 36,27–31 zitiert:[89]

27 *Die Schönheit einer Frau stimmt heiter,*
sie übertrifft alles, was das Auge begehrt.
28 *Wenn ihre Zunge sanft und milde ist,*[90]
übertrifft sein Los alle anderen Menschen.
29 *Der Besitz einer Frau ist das höchste Gut,*
eine dir gemäße Hilfe ist sie und eine stützende Säule.[91]
30 *Wo die Mauer fehlt, wird der Weinberg abgeweidet,*
und wo eine Frau fehlt, ist der Mann unstet und flüchtig.
31 *Wer traute einem Soldaten,*
der Stadt um Stadt erstürmt?
So ist ein Mann, der kein Nest hat,
der rastet, wohin er am Abend gelangt.

---

88 Lies statt מחרפת mit Bm מחפרת, vgl. Smend, 394.

89 Zum Thema der guten und der bösen Frau im P. Insinger vgl. Lichtheim, Wisdom Literature, 161–162.

90 Zu einer bösen Zunge vgl. Sir 5,13 und dazu Di Lella, Use, 33–48, bes.37–39.

91 Vgl. S.

7. Noch einmal: Das Erziehungs- und Bildungsziel Ben Siras

Doch mit einer solchen Singularität zu schließen, hieße am Ende den Blick auf das Ganze zu verstellen. Daher geben wir dem Weisen selbst das Schlußwort (51,23–30b):

> 23 *Wendet euch zu mir, ihr Ungebildeten,*
> *und kehrt in meinem Lehrhaus ein.*
> 24 *Wie lange soll es euch daran mangeln*
> *und wollt ihr durstig bleiben?*
> 25 *Ich öffnete meinen Mund und redete von ihr:*
> *„Kauft euch Weisheit ohne Silber.*
> 26 *Beugt euren Nacken unter ihr Joch*
> *und tragt selbst ihre Last.*
> *Nahe ist sie denen, die sie suchen,*
> *wer sich ihr hingibt, wird sie finden."*
> 27 *Seht mit eigenen Augen, daß ich einst klein war*
> *und fest in ihr blieb, bis ich sie fand.*
> 28 *Viele hörten auf meine Lehre in meiner Jugend,*
> *auch ihr sollt durch mich Silber und Gold gewinnen.*
> 29 *Meine Seele freut sich über mein Lehrhaus,*
> *und auch ihr werdet euch meines Liedes nicht schämen.*
> 30 *Tut das Eure in Gerechtigkeit,*
> *dann belohnt er euch zu seiner Zeit.*

Ein hebräischer Kopist aber fügte hinzu:

> *Gepriesen sei der Herr in Ewigkeit*
> *und gelobt sein Name Geschlecht um Geschlecht.*[92]

92 Überarbeitete Fassung eines Vortrags, den ich am 30. September 2004 auf der 39. Tagung der „Alttestamentlichen Arbeitsgemeinschaft" in Leipzig zu halten die Ehre hatte. Ich danke Herrn Prof. Dr. Rüdiger Lux herzlich für die Einladung und den Kolleginnen und Kollegen für die weiterführende Diskussion.

Arm und Reich bei Jesus Sirach

1. Die biblischen Voraussetzungen

Für den jüdischen Schreiber und Weisheitslehrer Jesus Sirach bildete die Tora als das „Gesetz des Lebens“ (Sir 17,11) die unbestrittene Grundlage der jüdischen Existenz und gleichzeitig die Quelle aller Weisheit (vgl. Sir 1,10 mit 24,1–29*).[1] Denen, die nach ihr strebten, gab er den Rat, die Gebote zu halten (Sir 1,26). Zusammen mit der Furcht Gottes als der dem Menschen angemessenen Haltung der Hingabe, des Vertrauens, der Treue und des Gehorsams[2] sollte sie das Halten der Gebote zu einer selbstbeherrschten und umsichtigen Lebensweise anleiten, wie es das Wesen der Weisheit ausmacht (Sir 21,11). Um seinen Schülern und Lesern ein rechter Lehrer zu sein, hat Ben Sira nach der Auskunft seines Enkels die Tora, die Propheten und die anderen Schriften studiert, um den Lernbereiten einen Fortschritt in der Erkenntnis der Tora zu ermöglichen (Prol.Sir 1–14).

Daher ist es angebracht, daß wir uns, ehe wir uns Ben Siras Anweisungen zum Umgang mit den Reichen wie mit den Armen zuwenden, in der hier gebotenen Knappheit die einschlägigen Gebote des Deuteronomiums als der Mitte der Tora vergegenwärtigen. Es behandelt das Problem grundsätzlich im Rahmen der Bestimmungen über das Erlaßjahr in Dtn 15,1–11 und besonders in V. 11. Hier stellt es kurz und bündig fest, daß es allezeit Arme im Lande geben werde.[3] Daraus leitet es die Forderung ab, daß der Vermögende seine Hand zu öffnen habe, um dem in Not befindlichen und armen Bruder zu helfen. Einer speziellen Begründung für die Pflicht zur Hilfeleistung bedarf es in diesem Zusammenhang nicht, sie liegt im Charakter Israels als einer

---

1 Vgl. dazu z.B. Johannes Marböck, Weisheit, 85–96, ders., Gesetz, 1–21 = ders., Gottes Weisheit, 52–72; Eckehard J. Schnabel, Law, 46–55 und John J. Collins, Wisdom, 42–61.

2 Vgl. dazu Andreas Nissen, Gott, 182–188 und bes. 185.

3 Vgl. auch Mk 14,7a; Mt 26,11a und Joh 12,8a. – Die grundlegenden Bestimmungen des Bundesbuches über das Zinsverbot und den Rechtsschutz der *personae miserae* aus Ex 22,20–26 sind in Dtn 23,20–21 und 24,17 (vgl. Lev 25,35–36) novelliert worden.

brüderlichen Solidargemeinschaft.[4] Diese auf dem Boden der Tatsachen stehende Beurteilung wird in Dtn 15,4–6 jedoch durch die utopische Auskunft überboten, daß es im Fall des (vollen) Gehorsams Israels gegen die Gebote Jahwes angesichts der auf ihm liegenden Segensverheißung (vgl. Dtn 28,1–14 mit 30,1–10) überhaupt keine Armen mehr im Lande geben würde.[5] Der utopische Ausblick ist mithin eine indirekte Aufforderung, das Gesetz mit vollem Einsatz und in vollem Umfang zu halten (Dtn 6,4–5). Der Ist- und der Soll-Zustand stehen mithin in einer positiven Spannung, die den Einzelnen zu großzügiger Hilfe für die in Not befindlichen Brüder auffordert.

Da das Denken Ben Siras nicht nur die Forderung der Gottesfurcht und des Gehorsams gegen die Tora umkreist, sondern er gleichzeitig die Tradition der Erfahrungsweisheit seines Volkes zu ihrem Gipfel geführt hat, ist ein vergleichender Blick auf die Behandlung des Themas von Armut und Reichtum im Buch der Sprüche Salomos als deren Kompendium angebracht.[6] Es wird in ihm unter sechs Aspekten behandelt: Erstens läßt es keinen Zweifel an der verächtlichen Randstellung der Armen (Prov 19,7)[7] und ihrer unerträglichen Abhängigkeit von den auch in Notzeiten sicheren Reichen (Prov 10,15; 18,23; 22,7).[8] Zweitens ermahnt es seine Leser zum Fleiß als der Wurzel des Reichtums (Prov 6,6–11; 10,4–5). Drittens warnt es in Übereinstimmung mit der Tora nachdrücklich davor, den Geringen zu bedrücken und sein Recht zu beugen, weil Jahwe ihre Sache führen werde (Prov 22,22–23; vgl. 22,16).[9] Damit korrespondiert viertens die Anschauung, daß wer dem Armen leiht, Jahwe leiht und dafür Gutes von ihm empfängt (Prov

4 Vgl. dazu Lothar Perlitt, Volk, 27–52 = ders., Deuteronomium-Studien, 50–73.

5 Zur Literarkritik vgl. Eduard Nielsen, Deuteronomium, 158–159.

6 Vgl. dazu Roger N. Whybray, Wealth, passim, Holger Delkurt, Einsichten, 84–140 und Jutta Hausmann, Studien, 66–93.

7 Prov 19,7: „*Alle Brüder des Armen hassen ihn, um wieviel mehr halten sich all seine Freunde von von ihm fern.*“

8 Prov 18,23: „*Flehentlich redet der Arme, / aber der Reiche antwortet ihm mit Härte.*“ Prov 22,7: „*Der Reiche herrscht über die Armen / und Sklave des Verleihers wird, wer borgt.*“

9 Prov 22,22–23: „*Beraube keinen Geringen, weil er gering ist, / und zermalme keinen Elenden im Tor, / denn Jahwe wird ihre Sache führen / und denen, die ihn beraubt haben, das Leben rauben.*“

19,17),[10] wer es aber unterläßt, auch von den Menschen verflucht wird (Prov 28,27):

> *Wer dem Armen gibt, leidet keinen Mangel,*
> *aber wer sein Antlitz verhüllt, wird von vielen verflucht.*

Fünftens appelliert es an die Solidarität der gemeinsamen Geschöpflichkeit als Grund für den Reichen, den Armen nicht zu verachten, sondern ihm zu helfen (vgl. Prov 14,31 mit 22,2):[11]

> *Wer einen Armen bedrückt, verhöhnt seinen Schöpfer,*
> *aber wer dem Bedürftigen gütig begegnet, ehrt ihn.*
>
> *Ein Reicher und ein Armer begegnen einander,*
> *ihrer beider*[12] *Schöpfer ist Jahwe.*

Am Ende aber entscheiden sechstens nicht Fleiß und Einsatz, sondern Gottes Segen über Armut und Reichtum. Die göttliche Fügung spricht in Sachen des Menschen das letzte Wort (Prov 10,22):[13]

> *Der Segen Jahwes, er macht reich,*
> *und Mühen fügt ihm nichts hinzu.*

All diese gesetzlichen Bestimmungen und weisheitlichen Sentenzen stehen jedoch seit dem 4. Jh. v. Chr. im Licht des Gebotes in Lev 19,18b, seinen Nächsten wie sich selbst zu lieben.[14] Ben Sira hat es

---

10 Vgl. auch Prov 28,8: „*Wer seinen Besitz durch Zinsen und Zuwachs mehrt / sammelt es für den, der sich der Geringen erbarmt.*“

11 Vgl. dazu Peter Doll, Menschenschöpfung, 16–19; Whybray, Wealth, 41–42, Delkurt, Einsichten, 110–114 und Hausmann, Studien, 254–255.

12 Siehe BHS.

13 Vgl. auch 10,2: „*Schätze nützen dem Bösen nicht, / aber Gerechtigkeit rettet vor dem Tod.*“ bzw. 10,3: *Jahwe läßt die Kehle des Gerechten nicht hungern, / aber das Begehren der Frevler weist er zurück.*“ und 10,25: „*Wenn die Windsbraut einher fährt, gibt es keinen Frevler mehr, / aber der Gerechte besitzt ein ewiges Fundament.*“ Auf diesem Hintergrund gewinnt auch 28,11 seine Überzeugungskraft: „*Weise ist in seinen eigenen Augen der Reiche, / aber der Geringe durchschaut ihn.*“

14 Zu allen mit ihm verbundenen Einzelfragen vgl. Hans-Peter Mathys, Nächstenliebe; Eckart Otto, Ethik, 243–248; zur antiken jüdischen Auslegung von Lev 19,17–18a Andreas Nissen, Gott, 304–329 und zur christlichen Auslegung Ernst Fuchs, Nächsten, in: ders., Frage, 1–20.

natürlich gekannt und einigermaßen unerwartet in seine Belehrung über das richtige Verhalten beim Gastmahl aufgenommen und in Richtung auf die goldene Regel hin abgewandelt (vgl. Tob 4,15), um seinen Schülern einzuschärfen, daß man dem Nachbarn den Vorgriff auf die dargereichten Speisen lassen soll (Sir 31,15):[15]

Erkenne, daß dein Nächster wie du empfindet,[16]
und erinnere dich an das, was du selbst haßt.

2. Ben Siras skeptischer Realismus

Wenden wir uns den Aussagen des Siraziden über Arm und Reich zu, so werden wir schnell dessen inne, daß die im Proverbienbuch zur Sprache gebrachten Aspekte von ihm aufgenommen worden sind. Seine Einstellung dem Reichtum gegenüber war dreifach gebrochen; denn einerseits waren in Notzeiten angesichts des Fehlens staatlicher Fürsorge nur die Reichen in der Lage den Armen zu helfen; andererseits lag es in seiner Absicht, seinen Schülern zu einem erfolgreichen Beruf und zu einem auskömmlichen Leben zu verhelfen,[17] schließlich aber beurteilte er die Möglichkeiten, auf ehrliche und den Bestimmungen der Tora entsprechende Weise reich zu werden, durchaus skeptisch. Zwar war er grundsätzlich davon überzeugt, daß schuldlos erworbener Reichtum eine gute Sache sei, aber er wußte auch, wie leicht der Mensch sich durch seine Gewinnsucht verführen läßt und dadurch nicht nur die Rechte anderer verletzt, sondern letztlich auch gegen sein eigenes Interesse handelt, weil unrecht erworbener Reichtum ohne Dauer ist (Sir 13,24 HA):[18]

15 Luther Bibel: 4,16; vgl. dazu Albrecht Dihle, Regel, 82–84; Lk 6,31; Mt 7,12 und dazu Martin Hengel/Anna-Maria Schwemer, Jesus 436.

16 Wörtlich: *wie deine Seele.*

17 Als den idealen Beruf stellte er ihnen in 38,24–39,11 seinen eigenen als Schreiber vor, denn ein solcher wird nicht wie die Bauern, Viehhirten und Handwerker durch anstrengende körperliche Arbeit und Aufsuchen der Märkte daran gehindert, Weisheit zu erwerben, sondern er gehört zu den Leuten, die in öffentlichen Angelegenheiten um ihre Meinung gefragt werden, im Dienste von Mächtigen stehen, auf Dienstreisen fremde Sitten kennen lernen und Muße zu eigenem Studium haben. Zum Bedarf und zu den Rollen der Schreiber im hellenistischen Judaea vgl. Christine Schams, Scribes, 312–321.

18 G: „ Gut ist der Reichtum, an dem keine Schuld ist,/ doch schlecht ist die Armut nach der Ansicht der Sünder.“

Gut ist der Reichtum, wenn er ohne Schuld ist,
doch schlecht ist die Armut, die dem Übermut folgt.

Daher ist sein Glückwunsch an die Adresse dessen gerichtet, der seinen Reichtum ehrlich erworben hat. Aber er fügt ironisch gebrochen hinzu: Schön wäre es, wenn es einen solchen Mann gäbe; denn die Wirklichkeit sieht leider anders aus (Sir 34,8–11):

8 *Wohl dem Mann, der schuldlos erfunden*
und der nicht dem Gold nachzog.
9 *Wer ist es? Damit wir ihn preisen!*
Er vollbrachte Wunder in seinem Volk!
10 *Wer wurde geprüft und vollkommen erfunden,*
so daß er zum Ruhme gereicht?
Wer konnte fehlen und tat es doch nicht,
Böses tun und hat es doch nicht getan,
11 *so daß sein Besitz unversehrt geblieben ist*
und man sein Lob in der Gemeinde erzählt?

Wer so urteilt, der gehört zumindest von Hause aus nicht zu den „besseren Kreisen" in seinem Volk, sondern hat sich seine Stellung als Aufsteiger durch eigenes Wissen und Können erobert, ohne dadurch die Augen vor den Nachtseiten der Oberschicht zu verschließen.[19]

3. Ben Siras Anweisungen zum Umgang mit den Reichen

Mithin konnte er seinen vermutlich ebenfalls aus Kreisen von Aufsteigern und daher nicht gänzlich unbemittelten Familien stammenden Schülern in 13,1–14,2 realistische Ratschläge zum Umgang mit den Vornehmen, Reichen und Mächtigen geben. Diese bestanden aus den Angehörigen der führenden Priester- und Adelsgeschlechter, die ihre Vertreter in die Gerousie, den vom Hohenpriester präsidierten Ältestenrat, entsandten und die vermutlich auch die Ortsvorsteher oder Komarchen stellten.[20] Die lokalen jüdischen Steuerpächter, mit deren

19 Vgl. dazu Collins, Wisdom, 29–23.
20 Vgl. dazu Eduard Meyer, Entstehung,132–135; Schürer/Vermes, History II, 184–204 und zu den sozialen Verhältnissen Joachim Jeremias, Jerusalem, 101–135.

Existenz aus grundsätzlichen Erwägungen nicht erst in der römischen (Mt 9,9–13), sondern auch schon in der hellenistischen Epoche zu rechnen ist, dürften ebenso zu den aufsteigenden Kreisen gehört haben wie die Händler, die im Exportgeschäft tätig waren. Vielleicht können wir zu ihnen auch die ländlichen Priester- und Levitengeschlechter rechnen. Zur konkreten wirtschaftlichen Lage bei der sonstigen einheimischen jüdischen Bevölkerung in Gestalt von Handwerkern, Kleinbauern und Tagelöhnern, die in der ptolemäischen Verwaltungssprache als σώματα λαικὰ ἐλεύθερα, als „gewöhnliche freie Leiber" oder „Personen" zusammengefaßt wurden,[21] läßt sich angesichts des Fehlens einschlägiger Nachrichten nichts Genaues sagen. In ihren Kreisen sind jedenfalls die Kleinen Leute, die Bedürftigen (אביונים), Niedrigen (דלים) und Armen (רשים) zu suchen, die uns bei Ben Sira immer wieder begegnen.

Wenden wir uns nun seiner Lehre über den Umgang mit den Reichen und Mächtigen zu, so prägt sie ihren Empfängern an erster Stelle ein gesundes Mißtrauen jenen gegenüber ein. Denn sie begegnen einem Geringeren nur so lange freundlich, wie sie seiner bedürfen. Hat er seinen Zweck erfüllt, so lassen sie ihn rücksichtslos fallen und gehen auf der Straße mit abweisendem und verächtlichem Kopfschütteln an ihm vorbei (Sir 13,1–8):[22]

1 Wer Pech berührt, dem klebt er an der Hand,
und wer sich einem Spötter zugesellt, lernt dessen Weg.[23]
2 Was hebst du auf, was dir zu schwer ist,
und gesellst dich zu einem, der reicher ist als du?[24]
Was gesellt sich ein Topf zu einem Kessel,
der ihn, stößt er ihn an, zerbricht?[25]
3 Ein Reicher tut Unrecht und rühmt sich dessen,

21 Zur ptolemäischen Verwaltung und der wirtschaftlichen Lage in der syrischen Provinz unter besonderer Berücksichtigung des Zenon-Archivs und den Erlassen Ptolemaios II. Euergetes auf dem Papyrus Rainer vgl. Martin Hengel, Judentum, 32–55 und 76–83; Michail Rostovtzeff, History, 341–346 = ders., Wirtschaftsgeschichte, 268–273 und zu den Grenzen der Auswirkung der Erlasse auch Hans G. Kippenberg, Religion, 79–80.

22 Vgl. dazu auch Victor M. Asensio, Poverty, 151–178, bes.158–160.

23 Vgl. auch Hans-Peter Rüger, Text, 108–109.

24 Zu HA V. 2c-d vgl. Rüger, 104.

25 Zu HA V. 2e: „Oder was gesellt sich ein Reicher zu einem Armen?" vgl. Rüger, Text, 104.

wird ein Geringer (דל) mißhandelt, fleht er um Erbarmen.
4 Wenn du ihm nützt, so dient er dir,
bist du erschöpft, läßt er dich fallen.
5 Wenn du was hast, spricht er dich freundlich an,
und macht er dich arm, bekümmert es ihn nicht.
6 Bist du ihm nützlich,[26]*dann hilft er dir*
und wirbt lächelnd um dein Vertrauen.
Er sagt zu dir freundlich: „Was brauchst du?"
7 und beschämt dich mit seinen Speisen.
Zwei- oder dreimal erschreckt er dich
und macht sich dann über dich lustig.
Sieht er dich später, geht er an dir vorbei,
und schüttelt verächtlich seinen Kopf.[27]
8 Sei auf der Hut, sei nicht zu offen,
sonst bringt dich dein Leichtsinn zu Schaden!

Andererseits gab es für Ben Siras Schüler keinen anderen Weg zu sozialem Aufstieg, als einen Vornehmen und Begüterten auf sich aufmerksam zu machen. Auch dafür wußte der Sirazide in 13,9–13 Rat: Es galt ihnen den schmalen Weg zu zeigen, um im Umgang mit einem potentiellen Dienstherren weder aufdringlich zu erscheinen noch übersehen zu werden. Demnach sollten sie sich im Hintergrund halten, bis sie von einem der Vornehmen angesprochen würden.[28] Weiterhin sollten sie sich aber keinesfalls von seiner Liebenswürdigkeit bestricken lassen und mit unvorsichtiger Offenheit auf seine Worte eingehen, sondern sorgfältig auf ihre eigenen Antworten und Auskünfte achten. Denn bei einem Großen müsse man damit rechnen, daß seine Leutseligkeit gespielt sei und er sein Gegenüber lediglich zu freimütigen Äußerungen zu verleiten suche, um sie auf diese Weise in seine Hand zu bekommen. Gänzlich abzuraten aber sei der Umgang mit Gewaltmenschen, ihnen sollten sie überhaupt aus dem Wege gehen. Vermutlich stehen im Hintergrund dieser speziellen Warnung Erfahrungen,

26 Das von G bezeugte Bikolon 6c und 7a ist in HA ausgefallen.
27 Zu dieser verspottenden Geste vgl. z. B. II Reg 19,21 par Jes 37,22; Ps 22,8 und Thr 2,15.
28 Vgl. auch 32,9.

welche die Juden im Verkehr mit griechischen Beamten und Offizieren gemacht hatten (Sir 13,9–13):[29]

9 Naht dir ein Edler, halte dich fern,
um so eher läßt er dich rufen.
10 Dräng dich nicht auf, sonst weist er dich ab,
doch steh nicht zu fern, sonst wirst du vergessen.[30]
11 Erlaube dir nicht, freimütig gegen ihn zu sein,
und traue nicht seinem Geplauder.[31]
Denn mit vielen Worten versucht er dich,[32]
und prüft dich, indem er dich anlacht.
12 Gnadenlos merkt er sich, was du gesagt,
und erspart dir weder Ketten noch Banden.[33]
13 Sei auf der Hut und lasse dich warnen,
und wandle nicht mit Erpressern!

Grundsätzlich gilt auch nach Ben Siras Ansicht für alle menschlichen Beziehungen die alte Maxime des „*Gleich und gleich gesellt sich gern.*“[34] Denn wer sich auf einen Höhergestellten oder Reicheren einläßt, muß dessen gewärtig sein, daß der sich ihm nicht aus Sympathie, sondern aus Berechnung zuwendet. Um seiner Argumentation Nachdruck zu verleihen, wiederholt Ben Sira zunächst in den V. 15 und 16 zweimal den bei den Tieren und Menschen zu beobachtenden Grundsatz gleichartiger Gesellung. Dann betont er mittels zweier rhetorischer Fragen und Antworten die Abartigkeit des Umgangs des Frevlers mit dem Gerechten und des Reichen mit dem Armen (V. 17 und 18), um dann mittels eines weiteren Tiervergleichs in V. 19 die Summe zu ziehen: So wenig wie ein Wolf und ein Lamm passen ein Frevler und ein Gerechter zusammen. Und so wenig eine Hyäne und ein Hund friedlich miteinander auskommen, ist das im Verhältnis zwischen einem Reichen und einem Bedürftigen möglich. Den Grund nennt der abschließende

29 Vgl. dazu Patrick Skehan in: Skehan/ Di Lella, Wisdom, 253 und weiterhin Sir 9,13–16 und dazu Jeremy Corley, Teaching, 104–105.

30 Zu HA V. 10b vgl. Rüger, Text, 99.

31 Zur Übersetzung vgl. Norbert Peters, Jesus Sirach, 116.

32 Zu HA V. 13c vgl. Rüger, Text, 99.

33 Der Vers ist eine crux. Zur Übersetzung vgl. L: *Inimitis animus illius conservabit verba tua et non parcet de malitia et de vinculis.*

34 Vgl. Hom.Od.XVII.218; Plat.Lys.214a.6–7; 214b3–4 und dazu Kaiser, Lysis, 193–218, bes. 200–207 = ders., Mensch, 206–231, bes. .213–220.

Tiervergleich in V. 19, der die Löwen mit den Reichen und die Wildesel mit den Bedürftigen parallel setzt: So wie die Wildesel die Beute der Löwen bilden, sind die Kleinen Leute der Weidegrund der Reichen. So rät Ben Sira seinen Schülern und Lesern, sich im Kreise Ihresgleichen zu bewegen (Sir 13,15–19):

15 Alles Fleisch liebt seine Art
und jeder Mensch den, der ihm gleicht.
16 Alles Fleisch hält sich an seine Art
und schließt sich seinesgleichen an.[35]
17 Gesellt sich ein Wolf zu einem Lamm?[36] –
So ist der Sünder für den Gerechten.
18 Welchen Frieden gibt es zwischen Hyäne und Hund
und welchen Frieden zwischen dem Reichen und Armen?
19 Der Fraß des Löwen sind die Wildesel der Steppe,
so die Kleinen der Weidegrund der Reichen.

Allen gut gemeinten Wahrsprüchen der Weisen zum Trotz, die an die geschöpfliche Solidarität zwischen den Reichen und den Armen appellieren (Prov 22,2; 29,13),[37] hat sich an dem Verhältnis zwischen den Reichen und Armen nach der Einsicht des Siraziden wenig verändert: Die Reichen begegnen den Armen so überheblich wie eh und je. Sie selbst sind dank ihres Vermögens allen Nöten gewachsen und finden jederzeit Freunde und Helfer, die sich auf ihre Seite schlagen. Anders der Arme, den selbst seine Freunde verlassen, wenn er in Not gerät; denn von Freunden in der Not gehen bekanntlich tausend auf ein Lot.[38] Daher gibt Ben Sira in 6,5–17 den Rat, erst nach gründlicher Prüfung einen Anderen zu seinem Freunde zu machen, um in der Not nicht ohne Helfer zu sein.[39] Die Beobachtung des Kohelet/Prediger Salomo,

35 Vgl. Xen.mem.II.6.21 und Cic.Lael.XXI.81.

36 Vgl. Jes 11,6.

37 Vgl. weiterhin Prov 14,31; 17,5 und Hi 31,13–15 und dazu Peter Doll, Menschenschöpfung,16–19; Holger Delkurt, Einsichten, 110–111 und Jutta Hausmann, Studien, 77–79 und zur Forderung der Hilfeleistung des Reichen zugunsten des Armen Delkurt, 124–129 und Hausmann, 84–88.

38 Vgl. Sir 12,8–9 und Ennius bei Cic.Lael.XVII.64: *amicus certus in re incerta cernitur.*

39 Vgl. dazu Pancratius C. Beentjes, Mensch, 1–18 bzw. Jeremy Corley, Teaching, 35–82 und die entsprechenden Lehren des Weisen zusammenfassend ders., Friendship, 65–72 bzw. Teaching, 212–218.

daß eine Stadt zugrunde geht, obwohl ein weiser, aber armer Mann in ihr lebte, dessen Rat sie hätte retten können (Koh 9,13–16), findet bei Ben Sira ein indirektes Echo: Spricht ein Reicher, lauschen alle seiner Rede, sie sei sinnvoll und unsinnig. Greift dagegen ein Armer in die Debatte ein, sieht man hochmütig auf ihn herab und wartet, bis er sich in seinen Worten verheddert, um ihn dann mit Schimpf und Schande davon zu jagen (Sir 13,20–23):

20 Ein Greuel ist dem Stolzen der Demütige,
so ein Greuel dem Reichen der Arme.
21 Wankt ein Reicher, wird er von Freunden gestützt,
wankt ein Armer, wird er von seinen Freunden gestürzt.
22 Spricht ein Reicher, treten ihm viele bei,
sind seine Worte unpassend, werden sie schön befunden.
23 Ein Reicher spricht, und alle schweigen
und erheben seine Weisheit zu den Wolken.
Ein Armer spricht, sie sagen: „Wer ist das?“
und stolpert er, stoßen sie ihn nieder.

Damit ist, wer aus den Kreisen der kleinen Leute stammt, hinlänglich davor gewarnt, sich Illusionen über seine Akzeptanz bei den Reichen und Mächtigen hinzugeben.

4. Vom wahren Wert des Menschen

Doch um so mehr bedürfen die kleinen Leute der Stärkung des eigenen Selbstbewußtseins, die sie vor Minderwertigkeitsgefühlen bewahrt. Daher ruft Ben Sira seinen Adressaten dreierlei ins Gedächtnis: Erstens erinnert er sie an die unterschiedlichen Maßstäbe, nach denen die Menschen und nach denen Gott urteilt. Zweitens appelliert er an ein gesundes Selbstbewußtsein als der Voraussetzung, von anderen geachtet zu werden, und drittens ermahnt er sie zu einer angemessenen Selbsteinschätzung der eigenen Fähigkeiten, die sie vor überzogenen Erwartungen bewahren kann. Zudem ist Gottes Urteil über den Menschen nicht von seiner sozialen Stellung, sondern von seiner Gottesfurcht und seinem Gehorsam gegen die Tora abhängig (10,19–24):[40]

40 Vgl. auch Sir 25,7–11, dazu Josef Haspecker, Gottesfurcht, 106–118, zu ihrer

19 *Welches Geschlecht* (זרע) *ist geehrt? Das Geschlecht des Menschen.*
Welches Geschlecht ist geehrt? Die den Herrn fürchten.
Welches Geschlecht ist verachtet? Das Geschlecht des Menschen.
Welches Geschlecht ist verachtet? Die das Gebot übertreten.
20 *Unter Brüdern ist ihr Haupt geehrt,*
und wer Gott fürchtet, [*wird*] *mehr* [*geehrt*] *als er.*[41]
22 *Gastbürger und Fremder, Ausländer und Armer* – [42]
ihre Ehre ist die Furcht des Herrn.
23 *Es gebührt sich nicht, einen klugen Armen zu verachten,*
und es ist nicht recht, einen Gewalttäter zu ehren.
24 *Der Edle, der Richter, der Herrscher sind geehrt,*
doch keiner ist größer als der Gottesfürchtige.

Doch wer sich selbst verachtet, kann nicht erwarten, daß ihn andere respektieren. Dabei kommt es allerdings darauf an, daß die Selbstachtung von einer demütigen und daher realistischen Einschätzung der eigenen Fähigkeiten geleitet wird.[43] Grundsätzlich können einerseits ein weiser Armer und ein Reicher gleich geachtet werden, während sich andererseits ein lediglich Armer einem Reichen gegenüber im Nachteil befindet: Ein törichter Armer wird schlechthin verachtet, ein Reicher aber genießt unberücksichtigt seiner sonstigen Qualitäten eine angesehene soziale Stellung. Gewiß kann auch ein Reicher verachtet werden, aber bei einem Armen ist die entsprechende Aussicht angesichts seines geringen sozialen Ranges unvergleichlich größer (10,28–31):

28 *Mein Sohn, in Demut achte dich selbst*
und gib dir den Wert, wie du es verdienst.
29 *Wer wird den achten, der sich selbst verdammt,*
und wer den ehren, der sich selbst mißachtet?
30 *Es gibt einen Geringen, der wegen seiner Einsicht geachtet ist,*
und es gibt einen, den man wegen seines Reichtums achtet.

Bedeutung bei Ben Sira prägnant Oda Wischmeyer, Kultur, 278–281 und weiterhin I. Sam 16,7.

41 V. 21 ist erst in GII belegt.

42 Zur Problematik der Textüberlieferung vgl. Rudolf Smend, Weisheit, 97–98. Von den klassischen *personae miserae* fehlen hier nur die Waisen und Witwen.

43 Vgl. dazu auch 14,3–7.

31 *Wer geachtet ist in seiner Armut, – um wieviel mehr in seinem Reichtum.*
Wer verachtet ist in seinem Reichtum, – um wieviel mehr in seiner Armut!

Aber Ben Sira weiß, daß es auch in der Gesellschaft für die Wertschätzung eines Menschen einen anderen Maßstab als lediglich den seiner Besitzverhältnisse gibt. Er läßt sich aus den bisher übergangenen V. 25–27 entnehmen, die zeigen, daß es bei einem Unterprivilegierten wie zum Beispiel einem Sklaven auf die Unentbehrlichkeit seines Sachverstandes und bei den Reichen auf ihre Hilfsbereitschaft in Notzeiten und mithin auf ihren Beitrag zum Allgemeinwohl ankommt (Sir 10,25–27):

25 *Einem klugen Sklaven müssen die Freien dienen,*
und ein Weiser beklagt [es] nicht.
26 *Gebärde dich nicht als weise, um zu tun, was du willst,*
und spiele dich nicht auf in der Zeit deiner Not.
27 *Besser ist einer, der arbeitet und hat Güter im Überfluß,*
als einer, der sich aufspielt und kann nichts geben.

5. Vom wahren Glück des Menschen

Mithin stellt sich die Frage, worin das Glück des Menschen beruht. Denn erst wenn auch sie zu der Antwort führt, daß es nicht vom äußeren Besitz oder mindestens nicht von ihm allein abhängt, kann die Aufforderung zur Selbstbescheidung den Schüler und Leser befriedigen. Ben Siras erste Antwort lautet, daß das höchste Gut nicht im Reichtum, sondern in einem fröhlichen Herzen und einem guten Gewissen besteht; denn wer mit sich selbst einig ist, blickt hoffnungsvoll und fröhlich in die Zukunft (Sir 13,24–14,2):

24 Reichtum ist gut, ist er ohne Schuld,
doch schlimm ist Armut nach der Stolzen Meinung.
25 Des Menschen Herz verändert sein Gesicht,
sei es zum Guten, sei's zum Schlimmen.
26 Die Folge eines frohen Herzens ist ein strahlendes Gesicht,

aber verschlossen ist,[44] *wer Mühsames erwägt.*
14,1 Glücklich der Mensch, dem sein Mund nicht schadet
und den sein Herz nicht bekümmert.
2 Glücklich der Mann, der sich selbst nicht verdammt,[45]
und dessen Hoffnung nicht endet.

Grundsätzlich braucht der Mensch nicht mehr als Wasser und Brot, Kleidung und ein Dach über dem Kopf.[46] Das entspricht unserem modernen Begriff von den jedem Menschen zustehenden Grundbedürfnissen. Ob einer darüber hinaus viel oder wenig besitzt, ist längst nicht so bedeutend, wie in der Regel angenommen wird. Denn der Mensch kann bei wenigem, für das er sich bei niemandem bedanken muß, glücklicher sein als bei Leckerbissen, die er einem verächtlichen Dasein als Schmarotzer verdankt (Sir 29,21–23):[47]

21 *Der Grundbedarf zum Leben sind Wasser und Brot*
und Kleidung, die Scham zu bedecken.[48]
22 *Besser ist das Leben eines Armen unter einer Balkendecke*
als kostspielige Leckerbissen bei Fremden.
23 *Laß dir an wenig oder viel genügen,*
dann wirst du nicht als Parasit beschimpft.

Andererseits nützt dem Menschen selbst das wenige nichts, wenn er nicht gesund und fröhlich gestimmt ist. In diesem Sinne sind Gesundheit und ein fröhliches Herz wichtiger als Reichtum und für den Menschen die höchsten Güter (Sir 30,14–16):

14 Besser ein Armer, der gesund und kräftig,
als ein Reicher, der kranken Leibes ist.
15 Gesundheit des Leibes ist besser als Gold
und ein fröhlicher Sinn besser als Korallen.

---

44 V. 26b ist eine *crux*. Ich schlage vor das *śyg* als *śayyēg* Pi. von *śûg* Qal und Pi. „umzäunen" zu lesen.

45 Lies mit Skehan, in: Skehan/Di Lella, Wisdom, 252 und Sauer, Jesus Sirach 139 הב (הֵבִי) הב statt בה.

46 Wischmeyer, Kultur, 118–119 weist mit Recht darauf hin, daß sich in diesen Versen ein „realistisch distanziertes Verhältnis zum Luxus" ausdrückt; vgl. auch Phil 4,11.

47 Vgl. auch Sir 40,28–30.

48 Vgl. Victor Ryssel, Jesus Sirach, 378.

16 Kein Reichtum übertrifft einen gesunden Leib
und kein Gut ist größer als ein frohes Herz.

Wer etwas besitzt, der soll nicht kleinlich damit umgehen,[49] sondern sich selbst etwas gönnen und seinem Freund schon zu seinen Lebzeiten großzügig Geschenke machen, ehe er stirbt und seine Seele in die Unterwelt hinabfährt, in der es keine Freuden für den Menschen gibt (14,11–14).[50] Und ebenso soll er denen seine Hilfe nicht versagen, die sich in Not befinden. Eines freilich bleibt außer dem guten Gewissen, fröhlichen Herz und gesunden Leib unentbehrlich, und das ist die Furcht des Herrn: Begleitet sie den Menschen durch alle Wechselfälle seines Lebens, so daß er nicht aufhört, die Gebote zu halten (2,15–17), dann darf er getrost auf Gottes Erbarmen und ein glückliches Leben hoffen (Sir 2,7–9):[51]

7 *Die ihr den Herrn fürchtet, wartet auf sein Erbarmen,*
und weicht nicht ab, damit ihr nicht fallt.
8 *Die ihr den Herrn fürchtet, vertraut auf ihn,*
und euer Lohn wird nicht ausbleiben.
9 *Die ihr den Herrn fürchtet, hofft auf Gutes*
und dauernde Freude und Erbarmen.

6. Von der Pflicht und den Grenzen zu helfen

Der Lehrer, der die Weisheit mit der Gottesfurcht gleichsetzte und die Tora als die Quelle der Weisheit betrachtete, war durch sie in seinem Gewissen gebunden. Für ihn galt daher auch ganz selbstverständlich das biblische Gebot, die Hand vor dem notleidenden Bruder nicht zu verschließen (Dtn 15,11). Sehen wir uns seine entsprechende Mahnrede in 29,1–3 an, so fällt auf, daß er nicht nur von der Pflicht zur Hilfe für den Notleidenden spricht, sondern auch von der des Empfängers, das Erhaltene rechtzeitig zurückzuzahlen. Wer so verfährt, kann auch in

49 Vgl. Sir 14,3–4.7: „*Reichtum nützt nichts dem klein Gesinnten / noch hilft dem Neidischen sein Gold. / Für andre sammelt er, was er sich selbst versagt, / an seinen Gütern wird ein Fremder sich erlaben. / Nur aus Versehen tut er Gutes / und hinterdrein beklagt er den Verlust.*“

50 Vgl. dazu unten, 225–229.

51 Vgl. dazu auch Núria Calduch Benages, Crisol, 101–123 bzw. dies., gioiello, 64–79.

künftigen Notfällen damit rechnen, daß ihm ein (zinsloses) Darlehen[52] gegeben wird (Sir 29,1–3):[53]

1 Wer Erbarmen (חסד) übt, leiht dem Nächsten,
und wer seine Hand ergreift, hält die Gebote.
2 Leihe dem Nächsten in der Stunde seiner Not
und gib dem Nächsten zurück zur rechten Zeit.[54]
3 Bekräftige dein Wort und erweise dich ihm als verläßlich,
dann wirst du zu jeder Zeit finden, was du brauchst.

Trotz des Risikos, daß der Bittsteller das Darlehen nicht zurückzahlt (29,4–7), hielt Ben Sira an der Pflicht fest, das Gebot zu erfüllen. Denn wer dem Gebot gemäß dem Armen, den Verwandten und dem Freund in seiner Not hilft, erwirbt sich mit seinen Almosen ein himmlisches Verdienst, das Gott veranlaßt ihn vor den Nachstellungen seiner Feinde zu bewahren (Sir 29,8–13):

8 *Trotzdem sei großmütig gegenüber dem Geringen*
und halte ihn aus Erbarmen nicht hin.
9 *Um des Gebotes willen nimm dich des Armen an*
und in seiner Not schicke ihn nicht leer davon.
10 *Gib dein Geld um deines Bruders und Freundes willen,*
laß es nicht rosten unter dem Stein, bis es verdirbt.
11 *Verwende deinen Schatz nach des Höchsten Geboten,*
das bringt dir mehr als alles[55] *Gold.*
12 *Schließe dein Almosen in deinen Kammern ein,*
dann wird es dich aus jedem Übel retten.
13 *Sie schützen dich besser vor deinem Feind*
als ein starker Schild und ein kräftiger Speer.

Das Judentum befand sich damals bereits auf dem Wege, die Lehre von den drei die Sünden tilgenden guten Werken in Gestalt des Betens, des Fastens und der Almosen (צדקות) zu entwickeln. Hier treffen wir wie in Tob 12,8–9 (Versio Graeca II) auf eine Vorstufe, die auf das Beten und

---

52 Vgl Dtn 23,20 und Lev 25,36 und dazu oben, ##.

53 Vgl. dazu auch Victor M. Asensio, Poverty,160–163.

54 Vgl. Ex 22,24–26 und weiterhin Dtn 23,20–21; Lev 25,35–38 und Dtn 24,10–13 sowie Ps 37,26.

55 Füge mit S *metri causa* כל ein.

Geben von Almosen beschränkt ist.[56] Die sühnende Kraft und heilbringende Wirkung der Almosen unterstreicht auch (Sir 3,30–31:[57]

> 30 *Wie Wasser loderndes Feuer löscht,*
> *so bedeckt ein Almosen Sünden.*
> 31 *Wer Gutes tut, dem begegnet es auf seinen Wegen,*
> *gerät er ins Wanken, wird er gestützt.*

Wie Ben Sira in 29,20 im Zusammenhang mit seiner Lehre über die Gefahren der Bürgschaft erklärt, verlangt Gott von keinem mehr, als daß er dem Nächsten seinem eigenen Vermögen gemäß beisteht, ohne sich dadurch selbst zu ruinieren (Sir 29,20):

> *Nimm dich des Nächsten an nach deinem Können,*
> *achte jedoch auf dich, daß du nicht fällst.*

In 12,1–6 nimmt Ben Sira eine den Leser überraschende, auch in Tob 4,17 Versio Graeca II begegnende Einschränkung der Verpflichtung zur Hilfe für den Notleidenden vor, gegen die Jesus in der Bergpredigt Einspruch erheben sollte (Mt 5,43–48):[58] Die Sünder und Stolzen (Griechen?) haben als Feinde Gottes und seines Volkes keinen Anspruch auf Beistand; denn damit gäbe man ihnen lediglich die Mittel in die Hand, ihren Wohltätern zu schaden. Wen Gott haßt, dem darf der Mensch nicht helfen.[59] Diese Abgrenzung besitzt nicht nur ihren empirischen Hintergrund in Gestalt der leidvollen Erfahrungen eines von Fremden beherrschten und sich überdies zunehmend in Gottesfürchtige und Gottesverächter aufspaltenden Volkes, sondern ist zumal theologisch begründet: Das Verhältnis zwischen Gott und Mensch wird zerrissen, wenn sich der Mensch gegen Gott und seinen Willen zur Gemeinschaft mit ihm und untereinander auflehnt. Daher ist Gottes Barmherzigkeit gegenüber dem Sünder an seine Umkehr zu ihm gebunden (Sir 12,1–6):[60]

---

56 Im G-I Text werden dagegen bereits die drei guten Werke aufgezählt. Zu den Almosen vgl. auch Merten Rabenau, Studien, 127–134 und oben, 110–118.

57 Vgl. auch Mk 10,21 par.

58 Vgl. dazu z.B. Helmut Merklein, Botschaft,114–122; Georg Strecker, Bergpredigt, 88–99; Gerd Theißen, Erleben, 415–419.423; und Hengel/Schwemer, Jesus, 436.

59 Vgl. auch 1QS I.9–11.

60 Vgl. Sir 17,19–20.23–26; Tob 4,17 und z.B. Ps.Phokyl. 152 sowie zur Sache Andreas Nissen, Gott, 318–329.

1 Tust du Gutes, so wisse,[61] *wem du Gutes tust,*
dann kannst du mit Dankbarkeit rechnen.[62]
2 Tue Gutes dem Gerechten, dann wird dir vergolten,
wenn nicht von ihm, so doch von dem Herrn.
3 Nichts Gutes bewirkt, wer dem Frevler hilft,
und dem, der kein Almosen gibt.
4 Gib dem Frommen und nimm dich nicht des Sünders an;
5 speise den Demütigen und gib nichts dem Stolzen.
Gib ihm nicht die Waffen in die Hand,
mit denen er sich gegen dich wendet.
Doppeltes Übel würde dich treffen
für alles Gute, das du ihm getan.
6 Denn auch der Höchste haßt die Sünder
und vergilt den Übeltätern[63]*.*

Glück und Unglück, Erfolg und Mißerfolg, Reichtum und Armut werden dem Menschen von Gott gegeben und liegen mithin nicht in seiner Verfügungsgewalt (11,14–17). Daher muß der Mensch danach trachten, daß sein Tun Gott wohlgefällig ist (Sir 15,15):

Wenn es dir gefällt, kannst du das Gebot halten,
und Treue[64] *ist es, nach seinem Wohlgefallen zu handeln.*

Ehe wir uns als Christen über die Bürgerlichkeit und Engherzigkeit Ben Siras erheben, sollten wir uns fragen, ob wir ihn in der Feindesliebe tatsächlich übertreffen und in seiner Hilfsbereitschaft erreichen. Dann dürften wir uns als Theologen daran erinnern, daß dort, wo die Ethik versagt, die Christologie beginnt.[65]

---

61 Lies mit G.

62 Wörtlich: „*dann wird Hoffnung für deine Güte sein.*"

63 V. 6c ist nur in GII belegt. In V. 7 wiederholt G V. 4. HA bietet in V. 4: „*Zweifach Böses erreicht dich in der Zeit deiner Not / statt all des Guten, das du ihm angetan hast.*" In V. 7 bietet er dagegen G V. 4–5a; vgl. dazu auch Skehan, in: Skehan/Di Lella, Wisdom, 246–247.

64 G, L, HB, vgl. aber auch HA: „*Einsicht*".

65 Diesem Aufsatz liegt der Festvortrag zugrunde, den ich am 16. Oktober 2002 vor der Katholisch-Theologischen Fakultät der Paris-Lodron-Universität Salzburg anläßlich der Vierzigjahrfeier der Wiedereröffnung der Universität und der Verleihung der Würde eines Ehrendoktors der Theologie zu halten die Ehre hatte.

Die Erfahrung der Zeit im Alten Testament

1. Zeit, Zeitlichkeit und Weltzeit

Zeit und Raum stellen allem wissenschaftlichen Ausgreifen in den Makrokosmus und den Mikrokosmos und den sich dabei offenbarenden unvorstellbaren Dimensionen zum Trotz eines der großen Rätsel der *condition humaine* und der Welt selbst dar. Denn erfahrbar ist immer nur der gegenwärtige Augenblick, so daß wir – von den Unterbrechungen durch traumlosen Schlaf oder anderen bewußtlosen Zuständen abgesehen – immer im Jetzt leben. Gleichzeitig adaptiert dieses Jetzt fortlaufend ein Stück der Zukunft, das – kaum zur Gegenwart geworden – auch schon wieder vergangen ist. Daraus geht bereits hervor, daß das Jetzt nicht mit einem *nunc aeternum*, einer ewigen und alterslosen Ewigkeit verwechselt werden darf. Denn Zeit und Zeitlichkeit unseres Daseins sind unaufhaltsam miteinander verbunden. In der Flucht des Umschlags vom Dann in das Jetzt und vom Jetzt in das Einst wandeln wir uns und altern als zeitliche Wesen. Dabei erkennen wir alsbald, daß dieser Prozeß nicht auf uns selbst beschränkt ist, sondern daß ihn alles teilt, was uns umgibt. Weil unser Dasein seiner Art nach In-der-Welt-Sein ist, stellen wir fest, daß alles, was uns in der Welt begegnet, demselben Prozeß des Werdens und Entstehens, und alles, was lebt, dem Gesetz der Abfolge von Geburt, Wachstum, Alter und Tod unterliegt. Denn alles, was endlich ist, nimmt ein Ende. Da die Jugend der Einen mit dem Alter der Anderen zusammentrifft, entsteht ein natürliches Wissen darum, daß unsere eigene Lebenszeit einen Abschnitt einer sich vor uns und nach uns ins, wenn schon nicht Unermeßliche, so doch Unabsehbare verlaufenden Zeit bildet. Die Würde und das Leiden des Menschen gründen in dieser Erfahrung der Zeitlichkeit des eigenen Daseins als eines Seins zum Tode. Denn nur der Mensch weiß um seinen Tod und gewinnt, in dem er seine Endlichkeit übernimmt, eine Freiheit, die allen anderen Lebewesen versagt ist.

Zugleich aber leidet er an seiner Endlichkeit, weil aus dem Wissen um die Möglichkeit des Glücks und der ihr widersprechenden Todverfallenheit die Sehnsucht nach einer Ewigkeit erwächst, in der alles Getrennte eins und alles Einige glückselig wird. Doch was ist die Zeit, wenn sie einerseits im Bewußtsein des Menschen verankert und gleichzeitig sein Schicksal und andererseits ein kosmisches Ereignis ist? – Solche Fragen zu stellen und ein dunkles Phänomen zu erhellen, ist die Aufgabe der Philosophen, der Psychologen bzw. Anthropologen, der Biologen und der nach Alter, Grenzen und Zukunft des Weltalls fragenden Theoretischen Physiker und Astronomen. Die Religionen bezeugen dagegen, daß die Welt ihren göttlichen Ursprung und ihr göttliches Ende besitzt und das Heute der Ort ist, an dem die Entscheidung über unsere Zukunft fällt. Das Alte Testament ist in seinen Hauptzeugen insofern das Buch einer Religion der Immanenz, weil man in seiner im wesentlichen in die Zeit zwischen dem 8. und dem 4. Jh. v. Chr. fallenden Entstehung in Israel und im Judentum von keinem anderen Leben als dem sich zwischen Geburt und Tod erstreckenden wußte, von den Toten aber annahm, daß sie als schattenhafte und bewußtlose Schemen in der Unterwelt verdämmern.[1] Erst in hellenistischer Zeit hat der Glaube an ein unterschiedliches Los der Seelen der Gerechten und der Frommen nach dem Tode auch im Judentum Wurzeln gefaßt, so daß die biblische Grundgleichung der Entsprechung von Gerechtigkeit und Leben wenn schon nicht unbedingt in diesem Leben so doch in dem auf das Jüngste Gericht folgenden ewigen Leben ihre Geltung behalten sollte.[2]

Das biblische Weltbild war geozentrisch und verschwamm unbestimmt und mythisch an seinen Rändern: Auf dem Horizontkreis lag die Himmelsglocke, die Erde ruhte auf in die Tiefe eingelassenen Pfeilern (Hi 38,6). In ihrem Inneren befand sich die Unterwelt (שאול) (Jes 14,9), deren Eingang man dem Untergang der Sonne gemäß im Westen suchte.[3] Selbst sein gelehrtes Zeitbewußtsein überstieg nicht 4000 Jahre.[4] Mithin liegt im Alten Testament ein kurzzeitliches und kleinräumiges Weltbild vor. Demgemäß werden wir in ihm im wesentlichen mit der alltäglichen Erfahrung des erlebten Raums und der erlebten Zeit konfrontiert. Die schriftlose Erinnerung umfaßt wie noch heute allenfalls vier Generationen.[5] Die Dauer der Reiche berechnete man nach ihren aufeinander folgenden Herrschern. Weltalterlehren

1 Vgl. dazu Aubrey R. Johnson, Vitality, 87–95; Nicholas J. Tromp, Conceptions, 176–210; Kaiser, Tod, 7–80, bes. 15–68 und jetzt umfassend Alexander A. Fischer, Tod und Jenseits, bes.129–149.

2 Vgl. dazu Kaiser, Gott III, 308–342 und Fischer, 177–209.

3 Vgl. dazu Luis I. J. Stadelmann, Conception, 37–61; Tromp, Conceptions, 21–79 und jetzt zu allen Aspekten Janowski/Ego, Hg., Weltbild.

4 Vgl. dazu unten, 227.

5 Vgl. dazu Patricia G. Kirkpatrick, Old Testament, 51–72 und 117.

faßten allenfalls in der spätpersischen Epoche im Judentum Fuß, um dann im Fortgang der hellenistisch-römischen zunehmend an Boden zu gewinnen.

2. Die Grundorientierung in Zeit und Raum

Natürlich wußten die Gelehrten Ägyptens und Mesopotamiens seit dem 3. Jt. v. Chr., daß es eine spiralförmige Bewegung der in sich durch heilige und profane, Glücks- und Unglückstage qualifizierten Zeit gibt, die sich mittels der Umläufe des Mondes und des ihr korrespondierenden Sonnenlaufes um die Erde in Monaten und Jahren fortbewegt, wobei sich das Jahr je nach den natürlichen Voraussetzungen in drei oder vier Jahreszeiten gliedert. Es entspricht der mythischen Orientierung zum Ursprung als der Zeit der Wesensbestimmung von Göttern und Menschen, daß die Vergangenheit als das bezeichnet wird, was erschlossen vor einem, und die Zukunft als das, was hinter einem liegt. Die Gegenwart wurde nicht von der Zukunft, sondern von ihrem Ursprung her ausgelegt, und vielleicht haben die Gelehrten Recht, die vermuten, daß die Menschen des mythischen Zeitalters mit ihren Wiederholungen der urzeitlich-archetypischen Handlungen in einem ewigen Jetzt lebten.[6] Die Zeitlichkeit der Zeit scheint denn überhaupt keine ursprüngliche Erfahrung, sondern erst das Ergebnis des Vergleiches rhythmisch wiederkehrender Zeiten zu sein und auf einer eigentümlichen Interaktion des Bewußtseins mit der sich in einem dauernden Fluß befindlichen Außenwelt zu beruhen, die ihrerseits für die Existenz einer „Weltzeit" zeugt.[7]

Wenden wir uns dem Alten Testament zu, so begegnen wir einer Orientierung in Raum und Zeit, die an die unmittelbaren Wahrnehmungen der Lebenswelt gebunden ist (wie sie auch heute noch allen wissenschaftlichen Einsichten zum Trotz unseren Alltag bestimmt): Den räumlichen Orientierungspunkt bildete der Blick nach Osten der aufgehenden Sonne entgegen (*mizraḥ hašæmæš*) „Aufleuchten der Sonne" (Jos 1,15) oder schlicht *qædæm* „vorn" (Hi 23,8) genannt. Links davon lag der Norden, dessen ferne Bereiche man vermutlich als „verborgen" (vgl. *ṣāpan* „verbergen") betrachtete und daher als *ṣāpôn* (Koh 1,6) oder aber einfach als „links" (*śĕm'ôl*) (Hi 23,9) bezeichnen konnte. Was rechts

6 Vgl. dazu Mircea Eliade, Religionen, 445.
7 Vgl. dazu Gerald J. Whitrow, Philosophy, 57

davon lag, war der Süden, den man daher als „rechts" (*yāmîn*) (Hi 23,9) oder (dachte man an weiter entfernte Gegenden) als „entlegen" (?) (*dārôm*) bezeichnete (Koh 1,6). Was im Rücken lag, war der Westen, den man seiner Bedeutung gemäß als „Untergangsort der Sonne" (*mĕbô' haššæmæš*) oder *ma'ărāb* bezeichnete (Dtn 11,30 bzw. Jes 45,6). Der Ausrichtung auf den Ursprung hin entsprach die Bezeichnung der Vergangenheit als dem, was bekannt vor dem Menschen liegt. Die Hebräer nannten sie daher *qædæm* („*vorn*"/„*Vorzeit*") (Thr 5,21) und die dem Menschen unerschlossene Zukunft die „*Hintere*" oder die „*Nachzeit*" (*'ăḥarît* , vgl. *'aḥar* „*hinter*") (Jer 17,11).

Die Zeit kann man an der großen Himmelsuhr ablesen:[8] Die Sonne zeigt an, wann es Morgen, Mittag und Abend und also Tag (*yôm)* ist. Der wird durch die Helle bestimmt. Man kann von ihrem Beginn mit der Morgendämmerung (*šachar*) (Am 4,13) und dem Sonnenaufgang zurück zur „letzten Nacht" oder „gestern Abend" (*'æmæš*) (Gen 19,14) oder von dem mit der Dämmerung einsetzenden Abend (*'æræb*) bis zum Gestern (*'ætmôl*) (I Sam 4,7) und „vorgestern" oder „vor drei Tagen" (*šilšôm)* (Ex 5,8) zurückrechnen. Die umgekehrte Linie führt von vom Abend bzw. der Abenddämmerung (*nēpæš*) (II Reg 7,5) über „heute Nacht" (*hallayĕlāh*) (Gen 19,5) zu „morgen" (*māḥār*) (Ex 8,25) und „übermorgen" oder „dem dritten Tag" (*māchār haššĕlichît*) (I Sam 20,12). Dann kommt, was später und verborgen ist, die Zukunft (*'aḥărît*) (Prov 24,20). In frühjüdischer Zeit teilte man den Tag zwischen Sonnenauf- und Sonnenuntergang in zwölf Stunden ein, die je nach der Jahreszeit eine unterschiedliche Länge besaßen. Entsprechend verhielt es sich mit den drei Nachtwachen, von denen die erste wohl „Beginn der Nacht" (*rôš 'ašmoræt*) (Thr 2,19), die zweite die „Mittlere" (*tîkônāh*) (Jdc 7,19) und die dritte die „Morgenwache"(*'ašmoræt habbōqær*) (Ex 14,14) hieß.[9]

Der Mond ermöglicht nicht nur das Jahr in Monate zu unterteilen, sondern liefert mit seinen Phasen auch Anhaltspunkte für Termine, so daß die Gelehrten die Distanzen zu den Karenz- und Festtagen im voraus berechnen und sich auf den Halb-, Voll- oder Neumond verabreden konnte (Gen 1,14–19; Sir 43,6–7; Num 10,10; Ps 81,4; I Sam 20,5). Wohl im Zusammenhang mit den vier Mondphasen ist es zur Einteilung des Monats (*yæraḥ*) in vier Wochen zu je sieben Tagen gekommen, die im Rahmen des Sonnenkalenders durchgezählt wurden. Die Woche endete mit dem siebten Tag oder Sabbat, einem „Ruhe-

8 Vgl. zum Folgenden Magne Saebø, *yôm*, 559–586, bes.576.

9 Vgl. dazu Peter Welten, Nachtwache, 886.

tag", der vermutlich aus einem für alle Arbeit ungeeigneten Vollmondstag zu dem die Woche beschließenden von Gott verordneten Ruhetag geworden ist, weil Gott die Welt und alles was sie füllt an sechs Tagen geschaffen hatte und sich am siebten von seiner Arbeit erholte (Gen 1,1–2,4a; Ex 20,8–11; 31,13–17; 35,1–3).[10]

Das kultische Jahr besaß seine Höhepunkte in dem ursprünglich im Herbst, später im Frühjahr gefeierten Neujahrsfest, das im ersten Falle mit dem aus dem alten Lesefest entstandenen Laubhüttenfest zusammenfiel (Ex 23,16).[11] Die Feste bildeten ursprünglich die Höhepunkte und Zäsuren des landwirtschaftlichen Jahres: Das ursprüngliche Ritual des Passa (*pæsach*) ist vermutlich in Ex 12,21bβ.27aβ erhalten: Danach handelte es sich bei ihm ursprünglich um ein Frühlingsfest, in dem ein Schwellenopfer eines Schafes oder einer Ziege einen Schadensdämon[12] wie der Name sagt, dazu veranlassen sollte, an dem Hause vorüberzugehen (*pāsach*).[13] Das mit ihm zusammengewachsene Massot setzte primär eine Zäsur zwischen dem vorjährigen und dem diesjährigen Getreide, deren Teig nicht vermischt werden durften (Ex 12,15–20).[14] An dem sieben Wochen später begangenen Schebuot- oder Wochenfest feierte man das Ende der Getreideernte (Ex 23,16). Diese alten landwirtschaftlichen Wallfahrtsfeste (vgl. Ex 23,14–17) wurden schon im Deuteronomium historisiert (Dtn 16,1–17) und damit aus in der Sippe oder Ortsgemeinde begangenen zu im Umkreis des Tempels gefeierten Gedächtnisfesten an heilsgeschichtliche Ereignisse wie die Befreiung aus Ägypten (Passa/Massot) und (ausgesprochen gesucht) den Aufenthalt Israels in der Wüste (Laubhüttenfest).[15]

---

10 Zum Sabbatgebot vgl. Werner H. Schmidt, Glaube, 132–137; zum religionsgeschichtlichen Problem André Lemaire, Sabbat, 161–185, bes. 165–175 und Timo Veijola, Propheten, 246–264 = ders., Moses, 61–75, bes. 74–75.

11 Vgl. dazu Kaiser, Gott I, 321–323.

12 Möglicher Weise einen im Frühling wiederkehrenden Totengeist, Kaiser, Gott I, 319.

13 Ulrike Dahm, Opfer, 162–166.

14 ebd., 320.

15 Kaiser, Gott I, 318–327.

3. Der Vorrang der erlebten vor der berechneten Zeit

In dieser durch die natürliche Wahrnehmung geprägten und schließlich durch den Jahweglauben ausgelegten Welt spielte sich das Leben des Einzelnen zeitlich im Rhythmus von Kindheit, Jugend, Reife, Alter und Tod ab, wobei jeder Einzelne ein Glied der Geschlechterfolge seiner Sippe war, mit der er sich nach seinem Tode in der Unterwelt vereinigte (Gen 25,7–8; 35,29). So bildete die Erfahrung des Sterbens der Großeltern, Eltern und Geschwister und anders als heute des größten Teils der Geschwister, Frauen bzw. Männer und Kinder den Rahmen für die Zeitrechnung des Einzelnen. Dazu kamen solche Ereignisse, die für das Leben der Sippe oder der ganzen Gemeinschaft einschneidende Bedeutung hatten und sich daher einprägten. Dazu gehörten Naturkatastrophen wie Erdbeben und Dürren, Zeiten des Überflusses oder des Mangels, Jahre des Todes von Herrschern oder Familienmitgliedern, des Kriegs und des Friedens, von denen man vorwärts oder rückwärts rechnend andere Ereignisse bestimmen konnte (vgl. z.B. Am 1,1; Jes 6,1; 20,1), Ereignisse, die auch heute noch die Zeit im Bewußtsein von Völkern, Familien und Einzelnen gliedern. Für diese Art der Zeitbestimmung besitzen wir im Alten Testament nur wenige Beispiele, von denen die bekanntesten Am 1,1 und Jes 6,1 bilden: In Am 1,1 werden die Worte des Propheten Amos „zwei Jahre vor dem Erdbeben" datiert und damit ihre Richtigkeit hervorgehoben (vgl. Am 3,13–15; 4,1–2; 6,8b-11). Andererseits wird die Berufungsvision des Propheten Jesaja in das Todesjahr des Königs Usija (Jes 6,1) und seine Zeichenhandlung, welche die Gefangennahme der Ägypter und Äthiopier durch den König von Assyrien wirkungsmächtig präfiguriert, in das Jahr angesetzt, in dem der Tartan, der höchste Offizier der Assyrer, nach Aschdod kam (Jes 20,1).[16] Da Neumondtage als Feiertage galten, ist es verständlich, daß David als hoher Offizier von seinem König Saul auf einen solchen Tag zu einem Mahl eingeladen werden konnte (I Sam 20,5; vgl. Num 10,10; Ps 81,4). Dabei reicht die natürliche, allein auf die mündliche Überlieferung angewiesene Erinnerung zu keiner Zeit länger als vier Generationen zurück, wie jeder bei sich selbst oder seinen Bekannten und Verwandten überprüfen kann, wenn er sich oder andere dazu auffordert, seine oder ihre acht Urgroßeltern zu benennen.[17]

---

16 Vgl. dazu Georg Fohrer, Handlungen, 97.

17 Vgl. dazu Patricia G. Kirkpatrick, Old Testament, 51–72 und 117.

Eine darüber hinaus reichende Chronologie war bis zur allgemeinen Verbreitung des Umgangs mit dem geschriebenen und gedruckten Wort und der audiovisuellen Information im Laufe der zurückliegenden zweieinhalb Jahrhunderte eine Sache gelehrter Fachmänner und gebildeter Kreise. So haben die ägyptischen und babylonischen Schreiber zunächst jedem Jahr seinen Namen nach einem herausragenden Ereignis (Ägypten, Babylonien) und die assyrischen nach einem Beamten (Assyrien) gegeben. Erst seit dem Beginn des 2.Jt. v.Chr. wurde diese Zählung zunächst im Ägypten der XI. Dynastie (22. Jh. v.Chr.) und dann im Babylonien der Kassitischen Dynastie (16.–12. Jh. v.Chr.) durch die Rechnung nach den Regierungsjahren der Könige ersetzt. Dieses auch von den neubabylonischen Königen benutze chronologische System sollte die Zeiten der persischen Achämeniden und der makedonischen Seleukiden überdauern und unter den parthischen Arsakiden bis in die letzten Jahrzehnte des 4.Jh. n.Chr. überleben.[18] Bei den Athenern zählte man die Jahre nach den Archonten, bei den Römern nach den Konsuln bzw. nach Jahren seit der legendären Gründung der Stadt Rom am 21. April 753 v.Chr. Wenn es darauf ankam, Ereignisse aus einer lokalen Chronologie in eine allgemeine einzugliedern, rechnete man bei den Griechen nach Olympiaden, von denen die erste der Überlieferung nach im Sommer 776 v.Chr. abgehalten worden sein soll.[19]

In den Reichen von Israel und Juda zählte man wohl zunächst die Jahre der jeweils eigenen Könige gesondert, bis vermutlich nach dem Ende des Nordreiches königliche Schreiber eine synchronistische Königschronik verfaßten, in welcher der Regierungsantritt des Königs des einen Reiches nach den Regierungsjahren des Herrschers des anderen datiert und so eine überschaubare, wenn auch relative Chronologie

18 Vgl. dazu Artur Ungnad, Epomymen, 412–457 mit den entsprechenden Listen, A.K. Grayson (RLA 6), 86–135, ders., Chronicles, dazu die Umrechungstabellen bei Richard A. Parker und Waldo H. Dubberstein, Babylonian Chronology, zum ägyptischen Kalender vgl. Jack Finegan, Handbook, 21–29; Jürgen von Beckerath, Kalender,297–299; zur Chronologie ders., Chronologie, 967–971 und zum ägyptischen Zeitverständnis Lszló Kákovsky, Zeit, 1361–1371 und nicht zuletzt Jan Assmann, Zeit.

19 Vgl. dazu Elias J. Bickerman, Chronology, passim bzw. Finegan, Handbook, 108–132.

geschaffen wurde.[20] Die wenigen Daten aus nachexilischer Zeit orientieren sich dagegen an den Regierungsjahren der persischen Könige. Den Versuch, eine Gesamtchronologie der Bibel vorzulegen, hat erst *Euseb von Caesarea* in seinen Χρονικοὶ κανόνες, seiner „Chronologie" unternommen.[21] Die Anfänge der bis heute geltenden christlichen Zeitrechnung, welche die Weltgeschichte als Heilsgeschichte betrachtet und so rückwärts und vorwärts rechnend zwischen Jahren vor und nach Christus unterscheidet und damit ein universales Berechnungssystem bereitstellt, liegen in der Zeit zwischen 450 und 525.[22] An Versuchen, sie durch ideologisch anders begründete Zählungen abzulösen, hat es seit der Französischen Revolution nicht gefehlt.[23] Doch wie bereits betont: Bei all diesen Versuchen, eine überschaubare Ordnung in den Fluß der Zeit zu bringen, handelt es sich um gelehrte Unternehmungen, die ihren Einfluß auf breitere Schichten der Bevölkerung erst proportional zur Verbreitung der Schriftkenntnisse und schließlich der audiovisuellen Alltagskultur gewonnen haben.[24]

4. Der Vorrang des erlebten gegenüber dem berechneten Raum

Auch die *Erfahrung des Raumes* orientiert sich primär an der Lebenswelt. Er erschließt sich zunächst nicht durch Messungen, sondern durch die räumliche Entfernung zwischen dem eigenen Ort und einem erstrebten anderen. Arbeiter und Wanderer wollen wissen, wie lange es dauert, bis sie ihr Ziel erreichen. So blieb auch die Erfahrung des Raumes bis zum Einsetzen der allgemeinen Mobilität im 20. Jahrhundert überwiegend auf den sich im Laufe des Lebens allmählich ausdehnenden Radius von

---

20 Vgl. dazu Alfred Jepsen/Robert Hanhart, Chronologie; Gershon Galill, Chronology und zu den kalendarischen Problemen Finegan, Handbook, passim.

21 Vgl. dazu David S. Wallace-Hadrill, Eusebius von Caesarea, 537–543, bes. 539 und vor allem Finegan, 147–185.

22 Vgl. dazu Hans Maier, Zeitrechnung, 11–56.

23 Vgl. z.B. Maier, 100–107 und die Übersicht 113–114.

24 Zu den Mittel der Kommunikation im Altertum vgl. die Beiträge in: Henner von Hesberg/Wolfgang Thiel, Red., Medien.

Haus und Garten, den Nachbarhäusern, dem Wohnort, dem Nachbarort und beider Umfeld begrenzt.[25]

Die natürlichen Längenmaße der Finger- und Handbreite, des Fußes, der Elle und der Rute,[26] die zeitlichten Maße der Wegstunde oder eines Sabbatweges (Act 1,12) und die echten Streckenmaße wie die Stadie bei den Griechen, die der Länge einer Laufbahn von etwa 180 m entsprach, oder die ihrem Ursprung nach persischen Parasange, die 30 Stadien umfaßte (und in die heute geltenden Maße umgerechnet 5,7 km betrug) erlaubten es, Entfernungen nach Abständen zu bestimmen oder die für eine Wegstrecke benötigte Dauer anzugeben.[27]

Die Fläche, die ein Rindergespann an einem Tag zu pflügen vermochte, ergab das natürliche Flächenmaß in Gestalt eines Joches oder „Gespannes"(*ṣæmæd*) (I Sam 14,14). Auf älteren Chausseesteinen und in Wanderführern findet man noch heute die einst allgemeine zeitliche Angabe in Stunden, wie sie dem unmittelbaren Bedarf des Wanderers und Kutschers entspricht, oder die Angaben nach Meilen, einem von den Römern übernommenen Streckenmaß *mila*, das tausend römische Doppelschritte von je fünf Fuß oder umgerechnet 1,479 km bezeichnet.[28] Auch hier haben die astronomische Vermessung, welche die Position der Erde im Kosmos bestimmt,[29] die geometrische, die jedem Ort seine Koordinaten zuweist, und die astrochronologische, die ihm seine Zeit im globalen Netz zuweist, die natürlichen Meßverfahren nach den Wanderungen der Gestirne mit ihren Maßen von Stunden und Tagen, Nachtwachen und Nächten, Monaten und Jahren erst spät ersetzt.[30] Es war Aristoteles, der den Zusammenhang zwischen Zeit und

---

25 Im Tübingen der Nachkriegszeit erzählte man sich die Anekdote, von einem katholischen Theologieprofessor, der mit seiner Haushälterin auf den Turm auf dem Österberg gestiegen war, und ihr nun erklärte, daß dort hinten im Westen Rottenburg und drüben im Südosten Reutlingen liege. Da habe sie geantwortet: „Ja was, gibt's dös a (Ja was, gibt es das auch)?"

26 Vgl. dazu Götz Schmitt, Maße, 204–205.

27 Vgl. zu den altmesopotamischen und syrischen Maßen, M. A. Powell, 457–517, zu den hethitischen Th. P. J. van den Hout, 517–522, bzw. zu den Maßen im Alten Orient auch Johannes Renger, Maße 1., 986–988; zu denen der klassischen Antike Christoph Höcker, Maße 2., 988–991 und zur Parasange Heinz-Joachim Schulzki, 324.

28 Kluge-Mitzka, Wörterbuch, 470–471.

29 Zu ihren Anfängen vgl. Samuel Sambursky, Physical World, 50–79 und den Überblicksartikel von Gerd Graßhoff, Kosmologie, 769–778.

30 Zu den Grundprinzipien der Kalender als sozialer Rekonstruktion der Zeit und den Kalendern der Alten Welt vgl. Jörg Rüpke/Helmut Freydank, Kalender,

Raum erkannte, indem er die Zeit als Maß der Bewegung nach ihrem Früher und Später definierte und damit die Grundlage für den Gedanken der Weltzeit legte;[31] denn das jeweilige Jetzt bestimmt den jeweiligen Seinsstand, der überall derselbe ist.[32]

5. Der qualifizierte Ort und die qualifizierte Zeit

Von dieser berechenbaren Zeit und diesem meßbaren Raum unterscheiden sich die erlebte Zeit und der erlebte Raum, die beide nicht lediglich durch ihre Zähl- und Meßbarkeit, sondern durch ihre heil- oder unheilvolle Qualität und Bedeutung bestimmt sind. So konnte man einen Tempel nicht an einer beliebigen Stelle errichten, sondern er mußte der Wahl der Gottheit entsprechen, die ihn durch ihre Erscheinung sanktionierte[33] oder auf sonstige Weise seinen numinosen Charakter zu erkennen gab.[34] So versprach Jahwe Mose auf dem Sinai nach der priesterlichen Darstellung in Ex 29,43–46, daß er das nach seiner Anweisung erbaute Zelt der Begegnung samt dem Altar und Aaron und seinen Söhnen als den zum Dienst vor ihm bestimmten Priestern durch seine Herrlichkeit (*kābôd)* heiligen und mitten unter seinem Volke wohnen werde.[35] Und so soll denn seine Herrlichkeit die gerade geweihte Zeltwohnung und später auch den neu geweihten salomonischen Tempels erfüllt und damit seine Präsenz angezeigt haben, die den kultischen Verkehr zwischen ihm und seinem Volk ermöglichte (vgl. Ex 40,34–35 mit I Reg 8,10–11).[36] Der Tempelberg repräsentierte den Weltberg im Norden als Wohnsitz des Gottes (Ps

156–169; zu Kalender und Zeitrechung im AT vgl. Manfred Weippert, Kalender und Zeitrechnung, 165–168; zum altmesopotamischen H. Hunger, 297–302 und zum ägyptischen Kalender, Jahr, Monat und der Gliederung von Tag und Nacht Hermann Kees, Kulturgeschichte, 300–305; ders. Ägypten, 19–22 sowie Klaus Koch, Geschichte, 164.

31 Aristot. phys.220a24–25.

32 Vgl. dazu Hedwig Conrad Martius, Zeit, 47–54. und zum Einspruch Augustins gegen das räumliche Verständnis und die Lokalisierung des Zeitsinns im Gedächtnis Whitrow, Philosophy, 48–50, vgl. auch Aug.soliloq.II.3.6–9.

33 Vgl. z.B. Gen 28,10–22 (Bethel) und II Sam 24 (Jerusalem).

34 Vgl. dazu z.B. Gerardus van der Leeuw, Phänomenologie, 446–448 und Eliade, Religionen, 247–270.

35 Vgl. dazu auch unten, 208–209.

36 Vgl. dazu Volkmar Fritz, Tempel, 103.

48,2–3; I Reg 8,12–13).[37] Doch da ein Gott es nicht duldet, daß in seinen Mauern fremden Göttern gehuldigt wird, verläßt seine Herrlichkeit den Tempel, sowie ein solcher Frevel geschieht (Ez 10,4.19; 11,22–23).[38] Dann aber übergibt er ihn in seinem Zorn den Feinden seines Volkes zur Entweihung, Plünderung und Zerstörung, die eigentlich sein Heiligtum nicht betreten durften, weil sie Völkern angehörten, die nicht in die Gemeinde aufgenommen werden durften (vgl. Thr 1,10 mit 2,6–7 und Dtn 23,1–8).[39] Fragt man nun, wo Gott dann bleibt, so lautet die Antwort, daß er sich in den höchsten Himmel zurückgezogen hat, von dem er auf die Erde herabschaut (Ps 14,2).[40] Für den alten Dichter wohnte Jahwe im Adyton des Jerusalemer Tempels (I Reg 8,12–13). Für die Deuteronomiker war der Jerusalemer Tempel die von Jahwe erwählte Stätte (Dtn 12,14), für die Deuteronomisten der Ort, an dem er seinen Namen wohnen lassen wollte (Dtn 12,11, vgl. I Reg 8,29): Er selbst war in den Himmel entrückt. Allein die Tatsache, daß der Tempel nach seinem Namen genannt war, garantierte auch weiterhin, daß die in seinen Höfen oder aus der Ferne in Richtung auf ihn hin gesprochenen Gebete zu ihm gelangten (I Reg 8,30–43.44–50, vgl. Dan 6,11).[41]

Vom Tempel als der eigentlichen Mitte der Erde erschloß sich ihnen die Welt.[42] In den priesterlichen Kreisen galt er als irdisches Abbild des himmlischen Heiligtums (Ex 25,9.40; 26,30).[43] Hier war ihnen Gott nahe, hier erhörte er ihre Gebete, von hier aus erfüllte seine Herrlichkeit schützend das ganze Land (Jes 6,3). Entzog er dem Tempel

---

37 Vgl. dazu Bern Janowski , Himmel, 229–360, bes. 251.

38 Vgl. dazu Kaiser, Gott II, 191–198. – In vergleichbarer Weise berichten die synoptischen Evangelien, daß der Vorhang im Tempel im Augenblick des Sterbens Jesu zerriß, so daß Gott den Tempel schon Jahrzehnte vor seiner im Jahre 70 erfolgten Zerstörung durch die Römer verlassen hatte; vgl. Mt 27,51 par Mk 15,30 und Lk 23,45.

39 Vgl. dazu Christian Frevel, Zier, 99–153, bes. 113–121.

40 Vgl. ebd., 198–203. Zur Genese der Vorstellung vom himmlischen Heiligtum Jahwes, die sich erst in exilischer Zeit durchgesetzt hat, vgl. Friedhelm Hartenstein, Wolkendunkel, 127–179 mit der Zusammenfassung 166–168.

41 Vgl. Kaiser, Gott II, 191–203.

42 Vgl. dazu auch Eliade, Religionen 415–437 und Bernd Janowski, Himmel, 251 und zur Welt stiftenden und sie offenhaltenden Funktion des Tempels als dem Ort der Fügung und Sammlung der Einheit aller Lebensbezüge Martin Heidegger, Ursprung (nach 1960), in: Holzwege, (31–32), 27–29, vgl. (44) 42–43.

43 Vgl. dazu Beate Ego, Himmel, 173–110, bes. 170.

seinen Glanz, verhüllte er sich im Rauch, war es den Feinden preisgegeben (vgl. Jes 6,4 mit den V. 10–11).[44] Die Jerusalemer Tempelanlage besaß abgestufte Grade der Heiligkeit: Sein eigentliches Zentrum war das durch einen Vorhang vom Tempelhaus abgetrenntes Allerheiligste, der *dĕbîr*, in dem Gott unsichtbar thronte. Es durfte nur einmal im Jahr am großen Versöhnungstag vom Hohen Priester nach besonderen Opfern, in besonderer Kleidung und im Schutz einer wolkigen Räucherung betreten werden, die ihn dem tödlichen Anblick der Gottheit entzog (Lev 16,1–6.12–13; vgl. Ex 33,20). Das Tempelhaus und der es umgebende Vorhof durfte nur von den Priestern und Leviten betreten werden, die ebenfalls besondere Reinheitsvorschriften einzuhalten hatten (Ez 42,14; 44,15–31). Dann folgten der Männer- und der Frauenvorhof, die gewiß nur ohne Sandalen betreten werden durften (Ex 3,5).[45] Um Nichtjuden von dem Betreten des Heiligen Bezirks abzuhalten (Ez 44,9) war er auf seinen drei offenen Hofseiten von einer Schranke umgeben, an der eine Inschrift angebracht war, die darauf hinwies, daß auf ihre Überschreitung durch Nichtjuden die Todesstrafe stand.[46] So breitete sich vom Tempelhaus her eine abgestufte Heiligkeit aus, die sich weiterhin der Heiligen Stadt und dem Heiligen Land mitteilte. Doch es gab nicht nur Stätten des Segens und des Heils, sondern auch des Unheils, verlassene Orte, Ruinen und Wüsten, in denen Dämonen wohnten und umgingen (vgl. z.B. Jes 13,19–22; 34,10b-14).[47]

Das Zeitgefühl der Alten wurde durch die Vorstellung von periodisch wiederkommenden Koinzidenzen bestimmt, welche der Zeit eine rhythmische Periodisierung und zugleich durch ihre unterschiedliche Qualität eine innere Diskontinuität gaben. Aufgrund der Überzeugung, daß eine Konstellation, in der ein Ereignis A mit einem heil- oder unheilvollen Ereignis B zusammentrifft, nicht zufällig ist, sondern einem universalen Netz von gleichzeitigen Ereignissen entspricht, entwickelte sich die Kunst der Mantiker, die zumal aus den Befunden der Eingeweide der Opfertiere und dem Verhalten der Vögel Rückschlüsse auf das Gelingen oder Mißlingen einer Unternehmung, auf Heilung

44 Vgl. dazu Friedhelm Hartenstein, Unzugänglichkeit, 216–223.

45 So im herodianischen Tempel, vgl. den Plan bei Wolfgang Zwickel, 43 Abb.13.

46 Kurt Galling, Textbuch, 91 Nr. 55.

47 Vgl. dazu Gunther Wanke, Dämonen II., 276.

einer Krankheit oder Tod schlossen.[48] Auf den kosmischen Raum ausgedehnt, entstand so die Astrologie, die den Sternenlauf als ein große Uhr der qualifizierten Zeit versteht und aus den Konstellationen bei der Geburt das Schicksal und aus denen des Tages auf seine spezifische Qualität für den Einzelnen zurückschließt.[49]

Daß die Zeit mithin nicht als ein kontinuierliches und zugleich leeres *receptaculum,* sondern als ein Wechsel qualifizierter Zeiten verstanden wurde, zeigt besonders deutlich der biblische Sabbat: Bei ihm handelt es sich keineswegs um einen Ruhetag, den man beliebig ansetzen kann, sondern um einen von Gott gesegneten und mithin heilvollen Tag (Gen 2,3), dessen Wiederkehr auf stets dieselben Daten die Priester mittels eines ausgeklügelten Sonnenkalenders sicherten, der gemäß Gen 1,14–19 stets mit dem vierten Tag der Woche und d.h. nach unserer Benennung: einem Mittwoch begann. Das Jahr wurde ohne Rücksicht auf den Mondumlauf in zwölf Monate zu 30 Tagen eingeteilt, wobei jeder dritte Monat um einen Tag verlängert wurde. So enthielt jedes Vierteljahr 13 Wochen mit 91 Tagen und das ganze Jahre 52 Wochen mit 364 Tagen. Um zu vermeiden, daß dieser Kalender dem Sonnenjahr nachhinkte, mußte man binnen 28 Jahren fünfmal eine Woche am Jahresende einschalten. Dieser Kalender hatte den Vorteil, daß alle Sabbate und alle Festtage Jahr um Jahr auf dasselbe Datum fielen, so daß ihre besondere Qualität gesichert blieb.[50] Dieser Kalender wurde auf Gottes Stiftung in der ersten Schöpfungswoche zurückgeführt, seine angebliche Nichtbeachtung in der Königszeit galt bei den Essenern als Ursache für den Untergang der beiden Reiche (CD III.9–12).[51]

Weil der Hohepriester Jonathan 152 v.Chr. den für den damaligen Horizont weltweit anerkannten und auch im jüdischen Alltag praktizierten babylonischen Mondkalender zum offiziellen erklärte, fielen nach der Meinung der Essener und ihrer zadokidischen Priester alle im Tempel dargebrachten Sabbat- und Festopfer auf einen nicht mehr

48 Vgl. dazu Ivan Starr, Rituals,1–24 und zu ihrer Praktizierung z.B. ders., Queries, XIII-LXV, vgl. auch Kaiser, Xenophons Frömmigkeit, 355–379 = ders., Athen, 105–134.

49 Vgl. dazu umfassend Boll/Bezold/Gundel, Sternglaube bzw. Tamsyn Barton, Ancient Astrology und zur biblischen Astronomie und Zurückhaltung gegnüber der Astrologie Matthias Albani, Sternbilder, 181–236.

50 Vgl. dazu A. Jaubert, Calendrier, 250–264; Ernst Kutsch, Kalender, 39–47, bes. 39–40; Finegan, Handbook, 44–57 bzw. Schürer/Vermes I, 587–601.

51 Vgl. dazu Hartmut Stegemann, Essener, 240–245.

termingerechten und daher heilvollen Tag, so daß sie wertlos waren. Daher nahmen sie nicht mehr am Opferkult des Tempels teil und sonderten sich von ihm ab, um Gott ihre Gebete und ihren guten Wandel als Opfer darzubringen (vgl. CD VI.10–19 mit XI.20–21). Wie tief dieser Glaube an die qualifizierte Zeit in den Menschen des Altertums verwurzelt war, zeigen noch die in der Alten Kirche in den 90er Jahren des 2. Jh. einsetzenden Streitigkeiten über das Datum des Passah- bzw. Osterfestes, die erst 325 auf dem Konzil in Nicaea beigelegt wurden. Seine einschlägige Entscheidung hat sich freilich im Westen erst zwischen 457 und 523/6 durchgesetzt.[52] Festtage ließen sich damals weder durch Beschlüsse von Synoden noch von Magistraten verschieben, es sei denn, sie hatten die bessere Tradition für sich. Das wurde erst möglich, als die Zeit ihre Qualitäten verloren hatte und zum neutralen Horizont des Handelns geworden war.

Sucht man (auf das Phänomen der qualifizierten Zeit aufmerksam geworden) nach weiteren Belegen im Alten Testament, so stößt man auf die Vorstellung von der für eine bestimmtes Geschehen oder eine bestimmte Handlung richtigen oder festgelegten Zeit. Zu ihnen gehören alle meteorologischen und biologischen Rhythmen: Dazu gehören die Zeiten des frühen und des späten Regens, die Jahwe eben samt allem, dessen der Mensch zum Leben bedarf, „zu ihrer Zeit“ gibt.[53] In ähnlicher Weise haben Frauen „ihre Zeit,“[54] werfen Steinböcke ihren Jungen und tragen Bäume ihre Früchte zu „ihrer Zeit.“[55] Doch wenn es sich um das Sterben des Menschen handelt, so stirbt zwar jeder normalerweise „zu seiner Zeit“,[56] aber ob ihm seine Stunde früh oder spät schlägt, weiß er nicht; denn seine Zeit und mithin auch die seines Todes stehen in Gottes Hand (Ps 31,16).[57] Kann der Mensch sein Leben nicht über die ihm von Gott gesetzten Grenzen hinaus verlängern, so kann er es doch durch törichtes Verhalten verkürzen (Koh 7,17).[58] Grundsätzlich erkennt Kohelet das Rätsel des menschlichen Schicksals darin, daß weder die religiös-sittlichen Qualitäten des Menschen noch seine Fä-

52 Vgl. Karl Müller mit Hans Frh. von Campenhausen, Kirchengeschichte I/1, 226–228 und 546.

53 Vgl. Ps 104, 27; 145,15; Sir 39,16 und z.B. Dtn 11,14; 28,12; Jer 5,24; Ez 34,26.

54 Lev 15,20; 24,25–26.

55 Hi 39,1; Ps 1,3.

56 Gen 47,9; II Sam 7,12.

57 Vgl. auf das Afterlife bezogen Weish 3,1.

58 Vgl. dazu oben, 15–16.

higkeiten eindeutig über die Länge und Kürze seines Lebens entscheiden (Koh 8,10–14), sondern er damit rechnen muß, in die Falle von Zeit und Zufall (*'ēt wappæga'*) zu geraten (Koh 9,11–12):[59]

Zum anderen sah ich unter der Sonne,
daß weder den Schnellsten der Lauf
und den Tapfersten die Schlacht,
noch die Weisesten Brot
noch die Erfahrensten Ansehen gewinnen,
sondern Zeit und Zufall treffen sie alle.
Denn der Mensch kennt seine Zeit nicht.
Wie Fische, die sich in einem schlimmen Netz verfangen,
und wie Vögel, die in einem Klappnetz gepackt sind,
wie sie werden die Menschenkinder zur bösen Zeit gefangen,
wenn sie plötzlich über sie herfällt.

Aufgrund derartiger Beobachtungen stellte Kohelet die Überzeugung grundsätzlich in Frage, daß es dem Menschen möglich ist, zwischen der richtigen und der falschen Zeit für sein Handeln zu unterscheiden, wie es die Weisen voraussetzten und es Sirach erneut seinen Schülern zumal im Blick auf das Reden und Schweigen eingeprägt hat.[60] Zwar hat Kohelet die Ansicht seiner Vorgänger, daß es für alles Tun einen richtigen Zeitpunkt und für die Ausführung jedes Vorhabens eine passende Zeit gibt (Koh 3,1–8*) nicht bestritten, aber durch die Vor- und Nachschaltung je eines Kolons in V. 2a und 8b um ihren ursprünglichen Sinn gebracht: denn der Einzelne verfügt weder über die Zeit seiner Geburt noch über die seines Todes[61] noch trifft er (als Untertan eines Königs) eine Entscheidung über Krieg und Frieden. Mithin gibt es zwar für alles Tun seine Zeit, nur ist sie dem Menschen nicht als solche mit letzter Sicherheit erkennbar, so daß sein Handeln ein Wagnis darstellt (Koh 3,1–8):[62]

1 *Für alles gibt es eine Stunde*
und eine Zeit für jedes Vorhaben

59 Vg. dazu oben, 19–22.
60 Vgl. Sir 4,23; 20,5–7 und 32,7–8.
61 Der Selbstmord war für ihn kein Thema.
62 Zum Zeitverständnis Kohelets vgl. ausführlich Tilmann Zimmer, Tod, 75–87, bes. 82–87.

unter dem Himmel:
2 Eine Zeit zum Gebären
und eine Zeit zum Sterben.
Eine Zeit zum Pflanzen
und eine Zeit zum Einreißen.
3 Eine Zeit zum Töten
und eine Zeit zum Heilen.
Eine Zeit zum Einreißen
und eine Zeit zum Bauen.
4 Eine Zeit zum Weinen
und eine Zeit zum Lachen.
Eine Zeit zum Klagen
und eine Zeit zum Tanzen.
5 Eine Zeit zum Steinewerfen
und eine Zeit zum Steinesammeln.
Eine Zeit zum Umarmen
und eine Zeit, Umarmung zu meiden.
6 Eine Zeit zum Suchen
und eine Zeit zum Aufgeben.
Eine Zeit zum Aufheben
und eine Zeit zum Wegwerfen.
7 Eine Zeit zum Zerreißen
und eine Zeit zum Zusammennähen.
Eine Zeit zum Schweigen
und eine Zeit zum Reden.
8 Eine Zeit zum Lieben
und eine Zeit zum Hassen.
Eine Zeit für den Krieg
und eine Zeit für den Frieden.

So ist aus dem Katalog für die jeweils richtigen Zeiten, in denen bald das eine, bald das andere angebracht ist, ein Gedicht über die Unverfügbarkeit der qualifizierten Zeiten geworden, die zu entschlüsseln Gott dem Menschen verweigert (Koh 3,10–15). Daher lautet das Resumée Kohelets in 3,9: „*Welchen Nutzen kann dann der, der handelt, bei dem, haben, womit er sich abmüht?*" Um nicht in die Falle der Zeit zu geraten (Koh 9,11–12), sollte der Mensch bei seinem Handeln mit allen Möglichkeiten rechnen, ohne sich durch die grundsätzliche Unsicherheit über das Gelingen seines Handelns von ihm abhalten zu lassen (Koh 11,1–6):[63]

1 *„Schicke dein Brot über die Wasserfläche,*
dann findest du es nach vielen Tagen wieder.“
2 Gib sieben oder acht einen Anteil;
denn du weißt nicht, was Schlimmes auf Erden geschieht.
3 *„Wenn die Wolken voll sind,*
gießen sie Regen auf die Erde.“
Und fällt ein Baum nach Süden oder Norden,
wohin der Baum fällt, da bleibt er liegen.
4 *„Wer auf den Wind achtet, kommt nicht zum Säen,*
und wer nach den Wolken sieht, kommt nicht zum Ernten.“
5 Wie du den Weg des Windes nicht kennst
noch die Gebeine im Leibe der Schwangeren,
kennst du auch nicht das Handeln Gottes, der alles bewirkt.
6 *„Am Morgen säe deinen Samen,*
und bis zum Abend lasse deine Hand nicht ruhen.“
Denn du weißt nicht, ob dieses oder jenes gelingt
oder beides zugleich gut gerät.

Der tiefere Grund für die Rätselhaftigkeit der Zeit liegt darin, daß Gott durch sie die Menschen lehren will, ihn als ihren Herren zu fürchten (3,10–14).[64] Wenn es sich so verhält, daß die Menschen angesichts der ihnen unzugänglichen Qualität der Zeit nicht über den Erfolg ihres Planens und Handelns verfügen, dann ist jedes Glück und Gelingen eine Gabe Gottes. Demnach wäre ein Tor, wer das ihm zumal in seiner Jugend mitsamt der Freude von Gott geschenkte Glück versäumte; denn sie kehren nie wieder, und ehe er es gewahr wird, ist er alt geworden und muß sein „ewiges Haus“, sein Grab beziehen (11,9–12,7). Daher zieht sich die Aufforderung das von Gott geschenkte Glück nicht zu versäumen, wie ein roter Faden durch das ganze Buch Kohelet.[65] Durch die Verbindung mit dem Gedanken der ewigen Wiederkehr des Gleichen (vgl. Koh 1,4–11; 3,15) enthält Kohelets Zeitverständnis eine deterministische Komponente, die im Zusam-

63 Zitat: Kursiv. Kommentar Kohelets: Normal.
64 Vgl. dazu oben, 5–10, bes. 9–10.
65 Vgl. 2,24–26; 3,12–13.22; 5,17–19; 7,13–14; 8,15; 9,7–10. und dazu Kaiser, Carpe diem, 247–274, bes. 257–264 bzw. ders., Kohelet, 41–43.

menhang mit dem sich im 3. Jh. v. Chr. in der hellenistischen Welt verbreitenden Schicksalsglauben steht,[66] der sich seinerseits mit der Astrologie verband und so in der frühen Kaiserzeit bis nach Rom gelangte.[67]

6. Die Gegenwart als Entscheidungszeit

Kohelet stand mit seinem Zweifel, daß der Mensch nicht der eigentliche Schmied seines Glücks ist, und mit seiner Überzeugung vom ziellosen Kreislauf allen Geschehens in einer aristokratischen Distanz zu der Entscheidungsethik der deuteronomisch-deuteronomistischen Theologie und den Erwartungen auf eine entscheidende Weltwende, die seit dem exilischen Zeitalter das Denken der biblischen Historiker und Propheten und ihrer sie fortschreibenden Erben bestimmte.[68] Beide hatten dem Judentum nach dem Verlust seiner Staatlichkeit eine neue entschiedene Ausrichtung auf die Zukunft gegeben und gleichzeitig die Bedeutung des Augenblicks als Entscheidungszeit betont: Es liegt in der Verantwortung des von Fremden beherrschten und unter die Völker zerstreuten Volkes Israel selbst, ob es sich restlos auflösen oder zu neuer Herrlichkeit erstehen würde. Als die Bedingung für seine Befreiung und Heimkehr in das Land der Väter benannten sie den Gehorsam gegenüber der ihm von Gott am Sinai gegebenen Tora, die Jesus Sirach treffend als das Gesetz des Lebens bezeichnet hat (Sir 17,11).[69] Wenn Israel den am Sinai geschlossenen und am Vorabend des Einzugs in das gelobte Land erneuerten Bund hielte (vgl. Ex 24,3–8 mit Dtn 26,16–19), der das Israel aller Zeiten und an allen Orten zum Gehorsam gegen die Weisung des Herrn, seines Gottes verpflichtete (Dtn 29,9–14), so würde der Herr es aus allen Völkern sammeln, es in das Land der Väter bringen, ihm Gutes tun und es mehren (Dtn 30,1–8).[70] Mithin lebte und lebt jeder Jude in dem Augenblick, in dem er zwischen Tod und

66 Vgl. Martin P. Nilsson, Geschichte II, 200–210 und für Ägypten z.B. Pap.Ins.25 und dazu Miriam Lichtheim, Wisdom Literature, 151–152.

67 Vgl. Cic. de fato und z.B. Hor.carm.I.11., vgl. auch I.24.17–20, und dazu Franz Cumont, Religionen, 148–177.

68 Zur Redaktionsgeschichte des *corpus propheticum* Odil Hannes Steck, Abschluß und ders., Prophetenbücher; zum Jesajabuch als Kompendium der jüdischen Eschatologie vgl. auch Kaiser, Gott I, 85–105.

69 Vgl. dazu oben, 68–70.

70 Zur Geschichte der Bundestheologie im AT vgl. Walter Groß, Zukunft und Kaiser, Gott III, 11–38.

Leben, Segen und Fluch zu wählen hat, auf daß er im Gehorsam gegen die Tora das Leben wähle (Dtn 30,19–20; vgl. Sir 15,16–17). Das Verhältnis zwischen Jahwe und seinem Volk aber gilt insofern als exklusiv, als es die Verehrung aller anderen Götter ausschließt (Ex 20,2–6 par Dtn 5,6–10),[71] denn es ist das Volk sein Eigentum (Dtn 7,6). Daher wurden alle mantischen Praktiken außer der Prophetie im Namen Jahwes in allen Formen verboten: Die Zeiten der Opferschauer und Beschwörer, der Zeichendeuter und Deuter von Geisterstimmen war damit vorüber (Dtn 18,9–13; Lev 19,31).[72] Zwischen Israel und seinen Gott sollte sich weder Zeichen noch Vorzeichen, weder Geisterstimmen noch im Namen anderer Götter auftretende Propheten drängen, sondern der Mensch es lernen, in freier Verantwortung seinen Platz zwischen Gott und dem Nächsten in dieser Welt einzunehmen, um das zu tun, was ihm möglich ist, und zugleich und über jenes hinaus sein Leben in die Hand seines Gottes legen (Ps 31,16; 37,4–5.37–40).[73]

Seit den Tagen des zweiten Jesaja stand über dem besiegten und zerschlagenen Israel die Verheißung, daß sein Gott alles Neu machen (Jes 43,16–21), den Zion wieder aufbauen (Jes 44,24–28) und sich vor der Völkerwelt durch die Erlösung seines Volkes verherrlichen wolle (40,5; 45, 22–24a).[74] Die Verheißungen schienen sich zu erfüllen, als der Jerusalemer Tempel wiederaufgebaut wurde und sich den Exilierten die Möglichkeit der Rückkehr in das Land ihrer Väter eröffnete (Esr 1,1–5). Aber die Zeit verging, ohne daß die Verheißungen einer Weltenwende sich erfüllten. Vor allem in der Umkehr-Schicht der tritojesajanischen Sammlung (Jes 56–66) läßt es sich beobachten, wie die Nachfolger der Propheten damit beschäftigt waren, eine einleuchtende Antwort auf die Frage zu finden, warum der Herr die großen Verheißungen noch immer nicht erfüllt hatte, nach denen der Zion zum Zentrum der Völkerwelt werden sollte (Jes 2,1–5 par Mich 4,1–5, Jes 60,1–62,5). Sie lautete, daß das Heil nahe sei, aber durch den Ungehorsam des Volkes immer neu verzögert würde (vgl. Jes 56–57*;

71 Vgl. dazu Kaiser, Gott III, 54–59 und 343–392.

72 Zu den einschlägige Praktikern und Praktiken vgl. Ann Jeffers, Magic.

73 Zum kämpferischen Monotheismus der Deuteronomisten vgl. ausführlich Juha Pakkala, Monolatry.

74 Zur Redaktionsgeschichte der Deuterojesajanischen Sammlung vgl. z. B. Hans-Jürgen Hermission, Einheit, 287–312 mit der Übersicht 311 = ders., Studien 132–157 mit der Übersicht 155; Reinhard G. Kratz ,Kyros, mit der Schichtentabelle 217, Jürgen van Oorschot, Babel, mit der tabellarischen Übersicht 345–347 und Ulrich Berges, Buch, 322–413, bes. 411–313.

63,7–64,12).[75] Auch so wird noch einmal deutlich, daß die Zeit täglich neu den Charakter der Entscheidungszeit besitzt, weil nur dem gehorsamen Israel Heil widerfahren sollte.

Der Gedanke der Offenbarung der Herrlichkeit des Herrn vor den Völkern konnte sich dann im Zuge der neuen Eschatologie, wie sie zumal die seit der 2. Hälfte des 3. Jh. v. Chr. aufblühenden apokalyptischen Literatur bezeugt, in den des Jüngsten Gerichts verwandeln, in dem Gott alle Menschen nach seinen Taten richten würde, um den Gerechten das ewige Leben zu schenken und die Frevlern zu ewiger Schmach zu verdammen (Dan 12,1–3; vgl. Jes 66,22–24; Weish 5,15–16).[76] Damit erhielt das Heute den Charakter der Entscheidung über das ewige Leben oder den ewigen Tod.

7. Die Flüchtigkeit der Zeit, die Kürze des Lebens und Gottes Gnade und Treue

Kehren wir noch einmal zu den Einzelnen und ihrer Erfahrung der Kürze ihrer Lebenszeit im Horizont des altisraelitischen Welt- und Existenzverständnisses zurück, nach dem er mit seinem Tode im Dunkel der Unterwelt endete, so können wir zunächst feststellen, daß es damals nicht viel anders als heute war: Solange sich die Menschen bei Kräften fühlten, sie arbeiten und die Früchte ihrer Arbeit genießen konnten, freuten sie sich ihres Lebens, ohne sonderlich dessen Kürze zu bedenken (Koh 5,17–19). Anders war und ist es, wenn sie krank werden oder im Alter bemerken, wie ihre Kräfte schwinden. Dann erscheint ihnen ihr Leben im Rückblick als kurz. Die Israeliten erinnerten dann in ihrer Vergänglichkeitsklage Gott daran, daß ihre Tage nur eine Handbreit ausmachen (Ps 39,6a), daß ihr Leben wie ein flüchtiger (Ps 144,4b; 109,23; Weish 2,5) Schatten oder ein verwehender Rauch ist (Ps 102,4)[77] und schneller als ein Webschiff enteilt (Hi 7,6a). Verglichen sie ihre Tage mit Gott, so erschienen ihnen die ei-

75 Zur Redaktionsgeschichte der Tritojesajanischen Sammlung vgl. z. B. Odil Hannes Steck, Studien, 3–44; ders., Abschluß, passim; Klaus Koenen, Ethik, 79–88; Peter Höffken, Jesaja 40–66, 19–20; Ulrich Berges, Buch, 414–534, bes. 533–534 und zuletzt Burkard M. Zapff, Jesaja 56–66, 345–347.

76 Vgl. dazu Kaiser, Gott III, 308–342; Wolfram Herrmann, Theologie, 325–329 und unten, 283–290.

77 Vgl. auch Odil-Hannes Steck, Eigenart, 357–372.

genen wie ein Windhauch (Ps 39,6b); während seine Zeit unabsehbar ist (Ps 90,1b) und seine Jahre Geschlecht um Geschlecht überdauern (Ps 102,25b). Diese Erinnerung an die Kürze des Lebens sollte Gott gnädig stimmen und zu Erhörung ihrer Bitte um Rettung aus ihren Nöten bewegen. Das Motiv erfüllt mithin dieselbe Aufgabe wie die in ebenfalls in den Klageliedern des Einzelnen begegnende Erinnerung daran, daß die Toten Gott nicht loben.[78] Vergleicht man zwei weisheitliche Dichtungen, den Krankenpsalm eines Einzelnen Ps 39 und das Klagelied des Volkes Ps 90,[79] so haben beide gemeinsam, daß sie Gott darum bitten, den oder die Beter an die Kürze ihres Lebens zu erinnern (vgl. Ps 39,5 mit 90,12). Ps 39 liegt vermutlich ein kürzeres Gebet zugrunde, das ganz auf diesen Gedanken abgestimmt war (Ps 39,5–7+9+12b):[80]

5 *Verleihe, Herr, mir Einsicht in mein Ende*
und welche Lebenszeit mir zugemessen,
wissen will ich, wie ich vergänglich bin.
6 *Nur Spannen gabst du mir an Tagen,*
und meine Dauer ist wie nichts vor dir.
Nur ein Hauch ist jeder Mensch.

7 *Nur als ein Schemen wandelt jedermann,*
ein Hauch nur ist, was er zusammenhäuft,
wer es bekommt, das ist ihm unbekannt.
9 *Von all meinen Sünden errette mich,*
des Toren Schmach tu mir nicht an!
12b *Nur ein Hauch ist jeder Mensch.*

Die Volksklage des 90. Psalms stellt der Ewigkeit Gottes die Vergänglichkeit des Menschen gegenüber, die sie mit dem schnell wachsenden, aufblühenden und verdorrenden Gras vergleicht.[81] Der Dichter deutet

---

78 Vgl. Ps 6,6; 30,10; 88,11–13; mit Ps 115,17–18; Jes 38,18–19a und dazu Bernd Janowski, Toten, 3–46, bes. 23–26; ders., Konfliktgespräche, 225–250, bes. 243–250.

79 Daß die V. 4–5 unter weisheitlichem Einfluß erst nachträglich in die alte Königsklage Ps 144,1–11* eingefügt worden sind, hat Oswald Loretz, Psalmen II, 368–373 mittels einer kolometrischen Analyse gezeigt.

80 Vgl. dazu Kaiser, Psalm 39, 133–145 = ders., Weisheit, 71–83. Ich ersetze jetzt jedoch V. 12a durch V. 9.

81 Vgl. Ps 102,12b „wie Kraut", vgl. auch den Vergleich des Lebens des Gott Vergessenen mit dem schneller als das normale Gras verdorrenden Zyperngras in Hi 8,11–12.

die Kürze des Menschen als Folge des göttlichen Zorns: Die Menschen lassen sich durch ihre Torheit, die sie weder die Kürze ihres Lebens noch die Macht des göttlichen Zorn bedenken läßt, dazu verführen, sich zu versündigen, so daß Gott ihre knapp bemessene Lebenszeit noch mehr verkürzt (V.1b-12):

> 1b *Herr, Zuflucht warst du für uns*
> *Geschlecht um Geschlecht.*
> 2 *Ehe die Berge geboren wurden*
> *und Erde und Festland ‚gekreißt',*[82]
> *von Ewigkeit zu Ewigkeit*
> *bist du, Gott.*[83]
>
> 4 *Ja, tausend Jahre sind in deinen Augen*
> *gleich dem Gestern*[84]*, wenn ‚es vergangen'.*[85]
> 3 *Du läßt den Menschen zum Staub zurückkehren*
> *nachdem du gesagt: Kehrt zurück, Adamskinder!*
>
> 5 *‚Säst du sie aus Jahr um Jahr',*[86]
> *sind sie*[87] *wie Gras, das nachwächst,*
> 6 *Das morgens blüht und nachwächst,*
> *abends erschlafft und verdorrt.*
>
> 7 *Denn wir enden durch deinen Zorn.*
> *und hasten davon*[88] *durch deinen Grimm.*
> 8 *Unsere Sünden stellst du vor dich hin,*
> *was wir verborgen in das Licht*[89] *deines Angesichts.*

---

82 Lies statt de Polel das passivische Polal.

83 Der Zusammenhang verlangt die Umstellung von V. 4 vor V. 3.

84 Wörtlich: „dem gestrigen Tag".

85 Lies das Perfekt. In M liegt eine Dittographie des vorausgehenden Jod vor.– Bei V in c „und eine Wache in der Nacht" handelt es sich um einen in vielen hebräischen Handschriften und V fehlendem Zusatz.

86 Der überlieferte Text ist verdorben. Wir lesen mit den Versionen und BHS; vgl. auch Klaus Seybold, Psalmen, 356 z. St. Anders Erich Zenger, Psalmen 51–100, 604, der bei M bleibt und übersetzt: „Du raffst sie dahin, so daß sie(wie) Schlaf werden."

87 „morgens" ist Dittographie des Anfangs von V. 6 und zu streichen.

88 Hier liegt bereits die jüngere aramäische Bedeutung des Verbs vor.

89 Bei V. 9 „Ja, alle unsere Tage wenden sich durch deinen Grimm, / wir beenden unsere Jahre wie einen Seufzer." handelt es sich vermutlich um eine verdeutlichende, aber entbehrliche Nachinterpretation.

10 *Unser Leben dauert siebzig Jahre*[90]
und bei Kräften achtzig Jahre.[91]
Doch ‚das Meiste in ihnen'[92] *ist Mühe und Pein;*
denn es vergeht eilends und wir fliegen davon.

11 *Wer weiß um die Gewalt deines Zorns*
und ‚wer fürchtet'[93] *deinen Grimm?*
12 *Unsre Tage zu zählen, das lehre uns,*
damit wir ein weises Herz erlangen.

Wer umsichtig lebt, sündigt nicht, aber wer sündigt, dessen Leben wird von Gott noch mehr verkürzt, als es sonst schon der Fall ist (Koh 7,17). Die nötige Umsicht aber gewinnt der Mensch, wenn er es lernt, der Kürze seines Lebens eingedenk zu sein, „seine Tage zu zählen", und dem Willen Gottes gemäß zu leben. Daß der Weise die Gemeinde Gott darum bitten läßt, erklärt sich daher, daß er wußte, daß die Menschen in der Regel den Gedanken an ihren Tod verdrängen und sich in der Folge so aufführen, als lebten sie ewig. Das mit dem Thema der Kürze des Lebens verbundene Motiv, den Tag zu nutzen, das *carpe-diem,* klingt in V. 12 gerade noch an[94] und wird weiterhin allenfalls in der unmittelbar anschließenden Bitte der V. 13–17 in V. 15 aufgenommen, Jahwe möge sie künftig entsprechend der hinter ihnen liegenden Tage und Jahre ihres Leidens erfreuen. Entsprechend der bestenfalls exilischen, aber wahrscheinlich eher nachexilischen Zeitstellung des Psalms dürfte der eigentliche Gegenstand der Bitte die Erlösung Israels von der

90 Wörtlich: „Die Tage unserer Jahre-[in ihnen] sind siebzig [Jahre]."
91 Vgl. Gen 6,3b, wo Gott als Höchstgrenze 120 Jahre benennt. Zu den zwischen 60 und 80 liegenden Höchstzahlen im alten Mesopotamien, Ägypten und Griechenland vgl. Abraham Malamat, AfO.B 19, 1982, 215 ff., zitiert bei Seybold, Psalmen, 359.
92 Siehe BHS.
93 Lies im Interesse des par.memb. וּמִי יָרֵא. M: *„und wie deine Furcht dein Grimm."*
94 Vgl. Sen.brev.vit.IX.1: „Quod in manu fortunae positum est, disponis, quod in tua, dimittis. Quo spectas? Quo extendis? Omnia quae uentura sunt in incerto iacent: protinus uive."(Was in der Hand des Schicksal liegt, darüber verfügst du, was in deiner eigenen, läßt du fahren. Wohin blickst du? Wonach streckst du dich aus? Alles, was kommen wird, liegt in Ungewißheit: jetzt lebe!)" L. Annaeus Seneca, Schriften II, 200–201.

Fremdherrschaft sein; denn wenn Jahwe seinen „Glanz" über seinen Knechten erscheinen läßt, erweist er sich vor aller Welt als ihr König.[95]

Die Traditionsgeschichte des Vergänglichkeitsmotivs gabelt sich: In Jes 40,6–8 empfängt der Prophet den Auftrag, seine Gemeinde angesichts der Hinfälligkeit alles Fleisches an die Zuverlässigkeit des Wortes Gottes zu erinnern. Und so lautet die im „Deutschen Requiem" von Johannes Brahms ihre beste Auslegung besitzende Botschaft:[96]

> 6 *„Horch, einer sagt: ‚Rufe!' Und ‚ich sagte'*[97]. *„Was soll ich rufen?"*
> *„Alles Fleisch ist Gras und all ‚seine Pracht'*[98] *wie eine Feldblume:* 7
> *Das Gras verdorrt die Blume verwelkt, wenn der Wind Jahwes darein*
> *bläst.*[99] 8 *Das Gras verdorrt, die Blume verwelkt, aber das Wort unsres*
> *Gottes bleibt ewig bestehen."*

Keines Sterblichen Macht vermag Gottes Absicht zunichte zu machen: Sein Wort bleibt fest bestehen[100] und das heißt im Kontext des Kapitels: Seine Heilsworte werden sich erfüllen, mögen sich auch Menschen und Mächte dagegen stellen und es den Anschein haben, als hätte Jahwe den Zion vergessen (Jes 49,14). Denn alle Menschen in ihrer Pracht und Herrlichkeit sind vor ihm ephemere Erscheinungen, während er sein Ziel im Auge behält und sein Wort nicht von der Erde zum Himmel zurückkehrt, bis es bewirkt hat, wozu er es gesandt hat (Jes 55,8–11).

Ganz anders und seinem Ursprung näher hat der Dichter des individuellen Hymnus Ps 103[101] das Motiv in den V. 14–16 aufgenommen und aufgefrischt: Die Nichtigkeit und Hinfälligkeit des Menschen ist für

---

95 Vgl. Bernhard Duhm, Psalmen, 344 und besonders Zenger, Psalmen 51–100, 614, der den Psalm allerdings exilisch datiert.

96 Vgl. zur Szene z.B. Karl Elliger, Deuterojesaja, 21 und zur redaktionsgeschichtlichen Einordnung Jürgen van Oorschot, Babel, 273–275, aber auch Hans-Jürgen Hermission, Einheit, in: ders., Studien, 145, vgl. 155.

97 Siehe BHS.

98 Siehe BHS.

99 V. 7b „Ja, das Volk ist das Gras" ist Glosse.

100 Vgl. Ps 33,8–11 und 119,89.

101 Daß er in seiner späten Komposition die Gottesbeziehung des Einzelnen von Klage und Dank als deren ursprünglichen Anlässen abgelöst und seiner Dichtung zugleich lehrhafte Züge verliehen hat, zeigt. Frank Crüsemann, Studien, 301–304.

Gott ein Grund, sich derer zu erbarmen, die ihn fürchten und seine Gebote halten (Ps 103,8–18):[102]

8 *Barmherzig und gnädig ist Jahwe,*
langmütig und von großer Treue.
9 *Nicht für die Dauer hadert er*
noch trägt er nach für immer.
10 *Er handelt nicht an uns nach unsren Sünden,*
noch vergilt er uns unsere Vergehen.
11 *Denn so hoch der Himmel über der Erde*
ist seine Treue mächtig bei denen, die ihn fürchten.
12 *So fern wie vom Morgen der Abend*
entfernt er von uns unsre Freveltaten.
13 *Wie sich ein Vater über seine Kinder erbarmt,*
erbarmt sich Jahwe über die, die ihn fürchten.
14 *Denn er, er weiß um unser Gebilde,*
ist eingedenk, daß wir (nur) Staub sind.
15 *Der Mensch, wie Gras sind seine Tage,*
wie eine Feldblume so erblüht er.
16 *Fährt ein Wind über sie, ist sie nicht mehr,*
man findet sie nicht mehr an ihrer Stelle.
17 *Doch Jahwes Treue währt von Ewigkeit*
zu Ewigkeit bei denen, die ihn fürchten,[103]*:*
18 *Bei denen, die seinen Bund bewahren*
und an seine Gebote denken, um sie zu tun.

Jesus Sirach zieht daraus die Konsequenzen und fordert die Sünder zur Umkehr auf, damit sie nicht vorschnell zur Unterwelt fahren und ihrem Gott weiterhin lobsingen können. Weil er um die Unvollkommenheit und die Bosheit der Triebe des Menschen weiß, ist er bereit sich ihrer zu erbarmen (Sir 17,25–32):[104]

25 *Kehre um zum Herrn und lasse von Sünden ab,*
bete vor ihm und gib ihm weniger Anstoß!

---

102 Vgl. Sir 17,25–32 und dazu Kaiser, Geschöpf, 1–22, bes. 15–16 = ders., Athen, 225–243, bes. 239–240.

103 V. 17b „und sein Heil bei ihren Kindern" fällt aus der bikolischen Struktur des Liedes heraus und ist daher als Nachinterpretation zu betrachten.

104 Vgl. dazu auch oben, 107–110.

26 Kehre um zum Höchsten, kehre dich ab vom Bösen,
und hasse voll Ingrimm, was greulich ist.
27 Wer kann in der Unterwelt den Höchsten preisen
statt derer, die leben und Lobopfer bringen?
28 Bei dem Toten, der nicht mehr lebt, endet der Lobgesang;[105]
nur wer lebt und gesund ist, preist den Herrn.
29 Wie groß ist das Erbarmen des Herrn
und seine Vergebung für die, die sich zu ihm wenden,
30 Desgleichen kann es nicht bei Menschen geben,
weil kein Mensch vollkommen ist.
31 Was ist heller als die Sonne? Doch sie dunkelt!
Und böse ist der Trieb von Fleisch und Blut.
32 Er mustert selbst das Heer der Höhe,
doch alle Menschen sind Staub und Asche.

Blicken wir zurück: Ob der kranke Beter seinen Gott und sich selbst in der Leidklage an die kurze Spanne seines Lebens erinnert, um ihn schließlich anzurufen, zu seinem Weinen nicht zu schweigen und seinen zornigen Blick von ihm abzuwenden, damit er genese (Ps 39,13–14 und Hi 7,1–12); ob die Beter ihren Gott und sich selbst in der weisheitlichen Volksklage an seine Ewigkeit und ihre dem Gras gleiche Vergänglichkeit erinnern, um ihn dadurch zu bewegen, ihrem vergänglichen Leben Sinn und Verstand zu geben und sie von der Fremdherrschaft zu erlösen; ob der schriftgelehrte Prophet seinem geknechteten Volk der Hinfälligkeit alles Fleisches die ewige Kraft des Wortes Jahwes gegenüber stellt und dazu aufruft, der Botschaft von Jahwes siegreicher Heimkehr zum Zion zu vertrauen (Jes 40,6–8); ob der Lehrer im Lobpsalm denen die Barmherzigkeit ihres Gottes versichert, die ihn fürchten und seine Gebote halten, weil er ihre Gebrechlichkeit kennt (Ps 103,8–14) oder schließlich Ben Sira die Sünder zur Umkehr aufruft, damit sie nicht in die Unterwelt fahren, sondern Gott weiterhin loben können, zumal Gott angesichts ihrer sich in triebhafter Bosheit äußernden Unvollkommenheit zur Vergebung bereit ist, – immer geht es darum, Gott dazu zu bewegen und die Menschen aufzurufen, sich dessen würdig zu erweisen, daß er ihnen vergebe und ihre Tage erneuere (Thr 5,21).

105 Vgl. dazu unten, 228–229.

Trotzdem lastete ihr schlimmes Ende (Sir 18,12) auf ihnen, besonders dann, wenn ein junger Mensch sich bereits in den Fängen des Todes befand (Ps 88,15–19):[106]

> 15 *Warum, Jahwe, verwirfst du mich,*
> *verbirgst du dein Antlitz vor mir?*
> 16 *Elend bin ich und muß jung*[107] *dahin,*
> *erschlaffend trage ich deine Schrecken.*
> 17 *Über mich fuhren deine Gluten,*
> *deine Schrecknisse machten mich stumm.*
> 18 *Wie Wasser umgaben sie mich Tag um Tag,*
> *sie haben mich sämtlich umzingelt.*
> 19 *Du entferntest von mir*
> *Freund und Genossen,*
> *'fern hältst du'*[108] *meine Bekannten.*

8. Die Lehre von den vier Weltreichen und der Weltenwende

Es konnte nicht ausbleiben, daß das Gefühl der Ferne Gottes die Überlebenden der Zerstörung des Reiches Juda und der Stadt Jerusalem mit ihrem Tempel und Königspalast ergriff, das sich in Klagen und Anklagen Gottes, wie z.B. in Thr c. 2, 4 und 5[109] und Jer 8,18–23 und 9,16–21 niedergeschlagen hat.[110] Trotz des im Deuteronomistischen Geschichtswerk vorliegenden großen Schuldaufweises und der an die Umkehr zum Gehorsam gegen die Tora geknüpften Verheißung der Befreiung Israels und ihren prophetischen Entsprechungen läßt sich zumal in der Tritojesajanischen Sammlung Jes 56–66 die Ungeduld verfolgen, mit der man schließlich und endlich die Erlösung von den wechselnden Fremdherrschaften erwartete.

---

106 Vgl. dazu Klaus Seybold, Gebet, 113–117.

107 In der Regel übersetzt man das *minnoʿar* mit „von Jugend an“ und bezieht das Lied entsprechend auf einen von Jugend auf Kranken. Aber angesichts der separativen Grundbedeutung des *min* ist diese Deutung nicht zwingend und die Übersetzung „weg von meiner Jugendkraft“ nicht nur möglich, sondern auch im Kontext wahrscheinlich. Auf diese Möglichkeit hat schon Seybold, 114 Anm.4 hingewiesen.

108 Lies statt des *Schin* ein *Sin*.

109 Vgl. dazu Kaiser, Klagelieder, 105–106 und passim.

110 Vgl. dazu Karl-Friedrich Pohlmann, Ferne, 185–192.

Diese Ungeduld nahm zu, als die politische Landschaft der damaligen Welt in wenigen Jahren durch den Siegeszug Alexanders des Großen umgestaltet und das von ihm eroberte Riesenreich unter den Diadochen aufgeteilt wurde. Um sich des Anbruchs der Heilszeit zu versichern, eignete man sich bereits in frühhellenistischer Zeit die vermutlich aus dem Iran stammende und in Babylonien den Juden bekannt gewordene Lehre von den vier Weltzeitaltern an: Nach ihr sollten ein goldenes, silbernes, bronzenes und eisernes Reich aufeinander folgen,[111] um dann einer Heilszeit zu weichen. So soll der babylonische König Nebukadnezar nach Dan 2, 31–34* im Traum ein Standbild gesehen haben, dessen Haupt aus Gold, dessen Schultern, Arme und Brust aus Silber, dessen Leib und Lenden aus Erz und dessen Füße aus Eisen (bzw. aus einem Gemisch von Ton und Eisen)[112] bestanden, das durch einen Felsbrocken zermalmt wurde, der nun die ganze Erde füllte. Der jüdische Page Daniel hätte diesen Traum dahingehend gedeutet, daß auf das babylonische Reich und die weiteren drei einander ablösenden Weltreiche der Gott des Himmels ein ewig währendes und unzerstörbares Reich erstehen lassen werde (Dan 2,35–44*). Aus den weiteren Erzählungen des Buches geht hervor, daß es sich bei den drei ausstehenden Reiche um die der Meder, Perser und Griechen handelt (vgl. Dan 5,28; 6,1; 8,20–21).

Das ausgerechnet das Reich des Königs, der Jerusalem zerstört hatte, als das goldene bezeichnet wird, dürfte darauf hindeuten, daß jüdische Weise das Schema in einer babylonischen Adaption kennen gelernt haben, in der sich die Sehnsucht der Babylonier nach der einstigen Blüte ihres Reiches unter Nebukadnezar und die Hoffnung auf deren Wiederkehr spiegelte.[113] Im Hintergrund dieses Schemas könnte eine iranische Tradition von der Vision Zarathustras von dem Baum mit vier Zweigen aus Gold, Silber, Erz und Eisen stehen, die aus einem verlorenen Avesta-Traktat stammt und zum einen in einer ausführlicher Ausgestaltung aus dem 3. Jh. n. Chr. erhalten hat, für die es aber zum anderen eine Seitenüberlieferung im mittelpersischen Denkard gibt, in

111 Im Westen wird ihre Kenntnis zuerst durch die Mythe von den vier Geschlechtern bei Hesiod op.106–201 (Werke, Albert von Schirnding, 90–97), vgl. dazu Martin L. West, Hesiod Works, 172–177 bzw. ders., Face, 312–319 der auch die zoroastrischen Parallelen nachweist.

112 Zum sekundären Charakter von Dan 2,41–43 als einem Zusatz der Bearbeitung des Buches in der Makkabäerzeit vgl. Reinhard G. Kratz , Translatio, 133–135.

113 John J. Collins, Vision, 40–43, ders., Imagination, 94–95.

der das Schema in einer reineren und älteren Form erhalten ist.[114] Daß im Hintergrund möglicherweise die babylonische Vorstellung von den vier Hauptplaneten Mars, Ninib, Nebo und Nergal als den Hütern der vier Weltgegenden steht, sei immerhin angemerkt.[115] Jedenfalls hat sich das Weltreichschema im Osten bis zu den Indern und im Westen bis zu den Griechen (und später den Römern) ausgebreitet.[116] Wenn es tatsächlich auf Zarathustra zurückgehen sollte, wäre es (folgt man der Frühdatierung) um 1000 v. Chr. entstanden.[117] In diesem Fall bildet es kein Problem, daß der griechische Dichter Hesiod dem Schema in seinen „Werke und Tagen" 106–201 einen breiten Raum eingeräumt hat, gleichgültig, ob man ihn mit dem gegenwärtigen Konsens um 700 v. Chr. oder nach dem Minderheitsvotum von West zwischen 750 und 720 v. Chr. datiert.[118] Komplizierter stellt sich das ganze Problem dar, wenn man an der Spätdatierung des Propheten um 600 v. Chr. festhält;[119] denn dann muß man es bei der Feststellung belassen, daß die Fassung, die Hesiod dieser Mythe gegeben hat, dem vermutlichen Urmythos ferner steht als die iranische Version.[120]

Doch um zum Danielbuch zurückzukehren: Die Zeit der Weltreiche, so lautete die Botschaft von Dan 2 ist begrenzt. Das Königreich des Gottes des Himmels, das nie zerstört wird, ist nicht mehr fern (Dan 2,44).[121] Erst als sich die Zeit dehnte und dehnte und der Seleukide Antiochos IV. auf Betreiben des Hohenpriesters Menelaos das tägliche Opfer für den Gott Israels im Jerusalemer Tempel einstellen ließ, ja in

114 Vgl. dazu ausführlich zuletzt Klaus Koch, Daniel 1–4, 125–138, bes. 138.

115 Vgl. Glatz, Weltalter, 11–14 und dann West, Hesiod Works, 177.

116 Glatz, Weltalter, 52–86.

117 Vgl. dazu Michael Strausberg, Zoroastres, 837–838.

118 Vgl. dazu Gatz, Weltalter, 15; Hans Schwabl, Hesiodos, 1113–1117, bes. 1113 und Graziano Arrighetti, Hesiodos, 506–510, bes. 506, anders West, Hesiods Works, 30–31, der ihn zwischen 750 und 720 v. Chr. datiert.

119 Vgl. Glatz, 17.

120 Vgl. Glatz, 17–18 und die vergleichende Tabelle der verschiedenen bekannten Fassungen des mythischen Schemas auf 27.

121 Die Weltreichlehre hat nach dem römische Historiker der frühen Kaiserzeit Velleius Paterculus I.6.6 (ca. 20 v. bis 30 n. Chr.) in der Chronik des römischen Volkes (*de annis populi Romani*) des um 190 v. Chr. wirkenden Historiker Aemilius Scaurus eine interessante Parallele besessen: Nach ihm wäre die Weltherrschaft von den Assyrer auf die Meder, die Perser und dann die Makedonier übergangen, bis sie den Römern nach dem Sieg über Philipp (V.) und Antiochos (III.) gegeben worden sei. Die ganze Zeitspanne aber hätte 1995 Jahre betragen; vgl. Velleius Paterculus, Hg. Marion Giebel, 12–15.

diesem den „Greuel der Verwüstung“ (vermutlich einen Altar für den Bel Schamin, den syrischen Himmelsgott) errichtet hatte (Dan 11,31), wartete man ungeduldig darauf, daß Antiochos IV. erst das Ptolemäerreich vernichten und dann selbst sein Ende in Juda finden würde (Dan 11,40–45). So kam es zu den eigentümlichen Berechnungen des Endes seiner Herrschaft nach dem Schema der siebzig Jahrwochen in Dan 9,24–26 (mit dem aktualisierende Zusatz V. 27)[122] bzw. dem von 2300 Abendmorgen oder 1500 Tagen in Dan 8,14 von der Verwüstung bis zur Wiederherstellung des Heiligtums. An sie schlossen sich die Nachberechnungen in Dan 12,11 auf 1290 und in V. 12 auf 1335 Tage an, wobei uns der chronologische Schlüssel zu diesen Angaben fehlt.[123] Allerdings hat sich wie in diesem Fall auch in allen künftigen Versuchen, das Ende der Weltmächte zu berechnen, die Wahrheit des die Rede von den Vorzeichen der Endzeit beendenden Jesuswortes in Mk 13,32 herausgestellt, daß weder ein Mensch noch ein Engel und selbst der Sohn nicht, sondern allein der Vater Tag oder Stunde kennt, wenn das Ende der Welt gekommen ist.[124] Spätestens seit der Mitte des 1. Jh. n. Chr. haben Juden und Christen das vierte Reich von Dan 2 mit dem Imperium Romanum identifiziert.[125] Die Juden aber haben ihren Glauben an den Beistand des Erzengels Michael und seiner himmlischen Scharen in den beiden großen Aufständen von 65–70[126] und 132–135[127] mit der Zerstörung des Zweiten Tempels und der Stadt Jerusalem sowie einem entsetzlichen Opfer an Toten und Versklavten bezahlen müssen.

Fragen wir jetzt noch einmal nach der Vorlage für die vier Weltzeitalterlehre bei Hesiod, erhalten wir die Auskunft, daß jene es nicht bei der Feststellung bewenden ließ, daß das eiserne Zeitalter das schlechteste sei, sondern sich in ihr ein erneutes goldenes anschloß.

---

122 Vgl. dazu Christoph Berner, Jahre, 19–99, bes. 96–99.

123 Vgl. dazu John E. Goldingay, Daniel, 309–310 und zur Sache Wolfram Herrmann, Theologie, 276–279.

124 Vgl. dazu Martin Hengel/ Anna Maria Schwemer, Jesus, 424.

125 Vgl. dazu Klaus Koch, Europa, 45–47.

126 Zur Rolle des Danielbuches bei diesem Aufstand vgl. Koch, Europa, 47–51.

127 Nach diesem Aufstand hat das rabbinische Judentum vernünftiger Weise jede weitere Verwendung danielischer Weissagungen abgelehnt und dem Buch nicht mehr seinen Platz unter den Prophetenbüchern belassen, sondern es unter die Hagiographen eingeordnet; Koch, Europa, 50. Zum geschichtlichen Verlauf der beiden Aufstände vgl. z. B. F.-M. Abel, Histoire II, 35–43. 83–104; Schürer/Vermes I, 484–513.534–557; E. Mary Smallwood, Jews, 293–330.428–466 oder Klaus Bringmann, Geschichte, 238–289.

Unter dem Einfluß der Einsicht der babylonischen Astronomen, daß die Sonne in ihrem Jahrtausende währenden Lauf durch alle zwölf Tierkreiszeichen zieht, um nach der Rückkehr zu ihrem Ausgangspunkt denselben Gang zu wiederholen, hat sich der Gedanke von dem Großen Jahr[128] und in seiner Folge die Vorstellung von der Wiederkehr des goldenen Zeitalters entwickelt, die in Vergils 4. Ekloge eine ihrer bedeutendsten Ausformungen gefunden hat.[129] Die frühen Stoiker begründeten mit ihr ihre Lehre von der ewigen Wiederkehr des Gleichen.[130] Dieser Gedanke schien mit dem biblischen Verständnis der Zeit als Entscheidungszeit unvereinbar zu sein und hat daher keinen nennenswerten Niederschlag im Jüdischen Schrifttum aus der Zeit des Zweiten Tempels gefunden.[131]

Trotzdem ist es nicht ausgeschlossen, daß die Vorstellung der Wiederkehr des Goldenen Zeitalters, die das Alte Testament zusammenhaltende Chronologie bestimmt hat; denn nach der in der Septuaginta enthaltenen fiel die Tempelweihe durch Judas Makkabäus auf das Jahr 4000 seit der Schöpfung der Welt und nach der des Masoretischen Textes wurde der Zweite Tempel im Jahr 3828 zerstört.[132] Die verbleibende Differenz von 172 Jahren zu den vollen 4000 erinnert jedenfalls an die dem Imperium Romanum in IV Esra nach dem Ende des flavischen Kaisertum verbleibende Zeit (IV Esr 12,14–33): Die Heilszeit sollte offenbar mit dem Jahr 4000 nach der Schöpfung beginnen. Aber Judentum und Christentum waren wohlberaten, als sie sich von solchen Berechnungen abwandten und ihre Hoffnungen auf das ewige Leben des Einzelnen richteten.[133]

Doch statt mit einem Gebet eines Apokalyptikers zu schließen, sei noch einmal ein Psalm bedacht, der das Zeitverständnis von Ps 90 aufgenommen und neu ausgestaltet hat, der Ps 102. Er Psalm besitzt einen komplizierten Aufbau, der vermutlich mit seiner agendarischen Funktion zusammenhängt. Er setzt in den V. 2–12 mit einer indivi-

---

128 Vgl. dazu B. L. van der Waerden, Das große Jahr, 129–155.

129 Vgl. dazu Gatz, Weltalter, 87–103.

130 Vgl. dazu Michael Lapidge, Cosmology, 161–185, bes. 180–185 und schon Eduard. Zeller, Die Philosophie III/1, 152–160.

131 Vgl. Kaiser, Gott III, 332–337.

132 Vgl. dazu Jack Finegan, Handbook, 117–130 und die Tabelle der in M, Sam und G unterschiedlich berechneten Lebensalter der Urväter bei Otto Procksch, Genesis,.460.

133 Vgl. dazu Reinhold Seeberg, Dogmengeschichte I, 185–188 und M. Avi-Jonah, Jews, 69.

duellen Klage ein, an die sich in den V. 13–17 eine Fürbitte für den Zion anschließt. Diese geht in den V. 18–23 in ein proleptisches Danklied über, um dann die das Lied eröffnende Klage in den V. 24–29 als Bitte fortzusetzen, die in V. 29 mit einer Fürbitte für die Jerusalemer endet.[134] Wenn der Beter Jahwe in V. 15 an den Schutt auf dem Zion erinnert, ist es nicht ausgeschlossen, daß damit nicht nur die traditionelle Klage über die Zerstörung des Zions durch die Babylonier 587 aufgenommen wird, sondern sich mit ihr die über die Schäden verbindet, die bei dem Kampf um den Besitz der Zitadelle zwischen Antiochos III. und dem ptolemäischen General Skopas 201/202 entstanden waren, deren Beseitigung sich der König angelegen sein ließ (Jos.Ant.-Jud.XII.138–144; Dan 11,13–16).[135] Auffallend ist, daß der Dichter in V. 27 zwar die apokalyptische Vorstellung von einem neuen Himmel (und damit auch einer neuen Erde) aufnimmt, ohne sie mit den Erwartungen eines Endgerichts über Lebende und Tote zu verbinden. Er beläßt es statt dessen in den V. 26–28 bei der Bitte, der die Himmel wie ein Gewand auswechselnde Gott möge ihn nicht mitten aus seinem Leben reißen. So konnte der Psalm nicht nur in den Zirkeln der apokalyptisch gesinnten Frommen, sondern von allen Juden gebet werden. Die Nahtstelle von der Eingangsklage zur Fürbitte für den Zion in den V. 12–13 wird durch die Gegenüberstellung zwischen der schattenhaften Existenz des Beters und des von Geschlecht zu Geschlecht thronenden und gerühmten Gottes markiert. Das bedrohte Leben des Beters und seines Volkes wird so in der Nachfolge von Ps 90 der Gnade des ewigen Gottes anbefohlen (Ps 102,24–29):

24 *Er hat meine Kraft auf dem Wege gebrochen,*
er hat meine Tage verkürzt.
25 *Ich sage: Mein Gott,*
nimm mich nicht weg
in der Hälfte meiner Tage.
Deine Jahre währen Geschlecht um Geschlecht.
26 *Du hast vormals die Erde gegründet*
und die Himmel sind deiner Hände Werk.

---

134 Vgl. den Forschungsüberblick bei Leslie C. Allen, Psalms 101–150, 11–14 und weiterhin Odil Hannes Steck, Eigenart, 357–372 und Seybold, Psalmen, 398–401, der 398 auf die Bezeugungen in 11QPs[a] und 11QPs[b] und die Zitierung der V. 26–28 in Hebr 1,10–12 hinweist.

135 Vgl. dazu die vorsichtigen Erwägungen bei Steck, 370–371.

27 *Sie werden vergehen, du aber bleibst*
sie alle zerfallen wie ein Gewand.
Du wirst sie wechseln wie ein Kleid,
so daß sie vergehen.
28 *Du aber bleibst, der du bist,*
und deine Jahre nehmen kein Ende.
29 *Die Söhne deiner Knechte mögen wohnen bleiben*
und ihr Same vor dir fest bestehen.[136]

136 Im Anschluß an einen in der Sommerakademie der Ev.-luth. Kirchengemeinde St. Peter-Ording am 6. August 2007 gehaltenen Vortrag überarbeitete und erweiterte Fassung meines Beitrages in der FS für Kalle Kasemaa, Tartu, aus dem Jahre 2003.

Der dreifache Aspekt der Heiligkeit Gottes im Alten Testament

„Das Heilige ist die primäre Auslegung unbestimmter Mächtigkeit, die kraft des einfachen Umstandes angenommen und empfunden wird, daß der Mensch nicht Herr seines Schicksals, seiner Lebenszeit, seiner Lebensumstände ist."
Hans Blumenberg, Arbeit am Mythos, Frankfurt am Main 1979, S. 72.

1. Was heißt „heilig"?

Die deutschen Substantive und Adjektive *Heil* und *heil* bzw. *Heiligkeit* und *heilig* besitzen bis heute ihre je eigene Bedeutung: *heil*, klein geschrieben, bezeichnet die Unversehrtheit einer Person oder Sache in ihrer Eigentümlichkeit, *Heil*, groß geschrieben, den Zustand glücklicher Unversehrtheit. Das Wortpaar *heilig* und *Heiligkeit* hat seine heutige Bedeutung dagegen durch den christlichen Sprachgebrauch erhalten. Während es ursprünglich entsprechend dem Signifikat von *heil* nichts weiter als *eigen* bedeutete, gewann es dank seiner religiösen Spezialisierung auf das, was einer Gottheit gehört, seine spezifische, uns heute geläufige Bedeutung, die sich dem biblischen und römischen Erbe verdankt.[1] Danach ist alles, was dem Gott eigen ist, aus der Profanität ausgegrenzt, *sanctus,* und durch ihn geheiligt, *sanctificatus.* Aber dieser römische Ausgrenzungsbegriff wird gleichzeitig durch den positiven biblischen Heiligkeitsbegriff überdeckt. Denn nach der Schrift ist Gott selbst in herausgehobener Weise heilig, ist er der Heilige schlechthin. Als solcher nimmt er Menschen, Zeiten, Orte und die für seinen Dienst bestimmten Sachen in Beschlag, gibt und verlangt er von ihnen in unterschiedlicher Weise Anteil an seiner Heiligkeit. Die von ihm zu seinem Dienst berufenen Menschen werden sakrosankt, unantastbar. Die von ihm ausgesonderten und mit heilvoller Kraft versehenen Zei-

1 Kluge/Mitzka, Wörterbuch, Artikel „heil/Heil und heilig, 297b-298b.

ten, Orte und Gegenstände sind profaner Nutzung entzogen, sein Eigentum. Demgemäß steht auch sein Eigentumsvolk, seine Gemeinde, unter der Forderung, ihr Leben zu heiligen und in der Folge heilig zu sein.

2. Jahwes Heiligkeit als absolute Reinheit und Macht

Wir stellen im Folgenden das alttestamentliche Verständnis der Heiligkeit Gottes, seines Tempels und seines Volkes Israel in den Mittelpunkt, während wir auf die Vorstellung von den heiligen Zeiten nur am Rande eingehen.[2] Dabei richtet sich unser Augenmerk von selbst auf den hoch reflektierten Bericht von der Berufung des Propheten Jesaja im 6. Kapitel des nach ihm benannten Prophetenbuches. Denn in seinem 3. Vers huldigen die als himmlische Thronwächter vorgestellten Serafim ihrem König mit einem Lobgesang, in dem er als der dreimal Heilige und mithin als der Inbegriff aller Heiligkeit gepriesen wird:

Heilig, heilig, heilig ist Jahwe Zebaot,
Fülle der ganze Erde ist seine Herrlichkeit.

Die in das Todesjahr des Königs Asarja/Usija datierte und insgesamt bedrohlich wirkende Szene sei mit wenigen Strichen skizziert: Der Prophet erblickt den Reichsgott Jahwe Zebaot, den König, der über alle himmlischen und irdischen Mächte verfügt, auf einem überaus hohen Thron sitzend. Der Dimension des Thrones entspricht die Größe Gottes; denn die Säume seines Gewandes füllen den „Palast“, den *hēkal*, das Tempelhaus. Der Tempel und zumal sein Debir, sein „Allerheiligstes“, repräsentierte den Wolkenpalast des Gottes, so daß es einerseits als seine Wohnstätte und andererseits als der Ort seines Erscheinens galt.[3] Hoch über dem dort in gewaltiger Größe thronenden Gott schweben seine Diener, die mit drei Flügelpaaren versehenen Serafim.

In Jes 14,29 und 30,6 erscheinen sie als in der Wüste lebende Giftschlangen: So wie der ägyptische Pharao unter dem Schutz der sein Kopftuch wie seine Krone zierenden Kobra steht, verfügt Jahwe hier

2 Vgl. dazu Kaiser, Gott II, 104–127.

3 Vgl. dazu Friedhelm Hartenstein, Wolkendunkel, in: Bernd Janowski/Beate Ego, Weltbild, 125–179, bes.166.

über eine todbringende Dienerschaft.[4] Doch anders als auf den Stempelsiegeln des 8. Jh. besitzt jeder der Serafim in Jes 6,2 (vgl. V. 6) nicht zwei bzw. vier,[5] sondern sechs Flügel und darüber hinaus Gesicht, Hände und Füße. Es handelt sich bei ihnen offenbar um Mischwesen, die als Thronwächter zu den himmlischen Heerscharen Jahwes gehören.[6] Mit zwei Flügeln bedecken sie ihr Antlitz, mit zwei ihre Füße und d. h.: ihre Scham,[7] und mit zwei weiteren fliegen sie. Selbst die himmlischen Diener sind gemessen an ihm unvollkommen (Hi 15,15):

> *„Siehe, seinen Heiligen[8] vertraut er nicht,*
> *und die Himmel sind nicht rein in seinen Augen."*

Auch sie nehmen an der konstitutionellen Unvollkommenheit und der sich in ihrem Geschlecht versammelnden Unreinheit aller Kreaturen teil (vgl. Hi 4,18; 15,15).[9] Daher provoziert die Anwesenheit des Heiligen in dem, welchem sie sich offenbart, das Empfinden der eigenen Unreinheit. Heiligkeit als potenzierte Reinheit und Unreinheit stehen einander polar gegenüber.[10]

Dem entspricht der wortgeschichtliche Befund: Das von uns mit *heilig* übersetzte hebräische Wort lautet *qādôš*. Ihm zur Seite stehen das Verb *qādaš*, rein sein, heilig sein, im Doppelstamm *qiddēš*, heiligen, und die Nomina, von denen *qādēš* den Reinen oder Heiligen, *qōdæš* die unantastbare Heiligkeit wie das Heiligtum und *miqdāš* die heilige Stätte oder das Heiligtum bezeichnen. Das Hebräische teilt diesen Wortstamm mit dem für die 2. Hälfte des 2. Jt. v. Chr. belegten Ugaritischen[11] und dem parallel zum Alten Testament bezeugten Phönizischen.[12] Für die Annahme, daß die Wurzel ursprünglich die Bedeutung *rein* besitzt,

---

4 Vgl. dazu Otmar Keel, Jahwe-Visionen, 70–114 bzw. ders. und Christoph Uehlinger, Göttinnen, 311–314 und zur Funktion und Bedeutung der Serafim in Jes 6 Kaiser, Jesaja 1–12, 127 und weiterhin zumal Friedhelm Hartenstein, Unzugänglichkeit, 182–196.

5 Vgl. die Siegelabdrucke bei Keel/Uehlinger, Göttinnen, 313.

6 Vgl. Udo Rüterswörden, שָׂרָף / *śārap*, 887–891.

7 Vgl. Kaiser, Jesaja 1–12, 127–128.

8 D.h.: seinen Engeln.

9 Vgl. dazu Gerardus van der Leeuw, Phänomenologie, 29–30 und z. B. Lev 12; 15,2 ff. 16 ff. 19 ff.

10 Zu den biblischen Gegenbegriffen vgl. Walter Kornfeld, קָדוֹשׁ / *qādôš*, 1185.

11 Vgl. Kornfeld, 1182–1183.

12 Richard S. Tomback, Lexicon, 285–287 sub voce QDŠ I-III und QDŠT sowie Kornfeld, 1181.

spricht das akkadische Verbum *qadāšum,* rein sein oder werden.[13] Wie im Hebräischen der Kadesch *qādēš* und die Kedesche *qĕdēšāh* als Geweihter bzw. Geweihte begegnen (vgl. z.B. Dtn 23,18), findet sich im Akkadischen die *qadištum,* die „Reine", d.h. die dem Gott Geweihte.[14] Konnte die sich zumal auf Dtn 23,19 stützende Ansicht, daß es sich bei ihnen um Kultprostituierte handelt, bis vor kurzem als *opinio communis* betrachtet werden, so ist sie jetzt zugunsten der These zurückgewiesen worden, daß der von den Kedeschen handelnde Vers Dtn 23,18 nicht von dem in V. 14 ausgesprochenen Verbot her interpretiert werden dürfe, durch Prostitution gewonnenes Geld in den Tempel des Herrn zu bringen. Es habe sich bei den Kedeschen lediglich um nichtpriesterliches Tempelpersonal gehandelt.[15] Ohne die Frage zu entscheiden belassen wir es als für unsere Zwecke ausreichend bei der Feststellung, daß es im Alten Orient Kultpersonal gegeben hat, das als rein bzw. geweiht bezeichnet wurde.

3. Vom kultischen Umgang mit Jahwes Heiligkeit

Daß wir uns mit diesen sprachgeschichtlichen Vergleichen nicht im Bereich der Spekulation verloren haben, belegt bereits das körperliche Verhalten der Serafim in Jes 6. Die knapp skizzierte Erscheinung des thronenden Gottes und seiner Diener verschwindet sogleich: die Schwellen des Tempels erbeben,[16] und das Tempelhaus erfüllt sich mit Rauch (V. 4b):[17] Es ist der unzugängliche Gott, der als der Richter in seinem Heiligtum gegenwärtig ist und eine Notzeit über das Land bringen wird (vgl. V. 11). Der Prophet aber ruft von Entsetzen gepackt aus (V. 5aα): „Wehe mir, denn ich muß schweigen / ich bin vernichtet!"[18] Der Doppeldeutigkeit des Ausrufes entspricht die doppelte Be-

13 Zu der unterschiedliche Wege gehenden Diskussion vgl. Kornfeld, ebenda.

14 Wolfgang von Soden, AHw 891b.

15 Vgl. dazu unter ausführlicher Besprechung des religionsgeschichtlichen Befundes Christian Frevel, Aschera, 629–737, bes. 543–648.

16 Zum Erbeben der Schwellen als Folge der göttlichen Präsenz zum Gericht vgl. Friedhelm Hartenstein, Unzugänglichkeit, 110–136.

17 Zum Rauch als Zeichen des göttlichen Zornes vgl. Ps 74,1; 80,5 und Thr 3,44 und dazu Hartenstein, 136–169, bes. 165.

18 Bei dieser zweifachen Übersetzungsmöglichkeit und der zweifachen, dem Weheruf gegebenen Begründung setzten die Überlegungen ein, ob der Text literarisch einheitlich oder redaktionell bearbeitet ist. Daß er in seiner vorlie-

gründung des Weherufes in V. 5aβb: Die erste erklärt, daß Jesaja unreiner Lippen ist und inmitten eines unreinen Volkes wohnt.[19] Daher kann er nicht in den Lobgesang der Serafim einstimmen. Der zweite betont die Todverfallenheit; denn nach alttestamentlichem Glauben kann (wie Jahwe Moses als Begründung für seine Weigerung, ihn sein Antlitz sehen zu lassen, in Ex 33,20 erklärt) kein Mensch, der ihn sieht, am Leben bleiben.[20] Daß Jahwe in diesem Fall eine andere Absicht verfolgt, zeigt die Fortsetzung der Erzählung in V. 6–7aα: Denn sogleich fliegt einer der Serafim herbei, um den Mund des Propheten mittels einer Zange mit einer vom Altar genommenen Glühkohle zu berühren und diese nur in einer Vision bzw. Visionserzählung ohne schwerste Verbrennungen mögliche Handlung in V. 7aβb mit der Erklärung zu begleiten: *„Wenn dies deine Lippen berührt, weicht deine Schuld, ist deine Sünde bedeckt."* Damit ist Jesaja für den Dialog mit dem gegenwärtigen Gott als dem Inbegriff aller Reinheit und Heiligkeit gerüstet. Und so vernimmt er die von dem König Jahwe Zebaot an seinen Thronrat[21] gerichtete Frage, wer bereit sei, sich von ihm senden zu lassen. Daraufhin erklärt er sich selbst mit einem *hinnēnî, „Hier bin ich!"* bereit (vgl. Ex 3,4; I Sam 3,4–8).

Es ließen sich unschwer weitere Beispiele dafür benennen, daß nicht nur Menschen, sondern auch Sachen, die von Gott in seinen besonderen Dienst genommen werden sollten, dafür rituell zubereitet, gereinigt und geheiligt werden mußten.[22] Es sei wenigstens an die Weihe des Altars und der Priester erinnert, über deren Ritual Lev 8 Auskunft erteilt: Sie umfaßte die Akte der Waschung und Einkleidung der Priester, Besprengung und Salbung des Altars und aller dem Opfer dienenden Gerätschaften, der Salbung Aarons als dem Hohenpriester, der Darbringung des ersten Opfers mit der anschließenden Bestreichung

---

genden Gestalt retrospektiver Natur ist, belegt V.10 mit seiner Verstockungsaussage; denn eine Berufung zur Verstockung wäre ein Paradoxon. In der jüngeren Forschung hat sich bisher keine Einmütigkeit darüber erzielen lassen, ob der Text wenigstens in den V.1–11 (vgl. Hartenstein, Unzugänglichkeit, 222–223; J. Barthel, Prophetenwort, 75–79) oder nur in einer in den V.1–5aα.6–8 zu suchenden Grundgestalt (Uwe Becker, Jesaja, 79–123) von dem Propheten Jesaja verfaßt worden ist. Zum Grundbestand von Jes 6–9* vgl. künftig Friedhelm Hartenstein, Archiv.

19 Vgl. dazu Rudolf Otto, Heilige, 66–67.

20 Vgl. dazu Kaiser, Gott II, 93–95.

21 Zu seinen Funktionen einschließlich der als einem Beratungsgremium vgl. Heinz-Dieter Neef, Thronrat, 15–17.

22 Vgl. dazu Gerardus van der Leeuw, Phänomenologie, 93–95.

besonderer Körperteile mit dem Opferblut sowie der Besprengung aller Priester mit einem Gemisch aus Blut und Salböl. Dabei verdient der Akt der Salbung besonderer Erwähnung. Er besitzt religionsgeschichtlich zumindest eine Parallele in der Salbung, die der Pharao an seinen neu ernannten Beamten vornahm, um sie damit als seine Vasallen zu bezeichnen.[23] Der exemplarische Gesalbte des Alten Testaments war neben dem Hohenpriester der König. Weil er der gesalbte Jahwes und damit ihm zu eigen war, galt es als ein todeswürdiges Sakrileg, ihn körperlich zu verletzen oder zu verfluchen, und er selbst mithin als sakrosankt (vgl. z.B. I Sam 24,11 und I Reg 21,10). So tritt uns der nachexilische Hohepriester in seiner Eigenschaft als der Gesalbte Priester[24] *hakkohēn hammašiaḥ* zugleich als der dem König ebenbürtige und ganz gottgeweihte Mittler[25] zwischen Gott und Volk entgegen (Sach 4,14).[26]

Ziehen wir eine Zwischensumme und kehren wir gleichzeitig zu dem Berufungsbericht in Jes 6 zurück, so können wir feststellen: Der als der dreimal heilig gepriesene Gott, dessen Herrschaftsglanz (*kābôd*) die ganze Erde erfüllt, ist der absolut reine. Seine Reinheit strahlt als eine todbringende Macht, der nicht einmal die Himmlischen standzuhalten vermögen. Der Mensch aber kann Gott nicht angemessen loben, ehe er nicht von der ihn verunreinigenden Sündenschuld (*ʿāwôn*) gereinigt ist. So überlagert in dieser Erzählung das religionsgeschichtlich jüngere Konzept sittlich-religiöser Reinheit das ältere, nach dem es sich bei der Heiligkeit um eine dingliche, körperliche Reinheit handelt.[27] Beide Aspekte sollten hinfort eine Einheit im biblischen Denken bilden.

23 Vgl. dazu Ernst Kutsch, Salbung, 37–70 und den Forschungsbericht bei Tryggve N.D. Mettinger, King, 185–187.

24 Vgl. dazu Kaiser, Gott II, 191–198.

25 Vgl. Kutsch, 16–33, bes. 22–23 mit der Deutung der priesterlichen Salbung als Reinigungsrite. Vermutlich ist mit Klaus Seybold, מָשַׁח / *māšaḥ*, 52 damit zu rechnen, daß sich in der Salbung des Hohenpriesters die Bedeutung der Reinigung und Amtseinsetzung vereinigten.

26 Zur weiteren Entwicklung vgl. Johannes Zimmermann, Messianische Texte, mit der Zusammenfassung 470–480.

27 Vgl. dazu Otto, Heilige, 69–72.

4. Von heiligen Orten und Zeiten

Daher durfte sich niemand dem als unsichtbar im Tempel gegenwärtig geglaubten Gott nahen, ohne sich körperlich zu reinigen. Die Erzählung von der Berufung des Mose in Ex 3 partizipiert in eigentümlicher Weise an Zügen der Gattung der Begründung für die Heiligkeit des Ortes.[28] Als Mose sich die *große Erscheinung* (wir würden sagen: das Mirakel) eines brennenden, aber nicht verbrennenden Dornstrauchs genauer aus der Nähe ansehen wollte, hinderte ihn Gott daran, indem er ihm zurief (V. 5): „*Ziehe deine Sandalen von deinen Füßen; denn die Stätte, auf der du stehst, ist heiliger Boden.*" Das im Hebräischen deutlich erkennbare Wortspiel zwischen *sĕnæh* (Dornbusch) und *sinaj* (Sinai), verrät, daß sich Mose am Fuße des Gottesberg befindet. Dessen Heiligkeit beruht darauf, daß Jahwe hier Mose wie später dem ganzen Volk erschienen ist. So ist er die dem Jerusalemer Heiligtum entsprechende Stätte seines Erscheinens und damit einer zweiseitigen Begegnung. Die Gottheit nimmt durch ihr Erscheinen Besitz von einem Ort und verleiht ihm damit den Charakter der Heiligkeit, entzieht ihn jeder profanen Nutzung und „verkehrt" hier mit den Menschen.[29] Ihr müssen alle Besucher Rechnung tragen, indem sie sich reinigen. So wie Mose befohlen wird, seine Sandalen auszuziehen (was heute noch jeder Muslim zusammen mit einer Fußwaschung vor dem Betreten einer Moschee vollzieht), sollte sich Israel nach Ex 19,10 auf ausdrücklichen Befehl Jahwes drei Tage vor seinem Herabfahren auf den Sinai heiligen und seine Kleider waschen. Welche Maßnahmen diese Heiligung sonst noch einschloß, wird als bekannt vorausgesetzt. Dazu gehörte zumindest das Waschen der Füße (IQS III.6–9) sowie vermutlich die Enthaltung von Wein und Rauschtrank (Lev 10,9) wie vom Geschlechtsverkehr (CD XII.1–2). Gewiß dürfen wir davon ausgehen, daß es sich bei der in Ex 19,10 erhobenen Forderung, sich drei Tage vor der Gottesbegegnung zu reinigen, um eine Begründungsmythe für die Beachtung entsprechender Reinigungsbestimmungen vor dem Betreten des Tempels handeln.

Die Vorstellung, daß Gott durch sein Erscheinen erwählte Orte und Menschen heilig sind, entspricht im Alten Testament die priesterliche

---

28 Vgl. dazu Kaiser, Gott II, 87–93 bes. 92–93.

29 Vgl. dazu van der Leeuw, Phänomenologie, 446–447; Mircea Eliade, Religionen, 417–418 und Claus Westermann, Herrlichkeit, 227–249, bes.232–233 = ders., Forschung, 115–137, bes. 120–121.

von der Heiligkeit der von ihm ausgesonderten Zeiten. Der priesterliche Schöpfungsbericht endet bekanntlich mit der göttlichen Stiftung des Sabbats am siebten Tage. Gott, so heißt es in Gen 2,1–3, habe an diesem Tage von all seinen Werken geruht, ihn gesegnet und geheiligt, so daß an ihm jegliche Arbeit zu unterlassen ist.[30] Im Hintergrund steht die uns fremd gewordene Vorstellung, daß es sich bei der Zeit nicht einfach um das Maß der Bewegung handelt,[31] sondern sich die Zeiten durch ihre Qualitäten unterscheiden. Zeiten und Tage besitzen eine teils allgemeine, teils individuelle heil- oder unheilvolle, rhythmisch wiederkehrende Qualität.[32] Diese Vorstellung war in den nachexilischen Priesterkreisen so fest verwurzelt, daß der Anschluß des hasmonäischen Hohenpriesters Jonatan an den im Westen des Seleukidenreiches gültigen makedonischen lunosolaren Herbstkalender[33] zum Schisma der Essener führte. Denn in ihren Augen waren die seither dargebrachten Sabbat- und Festopfer wertlos, weil sie nach ihrer Ansicht an objektiv falschen, weil von Gott nicht mit heilvoller Qualität ausgestatteten Tagen dargebracht wurden.[34]

---

30 Vgl. Ex 20,8–11; 31,13–17 und 35,1–3, ferner Sir 33,7–9: „*Warum ist ein Tag vom andren unterschieden, / obwohl alles Licht des Jahres vom Herrn kommt? / Durch die Weisheit des Herrn sind sie verschieden, / er bestimmte unter ihnen Zeiten und Feste. / Etliche von ihnen segnete und heiligte er / und andere von ihnen bestimmte er zu Kalendertagen.*“

31 Aristot. phys. 219b.1–2; vgl. dazu Hedwig Conrad-Martius, Zeit, 47–70 und G.J. Withrow, Philosophy, 25–27; zur Entstehung des Zeitbewußtseins 53–54 und zu dem der Realzeit 370–375, bes. 371–372. So ergeben sich vom Standpunkt des Jetzt des Betrachters die drei Aspekte der Zeit als Vergangenheit, Gegenwart und Zukunft. In einer zeitlichen Welt hat sich die menschliche Vernunft offensichtlich an deren Zeitlichkeit angepaßt, 373.

32 Vgl. Koh 3,1–8; 9,11–12 und dazu oben, 174–178.

33 Vgl. zu ihm Jack Finegan, Handbook, 67–68 mit den Tabellen 23 und 24, zum durchgehenden Gebrauch der in Syrien gültigen im Herbst 312 statt wie in der Osthälfte des Reiches im Frühjahr beginnenden seleukidischen Ära in den Makkabäerbüchern Klaus Bringmann, Reform, 15–28, bes. 27 sowie zur Sache Hartmut Stegemann, Essener, 231–241.

34 Vgl. dazu Hartmut Stegemann, Essener, 231–241; zum jüdischen Kalender und dem priesterlichen, von den Essenern verteidigten Sonnenkalender vgl. Schürer/Vermes, History I, 587–601 mit der Tabelle 600 bzw. knapp Martinez/Barrera, People, 61–62.

5. Sittliche Reinheit

Daß die Reinheitsforderung nicht auf körperliche Riten beschränkt blieb, sondern wie selbstverständlich in den Schatten der sittlichen Reinheitsforderungen getreten ist, belegen die Einzugstorot der Ps 24 und 15. In Ps 24 ist dem älteren, in den V. 1–2 und 7–10 enthaltenen Lied vom Einzug des sieg- und ruhmreichen Königs Jahwe Zebaot durch die uralten Tempelpforten in den V. 3–5 eine Einlaßliturgie für die Tempelbesucher vorangestellt.[35] Auf die in V. 3 gestellte Frage

Wer darf auf den Berg Jahwes ziehen,
und wer auf seiner heiligen Stätte stehen?

antworten die V. 4–5 mit einem:

4 *Wer rein ist an Händen und lauteren Herzens,*
zum Nichtigen nicht seine Seele erhob
und nicht zum Truge geschworen,
5 *wird Segen von Jahwe empfangen*
und Heil vom Gott seiner Hilfe.

Nur der Pilger, dessen Hände nicht durch das Vergießen unschuldigen Blutes befleckt ist und dessen Gedanken rein sind, der weder den Götzen gedient noch im Orts- bzw. im Sippengericht[36] Meineide geschworen hat, ist würdig, vor Jahwe zu treten, um dessen Segen zu empfangen. Rituell-kultische und sittliche Reinheit gehören seit dem Dekalog unauflöslich zusammen.[37] Es ist das Ernstnehmen Gottes, das, was die Weisen die Furcht des Herrn nannten,[38] was den Menschen

---

35 Zur Analyse vgl. Sigurdur Öm Steingrimmsson, Tor, 4–6 und 72; Frank-Lothar Hossfeld, Psalmen I, 156–158 und zur Sache Klaus Koch, Tempeleinlaßliturgien, 46–60 = ders., Spuren, 169–183.

36 Zum Wandel der Rechtsprechung im perserzeitlichen und frühhellenistischen Juda vgl. Herbert Niehr, Rechtsprechung, 101–117.

37 Vgl. zu ihm umfassend Werner H. Schmidt mit Delkurt/Graupner, Zehn Gebote; zu den genetischen und literarkritischen Problemen auch Frank-Lothar Hossfeld, Dekalog; Christoph Levin, *Dekalog,*, 165–191 = ders., Fortschreibungen, 60–80; Reinhard G. Kratz , Komposition, 144–145 und 149–150; Kaiser, Gott III, 48–56.

38 Zu ihren Aspekten vgl. umfassend Joachim Becker, Gottesfurcht; zu ihrer Rolle in der Weisheit Jutta Hausmann, Studien, 265–276; bei Jesus Sirach Josef

davor bewahrt, sich an seinem Nächsten zu vergehen: Wer Gott ernst nimmt, besitzt auch eine lautere Gesinnung.

Noch ausführlicher ist der Katalog, den die andere, nun in der Tat weisheitlich beeinflußte Nachdichtung einer Tempeleinlaßliturgie in Gestalt von Ps 15 bietet:[39] Die Aufnahme des Zinsverbotes aus Lev 25,35–38 schließt eine Datierung vor dem 4. Jh. aus. In diesem Lied sind nun die Jahwefürchtigen als solche zugleich die sittlich untadeligen Menschen. So lautet die Antwort auf die Leitfrage (Ps 15,1)

Jahwe, wer darf weilen in deinem Zelt
und wer wohnen auf deinem heiligen Berg?

in Ps 15,2–5:

2 *Wer vollkommen wandelt und Gerechtigkeit übt*
und Wahres in seinem Herzen sinnt;
3 *wer nicht verleugnet mit seiner Zunge*
und seinem Nächsten nicht schadet
und keine Schmach auf den ihm Nahen bringt;
4 *in dessen Augen ein Verworfener verächtlich ist,*
und dem, die Jahwe fürchten, wohlgefallen,
der, schwur er sich zum Nachteil, nicht widerruft;
5 *der sein Geld nicht um Zins vergibt*
und keine Geschenke dem Reinen zum Schaden annimmt,
wer so handelt, wankt nicht in Ewigkeit.

Hier wird die Enthaltung von groben Sünden und Vergehen gar nicht mehr erwähnt. Statt dessen zeichnet der Katalog ein Bild des idealen Frommen, der vollkommen wandelt und in seiner lauteren Gesinnung auf verbale und tätige Schädigungen des Nächsten verzichtet und seine bei Gott beschworenen Eide auch dann hält, wenn sie ihm zum Schaden ausschlagen. Ein solcher Mann hält mit den Sündern keine Gemeinschaft (Ps 1,1; Prov 1,10–19), sondern verkehrt nur mit denen, die Jahwe fürchten. Und schließlich verweigert er den Bedürftigen nicht das nach dem Gebot des Heiligkeitsgesetzes zinslose Darlehen und läßt sich nicht zum Schaden des Schuldlosen bestechen.

Haspecker, Gottesfurcht und dazu Johannes Marböck, Weisheit, 132–133 sowie Oda Wischmeyer, Kultur, 278–281.

39 Zu ihm vgl. Frank-Lothar-Hossfeld, Psalmen 1–50, 103–105.

6. Kultische und sittliche Reinheit im „Heiligkeitsgesetz"

Daß es trotzdem falsch wäre, die sittliche Reinheit in einen ausschließenden Gegensatz zur rituell-leiblichen zu setzen, kann ein Blick auf Lev 17–26 zeigen: Diese redaktionelle Sammlung trägt ihren Namen als „Heiligkeitsgesetz" aufgrund des in Lev 19,2 enthaltenen Gebotes: *Ihr sollt heilig sein, denn heilig bin ich, Jahwe, euer Gott.*[40] Um anzudeuten, welche geschichtlichen Wirkungen von diesem Rechtsbuch ausgegangen sind und (sei es direkt oder indirekt) bis zum heutigen Tage ausgehen,[41] reicht es, an die Forderung in 19,18 zu erinnern. Denn in diesem Vers begegnet im Alten Testament zum ersten Male das Gebot der Nächstenliebe, das nach seinem Kontext die Liebe zu dem schuldig gewordenen Bruder meint.[42] Es lautet: *Du sollst deinen Nächsten lieben wie dich selbst.*[43] Zusammen mit dem Gebot, den Herrn von ganzem Herzen, von ganzer Seele und allen Kräften zu lieben, in Dtn 6,5 bezeichnete es Jesus als das höchste Gebot (Mk 12,29–31).[44] Damit sind wir bei dem dritten Aspekt der Heiligkeit angelangt, wonach Israel als das heilige Volk der Heiligkeit seines Gottes entsprechen soll.[45] In Lev 19,33–34 wird dieses Gebot auf den Fremden im Lande ausgedehnt. Damit werden die in der sog. Isolationsparänese in Dtn 7,1–5 erhobenen Forderungen, sich weder mit den unterworfenen Völkern zu verschwägern, sondern sie zu bannen (und d. h.: sie rituell zu töten)[46] und ihre Altäre zu zerstören, eingeklammert, ohne daß die in Dtn 7,6 für die Trennung von den Völkern und ihren Göttern gegebene Be-

---

40 Zur Bedeutung der Heiligkeitsaussagen als einem zentralen theologischen Konzept vgl. Hans-Peter Mathys, Untersuchungen, 98–104; Eckart Otto, Ethik, 237–240; Klaus Grünwaldt, Heiligkeitsgesetz, 386–394 und Werner H. Schmidt, Glaube, 213–218.

41 Vgl. dazu Erhard Gerstenberger, 3. Buch Mose, 242.

42 Grünwaldt, Heiligkeitsgesetz, 240.

43 Vgl. dazu Otto, Ethik, 247–248; Mathys, Untersuchungen, 69–70 und Frank Crüsemann, Tora, 374–380. Zum Problem der Übersetzung von Lev 19,18b vgl. Andreas Schüle, Übersetzung, 514–534, der die Begründung mit „denn er ist wie du." wiedergibt

44 Zum dtn Gebot der Gottesliebe vgl. Udo Rüterswörden, Liebe, 229–238; zum Doppelgebot, Gott und den Nächsten zu lieben, Mathys, 146–159; Andreas Nissen, Gott, 230–244; Ernst Fuchs, Nächsten, in: Frage, 1–20, bes. 9–15 und Martin Hengel/Anna Maria Schwemer, Jesus, 433–437.

45 Vgl. dazu Eckart Otto, Ethik, 237–239.

46 Vgl. Jos 7,1.

gründung aufgehoben wird, daß Israel als das Eigentumsvolk Jahwes sich als sein heiliges Volk zu erweisen hat:

> *Denn du bist ein heiliges Volk für Jahwe, deinen Gott. Dich hat Jahwe, dein Gott erwählt, damit du ihm zum Eigentumsvolk vor allen Völkern würdest, die es auf der Fläche der Erde gibt.*

Das Heiligkeitsgesetz suchte dieser Forderung gerecht zu werden, indem es die ursprünglich getrennten Bereiche der rituellen Reinheit und der einfachen Sittlichkeit bzw. konkreter die priesterliche Kult- sowie deuteronomische und außerdeuteronomische Rechtstraditionen miteinander verwob.[47] Kultische und sittliche Reinheit stehen in einem Korrespondenz-, aber in keinem Kontrastverhältnis: Sittliche Reinheit entbindet nicht von kultisch-ritueller Reinheit, kultisch-rituelle Reinheit bleibt wertlos, wenn sie nicht durch sittliche ergänzt wird.[48] Wie sehr sich beide durchdringen belegen zumal die einleitenden Kapiteln 17–20 des Heiligkeitsgesetzes, in denen im Gegensatz zu den in der Reinheitstora Lev 11–15 verhandelten Verunreinigungen, die durch rituelle Manipulationen behoben werden können, solche vorgestellt werden, die ihrem Wesen nach irreparabel sind. Dazu gehören in c.17 Verstöße gegen das Gebot, Opfer an einem anderen Ort als am zentralen Heiligtum darzubringen, kein Blut zu genießen und keine verendeten Tiere zu essen.[49] In Lev 18 werden weiterhin Fälle verbotenen Geschlechtsverkehrs und in Lev 19 solche aufgeführt, die ein religiös einwandfreies sowie ein rechtliches und rücksichtsvolles Verhalten im Interesse eines konfliktfreien Zusammenlebens verlangen. In diesen Vorschriften ist das bereits angesprochene Gebot der Nächstenliebe (Lev 19,18) und weiterhin das der Achtung vor den Alten (Lev 19,32) enthalten. In Lev 20 folgt eine Auflistung todeswürdiger religiöser und sozialer, zumal sexueller Vergehen. Dazu gehören die Beschwörung von Totengeistern,[50] das Kinderopfer für den König der Unterwelt,[51]

---

47 Vgl. dazu Alfred Cholewiński, Deuteronomium, 339—344; Eckart Otto, Heiligkeitsgesetz, 65–80 und ders. Ethik, 240–243.

48 Ähnlich verhielt es sich weiterhin mit der Beurteilung der Opfer: Gaben von Frevlern und gewaltige Schlachtopfer sühnen keine Sünden, aber wer das Gesetz hält und mithin untadelig lebt, vermehrt die Opfer; vgl. Sir 34,21–35,9 und dazu Kaiser, Sühne, 151–167 = oben, 100–118.

49 Vgl. Act 15,29.

50 Vgl. dazu Josef Tropper, Nekromantie, 206–227; Ann Jeffers, Magic, 167–181 bzw. Alexander A. Fischer, Tod, 115–122.

die Verfluchung der Eltern, Ehebruch und die Übertretung sexueller Tabus. Die Erfüllung aller hier genannten Ge- und in der Mehrzahl Verbote steht unter der Forderung, daß Israel als das Volk des heiligen Gottes selbst heilig sein soll, indem es seinem Gott allein dient und ein kultisch und sittlich reines Leben führt (Lev 19,2 und 20,26). Das in der Mitte der Kult- und Rechtsbestimmungen stehende c.21 behandelt die besonders strengen, den Priestern und zumal dem Hohenpriester geltenden Reinheitsforderungen, zu denen auch die der *integritas corporis* als Bedingung ihrer Amtsfähigkeit gehört.[52] Wir können im vorliegenden Zusammenhang die in Lev 20,1–24,8 enthaltenen Anordnungen über die priesterlichen Pflichten in Gestalt des Opferdienstes, der Versorgung der Menora (des siebenarmigen Leuchters) und des Schaubrottisches übergehen und uns sogleich 24,10–23 zuwenden, in denen der Katalog der todeswürdigen Verbrechen aus c.20 im Rahmen einer Fallgeschichte ergänzt und zugleich in den V. 17–21 das Prinzip der *talio*, der gleichwertigen Vergeltung eingeführt wird.[53] Die Forderung, daß in Israel ein einheitliches Recht für die Fremden und die Einheimischen gelten soll, beschließt in V. 22 die Reihe, die durch den Bericht über den Strafvollzug an einem danitischen Halbblut, das den Herrn gelästert hatte, in den V. 10–14 und 23 gerahmt und zugleich verankert wird.

Die Forderung nach der unterschiedslosen Geltung des Gesetzes für die Einheimischen und die Fremden in V. 22 formuliert die Bedingung, unter der in der Perserzeit, in der zahlreiche Nichtjuden im Lande wohnten, die heilige Reinheit des Landes bewahrt werden konnte. Die deuteronomische Bruderethik[54] wurde zu einer solchen der Nächstenliebe weiterentwickelt, die auch den Fremden mit einschloß. An der Forderung, sich nicht durch das Festhalten an den Satzungen der Vorbewohner oder sonstige Greuel zu verunreinigen, wurde selbstverständlich festgehalten (Lev 18,24–30). Weil Jahwe Israel von allen Völkern ausgesondert hat, damit es sein Eigentum wäre, soll es seine Satzungen und Rechte halten und sich als das Volk des Heiligen heilig erweisen (Lev 20,22–26). Allerdings machten die politischen und so-

---

51 John Day, Molech, 82–85.

52 Daher ließ Antigonos seinem Onkel Hyrkanos II. die Ohren abschneiden, um ihn damit für immer für das Amt des Hohenpriesters untauglich zu machen; Jos. Bell. II, 269–270.

53 Zum Ursprung der Talionsformel vgl. Eckart Otto, Talion, 101–130 = ders., Kontinuum, 224–245 bzw. knapper ders., Ethik, 73–81.

54 Vgl. Lothar Perlitt, Volk, 27–52 = ders., Deuteronomium-Studien, 50–73 sowie Georg Braulik, Deuteronomium, 151–152.

ziologischen Verhältnisse der Perserzeit die in 19,33–34 vorliegende Neubestimmung des Verhältnisses zwischen den Einheimischen und den Fremden im Lande erforderlich: Von ihrer Ausrottung kann natürlich nicht mehr die Rede sein. Statt dessen sollen sie wie Einheimische behandelt und geliebt werden (Lev 19,33–34).[55]

Ehe das c.26 das Heiligkeitsgesetz nach dem Vorbild von Dtn 28 mit Segensverheißungen und Fluchandrohungen beschließt, die den Ernst der Heiligkeitsforderung Jahwes an sein Volk unterstreichen, werden in c.25 Bestimmungen über das alle sieben Jahre anstehende Brachjahr und das alle fünfzig Jahre fällige Erlaß- oder Jobeljahr eingeführt. In beiden Gesetzen geht es ganz offensichtlich um den Ausgleich zwischen Arm und Reich.[56] Die hier entwickelten Bestimmungen gehen von dem Grundsatz aus, daß Jahwe der eigentliche Besitzer des ganzen Landes und die Israeliten daher seine Fremdlinge und Beisassen sind (Lev 25,23).[57] Daraus folgert die prinzipielle Unverkäuflichkeit des Landes. Auch wenn der Feldbesitz überschuldet ist, muß er im Halljahr seinem ursprünglichen Besitzer zurückgegeben werden. Weiterhin wirkt sich nun die Bruderethik sehr konkret aus: Da alle Israeliten Brüder sind, darf man von ihnen anders als von Fremden für Darlehen keinerlei Zinsen verlangen (Lev 25,35–38). Auch das alte Gesetz über die hebräischen Schuldsklaven, dessen Grundfassung in Ex 21,1–11 und dessen reformierte Gestalt in Dtn 15,12–18 vorliegen, wird in diesem Geist reformiert.[58] Nach den beiden älteren Fassungen des Gesetzes sollte ein zahlungsunfähiger Israelit seinem Schuldner sieben Jahre lang als Sklave dienen, um dann zu entscheiden, ob er in seinen einstigen freien Stand zurückkehren oder im Hause seines Schuldherrn bleiben will. Das Heiligkeitsgesetz legt diese Regel von dem Grundsatz her aus, daß alle Israeliten seit der Herausführung ihrer Väter aus Ägypten Jahwes Knechte/Sklaven (*'ăbādîm*) sind. Daher darf keiner von ihnen eines Menschen Sklave sein (Lev 25,42). Daraus wird abgeleitet, daß überschuldete Juden von ihren Gläubigern während dieser sieben Jahre wie

---

55 Vgl. dazu auch Grünewaldt, Heiligkeitsgesetz, 393–394 und zur Anpassung der Tora an die politischen Gegebenheiten der Perserzeit José E. Ramírez Kidd, Alterity, 68–71.

56 Vgl. dazu Otto, Ethik, 249–256.

57 Vgl. dazu auch Grünewaldt, Heiligkeitsgesetz, 394–396, ferner Ps 39,13 und 119,19.

58 Vgl. dazu Gregory C. Chirichigno, Debt-Slavery, passim und Eckart Otto, Restitution ,125–160 und bes. 126–129 und 151–160.

Fremdlinge und Beisassen zu behandeln seien (Lev 25,39–40).[59] So verlangt das Heiligkeitsgesetz nicht mehr und nicht weniger, als daß sich das durch den Geist der Brüderlichkeit vereinte kultisch und sittlich reine Israel dadurch als das heilige Volk des heiligen Gottes erweist.[60]

7. Von den Kreisen der Heiligkeit des Landes

Zur Abrundung und zum Ausblick bedarf es zunächst eines Blicks auf die Vorstellung von der gestaffelten Heiligkeit des Landes:[61] Das innerste Zentrum der Heiligkeit bilden die drei Kreise des Tempels: Ihren mittleren stellte der Tempel mit seinem Allerheiligsten dar, in dem Jahwe unsichtbar in Gestalt seines *kābôd*,[62] seiner Herrlichkeit oder seiner *šĕkînâ*,[63] seiner göttlichen Gegenwart anwesend war. Für es galten die strengsten Reinheitsbestimmungen, so daß der Hohepriester nur einmal im Jahr, am Großen Versöhnungstag hinter den Vorhang treten darf, der es vom Tempelhaus trennt (Lev 16,12–16). Um diesen Kern legen sich die beiden noch zum Tempel gehörenden Ringe des Priester- und des Gemeindevorhofs. An sie sollte sich der weite Kreis des

---

59 Die Institution der Sklaverei wurde allerdings auch durch das Heiligkeitsgesetz nicht in Frage gestellt. Aber da Juden keine Sklaven von Juden sein durften, wurde bestimmt, daß sie nur Angehörige der nichtjüdischen Bevölkerung, die als Fremdlinge oder Beisassen im Lande wohnten, oder importierte Sklaven kaufen und vererben durften. Sklaven wurden mithin weiter als Sachen verstanden. Immerhin gibt Jesus Sirach in Sir 7,21 (H 22) zu erkennen, daß er bereit war, diese Grenze zu überspringen; denn hier rät er seinen Schülern, einen gebildeten Sklaven wie sich selbst zu lieben und ihm die Freilassung nicht vorzuenthalten.

60 Wenigstens in einer Anmerkung sei an das Adlerwort in Ex 19,4–6a erinnert, daß Israel die Rolle eines Königtums von Priestern und eines heiligen Volkes zuweist und damit die Forderung des Bundesgehorsams begründet; zur Bedeutung der Rede eines Königtums von Priestern vgl. Jes 61,6 und Wolfgang Oswald, Gottesberg, 30–33, zur literarischen Situation 89–91, bes. 91: „*Der Abschnitt 19,3–8 hat programmatischen Charakter. Er macht Verheißungen, aber er knüpft daran Bedingungen. 24,3–8 erzählt, wie Israel die Bedingungen und Jhwh seine Verheißungen erfüllt.*"

61 Vgl. dazu Klaus Koch, Eigenart, 36–51 und Menahem Haran, Temples, 175–188.

62 Vgl. dazu Kaiser, Gott II, 191–198.

63 Vgl. dazu Étan Livine, Aramaic Version, 58.

Heiligen Landes und des Heiligen Volkes anschließen.[64] Nach den strengen Reinheitsvorschriften der Essener sollte zwischen dem Tempel und dem Land die Stadt Jerusalem wie ein Schutzgürtel liegen. In ihm sollte jeglicher Geschlechtsverkehr verboten sein (CD XII.1–2). Die Essener bezeichneten sich selbst als „Gemeinschaft" (יחד)[65] bzw. als die „Gemeinde der Männer der vollkommenen Heiligkeit" (CD XX.2). Denn ihre Aufgabe bestand darin, die Schuld der Übertretung in Israel zu sühnen und durch die Übernahme der strengen priesterlichen Reinheitsforderungen in vollkommener Heiligkeit vereint zu sein und daher als das wahre Israel in Vollkommenheit zu wandeln. Auf diese Weise wollten sie durch ihre liturgische und ethische Praxis den Tempelkult ersetzen (1QS IX.4–6),[66] weil dieser durch die Verdrängung der Zadokiden aus dem Amt des Hohenpriesters und die Ersetzung des priesterlichen Sonnenkalenders durch den seleukidischen Mondkalender in ihren Augen Wert und Wirkung verloren hatte.[67] Entsprechend orientieren sich die Kataloge, die der Sicherung der kultischen Reinheit der Gemeinschaft dienten, an den einschlägigen Bestimmungen in Lev 21,6–20.[68] Aber auch hier galt, daß die kultisch-rituelle Reinheit die sittliche nicht ersetzt, die sittliche aber nicht von der kultisch-rituellen entbindet. In diesem Sinne heißt es in CD XI.20–22: „*Das Schlachtopfer der Frevler ist ein Greuel, aber das Gebet der Gerechten wie ein wohlgefälliges Speisopfer.*[69] *Aber keiner, der in ein Bethaus geht, darf im Zustand der Unreinheit, der eine Waschung erfordert, hineingehen.*" Welche Bedeutung die Fragen der kultischen Reinheit in der Auseinandersetzung zwischen den Religionsparteien um die Mitte des 2. Jh. v.Chr. gewinnen konnten, zeigt der einschlägige Brief des Lehrers der Ge-

---

64 Vgl. die Vision vom Tempel und Heiligen Land in Ex 40–48 und dazu Thilo Alexander Rudnig, Heilig, 46–48, ders., in: Karl Friedrich Pohlmann, Hesekiel, 527–528 und zur komplizierten Genese der Texte und den im Hintergrund stehenden sozialen Problemen Rudnig, 343–368 bzw. ders. in: Pohlmann, Hesekiel, 531–539.

65 Vgl. z.B. 1QS I,1.

66 Vgl. dazu Hartmut Stegemann, Essener, 229–231.

67 Zur Gründung der essenischen Gemeinschaft durch den Lehrer der Gerechtigkeit, ihrer weiteren Geschichte und den strittigen kalendarischen Gegebenheiten vgl. Stegemann, 206–245.

68 Vgl. dazu Hermann Lichtenberger, Menschenbild, 226–227.

69 Vgl. Prov 15,8.

rechtigkeit an den „gottlosen Priester", den amtierenden Hohenpriester Jonatan (4QMMT).[70]

Im Unterschied zu der großen Bedeutung, welche die rituelle Reinheit bei den jüdischen Religionsparteien auch weiterhin spielte, scheint Jesus von Nazareth ihr gleichgültig gegenübergestanden zu haben, weil ihm ein reines Herz mehr als gewaschene Hände und die Liebe zu Gott und dem Nächsten mehr als späte Halakot, Lebensanweisungen, bedeuteten (Mk 7,1–23, vgl. bes. V. 15): „*Nicht was außen her in den Menschen eingeht, kann ihn unrein machen, sondern was aus dem Menschen hervorkommt, das ist es, was den Menschen gemein macht.*"[71] Nach der Apostelgeschichte hat das Urchristentum jedoch auf der Einhaltung der drei rituellen Grundforderungen des Verzichts auf den Genuß von Götzenopferfleisch,[72] Blut[73] und vom Fleisch erstickter Tiere[74] sowie der Enthaltung von Unzucht[75] bestanden (Act 15, 20.28–29; vgl. 21,25).[76] An die Stelle des heiligen und reinen Tempels rückte nun vergleichbar zum Selbstverständnis der Essener die christliche Gemeinde (1 Kor 3,16) bzw. der einzelne Christ, dessen Leib ein reiner Tempel des Heiligen Geistes sein soll (1 Kor 6,19–20).[77] Er heiligt sein Leben und wandelt im Licht, weil er der durch Christi Tod geheiligte und mithin gereinigte Sünder ist, der sich immer aufs neue von ihm reinigen lassen muß (1 Joh 1,7).[78] Der christliche Glaube erschöpft sich nicht in einer Ethik der Bruderliebe, sondern ist seinem Wesen nach Glaube an

70 4Q 394–399, vgl. den zusammengesetzten Text und die Fragmente in: Florentino García Martínez, Scrolls, 77–85.

71 Zu der hier erfolgenden Abgrenzung Jesu von den Pharisäern und Schriftgelehrten (Essenern?) vgl. Dieter Lührmann, Markusevangelium, 124–129 und zur Sache auch Wolfgang Schrage, Ethik, 61–62 und Martin Hengel/Anna Maria Schwemer, Jesus, 420.

72 D.h.: auf den auf dem Fleischmarkt verkauften Resten des bei den Opfermahlzeiten übrig gebliebenen Fleisches; vgl. dazu 1 Kor 8 und 10,14–11,1.

73 Gen 9,4; Lev 17,8–14.

74 Das Verbot erklärt sich daraus, daß in erstickten Tieren das Blut nicht ausgelaufen ist. Vgl. auch die Sonderbestimmungen über den Umgang mit Aas in Lev 11; 17,15.

75 Vgl. z.B. Röm 1,24–27; 1 Kor 5–6; solche Befunde zeigen, daß Paulus das alttestamentliche Gesetz nicht einfach verabschiedet, sonder fallweise als Kriterium für die christliche Lebensführung geltend gemacht hat; vgl. dazu Schrage, Ethik, 211; Kaiser, Furcht, 39–75, bes. 66–70; zu dem komplizierten Befund vgl. Jürgen Becker, Paulus, 416–423.

76 Zum Problem des „Aposteldekrets" vgl. Wolfgang Schrage, Ethik, 130.

77 Vgl. auch 2 Kor 6,16 und zur Sache Friedrich Lang, Briefe, 55–56.

78 Vgl. dazu Georg Strecker, Johannesbriefe, 81–83.

die in Christi Tod und Auferstehung geschehene Erlösung von der Sünde als der unentrinnbaren Selbstvergötzung des Menschen und damit zugleich Glaube an das ewige Leben. Rechtfertigung und Heiligung dürfen nicht gegeneinander ausgespielt werden, sondern stehen in einem unauflöslichen Verhältnis zueinander.[79]

---

79 Gründlich überarbeitete Fassung eines Vortrags, den ich am 23. Mai 2000 auf dem Symposion des Bistums Kärnten auf Einladung von Bischof Egon Capellari durch Vermittlung von Dr. Gerhard Ruis vom Katholischen Bildungswerk im Bildungshaus St. Georgen am Längsee zu halten die Ehre hatte.

Krankheit und Heilung nach dem Alten Testament

1. Das metaphysische Krankheitsverständnis der vor-hippokratischen Medizin

Vergleicht man das Gesundheitssystem des Alten Ägyptens und des Alten Orients mit dem des Alten Testaments, so ergeben sich schon auf den ersten Blick Gemeinsamkeiten und Unterschiede. Die Gemeinsamkeiten liegen darin, daß man für die Krankheit metaphysische Ursachen annahm, indem man sie als Folge der Störung des Gottesverhältnisses ansah, die den Gesunden der Gewalt der Dämonen überlieferte. Mit Dietlinde Goltz können wir sagen, daß der Mensch „die Krankheit an sich nicht so sehr als eine ontische Gegebenheit denn als eine theurgische Demonstration" erfuhr. Sie galt ihm als ein Zeichen dafür, daß er die Gnade seines Gottes verloren hatte, weil er seine Gebote wissentlich oder unwissentlich übertreten hatte.[1] So klagt der sich unschuldig wissende Beter in der babylonischen Dichtung „Preisen will ich den Herrn der Weisheit" (*Ludlul bêl nēmiqi*) im zweiten Jahr seiner Krankheit, daß weder sein Gott noch seine Göttin seine Gebete erhörten und weder der Opferschauer noch der Traumdeuter noch der Exorzist seinen Fall aufklären und ihm Heilung bringen konnten (II.1–9). Da er sich keines Vergehens gegen die Götter bewußt war und als Beamter dafür gesorgt hatte, daß im Lande die Ordnungen der Götter galten, konnte er sich sein Leiden nur mittels der Annahme erklären, daß er dabei unbewußt gegen den Willen eines Gottes verstoßen hätte (II.1–9):

Wüßte ich doch (gewiß), daß hiermit der Gott einverstanden ist!
Was einem selbst als gut erscheint, könnte für den Gott ein Frevel sein;
was dem eigenen Sinn sehr schlecht dünkt, könnte dem Gott gut gefallen!
Wer kann den Willen der Götter im Himmel erfahren?[2]

1 Goltz, Studien, 265.
2 Übersetzung von Soden, Weisheitstexte, 122.

Mit *Dietlinde Goltz* läßt sich zusammenfassend sagen; „Der Verlust der Gnade und des Schutzes der Götter macht den einzelnen Menschen automatisch zur Beute für die Dämonen und bösen Mächte.“[3]

Die Aufklärung über die Grundfrage, ob der Patient von seiner Krankheit genesen oder sterben würde, aber auch über die andere, ob die vom *asu*, vom Arzt, vorgesehene Behandlung erfolgreich sein würde, erwartete man von dem Leberschauer, dem Hepatoskopen oder *barû*. So heißt es z.B. in einer Anfrage des Hepatoskopen an den Sonnengott anläßlich einer Erkrankung des assyrischen Kronprinzen Assurbanipal (AGS 144 r.8–11):[4]

> *Ich frage dich, Schamasch,*[5] *großer Herr, ob diese Droge, die jetzt vor deiner großen Gottheit hingelegt ist, und die Assurbanipal, der Kronprinz des Nachfolge Hauses trinken soll – (ob) er durch das Trinken dieser Droge … gerettet <und genesen> wird. Sei anwesend [in diesem Widder], lege eine positive Antwort (in ihn hinein).*

Die aktive Behandlung teilten sich dagegen der *asu*, der Arzt, und der *āšipu*, der Beschwörer. Dabei benutzte der Arzt vorwiegend Kräuter und Mineralstoffe, aber auch Mittel, die wir zur „Dreckmedizin“ rechnen würden, während der Beschwörer magische Riten vollführte, welche die bösen Geister vertreiben und so den Kranken heilen sollten.[6] Als das medizinische Grundpersonal können wir demnach den *barû*, den Opferschauer, den *asu*, den Arzt, und den dank der unterstellten Krankheitsursache als besonders kompetent betrachteten *Exorzisten* betrachten.[7] Als Beispiel für seine Tätigkeit sei der Anfang eines aus Assur stammenden Rituals gegen einen die Krankheit verursachenden Totengeist zitiert (VAT 8237):

3 Goltz, 265.

4 Nach der englischen Übersetzung von Starr/Aro/Parpola, Queries, No. 187, 191.

5 Der Sonnengott.

6 In der Krankengeschichte des Königs Asarhaddon läßt sich das Ineinandergreifen der verschiedenen Amtspersonen und Methoden anschaulich rekonstruieren, vgl. dazu Kaiser, Arzt, 9–36.

7 Vgl. dazu Avalos, Illness, 222–231.

> *Wenn einen Menschen der Totengeist erfaßt hat, in (seinem) Leibe sit*[zt und nicht weicht] *und Geisterschreck i*[hn] *permanent befällt … Ritual dafür: Bei Einbruch der Dämmerung fegst du den Fußboden, versprengst reines Wasser, stellst ein Räucherbecken mit Wacholder auf. Du libierst*[8] *Feinbier, mischst Lehm aus der Lehmgrube, Talg* (und) *Wachs zusammen und fertigst eine Figur des Schreckensgeistes. Dieser setzt du Stierhörner auf, stellst sie vor den Menschen hin. Seinen Namen schreibst du auf die linke Schulter der Figur des Geistes: „Schreckensdämon, böse Krankheit, die NN, Sohn des NN, erfaßt hat." Vor Schamasch hält der Patient diese Figur mit der Linken hoch und knüpft mit seiner Rechten einen Knoten. Beschwörung: „Schamasch,*[9] *dies ist die Figur des Schreckensdämons" läßt du ihn dreimal sagen, dann stellst du sie in einer großen Opferschale ab. Eine Fackel hebst du hoch und zitierst die Beschwörung „Girra,*[10] *du bist unwiderstehlich, bist aggressiv." dreimal und löst vor ihm den Knoten. Du wirfst dich nieder und wirfst dann die Verbrennungsreste in die Wüste. Dann wird er gesund.*[11]

2. Jahwe, der Herr über Gegenwart und Zukunft seines Volkes

Blicken wir auf das Alte Testament, so teilt es mit seiner Umwelt das metaphysische Verständnis der Krankheit. Aber an die Stelle der Vielzahl der Götter und Dämonen[12] hat es der Mensch hier grundsätzlich immer nur mit dem *einen Gott* zu tun, zu dem sich jeder Israelit täglich im *Schema* zu bekennen hat (Dtn 6,4):

> *Höre, Israel, Jahwe ist unser Gott, Jahwe ist einzig.*[13]

Der Himmel ist gleichsam leer gefegt. Das reiche kanaanäische Pantheon, das sich nach dem Zeugnis der ugaritischen Texte einst um den

8 D.h.: bringst eine Trankspende dar.

9 Der Sonnengott.

10 Der Feuergott.

11 Zitiert nach der Übersetzung von Walter Farber, Rituale, 260–261.

12 Zu den Dämonen in vorexilischer Zeit vgl. mit Überprüfung der dem Stand der Forschung vor dem Ersten Weltkrieg entsprechenden Altersbestimmungen Hans Duhm, Geister und knapp Gunther Wanke, Dämonen II, 275–277.

13 Zur Rechtfertigung dieser Übersetzung und Deutung vgl. Timo Veijola, Höre Israel, 528–536 = ders. Moses Erben, 76–77 und zur Sache auch Juha Pakkala, Monolatry, 73–84.

höchsten Gott El versammelt hatte und zu dem vor allem die Göttermutter Aschera, der Wettergott Baal Zaphon, sein in den Hintergrund getretener Vater Dagān, seine jungfräuliche Partnerin Anat, das Götterpaar Astart und Astarte, der Mondgott Jarich, die Sonnengöttin Schepesch, der Schmiedegott Kothar wa Chasis, der Pestgott Reschep und der Herr der Dämonen Horon gehörten,[14] mußte seinen Platz dem einen Jahwe räumen. Die kosmischen Gegenspieler der lichten Welt und ihrer bewohnbaren Erde in Gestalt des Meeresgottes Jam und des Unterweltsgottes Mot, des Todes, sind samt ihren Helfern im Abgrund verschwunden. Alle Arten der Mantik und Magie sind verboten, damit keine fremde Macht zwischen Jahwe, seine Weisung oder Tora und sein Volk tritt. Über die Reinheit des Volkes im tätigen Gottesdienst des Gehorsams gegen seine Weisung aber wachen die priesterlichen oder levtischen Toralehrer[15] und die für die kultische Reinheit und die Legitimität seiner Opfer verantwortlichen Priester (Ex 28–29; Lev 1–16). Selbst die grundsätzlich als legitim geltenden Propheten Jahwes, von deren einstigen Wunderheilungen Legenden rückblickend erzählen,[16] wurden zunehmend als Mittler zwischen Jahwe und seinem Volk entbehrlich. Mehr und mehr in die Vergangenheit entrückt, wurden sie von den Deuteronomisten als Interpreten des Hauptgebotes und des Gesetzes gedeutet.[17]. Das schriftliche Erbe der vorexilischen Schriftpropheten wurde daher bis in die hellenistische Zeit hinein durch redaktionelle Eingriffe und Fortschreibungen unter strenger Beachtung des Ersten oder Hauptgebotes aktualisiert,[18] um so dem Volk jeweils seinen Platz vor Gott in der Geschichte zu bestimmen.[19]

14 Vgl. dazu Oswald Loretz, Ugarit, 56–60; Mark S. Smith, Origins, 41–53 und im Überblick Herbert Niehr, Religionen, 25–39.

15 Vgl. Dtn 17,8–13; Ez 44,23–24; Neh 8,1–18 und Sir 45,17.

16 Vgl. z.B. I Kön 18,17–21; II Kön 18,17–25.29–35 mit 19,1–7. und dazu Hans-Christoph Schmitt, Elisa, der den Gang der Entwicklung der Elia- und Elisa-Tradition nachzeichnet, Ernst Würthwein, Bücher, 269–272, der ihre mehrfache dtr Bearbeitung erweist; die Einzelexegesen von Wilfried Thiel, Könige, und zum religionsgeschichtlichen Problem Martin Beck, Elia, der den ganzen Weg der Elia-Überlieferung noch einmal rekonstruiert. Dabei wird deutlich, wie aus dem Regenmacher Elia schließlich der im Namen Jahwe heilende und das Hauptgebot verteidigende Prophet geworden ist.

17 Vgl. dazu z.B. II Kön 17,13; Jer 4,1–4; 7,21–27.

18 Das Auswahlprinzip der Tradenten wird in dem Prophetengesetz Dtn 18,20–22 deutlich.

19 Vgl. dazu grundsätzlich Karl-Friedrich Pohlmann, Erwägungen, 325–341 und Odil.-Hannes Steck Prophetenbücher, 177–204.

Grundsätzlich aber sollte sich Israel hinfort als das Volk des *einen* Gottes verstehen, der den Anspruch auf seine Alleinverehrung durch seine Befreiung aus Ägypten erworben hatte (Ex 20,2–3 par Dtn 5,6–7):[20]

> 6 *Ich bin Jahwe, dein Gott, der ich dich aus dem Lande Ägypten, aus dem Sklavenhaus, herausgeführt habe.* 7 *Du sollst keine anderen Götter haben neben mir.*

Dieser eine und einzige Gott Israels will bildlos verehrt werden, weil ihm keines seiner Geschöpfe gleicht (Ex 20,4 par Dtn 5,8).[21] Auch braucht sich niemand in seinem Volk zu sorgen, ihm müßte der Wille seines Gottes unbekannt bleiben, denn er war Israel am Sinai/Horeb und im Lande Moab offenbart und von Mose aufgezeichnet und ausgelegt worden. So heißt es in Dtn 30,11–14:

> 11 *Denn das Gebot, das ich dir heute gebiete, ist weder vor dir verborgen noch (zu) fern von dir.* 12 *Es ist nicht im Himmel, so daß man sagen müßte: Wer wird für uns in den Himmel hinaufsteigen und es uns holen und hören lassen, damit wir es befolgen können?* 13 *Es befindet sich auch nicht jenseits des Meeres, so daß man sagen müßte: Wer wird für uns über das Meer setzen und es uns holen und hören lassen, damit wir es befolgen können?* 14 *Denn überaus nahe bei dir ist das Wort, in deinem Munde und in deinem Herzen, so daß du es befolgen kannst.*

Das 5. Buch Mose oder Deuteronomium, das diese Grundsätze in der Gestalt einer großen, von Mose am Vorabend der Landnahme jenseits des Jordans gehaltenen Rede entwickelt, soll nach der Legitimationserzählung in II Kön 22 und 23 im Jahre 622 bei Bauarbeiten im Jerusalemer Tempel entdeckt worden sein. Daraufhin hätte es König Josia zur Grundlage einer Kultreform gemacht, alle Höhenheiligtümer auf dem Lande verunreinigt[22] und den gesamten Opferkult auf den Tempel von Jerusalem konzentriert. In der Tat scheint das Deuteronomium das

20 Vgl. dazu auch Pakkala, Monolatry, 64–72; Kaiser, Götter, 335–352 = ders., Athen, 135–152 und Hans-Christoph Schmitt, Mose, 7–28.

21 Vgl. Dtn 4,16–18 und zur Sache Mettinger, Image, 191–197; Kaiser, Gott II, 161–182; Werner H. Schmidt, Glaube,117–126 und Matthias Köckert, Entstehung, 272–290.

22 Vgl. zu ihnen M. Gleis, Bama, 245–247

Ergebnis einer im 7. Jahrhundert auch archäologisch greifbaren Jahwe-Allein-Bewegung zu sein.[23] Daß es seine vorliegende Gestalt einem längeren Fortschreibungs- und Redaktionsprozeß verdankt, ist sicher.[24] Wesentliche theologische Ausgestaltungen hat es jedenfalls seit dem 6. Jh. v. Chr. als ein Echo auf den Untergang des Reiches Juda erfahren. Daher handelt es sich bei ihm in seiner vorliegenden Gestalt um die Programmschrift für das Überleben Israels nach der großen Katastrophe des Jahres 587.

So wie sich der Untergang des Nordreiches Israel und des Südreiches Juda nach der im Geiste des Deuteronomiums bearbeiteten und oft auch verfaßten Darstellung ihrer Geschichte von der Einwanderung in das Land Kanaan und bis zur Zerstörung Jerusalems durch die Babylonier dem Abfall von Jahwe verdankt, sollte auch die Heimkehr der Deportierten, die Sammlung der Zerstreuten und die Befreiung des Landes von der Fremdherrschaft durch Jahwe von dem unbedingten Gehorsam gegenüber dem Hauptgebot und der ganzen göttlichen Weisung, der Tora, abhängen.[25] Demgemäß richtet sich das deuteronomische Rechtsbuch in seiner vorliegenden Gestalt an das Israel aller Zeiten und an allen Orten (Dtn 29,9–14). Diesem wird für den Fall seines vollkommenen Gehorsams in Dtn 28,1–14 eine umfassende Segensverheißung gegeben, die ihm Gesundheit und Fruchtbarkeit von Menschen, Tieren und auf den Feldern, Sieg über seine Feinde und den Vorrang in der Völkerwelt verheißt. Andernfalls werden ihm für den Fall seines Ungehorsams in Dtn 28,15–68 die schwersten, schließlich zu seiner Vernichtung führenden Flüche angedroht. Israels Zukunft liegt mithin nicht nur in Gottes, sondern zugleich in seiner eigenen Hand: Seine Umkehr zu Jahwe bildet die Voraussetzung für seine Erlösung

---

23 Vgl. dazu Bernhard Lang, Bewegung, 47–83; Timo Veijola, Bekenntnis, 76–93, bes.91, Eckart Otto (1999), 364–378; ders., Tora, 11–32, Otmar Keel/Christoph Uehlinger, Göttinnen, 406–422; Rainer Albertz, Jahwe, 359–382, Kaiser, Götter, 335–352 = ders., Athen, 135–152 und Uwe Becker, Staatsreligion, 1–34.

24 Zum geschichtlichen Zusammenhang der literarischen Vermittlung von Recht, Politik und Religion mittels der Mosegestalt vgl. Otto, Tora, 33–38; zum Stand der Erforschung des Großgeschichtswerkes Gen–II Kön vgl. z. B. Ernst Nicholson, Pentateuch; passim; Otto, Deuteronomium, 234–273; Kaiser, Pentateuch, 289–322 und zur weiteren Diskussion Reinhard G. Kratz, Komposition; Erich Zenger, Einleitung; Hans-Christoph Schmitt, Arbeitsbuch; Jan C. Gertz, Literatur, passim und Thomas Römer, Entstehungsphasen, 45–70.

25 Vgl. dazu auch Pakkala, Monolatry, 140–180.

(Dtn 30,1–8). Dieses Buch verlangt von Israel eine aggressive Abgrenzung von den Völkern und allem paganen Wesen und spricht ihm gleichzeitig eine Sonderstellung unter ihnen als das Eigentumsvolk des wahren Gottes zu. Es ist daher theologisch die Mitte der Hebräischen Bibel. Sein exklusiver Monojahwismus ist in der Geschichte des Judentums, des aus ihm hervorgegangenen Christentums und in beider Nachfolge auch des Islams zu weltgeschichtlicher Bedeutung gelangt: In diesen drei Weltreligionen ist es gewiß, daß es der Mensch in allen Lebenslagen, in Freud und Leid, in Gesundheit und Krankheit, in Alter und Tod, in der Heimat wie in der Fremde immer und überall mit dem einen Gott zu tun hat, der eifersüchtig über seine Treue wacht (Ex 20,5–6; vgl. Sir 17,15–20).[26]

3. Ich bin Jahwe, dein Arzt: Der Ausschluß von Magie und Mantik bei der Behandlung der Kranken im exilisch-nachexilische Zeitalter

Diese ausschließliche Zuständigkeit Jahwes schließt nach dem Deuteronomium alle divinatorischen und magischen Praktiken aus, die nicht nur bei den Nachbarvölkern üblich, sondern (wie die genauere Nachforschung ergibt) auch im vorexilischen Israel praktiziert worden waren.[27] Gesundheit und Krankheit sollten weiterhin allein vom Gehorsam gegen die Tora abhängen. Wer krank wurde, sollte mithin Buße tun und sich Gottes Barmherzigkeit empfehlen. Die Befragung von Opferschauern und Wahrsagern und Heranziehung von Exorzisten war mithin nicht nur überflüssig, sondern ein Zeichen des mangelnden Gottvertrauens. Daher verbietet Dtn 18,9–12 die Ausübung aller mantischen und magischen Praktiken:

---

26 Vgl. dazu Kaiser, Gott III, 343–392; Werner H. Schmidt, Glaube, 98–117.

27 Zu dem seit den Funden von Kuntillet Adǧrud viel diskutierten Problem der Verehrung anderer Götter in Israel vgl. Pakkala, Monolatry, 225–231, zur Frage nach der Rolle der Aschera und der Ascheren John Day, Ashera, 385–408; Frevel, Aschera, II, 925–930 und übergreifend Keel/Uehlinger, Göttinnen, 199–282, zur Spiegelung der Jahweverehrung in den vorexilischen Inschriften zumal seit dem 8. Jh. v.Chr. vgl. J.H. Tigay God, 37–41; zum Problem der Kultnotizen der Königsbücher und ihrer Bedeutung für die Rekonstruktion der vorexilischen Jahweverehrung in Jerusalem vgl. Christian Frevel, Deuteronomist, 249–277.

„... wenn du in das Land kommst, das Jahwe, dein Gott, dir geben wird, sollst du nicht lernen, solche Greuel zu tun wie diese Völker. Es soll bei dir keiner gefunden werden, der seinen Sohn oder seine Tochter durchs Feuer gehen läßt,[28] *keiner, der ein Losorakel befragt,*[29] *kein Omendeuter,*[30] *kein Wahrsager,*[31] *kein Exorzist,*[32] *niemand, der schwarze Magie ausübt,*[33] *noch einer der Totengeister oder Wahrsagegeister befragt*[34] *oder sich an die Toten wendet;*[35] *denn ein Greuel vor Jahwe ist jeder, der solches verübt, denn um dieser Greuel willen wird Jahwe, dein Gott, sie vor dir vertreiben."*

Vorbehaltlich einer gewissen Unsicherheit in der Entschlüsselung der Terminologie läßt sich aus diesem Verbot entnehmen, daß es die Befragung von Vorzeichenkundigen[36] und Orakeldeutern,[37] Totenbe-

---

28 Vgl. auch Jes 28,18. Zur Frage, ob die Rite erst sekundär als Kinderopfers gedeutet worden, vgl. Nielsen, Deuteronomium, 186, oder sich von Anfang auf es bezog, John Day, Molek, 31 und Francesca Stavrakopolou, King, 283–299, wird bis heute konrtär beantwortet. Dagegen bestreitet Theodor Seidl, Molok-Opferrauch, 432–455, daß sich die Rite überhaupt auf eine Kinderverbrennung bezieht, sie sei vielmehr als ein Akt der Reingung mittels mit einer Feuerrite verbundenen Dedikation an eine Königsgottheit zu betrachten, die an geschlechtsreifen Jugendlichen beiderlei Geschlechts vorgenommen worden sei. Andererseits habe es in der Spätzeit des Reiches Juda im Tofet ein Feuerrituale gegeben, daß divinatorische Bedeutung besessen habe und vermutlich dem Unterweltsgott Malik gegolten habe. In der Folge sei es in den Dtn Texten zu einer späteren Vermischung beider Riten gekommen. Das sind kühne Thesen, die im Zusammenhang mit einer literar- und redaktionskritischen Sichtung und Ordnung der Belege eine gründliche Untersuchung erfordern. Zu Dtn 18,10aβ als nachträglicher Einfügung in das Prophetengesetz vgl. Kaiser, Erstgeborenen, 33–34.

29 קֹסֵם קְסָמִים(qōśēm qĕśāmîm) ‚Losorakler', vgl. Anne Jeffers, Magic, 96–98.

30 מְנַחֵשׁ (mĕnahēš), ‚Omendeuter'; Jeffers, 74–78

31 מְעֹנֵן (mĕ[c]ōnēn), ‚Wahrsager', Jeffers, 78–81.

32 מְכַשֵּׁף (mĕkaššēp), mit Kräutern operierender Beschwörer (?), Jeffers, 65–70. Vermutlich handelt es sich um eine dem מְלַחֵשׁ (mĕlahēš) oder Beschwörer, Jeffers, 70–74 entsprechende Bezeichnung, vgl. KTU 1.100.5 und z.B. Ps 58,6; Koh 10,11; Jer 8,17, und 11 Q 11 (Ps. ap.[a] III. 4–14).

33 חוֹבֵר חֲבָרִים (hōbēr hăbārîm), vgl. z.B. Ps 58, 6; zum Befund und zur Diskussion vgl. Jeffers, 31–35.

34 Vgl. dazu Jeffers, 168–181 und A.A. Fischer, Tod und Jenseits, 113–126.

35 Vgl. Lev 19,31; Jes 8,19–20 und I. Sam 28,3–25..

36 Vgl. immerhin II Sam 5,24.

37 Zum Becherorakel vgl. Gen 44,5, Jeffers, Magic, 75–76; zum Losorakel mittels der Urim und Tummim I. Sam 14,38–42, dazu Henning Graf Reventlow,

schwörern[38] und Wahrsagern[39] sowie die Heranziehung von Exorzisten als mit dem Ersten Gebot unvereinbar erklärt.[40] Damit entfiel für den Kranken die Möglichkeit, sich mit mantischen Mitteln über den Verlauf seiner Krankheit und die Wirksamkeit der vorgesehenen Medikamente Einsicht zu verschaffen, wie es in Israels Umwelt üblich war. Ebenso aber war es verboten, einen Exorzisten herbeizurufen, um die Krankheitsdämonen zu vertreiben.[41] Statt dessen war der Kranke außer auf den Arzt auf den Beistand der levitischen Sänger angewiesen. Diese

---

Gebet, 105–110; Jeffers , 202–215 und II Reg 16,15b; Ps 27,4b; vgl. KTU 1.78.5, dazu Oswald Loretz, Leberschau,13–28; Manfried Dietrich/Loretz, Mantik, 1–86; Frederick H. Cryer, Divination, 295–304; zu Ps 27,4 auch Paul C. Craigie, Psalms 1–50, 232, zu ihrem Verbot und der deshalb erfolgten Verbrennung des bei ihr eine zentrale Rolle spielenden Leberlappens Jeffers, 159–160 und dazu Ex 29,13.22; Lev 3,4.10.15; 4,9; 7,4; 8,16.25; 9,10.19, vgl. Loretz, Leberschau, 24.

38 Vgl. die Erzählung von Saul bei der Totenbeschwörerin in En-Dor I.Sam 28, 3–25*, zu ihr Josef Tropper, Nekromantie, 206–227, Peter Mommer, Samuel, 163–175 und Alexander A. Fischer, Tod und Jenseits, 115–122 mit unterschiedlichen Analysen des Textes; dazu auch Kaiser, Tod, 29–33; zum Verbot der Nekromantie im Alten Testament Dtn 18,10–11, Lev 19,31; 20,6.27; dazu Tropper, 227–242 und 251–268 und zu Jes 8,19–20; 19,3 und 29,4 ebd., 268–291. Zur Nekromantie in der nordwest-semitischen Welt vgl. Jeffers, Magic, 167–181, zu der in Ugarit auch Tropper, 123–160 und Dietrich/Loretz; Mantik, 205–226.

39 Vgl. I. Sam 9,1–20 und Rainer Albertz, Religionsgeschichte, 153. – Zur problematisierten Traumdeutung vgl. Jer 23,25–32; dazu William McKane Jeremiah I, 588–597, bes. 596–597 bzw. Gunther Wanke, Jeremia I, 216–217, vgl. 208; Jer 29,8–9; dazu McKane, Jeremiah II, 724–725 bzw. Wanke, Jeremia II, 268; zum königlichen Inkubationstraum in Ugarit und Israel Jean-Marie Husser, Le songe, 27–92 und zu den sonstigen Traumerzählungen im AT, ihrer nachdtr. Kritik und ihrer Deutung durch die Weisen ebd. 93–261, vgl. ferner auch Sir 34,1–8.

40 Vgl. I. Sam 9,1–20. und zur Kultprophetie in Israel Klaus Koch, Prophetie, 477–499, bes. 482–484 und zu der in den Psalmen jetzt John W. Hilber, Prophecy, mit der Zusammenfassung, 225–226.

41 Vgl. dazu die ugaritische Beschwörung gegen einen Schlangenbiß KTU 1.100 bei Dietrich/Loretz, Mythos, 263–402, in dem Horon als Urbild des Schlangenbeschwörers erscheint, sowie den Mythos mit medizinisch-therapeutischer Anwendung KTU 1.114, ebd., 403–524; vgl. dazu auch Dietrich/Loretz, Beschwörungen, 328–357 mit der Schlangenbeschwörung auf 345–350; zur keilschriftlichen aramäischen Beschwörung aus Uruk vgl. W.C. Delsman, Beschwörung, 432–434, zur phönizischen aus Arslan-Tasch Christel Butterweck, Beschwörung, 435–437 und weiterhin das reichliche ägyptische Material, das Heike Sternberg- el Hotabi, Wilfried Gutekunst und Ernst. Kausen, Ägyptische Rituale und Beschwörungen, 358–431 vorgelegt haben.

traten gegebenenfalls an sein Lager, um stellvertretend für ihn das Klagegebet zu beten und dadurch Gott zu bewegen, ihn wieder genesen zu lassen.[42]

Die medizinische Tätigkeit der Priester beschränkte sich anders als z.B. in der Medizin der Ägypter[43] und der theurgischen der Griechen[44] auf die Wahrung der kultischen Reinheit Israels.[45] Daher mußten vor ihnen alle erscheinen, die von einem ins Auge springenden, als נגע צרעת, als „räudiger Befall" bezeichneten Hautleiden befallen waren. Nach gehöriger Inspektion des Befundes verfügten die Priester gegebenenfalls eine Quarantäne, die die Betroffenen vorübergehend aus der Gemeinschaft ausschloß. Sie konnten erst nach einer weiteren Untersuchung wieder in sie aufgenommen werden, wenn der Befund abgeklungen war (Lev 14). Angesichts der großen Zahl dermatologischer Erkrankungen sind alle Versuche, die Art des „räudigen Befalls" genauer zu bestimmen, rein spekulativen Charakters. Mehr als daß es sich um Hautausschläge handelte, läßt sich nicht mehr sagen.[46] Die beliebte Übersetzung mit „Aussatz" darf keinesfalls dazu verführen, das Leiden mit der damals medizinisch unheilbaren Lepra zu identifizieren, weil der „Befall" prinzipiell als heilbar angesehen wurde (Lev 13,2–59).[47] Die beiden nachfolgenden Beispiele für den Krankenpsalm werden zeigen, wie unergiebig auch diese Liedgattung für eine medizinische Diagnose ist; denn als zu rituellem Gebrauch bestimmte Lieder wurden sie so verfaßt, daß jeder Leidende sich mit dem Ich des Beters identifizieren konnte.[48]

---

42 Vgl. auch die einschlägigen Überlegungen in Klaus Seybold, Gebet, 56–63 und 173–180 sowie Erhard S. Gerstenberger, Mensch, 134–160

43 Vgl. dazu Wolfhart Westendorf, Erwachen, 186.

44 Vgl. dazu H. Avalos, Illness, 56–72, aber auch 84–88.

45 Vgl. dazu Avalos, 362–368.

46 Zum methodischen Problem der Diagnosestellung aufgrund antiker Quellen vgl. Wolfgang U. Eckart/Robert Jütte, Medizingeschichte, 329–331.

47 Vgl. Karl Elliger, Levitius, 181–182 und Seybold, Gebet, 55–60.

48 Vgl. dazu z.B. Sigmund Mowinckel, Psalms II, 18–25; Gerstenberger, Mensch, 134–160; ders., Psalms, 14; ferner Avalos, Illness, 251–254; Seybold, Gebet, 183–185, vgl. auch 35–45, der mit dem primär persönlichen Charakter der Gebete rechnet, die weiterhin als Formulare verwendet werden konnten. Artur Weiser, Psalmen, 46–47 verweist auf die Überschrift in Ps 102,1, die zeigt, daß jedenfalls manche dieser Psalmen von vorn herein zu wiederholter Verwendung bestimmt waren. Damit wird nicht bestritten, daß es das freie Laiengebet als unverzichtbare religiöse Äußerung gegeben hätte; vgl. z.B. Ps 107 und zu ihm Walter Beyerlin, Werden, 65–66.

Daß wir bis zum Ende der Perserzeit nur indirekte Zeugnisse für das Wirken von Ärzten in Juda besitzen, dürfte weniger mit dem Monopolanspruch Jahwes als Heiler als mit dem religiösen Charakter der biblischen Literatur zusammenhängen.[49] Daß Jahwe bereits in vorexilischer Zeit die Aufgabe eines Heilgottes erfüllte, zeigt das Onomastikon: So ist der Personenname *Rapajahû* („Jahwe hat geheilt") auf Siegelabdrücken aus dem späten 7. oder frühen 6. Jahrhundert aus der Jerusalemer Davidstadt und aus Tell Bêt Mirsim belegt.[50] Daß sich der Glaube an Jahwe damals problemlos mit dem ärztlichen Beruf vertrug, belegt ein vom Tell Bêt Mirsim stammender Stempelsiegelabdruck aus dem späten 7. oder frühen 6.Jh. v.Chr. mit der Inschrift *„Für Elijahû, den Arzt"*.[51] In diesem Zusammenhang verdient auch die wohl aus der mittleren Königszeit stammende Bestimmung des Bundesbuches Ex 21,18–19 Erwähnung, die einem Mann, der von fremder Hand verletzt und dadurch arbeitsunfähig geworden war, für die Zeit seiner Rekonvaleszenz einen Ausgleich für den ihm entgangenen Verdienst und die Kosten der ärztliche Behandlung zuerkennt.[52] Auch der zwischen dem letzten Jahrzehnt des 7. und dem zweiten des 6. Jh. v.Chr. in Jerusalem wirkenden Prophet Jeremia konnte wie selbstverständlich in seiner Klage über das katastrophale Ende seines Volkes metaphorisch nach dem Arzt fragen, der sich auf die Wundbehandlung mit Mastix[53] aus Gilead versteht (Jer 8,22):[54]

Gibt es kein Mastix in Gilead
oder gibt es dort keinen Arzt?

---

49 So auch Herbert Niehr, Arzt, 3–17, bes. 17.

50 Vgl. Graham I. Davies, Inscriptions Nr. 100.817 (Davidstadt); Nr 100.611 und 100.621, beide vom Tell Bêt Mirsim, vgl. auch den dort in derselben Zeit in Nr. 100.542 bezeugten Kurzname רפא, vgl. auch die Belege für בן רפא in Nr. 100.377–378 100.542. Der Name ist in der Kurzform zum erstmalig auf dem Samaria Ostrakon 24 aus dem 8.Jh. belegt; Davies, Nr. 3.024, Johannes Renz/Wolfgang Röllig, Handbuch I, 8/1 Sam (8):1.24.

51 Davies u.a., Nr. 100.641.

52 Vgl. dazu E. Otto, Wandel, 24–26; ders., Ethik, 135–142.

53 Vgl. auch Jer 46,11; 51,8 und Ez 27,17 und zur Identifikation des hebr. צרי mit dem Mastix der palästinischen *pistacia mutica* vgl. Kurt Galling, Harz,138 und Paul. Maiberger, Harz, 45–46.

54 McKane, Jeremiah I, 196 merkt dazu an, daß Gilead offenbar für seine *materia medica* und seine Ärzte bekannt war.

Denn warum schließt sich nicht
die Wunde[55] *der Tochter meines Volkes?*

Von der frühen Perserzeit bis in die hellenistische Epoche nahmen die Bearbeiter der Prophetenbücher keinen Anstoß daran, Fall und Wiederaufstieg von Israel oder anderen Völkern mit den Metaphern von Krankheit und Heilung zu beschreiben oder anzukündigen. So stellt der wohl erst nachexilische Verfasser von Jes 1,4–9* das am Boden liegende Juda als einen wegen seines permanenten Ungehorsams gezüchtigten Sklaven oder Sohn vor, der vom Scheitel bis zur Sohle voller Wunden, Striemen und Beulen ist, ohne daß die noch frischen Wunden ausgedrückt, verbunden und (ihre Verkrustungen) mit Öl aufgeweicht wurden.[56] Das belegt, daß die Tätigkeit des Wundarztes auch in der Perserzeit in Juda ausgeübt worden ist. Aus der Beliebtheit der Metapher von Jahwe als dem Arzt,[57] die selbst noch in einem späten Heils-

55 Wörtlich: „zog herauf kein neues Fleisch."

56 Zum vermutlich jesajanischen Kern in 1,4 vgl. H.G.M. Williamson, Isaiah 1–27, 36–46, zum ganzen Abschnitt z.B. Uwe Becker, Jesaja, 176–191; Ulrich Berges, Buch, 56–58, aber auch Jörg Barthel, Prophetenwort, 54 und zur Wiederaufnahme in Jes 30,25b-26 Kaiser, Jesaja 13–39, 241–242; Jaques Vermeylen, Prophète, 419–420; Kilian, Jesaja 13–39, 178; Höffken, Jesaja 1–39, 215; Berges, Buch 231–232 und Barthel, 259–262.

57 Vgl. Jer 3,22; 30,12–14; vgl. auch Thr 2,13; Jer 30,17; 33,6 und negativ über Babel 51,8–9. – Hos 5,13 wird bestritten, daß Ägypten die Israel von Assur geschlagene Wunde heilen könne. In dem Umkehrruf Hos 6,1–3 bekennt sich Israel zu der Möglichkeit, daß der Gott, der es zerrissen und geschlagen hat, es heilen und verbinden werde; vgl. dazu Jörg Jeremias, Hosea, 84. Zur gegenwärtigen Diskussion über die literarischen Schichtungen im Hoseabuch vgl. die divergierenden Analysen und Datierungen von Hos 6,1 durch Roman Vielhauer, Werden, 226–227, der den Text einer kultischen Ergänzungsschicht zuweist, die er als vorddtr beurteilt, und Susanne Rudnig-Zelt, Hoseastudien, 154–155, die für das hellenistische Zeitalter plädiert. – In Jes 57,14–21, vgl. V. 18–19, erklärt Jahwe, er wolle die Ohnmächtigen und Trauernden heilen und trösten. Auch wenn die Ansichten über die literarische Schichtung und Zeitstellung des Abschnitts umstritten sind, herrscht doch insoweit Einmütigkeit unter den Auslegern, daß der Text nachexilisch anzusetzen ist. O.H. Steck, Studien, 169–209 hat die 56,9–57,21; 58,1–12+59,1–21+63,1–6 umspannende Fortschreibung in die Diadochenzeit datiert. Vorsichtiger urteilen Klaus Koenen, Ethik, 53 mit.243; ders., Heil, 112–120; Peter Höffken, Jesaja 40–66, 13.19; Ulirch Berges, Buch, 463–473 und Burkard M. Zapf, Jesaja 56–66, 347.

wort für die Ägypter in Jes 19,19–22 wiederkehrt,[58] lassen sich dagegen keine Rückschlüsse über die Verbreitung des Arztberufes ziehen, weil die Metapher zu einem traditionellen Topos geworden und andererseits Jahwes Stellung als Arzt der Seinen im exilisch-nachexilischen Judentum religiös konkurrenzlos war. Doch selbst wenn man den realen Arzt mit Skepsis betrachtet haben sollte und das theurgische Heilwesen durch die Leviten und (idealiter, aber nicht mehr realiter durch die Propheten Jahwes) vertreten wurde, machten zumindest Knochenbrüche und schwerere Wunden eine ebenso handgreifliche wie kundige Behandlungen und damit den Arzt erforderlich.[59]

Doch statt das weite Feld der Phantasie zu betreten, vor dem der Historiker mit Fug und Recht zurückscheut, kann er feststellen, daß in seinen ausnahmslos religiösen Quellen Jahwe als der Helfer und Retter des Kranken im Vordergrund steht. Die metaphorische Aufforderung in Hos 6,1, zu Jahwe als dem Herrn des Schicksals umzukehren, läßt sich nun auf das Verhältnis zwischen dem real Kranken und seinen Gott beziehen (Hos 6,1):

Kommt, laßt uns umkehren zu Jahwe,
denn er, der uns zerrissen hat, wird uns heilen,
und er, der uns geschlagen hat, wird uns verbinden.

Umkehr aber hieß, nach dem vollkommenen Gehorsam gegen seine Weisung zu streben. In diesem Sinne hat ein später Bearbeiter die Erzählung vom Quellwunder in Mara Ex 15,23–25a um die Verse 25b und 26 erweitert. Dabei hat er in V. 26 den grundsätzlichen Anspruch Jahwes als Arzt seines Volkes festgeschrieben. So läßt Jahwe zu Israel sagen (Ex 15,26):[60]

---

58 Vgl. dazu Vermeylen, Prophète, 418–420; Kaiser, Jesaja 13–39, 88–89; Peter Höffken, Jesaja 1–39, 35–39 und Rolf Kilian, Jesaja 13–39, 123–125.

59 Vgl. auch Seybold, Gebet, 78–79.

60 Vgl. dazu Norbert Lohfink, Jahwe, 11–73, bes. 22–28 und 39 = ders., Studien zum Pentateuch, 91–150, bes. 118–119; Aaron Schart, Mose, 172–178, bes. 176–178 und zur Vorgeschichte Herbert Niehr, Arzt, 3–17.

Wenn du tatsächlich auf die Stimme Jahwes, deines Gottes hören und das, was rechtschaffen in meinen Augen ist, tun und auf meine Gebote hören und alle meine Satzungen halten wirst, werde ich keine der Krankheiten auf dich legen, die ich auf Ägypten gelegt habe. Denn ich bin Jahwe, dein Arzt.[61]

4. Krankheit als Folge des unergründlichen Zorns oder als Strafe Jahwes: Ps 88 und Ps 6

Wenn wir uns den Psalmen 88 und 6 zuwenden, lernen wir zwei unterschiedliche Deutungen der Krankheit kennen. In dem älteren, spätestens frühnachexilischen 88. Psalm weiß der Beter keinen anderen Grund für seine schwere Krankheit als einen maßlosen Zorn Jahwes zu benennen. In dem jüngeren 6. Psalm läßt der Beter dagegen keinen Zweifel daran, daß er sein Leiden als Strafe Jahwes betrachtet.

4.1. Psalm 88: Krankheit als Folge unverständlicher göttlicher Heimsuchung

Im 88. Psalm, dem Klagelied eines jungen Kranken[62] wird deutlich, in welche Pein Menschen gerieten, deren Leiden medizinisch nicht in den Griff zu bekommen waren und denen am Rand des Grabes keine andere Zukunft zu winken schien als die, daß ihre Seele als ein wesenloser Schatten in die Unterwelt und damit in die absolute Gottesferne hinabstiege. In diesem Lied erhalten wir erste Hinweise auf die Riten, die dem Klagegebet vorausgingen und deren Höhepunkt es bildete. Der Psalm ist klar in zwei Hälften gegliedert: Die erste umfaßt die V. 2–10a, die zweite die V. 10b-19.[63] Der erste Teil wird in V. 2–4 durch eine Anrufung Gottes und begründete Bitte um Erhörung eingeleitet. Sie verweist auf das beständige rituelle Weinen des Leidenden, mit dem er

---

61 Zur Bedeutung des Verbums רָפָה /*rāpāh „heilen“* und seinen biblischen Ableitungen und Verwendungen vgl. den einschlägigen Artikel von M.L. Brown , 617–625.

62 Vgl. dazu auch Seybold, Gebet 113–117, die Jugend des Beters ergibt sich aus V. 16a; vgl. aber Erich Zenger, in: Hossfeld/Psalmen 51–100, 567–570, der diese Gattungsbezeichnung als unangemessen zurückweist.

63 Zur Feingliederung vgl. Bernd Janowski, Ps 88, 3–46 und ders., Konfliktgespräche, 233–235.

als Zeichen der Selbstdemütigung den ihm unerklärlichen Zorn seines Gottes zu beruhigen hofft, der ihn an den Rand des Grabes gebracht hat:

2 *Jahwe, mein Gott, ich rufe um Hilfe,*[64]
am Tage[65] *schreie ich,*
in der Nacht vor dir.
3 *Es komme vor dich mein Gebet,*
neige dein Ohr meinem Schreien.
4 *Denn gesättigt von Übeln ist meine Seele,*
mein Leben ist der Unterwelt nahe.

Daran schließt sich in den V. 5–10a der erste Leidbericht an. In ihm schildert der Beter zunächst seine Situation unter den drei Aspekten des eigenen Zustands, seiner Verursachung durch Gott und seiner sozialen Folgen (PS 88,5–9a):

5 *Man rechnet mich denen zu, die zur Grube gefahren,*
ich bin wie ein Mann ohne Kraft,
6 *unter den Toten ein Freigelassener,*
wie die Durchbohrten,
die im Grabe liegen,
derer du nicht mehr gedenkst,
weil sie von deiner Hand getrennt sind.
7 *Du legtest mich in die unterste Grube,*
in die tiefste Finsternis.
8 *Auf mir lastet dein Grimm,*
und (über mich) gingen[66] *all deine Wogen.*
9a *Du entferntest meine Bekannten von mir,*
machtest mich für sie zum Greuel.

Der Leidbericht enthält drei für den modernen Menschen befremdliche Aussagen: Erstens gilt der Schwerkranke bereits als tot;[67] zweitens endet mit dem Tod seine Gottesbeziehung und drittens wird der Kranke von

64 Lies שׁוּתִי.
65 Lies dem parallelismus membrorum gemäß *bajjôm*.
66 Lies עָבְרוּ.
67 Vgl. dazu Christoph Barth,Errettung, 91–102, bes. 101 mit Nicholas J. Tromp, Conceptions, 129–130.

seinen Verwandten und Freunden nicht umsorgt, sondern gemieden. So erinnert der Beter seinen Gott zunächst daran, daß er in seiner Kraftlosigkeit dem Grabe so nahe ist, daß ihn seine Umgebung schon zu den Toten rechnet, die aus allen menschlichen Bindungen entlassen sind (vgl. Hi 3,19).[68] Andererseits setzt seine Klage in V. 6d–e voraus, daß der Tod nicht nur das Ende des Lebens, sondern zugleich das Ende der Gottesbeziehung bedeutet. Sie besitzt insofern einen ambivalenten Charakter, als sie nicht nur das Leid des Beters unterstreicht, sondern damit zugleich andeutet, daß sein Tod auch für Gott einen Verlust darstellt, ein Motiv, das in der zweiten Hälfte des Liedes in V. 11–13 breit entfaltet wird.[69] Den Toten selbst aber erwartete nach der hier zugrunde liegenden Vorstellung nur ein schattenhaftes Dasein seiner Seele in der Unterwelt[70] als der schwächsten Form des Lebens.[71] Aus ihr konnte sie (wie die Erzählung von Sauls Besuch bei der Totenbeschwörerin in En Dor zeigt I Sam 28*) durch bestimmte Manipulationen zeitweise in das Bewußtsein zurückgerufen werden, sollte es aber nach den einschlägigen biblischen Bestimmungen nicht (Dtn 18,11; Lev 20,27). Da die Unterwelt als das Reich des „Königs der Schrecken" (Hi 18,14), des personifizierten Todes und zugleich als Inbegriff der Unreinheit galt, war alles, was mit dem Tod, der Unterwelt und den Toten zusammenhing, für die Götter der lichten Welt ein Greuel.[72] Ehe sich den Frommen in ihrem Leiden um der Gerechtigkeit willen aus dem festen Glauben an Gottes Gerechtigkeit das Tor der Hoffnung auf ein ewiges Leben öffnete, galt der Tod daher in Israel als das Ende der Gottesbeziehung.

In seiner Pein weiß sich der dem Tode nahe Beter schon jetzt von seinem Gott verstoßen und in die dunkelste Tiefe der Unterwelt verbannt (V. 7–8).[73] Aber wer so sichtbar von Gott gezeichnet ist, den meiden schließlich auch seine Bekannten (V. 9a), ja, wie V. 19 ab-

68 Zu den einzelnen Motiven vgl. Bern Janowski, Toten,3–46, bes. 11–13; ders., Konfliktgespräche, 225–255, bes. 236–239.

69 Vgl. Toten, 20–25; Konfliktgespräche, 243–249..

70 Vgl. zu ihren Aspekten Nicholas J. Tromp, Conceptions, 21–128 bzw. Ludwig Wächter, שְׁאוֹל /*šĕʾôl*, 901–910.

71 Vgl. dazu Aubrey. R. Johnson, Vitality, 88 und 95; Tromp, Conceptions, 194–196 und zu den selbst in der Unterwelt bestehenden Unterschieden Jes 14,9–20 und Ez 32,18.36 und dazu Otto Eissfeldt, Schwerterschlagene, 73–81, bes. 77–81 = ders., Schriften III, 1–8, bes. 7–8.

72 Vgl. dazu Kaiser, Tod, 51–52.

73 Vgl. dazu Samuel E. Balentine, Hidden God, 60–61.

schließend beklagt, selbst seine besten Freunde.[74] Denn würden sie ihm jetzt ihre Teilnahme und Zuneigung bekunden, müßten sie befürchten, die Aufmerksamkeit des zornigen Gottes auf sich zu lenken, was für sie die schlimmsten Folgen haben könnte (vgl. I Reg 17,18). So präsentiert sich der Beter als nicht nur von seinem Gott, sondern auch von den Menschen verlassen. Trotzdem hört er nicht auf Gott zu bestürmen, weil seine einzige Hoffnung darin besteht, daß Gott im letzten Augenblick auf sein Weinen und Rufen achtet, seinen unerklärlichen Grimm fahren läßt[75] und ihn heilt. Seine ganze Not aber faßt er am Ende der ersten Hälfte seines Gebetes in dem Klageruf der V. 9b und 10a zusammen:

> 9b *Gefangen bin ich*[76] *und kann nicht hinaus!*
> 10a *Mein Auge verschmachtet von meinem Leid.*

Der zweite Teil nimmt in V. 10b den Klageruf aus V. 2 wieder auf und weist entsprechend erneut darauf hin, daß der Beter es nicht an den geschuldeten Bußübungen fehlen läßt, indem er seinen Gott ununterbrochen anruft:

> 10b *Ich rufe zu dir, Jahwe, den ganzen Tag,*
> *breite aus zu dir meine Hände.*

So erinnert der Beter seinen Gott daran, daß er es nicht an Demut fehlen läßt, sondern die gebührenden Klageriten vollzogen hat und vollzieht. Dann aber greift er zu dem letzten, ihm noch verbleibenden Argument, um Gott zum Eingreifen zu seinen Gunsten zu veranlassen,[77] indem er ihn in den V. 11–13 daran erinnert, daß er sich selbst schädigen würde, wenn er dem Flehen des Kranken kein Gehört schenkte: Denn mit seinem Tod verlöre er einen von denen, die ihn als Helfer preisen und damit sein Ansehen in der Welt vermehren, indem sie nach der Genesung Danklied und Dankopfer im Tempel darbringen (vgl. Ps

---

74 Vgl. dazu Balentine, 61: „The social ostracism serves to increase the sense of urgency behind his petition for God's intervention."

75 Vgl. dazu auch Balentine, Hidden God, 50–65.

76 Füge אני ein.

77 Vgl. dazu Hermann Gunkel/Joachim Begrich, Einleitung, 236 und Janowski, Toten, 20–27; Konfliktgespräche, 234–249, prägnant 27 = 249: „In ihrer [der Klagenden] Zukunft geht es auch um Gottes Zukunft und in ihrem Tod um seine Niederlage."

50,15). Daß es sich bei dem Motiv „Die Toten loben Jahwe nicht!" um einen festen Topos des Klageliedes handelt, zeigen die Parallelen in Ps 6,6; 30,10 und 115,17; Sir 17,27–28. Andererseits galt Gottes Gedenken an die Kurzlebigkeit des Menschen als ein Grund für seine Langmut und sein Erbarmen über den reumütigen Sündern (Ps 103,8–18, Sir 18,9–11).[78] In Ps 88 bleibt es bei der drei Doppelfragen umfassenden Erinnerung daran, daß Gott nur an den Lebenden handeln und nur von den Lebenden gepriesen werden kann:

> 11 *Tust du an Toten Wunder,*
> *oder stehen Geister*[79] *auf, dich zu preisen?*
> 12 *Erzählt man im Grabe von deiner Huld,*
> *von deiner Treue am Ort des Verderbens?*[80]
> 13 *Wird im Dunkeln dein Wunder erkannt*
> *und deine Hilfe im Land des Vergessens?*

Im Kontrast zu V. 13 versichert der Beter in V. 14, daß er schon in früher Morgenstunde zu Gott ruft, um ihn dann in V. 15 zu fragen, warum er ihm seine Huld entzogen und sein gnädiges Antlitz verborgen hat. So unterstreicht der Vers die Bitterkeit der Gottesferne und schließt damit zugleich sachlich ein Unschuldsbekenntnis ein:[81] Der Kranke ist sich keiner Schuld bewußt, sondern betrachtet sich als ein schuldloses Opfer des göttlichen Zorns. Daher legt er auch kein Vertrauensbekenntnis ab, das sonst als das wirksamste Mittel gilt, Gott gnädig zu stimmen.[82] Statt dessen faßt er sein ganzes Elend noch einmal in einem zweiten, die V. 16–19 umspannenden Leidbericht zusammen. In ihm erfahren wir in V. 16, daß es sich um einen Jüngling oder jungen Mann handelt, der sich von Gott (V. 15–18) und seinen treuesten Freunden (V. 19) verlassen weiß:

---

78 Vgl. auch Hiob 10,9 und, beide Motive verbindend, Sir 17,27–29.

79 Bei den רפאים den „Heilern" handelt es sich um eine alte Bezeichnung der hilfreichen Ahnengeister, die im Alten Testament teils zur Bezeichnung einer vorisraelitischen Bevölkerungsschicht des Landes und teils zu einer solchen der Totengeister geworden ist; vgl. zu ersteren Lothar Perlitt, Riesen, 1–52 = ders., Deuteronomium-Studien, 205–246 und zu letzteren Oswald Loretz, Ugarit, 128–134.

80 Zu Abbadon, „Ort des Verderbens" als Bezeichnung der Unterwelt, vgl. Tromp, Conceptions, 80–81.

81 Vgl. Balentine, Hidden God, 61 und Kaiser, Gott II, 169–170.

82 Vgl. dazu Christoph Markschies, Vertrauensäußerungen, 386–398.

14 *Ich aber rufe, Jahwe, zu dir,*
und morgens naht dir mein Gebet.
15 *Warum, Jahwe, verstößt du mich,*
verbirgst du dein Antlitz vor mir?
16 *Elend bin ich und muß jung dahin,*
ratlos trage ich deine Schrecken.
17 *Über mich fuhren deine Gluten,*
verstummen ließen mich deine Schrecken.
18 *Sie umringten mich wie Wasser den ganzen Tag,*
sie kreisten mich ein zumal.
19 *Du entferntest von mir*
Freund und Gefährten,
es vergaßen mich[83] *meine Bekannten.*

4.2. Psalm 6: Krankheit als göttliche Strafe

Im Vergleich zu diesem ebenso kunstvollen wie von tödlichem Ernst erfüllten Gebet eines jungen Kranken erscheint der 6. Psalm, der sich ebenfalls ungezwungen als Krankenpsalm verstehen läßt,[84] eher als seriell.[85] Doch ähnlich wie Ps 88 ist auch ihm eine Unbestimmtheit der Leidbeschreibung eigen, so daß es sich bei ihm ebenfalls um Gebetsformular handeln dürfte. Die Kurzklage der V. 2–4 endet in V. 3a-4 in einer mit dem elenden Zustand des Beters begründeten Bitte um Heilung. Die auf den Anruf Jahwes folgende, das ganze Gebet einleitende Bitte, Gott möge den Rufenden nicht länger in seinem Zorn strafen und züchtigen, schließt die Anerkennung des Beters ein, daß seine Krankheit die Folge seiner Sünden ist. Gleichzeitig läßt sie erkennen, daß er das Ausmaß der als Akt göttlicher Erziehung gedeuteten Strafe als unangemessen empfindet.[86] Anders als der Beter von Ps 88 versteht er sich nicht als Opfer eines blinden, sondern eines prinzipiell gerechten Zornes. Mit der Auslegung seiner Krankheit als Akt göttli-

83 Lies mit Cheyne bei Hermann Gunkel, Psalmen, 384: שכחני; vgl. BHS ad loc.

84 Vgl. dazu Seybold, Gebet, 153–158.

85 Vgl. V. 2 mit Ps 38,2; V. 3 als Doppelbitte mit Ps 41,5; V. 3a mit Ps 31,10a; V. 3b mit Jer 17,14; V. 4b mit Ps 90,13; V. 5a mit Ps 90,13; V. 5b mit Ps 31,17b; 109,26b; V. 6 mit Ps 30,10; V. 7a mit Jer 45,3b; V. 8a mit Ps 28,6b und V. 11a mit Ps 83,18.

86 Vgl. dazu auch Zenger, Psalmen 1–50, 68 und Seybold, Psalmen, 43.

cher Strafe[87] und zugleich göttlicher Pädagogik steht er in einer Deutungsgeschichte des Leidens, die in den Elihureden des Hiobbuches (vgl. Hi 33,13–28 mit 34,10–15)[88] ihren biblischen Höhepunkt erreichte.[89] Neben sie trat weiterhin eine Niedrigkeitstheologie, welche die Möglichkeit der Sündlosigkeit des Menschen als eines aus Lehm geformten Gebildes überhaupt bestritt (Hi 4,12–21) oder die Sünde als eine habituelle Macht betrachtete, die nur durch die Teilhabe am Geiste Gottes überwunden werden könne (Ps 51,4–7). Diese Überzeugung läßt sich über den zwischen 195 und 185 v.Chr. wirkenden Weisheitslehrer Jesus Sirach bis in die Qumranschriften hinein verfolgen.[90] Kehren wir zu Ps 6 zurück, so ist die der Heilungsbitte in den V. 3b-4 gegebene Begründung auffallend allgemein: Mehr, als daß der Kranke an Leib und Seele leidet, läßt sich aus ihnen nicht entnehmen. Daher konnte sich jeder ernsthaft Erkrankte mit dieser Leidschilderung identifizieren. Die am Ende der Kurzklage in V. 4b stehende Frage, wie lange Jahwe den Beter noch leiden zu lassen gedenke, dient ebenso der Unterstreichung der Not des Beters wie dazu, Gott daran zu erinnern, daß er den Kranken genug gestraft habe:[91]

2 *Jahwe, in deinem Zorn strafe mich nicht*
und züchtige mich nicht in deinem Grimm.
3 *Sei mir gnädig, Jahwe, denn ich bin verwelkt,*
heile mich,[92] *denn es schwanden*[93] *meine Gebeine,*
4 *Und meine Seele ist sehr verstört,*
aber du, Jahwe, wie lange?

87 Zu dieser nachexilischen Entwicklung vgl. auch Rainer Albertz , Religionsgeschichte, 559–560.

88 Vgl. dazu Georg Fohrer, Hiob, 458–460 und 467–468 und Harald M. Wahl, Schöpfer, 70–72 und 92–93.

89 Vgl. dazu Kaiser, Gott III, 279–282.

90 Vgl. dazu Markus Witte, Leiden, 204–205, der auf die in 1Q S und 1Q H vorliegende Relativierung der Aussagen über die allgemeine Sündhaftigkeit durch ihre pneumatologischen, erwählungstheologischen und prädestinatanischen Erwägungen als ein Zeugnis für ein jüngeres Entwicklungsstadium der Niedrigkeitstheologie hinweist. Zum Gedanken der allgemeinen Sündhaftigkeit in der hellenistischen Epoche vgl. auch Albertz, Religionsgeschichte, 654.

91 Vgl. auch Erich Zenger, Psalmen 1–50, 69–70.

92 Tilge „Jahwe" metri causa.

93 Lies בלו.

Der zweite Teil wird in den V. 5–6 durch eine begründete Bitte eingeleitet: Dabei unterstreicht V. 5 indirekt die Lebensgefahr des Beters, indem Gott um sein rettendes Eingreifen angerufen wird. Sie appelliert zugleich an das zwischen dem Leidenden und Gott bestehende Treueverhältnis: Um seines חסד, seiner treuen Güte willen soll er den Kranken heilen. V.6 begründet die Bitte mit dem uns bereits aus Ps 88,11–13 bekannten Hinweis darauf, daß die Toten Gott nicht loben. So wird Gott daran erinnert, daß er sich selbst schade, wenn er dem Beter die Erhörung seiner Bitte verweigere. In den folgenden V. 7–8 berichtet der Beter dann von den Folgen seines pausenlosen rituellen Weinens, um Gott darauf hinzuweisen, daß er sich mehr als nur pflichtgemäß vor ihm gedemütigt habe:[94]

> 5 *Lasse ab, Jahwe, reiß meine Seele heraus*
> *und rette mich um deiner Treue willen.*
> 6 *Denn im Tode denkt man nicht an dich,*
> *wer könnte dich in der Unterwelt preisen?*
> 7 *Ermüdet bin ich von meinem Seufzen,*
> *<ermattet bin ich durch mein Klagen.>*[95]
> *Ich schwemmte die ganze Nacht mein Bett,*
> *ich erweichte mein Lager mit meinen Tränen.*
> 8 *Verschwollen von Kummer sind meine Augen,*
> *alt geworden ob all meiner Not.*[96]

Dann erfolgt in den abschließenden Versen 9–11 ein eigentümlicher Stimmungsumschwung. Er läßt sich z. B. mittels der Annahme erklären, daß er durch ein dem Leidenden im Verlauf des Bittrituals erteiltes Heilsorakel ausgelöst worden ist, das hier jedoch nicht mitgeteilt wäre.[97] Da es sich bei dem Psalm jedoch kaum um eine vorexilische Dichtung handelt, liegen andere Erklärungen näher. Daher hat man vorgeschlagen, ihn auf die Erhörungsgewißheit zurückzuführen, die der Klagende durch sein Beten gewonnen habe.[98] Ob sich diese Deutung mit dem

---

94 Zu diesen Riten vgl. Klaus Seybold, Gebet, 77–84, bes. 83–84.

95 Ergänze das fehlende Kolon im Sinne des *parallelismus. membrorum* durch ein לאתי באניתי.

96 MT: „meiner Feinde“ dient der Anpassung an den Nachtrag in V. 9–11.

97 Zum Problem der Kultprophetie in den Psalmen vgl. John W. Hilber, Prophets, mit dem forschungsgeschichtlichen Überblick 1–26; und zu Ps 6 zuletzt Seybold, Psalmen, 44. der für den Sitz der Klagefeier im Tempel votiert.

98 So z. B. Artur Weiser, Psalmen, 89–90 und Zenger, Psalmen I, 71.

Charakter des Liedes als eines Formulars verträgt, ist freilich eine andere Frage. Aber es gibt noch die dritte Möglichkeit, daß es sich bei diesen Versen um einen redaktionellen Zusatz im Schatten des vorausgehenden 5. Psalms und im Geist von Ps 107,40–42 handelt. Seine Absicht bestünde dann darin, den sich zur Minderheit der Frommen[99] zählenden und den Psalm mitbetenden Leser in die ihm dank seiner Treue gewisse heilvolle Zukunft zu versetzen und dadurch seine Hoffnung zu stärken. Der Psalm schließt mit einer Ausschlußformel, durch die verurteilte Missetäter aus der Gemeinde verbannt wurden:

9 *Weicht von mir, alle Übeltäter,*
denn Jahwe erhörte die Stimme meines Weinens.
10 *Es hörte Jahwe auf mein Flehen,*
mein Gebet nahm Jahwe an.
11 *Sich schämen sollen und sehr erschrecken*
alle meine Feinde,
kehren sie wieder, werden sie plötzlich zuschanden.

5. Neue Horizonte für das Verständnis von Krankheit und Heilung

Im Verlauf der späten Perserzeit und der hellenistischen Epoche gelangten auch im Judentum neue geistige Strömungen zum Durchbruch, die das Verständnis der Krankheit und das des ärztlichen Wirkens entscheidend veränderten. Erstens führte das Gefühl für die zwischen den Göttern und den Menschen bestehende Distanz in der zweiten Hälfte des letzten Jahrtausends v. Chr. im ganzen nordwestsemitischen, von Palmyra bis Karthago reichenden Kulturkreis dazu, sich die Götter und zumal den höchsten Gott in immer ferneren Höhen wohnend vorzustellen. Das aber machte im Rahmen des mythischen Denkens die Annahme von Wesen erforderlich, die zwischen Gott und Welt vermittelten.[100] So wandelten sich die von Jahwe verdrängten Götter Ka-

---

99 Auf ihre Kreisen geht später die „Gerechtigkeitsbearbeitungen" des Psalters zurück, vgl. dazu Christoph Levin, Gebetbuch, 355–381 = ders., Fortschreibungen, 291–313 und Urmas Nõmmik, Gerechtigkeits-bearbeitungen, 443–535.

100 Vgl. dazu Jávier Teixidor, Pagan God, 13–17 und folgende Darstellung der phönizisch-punischen Götter, 19–60, der nordarabischen, 62–99 und des

naans, die erst zu seinem himmlischen Hofstaat geworden waren, erneut, indem sie zu seinen Boten, seinen Engeln, wurden.[101] Doch angesichts der auf Erden so weit verbreiteten Übel kehrte in der Konsequenz auch der Glaube an die Wirkung von Schadensgeistern, von Dämonen wieder, die man erneut wie in älteren Zeiten für das Ausbrechen von Krankheiten verantwortlich machen konnte.[102]

Zweitens erreichte die zuerst in der griechischen Welt des 5.Jhs v. Chr. zu beobachtende Tendenz, die Überlieferung kritisch im Licht der Erfahrung zu prüfen, um die Mitte des 4.Jhs auch die Küsten des östlichen Mittelmeers, so daß die jüdischen Weisen mit zunehmender Leidenschaft die Frage diskutierten, ob sich die überlieferte Ansicht verifizieren ließe, nach der es den Guten dank Gottes Gerechtigkeit gut und den Schlechten schlecht ergehe. Die über dieser Frage aufbrechende Kontroverse kam in den folgenden Jahrhunderten nicht mehr zur Ruhe. Schließlich setzte sich in den Kreisen der Frommen die Gewißheit durch, daß Gottes Gerechtigkeit sich endgültig erst im jüngsten Gericht über Lebende und Tote erwiese, in dem er die Frommen zum ewigen Leben erwecken und die Frevler zur ewigen Qual verdammen würde.[103]

Drittens aber hatte die Eroberung des Perserreiches und des Reiches der Pharaonen durch Alexander den Großen Ende des 4. Jh. v. Chr. zur Eingliederung Judas als eines Tempelstaates in das Reich der Ptolemäer und Ende des 3. Jh. in das der Seleukiden geführt. In der Folge kamen auch die Juden mit der hippokratischen Medizin in Berührung, welche die Ursachen der Krankheit nicht in der Transzendenz, sondern in immanenten Zusammenhängen suchte. Daher mußten sich die Juden mit der Frage auseinandersetzen, ob die Behandlung durch einen diesen Prinzipien folgenden Arzt mit dem Glauben an Jahwe als den Herren über Leben und Tod vereinbar sei. Da die zur Lösung dieses Konfliktes gefundene Antwort im Bereich der drei nachbiblischen Religionen bis heute gültig ist, soll sie den Schlußakkord dieser Studie bilden. Doch zuvor sollten wir noch einen Blick auf die Wiederkehr der Dämonen bzw. Schadensengel werfen.

---

obersten Gottes in Palmyra, 100–142 sowie zu den alttestamentlichen Entsprechungen Kaiser, Gott II, 152–160.

101 Vgl. dazu auch Oswald Loretz, Ugarit, 66–71; Heinz.-Dieter Neef, Thonrat, 13–27 und Mark S. Smith Origins, 41–66.

102 Vgl. Otto Böcher, Dömonenfurcht, 18–160 bzw. die Liste bei Gunther Wanke, Dämonen, 276.

103 Vgl. dazu unten, 271–295, bes. 283–290.

6. Der Satan und die Dämonen als Verursacher von Krankheit und Tod

Die Ausbildung der Vorstellungen, daß Jahwe sich todbringender Schadensengel als Werkzeuge seines Strafens bedient, bahnte sich schon in der Exils- und der anschließenden Perserzeit an.[104] Man braucht sich nur an Erzählungen wie die zu erinnern, daß die ägyptischen Plagen damit endeten, daß ein als „Verderber" bezeichneter Engel alle männlichen Erstgeburten Ägyptens tötete (Ex 12,23); der Engel des Herrn das Land nach einer Volkszählung Davids mit einer Seuche heimsuchte (II Sam 24,15–16) oder er in einer einzigen Nacht die 185000 Mann des assyrischen Heeres schlug, das vor den Mauern Jerusalems lagerte, so daß sie am nächsten Morgen nur noch „tote Leichname" waren (II Kön 18,35 par Jes 37,36).[105] Schließlich sollte auch die Aufgabe, die Menschen aus diesem Leben abzuberufen, ein besonderer Engel des Todes übernehmen (Test.Jud 10,2).[106]

Auf diesem Hintergrund ist es nicht verwunderlich, daß auch für das Problem des Leidens des Unschuldigen eine entsprechende Lösung gesucht wurde. Es war bereits von mehreren Generationen von Weisen im Hiobbuch diskutiert worden, das um die Frage kreist, ob Krankheit ein Zeichen der Schuld des von ihr Betroffenen sei oder es ein unschuldiges Leiden gebe.[107] Schließlich suchte ein später Weiser die Lösung des Problems in einer himmlischen Kontroverse zwischen Gott und dem Satan. Daher schaltete er in den Prolog des Buches in Hi 1,6–12 und 2,1–7(8) zwei himmlische Szenen ein, in denen der Satan als eine Art himmlischer Staatsanwalt erscheint.[108] In beiden läßt er den Satan Hiobs vollkommene Frömmigkeit als Eigennutz denunzieren, so daß Gott veranlaßt wird, dem Satan freie Hand zu geben und Hiob bis zur äußersten Grenze auf die Probe zu stellen. In der ersten beraubt der

---

104 Die Zeit des Exils im engeren Sinne wird gewöhnlich auf die Jahre von der Zerstörung Jerusalems 587 bis zu der durch den Perserkönig 538 den Deportierten freigestellten Rückwanderung nach Juda begrenzt. Die Perserzeit aber dauerte für Juda bis 538–332.

105 Vgl. auch Ps 78,49.

106 Vgl. auch den „Mittler", der zwischen dem Leidenden und Gott eintritt. in Hi 33,23 und dazu Fohrer, Hiob, 459–460 und Wahl, Schöpfer, 65–66.

107 Zur Entstehungsgeschichte des Hiobbuches vgl. Kaiser, Grundriß III, 70–83 bzw. ders., Hiob, 99–119.

108 Zur Gestalt und Funktion des Satans im Hiobprolog vgl. Wolf-Dieter Syring, Hiob, 91–95.

Satan Hiob seiner ganzen beweglichen Habe und seiner Kinder, in der zweiten auch seiner Gesundheit.[109] Doch Hiob besteht beide Proben glänzend, indem er sich vor Gott demütigt. In 1,21 bekennt er:

> *„Nackt bin ich aus meiner Mutter Leib gekommen*
> *und nackt werde ich dahin zurückkehren.*
> *Jahwe gab und Jahwe nahm,*
> *gepriesen sei Jahwes Name!*

Und in 2,10 erklärt er:

> *Nehmen wir nur das Gute von Gott an,*
> *aber das Böse nehmen wir nicht an?*

Auch wenn Hiob im weiteren Gang der (älteren) Dichtung durch die Bekehrungsversuche seine Freunde bis aufs Blut gepeinigt und dadurch zur Herausforderung Gottes getrieben wird, wird ihm im Epilog das Verlorene reichlich erstattet (Hi 42,10–17). Blickt man von hier auf den Anfang des Buches zurück, so wird deutlich, daß die Wirksamkeit des Satans durch Gott begrenzt wird: Der parsistische Dualismus zwischen dem Gott des Lichtes und dem Geist der Finsternis konnte nicht nur in dieser Erzählung, sondern im Judentum (und weiterhin im Christentum) grundsätzlich nur in einer gebrochenen Form übernommen werden, in der die Macht des Satans der Gottes untergeordnet blieb und seine Zeit zu wirken begrenzt war.[110] Demgemäß läßt Gott sich auch im Hiobprolog die Entscheidung über Gesundheit und Krankheit, Leben und Tod nicht durch den Satan aus der Hand nehmen.

In der hellenistischen Epoche hat sich weiterhin eine uns aus den Qumrantexten bekannte jüdische Variante des persischen Dualismus in Gestalt der Lehre von den Kindern des Lichts und den Kindern der Finsternis gebildet. Nach ihr sollte der Fürst der Kinder des Lichts Michael zu der von Gott bestimmten Zeit den Sieg über den nun (artikellos!) als Satan[111] oder Belial (Nutzlos)[112] bezeichneten Herrn der

109 Zum literarischen Befund vgl. Syring, 70–91.

110 Vgl. z.B. 1QS III.13-IV. 23 und dazu Peter von der Osten-Sacken, Gott, 116–184 und grundsätzlich Martin Hengel, Judentum, 418–422.

Finsternis und sein himmlisches und irdisches Gefolge erringen.[113] Auf das Wirken Belials und der ihm untertänigen Geister führte man in der Folge alle Störungen der göttlichen Schöpfungsordnung im Lauf der Natur, alle Sünden des Menschen und alle dadurch verursachten Leiden einschließlich Krankheit, Siechtum und Tod zurück.[114] Um ihrem unheimlichen Einfluß zu wehren, reaktivierte man die alte Kunst der Beschwörung, die nun zur Umgehung ihres Verbots in der Tora (vgl. Dtn 18,9–12) im Namen Jahwes erfolgte und den zuständigen Dämonen oder am besten gleich ihren Oberherrn Belial bei Namen nannte. Als Beispiel sei der 3. Psalm aus der in der Qumranhöhle 11 gefundenen apokryphen Psalmenrolle (11Q Ps.ap^{a} IV,4–13 = 11 Q 11) gewählt, der als Formular für den Exorzismus im Fall einer als dämonischer Besessenheit gedeuteten Geisteskrankheit diente.[115] Bei einem akuten Anfall sollte der Kranke oder ein ihn vertretender Vorbeter den Psalm rezitieren, der das Oberhaupt der Dämonen Belial bei Namen nennt, ihn an sein Ende im jüngsten Gericht erinnern und dadurch seiner Macht berauben soll. Der Psalm lautet nach der Rekonstruktion von Emil Puech:[116]

> *Von David. Be[treffend die Worte der Beschwö]rung im Namen Jahw[es. Rufe an] die Himmel [zu je]der Zeit. [Wenn] Beli[al] über dich kommt, sollst [du] zu ihm sagen:*
> *Wer bist du, [du Verfluchter unter] den Menschen und unter dem Samen der Heiligen? Dein Antlitz ist ein Antlitz der Nichtigkeit und deine Hörner sind Hörner eines Schlin[ge]ls. Finsternis bist du und nicht Licht, Sünde und nicht Gerechtigkeit.*

---

111 Vgl. D.S. Russell, Method, 254–262; mit Berücksichtigung der Textfunde aus der Wüste Juda J.J. Collins, Apocalypticism, 30–51 und Heinz-Josef Fabry, Satan, 269–291, bes. 289–290.

112 Vgl. zu ihm auch Peter von der Osten-Sacken, Gott, 73–78.

113 Vgl. zum Folgenden Hartmut Stegemann, Essener, 280–283.

114 Vgl. z.B. Hiob 1,7–12 und 2,1–7.

115 Vgl. dazu auch Hermann Lichtenberger, Exorzismen, 416–121, bes. 419.

116 Zu Text und Übersetzung vgl. J.A. Sanders, Liturgy, 227–229 und weiterhin die Rekonstruktion E. Puech, rituél 377–408 und die Übersetzung von F.G. Martínez, Scrolls, 377. Textergänzungen sind in eckige Klammern eingeschlossen.

> *[Gegen dich] (steht) der Befehlshaber des (himmlischen) Heeres. JHWH*[117] *wird dich [in die] tiefste Unterwelt [einschließen], er wird die beiden [To]re aus Bronze verschließen,*[118] *die kein Licht [durchdringt]. [Auf] dich wird [das Licht] der Sonne nicht [scheinen], das [sich erhebt auf den] Gerechten [um sein Gesicht zu erleuchten].*
> *Du sollst zu ihm sagen: Ist [dort kein Engel bei dem] Gerech[ten], um [ins Gericht] zu gehen, wenn Sa[tan] ihn mißhandelt?*
> *[Dann wird er befreit] von der Finster[nis durch den Geist der Wahr]heit, [weil Gerechtig]keit bei ihm ist, [um ihm beizustehen im Gericht].*

Solchen Schadensgeistern meinte man im jüdischen Volksglauben der hellenistischen Zeit freilich auch mittels magischer Manipulationen begegnen zu können. Als Beispiel dafür sei das *Tobitbuch* angeführt.[119] Bei ihm handelt es sich um eine romanhafte, auf dem Boden des östlichen Diasporajudentums spielende Lehrerzählung, die bis vor wenigen Jahrzehnten nur aus der Griechischen Bibel und ihren Tochterübersetzungen bekannt war, von deren Text inzwischen rund die Hälfte in aramäischer bzw. hebräischer Sprache in Höhle 4 von Qumran gefunden worden ist (4Q196–200).[120] Sie berichtet davon, daß dem in Ninive lebende gesetzestreuen Tobit aus dem Stamme Naphthali Spatzenkot auf beide Augen gefallen und er dadurch erblindet war. Doch auch in Ekbatana im fernen Medien lebte eine junge Jüdin namens Sara in großem Kummer. Denn ihr waren bereits sieben Freier in der Brautnacht gestorben, so daß ihre eigenen Mägde sie als Mörderin beschimpften. Auf beider Gebete hin sandte Gott den Erzengel Rafael („Gott hat geheilt")[121] auf die Erde, um ihre Leiden zu beenden (Tob 3,16–17). Als Tobias von seinem Vater den Auftrag erhielt, nach Medien in die Stadt Rages zu reisen, um dort ein Darlehen zurückzufordern, bot sich ihm der Engel in der Gestalt eines jungen Juden Asarja („Jahwe hat geholfen") als Reisegefährte an. (Tob 5,4–14). Als

117 Das sogenannte Tetragramm enthält nur die Konsonanten des Gottesnamens Jahwe und erinnert damit den Beter oder Vorleser daran, daß er statt dessen „meine Herrschaft" zu lesen hat; vgl. dazu auch Kaiser Gott II, 74–77.

118 Vgl. Ps 9,14–15; Hi 38,10; Sir 51;9; Weish 16,13; Jon 2,7 und dazu Tromp, Conceptions, 152–154.

119 Vgl. zu ihm Merten Rabenau, Studien, 175–190; Beate Ego, Tobit, 884–901; Kaiser Apokrpyhen, 32–40 = Apocrypha, 30–39; Joseph A. Fitzmyer, Tobit, 3–56 und Helmut Engel, Tobit, 278–288.

120 Vgl. dazu Beate Ego, Tobit, 876–881

121 Vgl. dazu auch Michael Mach, Entwicklungsstadien, 219–221.

beide an den Tigris gekommen waren, sprang ein großer Fisch Tobias an. Doch er zog ihn auf Asarja/Rafaels Geheiß beherzt an Land, um ihm die Leber und Galle zu entnehmen (Tob 6,4–9). In Ekbatana angekommen kehrten sie auf den Rat Rafaels im Hause der Eltern Saras ein, so daß Tobias erfolgreich um ihre Hand anhalten konnte. Von Asarja/Rafael belehrt (Tob 6,17–18), konnte Tobias ohne Furcht das Brautgemach betreten: Er räucherte es mit der Fischleber aus, so daß der bestialische Gestank den wahren Mörder der Freier Saras in Gestalt des Dämonen Asmodaios nach Oberäygpten vertrieb (Tob 8,2–3). Erfolgreich nach Hause zurückgekehrt, bestrich Tobias wiederum auf den Rat Asarja/Rafaels die weißen Flecken in den Augen seines Vaters mit der Fischgalle, so daß sie sich ablösen ließen und Tobit wieder sehend wurde (Tob 10,11–13). So stellte Rafel mit seiner Medizin die Ärzte in den Schatten, die Tobit nicht hatten heilen können (Tob 2,10). Als die Dankbaren den vermeintlichen Burschen Asarja angemessen entlohnen wollten, offenbarte er sein Geheimnis, daß er einer der vor dem Thron des Herrn stehenden Engel sei, der die Gebete der Menschen vor Gott bringe, und kehrte in den Himmel zurück (Tob 12,15–20). Und so erweist sich die ganze Geschichte als ein Beispiel für die Heilzusage in Ps 92,11, daß der Herr seinen Engeln befohlen hat, die Frommen auf allen ihren Wegen zu behüten.

Der Gebrauch von Magie und Medizin wird in dem Roman für unbedenklich erklärt, sofern sie durch Gebete vorbereitet sind, so daß ihre Wirkungen nicht auf den angewendeten Mitteln an sich, sondern auf Gebetserhörungen beruhen (vgl. Tob 6,17–18 mit 8,2–9 und 11,14). Der Erzähler hielt offenbar wenig von den Ärzten und vertraute statt dessen auf die halb theurgische, halb empirische Volksmedizin, um ihre Mittel als Folge göttlicher Offenbarung zu legitimieren. Damit setzte er sich gegen die im ältesten Teil des sog. Ersten oder Äthiopischen Henochbuches propagierte Ansicht zur Wehr,[122] daß es von Gott abgefallene Engel waren, die den Menschen die Kenntnis von Zaubermitteln, Beschwörungen, des Wurzelschneidens und heilkräftiger Pflanzen vermittelt hätten (I Hen 7,1, vgl. 8,3). Er hatte von der nicht auf äußeren Beschädigungen der Hornhaut beruhenden Genese dieser als *leukomata* bezeichneten Erkrankung keine Ahnung und dürfte auch keine genauere Vorstellung von der pharmakologischen Wirkung der Galle besessen haben. Als Medikament gegen Augenerkrankungen wurde Galle ausweislich des Papyrus Ebers bereits von den alten

122 Vgl. dazu Florentino G. Martínez, Qumran, 29–30.

Ägyptern verwendet.[123] Ihre pharmakologische Wirkung wurde im 1. und 2. Jh. n.Chr. zumal von dem Militärarzt Pedianus Dioskurides,[124] von der pseudogalenischen Schrift *Introductio sive medicus*[125] und schließlich von dem „letzten großen Arzt der Antike"[126] Galenos diskutiert.[127]

7. Die Hoffnung auf Unsterblichkeit als Befreiung von der Angst vor dem Tode

In Ps 6 war uns die Anschauung begegnet, daß Krankheit die Antwort Gottes auf die Sünde der Menschen sei. Diese von den Leviten und Weisen vertretene Ansicht verlor jedoch bei denen ihre Überzeugungskraft, die das Tun und Ergehen der Menschen in ihrer Umgebung beobachteten und auch mit ihrem eigenen Schicksal verglichen. Das Judentum hat zwischen dem vierten und zweiten Jahrhundert eine ganze Reihe von Antworten auf die Frage gegeben, ob es ein unschuldiges Leiden gibt oder jegliches Leid Folge der Sünde ist. Die skeptische Weisheit konnte sich dem Geheimnis des göttlichen Weltregiments beugen, die fromme mochte im Leiden des Unschuldigen eine göttliche Zurechtweisung (Hi 33,8–30) oder Prüfung (Sir 2,1–6) sehen oder sich darauf berufen, daß der aus Erde geformte und jedenfalls endliche Mensch nicht schuldlos zu sein vermag (Hi 4,12–21; Sir 17,30). Doch die Frommen, die sich um vollkommenen Gehorsam gegen das Gesetz bemühten und sich dabei im Gegensatz zu den Frevlern oder Gottlosen wußten, gaben sich mit diesen Auskünften nur bedingt zufrieden. Denn sie hatten dieselben Beobachtungen gemacht, mit denen der Hiobdichter den Dulder gegen die Bekehrungsversuche seiner drei Freunde protestieren ließ (Hiob 21). Sie erkannten, daß es durchaus nicht immer der Fall ist, daß die Gottlosen ein böses Ende nehmen und die Frommen lange leben (Prov 10,27; 13,9).[128] Andererseits waren sie davon überzeugt, daß Gottes Segensverheißungen für

123 Pap.Eb. 360 (58,6–15) und Pap.Eb. 405 (62,6—7), zitiert nach Kollmann, Offenbarung, 294–295.

124 Mat.med.II. 78,1 und dazu Kollmann, 295–296.

125 Vgl. die Nachweise bei Kollmann, 293–294.

126 Fridolf Kudlien, Galenos, 674, und ausführlicher Vivian Notton, Galenos, 748–756.

127 Vgl. den Nachweis bei Kollmann, 297.

128 Vgl. Koh 8,9–15 und dazu oben, 19–22.

die Gehorsamen und Fluchandrohungen für die Ungehorsamen gültig seien (vgl. z.B. Dtn 28; Lev 26). Lies sich Gottes Gerechtigkeit nicht unbedingt und lückenlos in diesem Leben erweisen, zumal wenn Fromme um ihrer Gerechtigkeit willen getötet wurden (vgl. z.B. II Makk 6,8–11; Weish 2,10–20), so mußte die Lösung der Zweifel in dem Glauben an ein Totengericht liegen, in dem Gott den Frommen das ewige Leben schenkte und die Frevler zu ewiger Schmach und Pein verurteilte (I Hen 22; 25,1–27,5). Derartige Erwartungen wurden in zahlreichen jüdischen Apokalypsen entwickelt, unter denen das Wächterbuch I Hen 1–36 das älteste und wohl auch das einflußreichste gewesen sein dürfte. Von den in ihm und in dem sog. Brief Henochs I Hen 92.94–107 vertretenen Gedanken ließ sich auch der Bearbeiter des Danielbuches inspirieren, dem wir das 12. Kapitel verdanken (vgl. Dan 12,1–3).[129] Am eindrücklichsten hat der Zuversicht auf die Aufnahme des Gerechten in die ewige Herrlichkeit Gottes der Bearbeiter des 73. Psalms Ausdruck gegeben, der den Beter, der angesichts des Glücks der Frevler mit seinem Gott gehadert hatte (V. 2–12), getrost bekennen läßt (Ps 73,23–26):[130]

23 *Doch ich bleibe beständig bei dir,*
du hältst mich an meiner Rechten.
24 *Du leitest mich nach deinem Rat*
und entrückst mich zur Herrlichkeit.
25 *Wen habe ich im Himmel außer dir?*
Neben dir freut mich nichts auf Erden.
26 *Mag schwinden mein Fleisch und mein Herz,*
Fels meines Herzens und mein Teil ist Jahwe für immer.

Die Pharisäer haben sich diese Überzeugung zu eigen gemacht und ihr im Judentum in der Spätzeit des Zweiten Tempels zu breiter Geltung verholfen. Als Beispiel dafür sei die sog. Weisheit Salomos genannt, eine Schrift, die aus der Frühzeit des Kaisers Augustus stammen und von

129 Vgl. I Hen 22; 103, 1–5; 104, 1–5; Dan 12,1–3; Ps 1,5–6; dazu Marie-Theres Wacker, Weltordnung, 178–233 und weiterhin z.B. PsSal 3,11–12; 13,11–12 und Weish 1,13–15; 2,23–24; 3,4; 4,1 und 15,3, vgl. 5,15–16, dazu James M. Reese, Influence, 62–71; Collins, Wisdom, 178–195, Kaiser, Gott III, 308–342; ders. Anweisungen, 89–116 und zu den Psalmen Salomos Kaiser, Apocryphen, 72–78 = Apocrypha, 78–78.

130 Zu den verschiedenen Auslegungsmöglichkeiten vgl. Marvin.E. Tate, Psalms 51–100, 236–237.

einem gebildeten jüdischen Gelehrten vermutlich in Alexandria verfaßt sein dürfte.[131] Ihre ersten sechs Kapitel beschäftigen sich fast nur mit dem unterschiedlichen Los der Gerechten und der Frevler, von denen die einen auch im Tode in Gottes Hand bleiben (Weish 3,1), um im Endgericht zum ewigen Leben in Gottes Herrlichkeit berufen zu werden, während die anderen ein Ende mit Schrecken erwartet (5,15–16).[132] Der hier das Wort nehmende Lehrer fand auch für das Dilemma des vorzeitigen Todes des Frommen eine Lösung, indem er ihn anders als in Ps 88 nicht mehr als Folge göttlichen Zorns, sondern göttlicher Liebe erklärte. In Abwandlung des Sinnspruchs des attischen Komödiendichters Menander, nach der die Götter den, den sie lieben, jung sterben lassen (Men.mon.583),[133] erklärte jetzt der jüdische Weise, daß Gott den, der jung stirbt, aus Liebe aus der Mitte der Sünder entrückt, damit ihn deren Bosheit nicht ansteckt (Weish 4,7–14):

> 7 *Wenn der Gerechte vorzeitig stirbt, hat er seine Ruhe.*
> 8 *Denn ehrenvoll ist nicht das lange Alter,*
> *es wird nicht nach der Zahl der Jahre gemessen.*
> 9 *Als Grauhaar (gelte) den Menschen Weisheit*
> *und als Greisenalter ein fleckenloses Leben.*
> 10 *Wohlgefällig bei Gott wurde er geliebt*
> *und mitten unter Sündern lebend entrückt.*
> 11 *Er wurde entführt, damit die Bosheit seinen Sinn nicht ändere,*
> *oder List seine Seele betöre.*
> 12 *Denn der Zauber der Schlechtigkeit verdunkelt das Gute,*
> *und das Wispern der Begierde verwandelt arglosen Sinn.*
> 13 *In kurzer Zeit vollendet, erfüllte er lange Zeiten.*
> 14 *Denn wohlgefällig war dem Herrn seine Seele,*
> *deshalb enteilte sie*[134] *aus der Mitte der Bosheit.*

---

131 Vgl. zu ihr Colllins, Wisdom, 178–195; Helmut Engel, Weisheit, 13–44; Martina Kepper, Bildung, 201–204 und Kaiser, Apokryphen, 91–108 = Apocrypha, 104–125; zu ihren kosmologischen und philosophischen Problemen Collins, Wisdom, 196–221 und Martin Neher, Wesen, 229–241.

132 Vgl. dazu James M. Reese, Influence, 62–71; Martin Neher, Weg,121–136; Kaiser, Gott III, 320–332; der. Anweisungen, 89–116 und Mareike V. Blischke, Eschatologie, 138–139..

133 Men.mon. 583: Ὃν οἱ θεοὶ φιλοῦσιν, ἀποθνῄσκει νέος („Wen die Götter lieben, den lassen sie jung sterben)."

134 Vgl. David Winston, Wisdom, 142 z. St.

8. Der Arzt als Mitarbeiter statt als Widersacher Gottes

Nach dem Gesagten verwundert es nicht, daß die ärztliche Kunst in den Augen der Frommen des 3. und frühen 2. Jh. v. Chr. umstritten blieb.[135] Hatte der Verfasser von I Hen 7,1 und 8,3 die Kenntnis von Heilkräutern bei den Menschen auf ihre Belehrung durch die von Gott abgefallenen Engel zurückgeführt, so warnte auch der Verfasser des Chronikbuches davor,[136] den Arzt aufzusuchen. Er ergänzte nämlich in programmatischer Absicht die Nachricht aus I Reg 15,23b, daß der judäische König Asa vor seinem Tode an den Füßen erkrankte, dahin, daß er starb, weil er sich statt an Jahwe an die Ärzte gewandt hätte (II Chr 16,12–13). In seinen Augen versündigt sich ein Mensch, der sich im Krankheitsfall an den Arzt, statt vertrauensvoll allein an Jahwe wendet. Man kann immerhin die Frage aufwerfen, ob diese eigentümliche Haltung eine Folge der Begegnung des Chronisten mit hellenistischen Ärzten war, die jede metaphysische Erklärung der Krankheiten ablehnten.[137] Die Vertreter der hippokratischen Medizin vertraten damals selbst bei der sogenannten Heiligen Krankheit, der Epilepsie, die Meinung, daß ihre Zurückführung auf göttliche Einwirkungen lediglich ein auf Unwissenheit beruhendes Vorurteil sei und alle, die ihm huldigten, dem Patienten mit ihren Reinigungen und Beschwörungen eher schadeten als nützten. Nach ihrer Ansicht galt es in der Heilkunst vielmehr, die natürlichen Ursachen der Krankheiten zu erforschen.[138] Die Kunde von solchen Ansichten könnte den theokratisch gesinnten Chronisten in seinem Vorurteil von der Gottlosigkeit der ganzen Zunft überzeugt haben Da die Ptolemäer in Ägypten einen staatlichen Sanitätsdienst eingerichtet hatten,[139] ist es zumindest nicht ausgeschlossen, daß die Behauptung des im Anfang des 2. Jahrhunderts

135 Vgl. dazu oben, 224.

136 Zur Diskussion über seine Datierung, die zwischen dem Ausgang 6. und der 1. Hälfte des 2. Jh. v. Chr. schwankt, aber kaum aus vorhellenistischer Zeit stammen dürfte, vgl. das Referat von Georg Steins, Bücher, 249–262, bes. 258–259.

137 Vgl. zu den alexandrinischen Ärzten der hellenistischen E.D. Phillips, Medicine, 139–160.

138 Vgl. Hippocr. morb.sacr. I und XXIV.

139 Michael Rostovtzeff, *Gesellschafts- und Wirtschaftsgeschichte* II, 865-.870; vgl. auch die Vermutungen über einen ärztlichen Dienst im Seleukidenreich bei Elias Bickerman, Jews, 161 und die skeptische (die von Rostovtzeff angeführten Belege übergehende) Beurteilung von Oda Wischmeyer, Kultur, 47.

v. Chr. in Jerusalem lebenden Weisheitslehrer Jesus Sirach.[140] daß die Ärzte ihre Besoldung von den Königen erhielten (Sir 38,2), auf der Existenz eines analogen ärztlichen Dienstes in Palästina beruhte.

Wichtiger ist freilich, daß er der in der Chronik vertretenen fundamentalistischen Ablehnung der Ärzte entgegentrat und dabei ihre Kunst und Gottes Wirken so miteinander verband, daß seine Lösung auch heute noch allen, die an Gott glauben, einleuchtet. Er ermahnte seine Schüler und Leser, sich schon in gesunden Tagen um die Freundschaft mit einem Arzt zu bemühen und weder ihn noch seine Medikamente zu verachten, weil der Arzt und seine Mittel von Gott erschaffen seien und Gott im Handeln des Arztes selbst am Werke sei (Sir 38,1–8):[141]

1 *Befreunde dich mit dem Arzt, ehe du ihn brauchst,*
denn auch ihm hat Gott (seine Aufgabe) zugeteilt.
2 *Von Gott stammt der Sachverstand des Arztes,*
und vom König erhält er seine Bezüge.
3 *Das Wissen des Arztes erhebt sein Haupt,*
und vor Edlen darf er sich setzen.
4 *Gott läßt aus der Erde die Heilkräuter sprießen,*
und ein Mann von Einsicht verwirft sie nicht.
5 *Wurden nicht durch ein Holz die Wasser süß,*
daß jedermann seine Kraft erkannte?[142]
6 *Dazu gab er den Menschen Verstand,*
damit sie seine Stärke preisen.
7 *Mit ihnen*[143] *beruhigt der Arzt den Schmerz,*
8 *und aus ihnen bereitet der Drogist seine Drogen.*
damit sein Schaffen[144] *nicht zur Ruhe kommt*
noch (seine) *Hilfe bei den Menschen.*

Wirkt Gott so durch den Arzt und dieser mit den von Gott erschaffenen Medikamenten, ist es einsichtig, daß der Mensch gut beraten ist, wenn er sich nicht nur an den Arzt wendet, sondern sein Leben gleichzeitig

140 Vgl. zu ihm und seinem Buch Collins, Wisdom, 23–96 bzw. knapp J. Marböck, Sirach/Sirachbuch 307–313 = ders., Frömmigkeit, 15–20 oder Kaiser, Apokryphen,79–90= ders., Apocrypha, 88–103 bzw. ders., Leben, 123–157.

141 Vgl. dazu auch Dieter Lührmann, Arzt, 55–78.

142 Vgl. Ex 15,22–25a.6

143 D.h.: den Heilkräutern.

144 Nämlich: Gottes.

Gott befiehlt. Jedenfalls sollte er nach dem Rat Ben Siras das eine tun und das andre nicht lassen (Sir 38,9–15):[145]

9 *Mein Sohn, in Krankheit zögere nicht,*
bete zu Gott, denn er ist es, der heilt.
10 *Fliehe Unrecht und Parteilichkeit,*[146]
und reinige dein Herz von allen Sünden.
11 *Bringe Wohlgeruch und Gedenkopfer dar,*
spende reichlich nach deinem Vermögen.[147]
12 *Dann aber gib dem Arzte Raum,*
daß er sich nicht entfernt, wenn du ihn brauchst.
13 *Denn es gibt Zeiten, da nur er dir helfen kann;*[148]
14 *denn auch er betet zu Gott,*
daß ihm seine Diagnose gelingt
und Leben bewirkende Heilung.
15 *Der versündigt sich an seinem Schöpfer,*
der sich aufspielt vor (seinem) Arzt.

145 Daß Ben Sira auch um die Grenzen der ärztlichen Kunst wußte, belegt Sir 10,10, vgl. A.A. Di Lella, in: Skehan/Di Lella, Wisdom, 225.

146 Zum Text Patrick W. Skehan in: Skehan/Di Lella, Wisdom, 440 z. St.

147 Zum Text vgl. ebd.

148 Wörtlich: „in denen die Hilfe bei ihm liegt." – Dem Aufsatz liegt ein Vortrag zu Grunde, den ich am 21. November 2001 auf Einladung des Direktors des Instituts für Geschichte der Medizin der Robert Bosch-Stitftung, Herrn Prof. Dr. Robert Jütte, dem ich seit Jahrzehnten freundschaftlich verbunden bin, in Stuttgart zu halten die Ehre hatte. Ich bedanke mich herzlich für die Einladung

Glaube und Geschichte
Das neue Bild der Vorgeschichte Israels und der christliche Glaube[1]

1. Das Problem des Verhältnisses zwischen Glaube und Geschichte im Alten Testament

In seinen methodischen Vorüberlegungen über den Gegenstand einer Theologie des Alten Testaments hat Gerhard von Rad 1958 festgestellt, daß die Eigenart der religiösen Aussagen Israels darin besteht, daß sie sich auffälliger Weise darauf beschränken, „*daß Verhältnis Jahwes zu Israel und der Welt eigentlich nur in einer Hinsicht darzustellen, nämlich als ein fortgesetztes göttliches Wirken in der Geschichte. Damit ist gesagt, daß der Glaube Israels grundsätzlich geschichtstheologisch fundiert ist.*“[2] Oder wie er es einige Jahre später ausgedrückt hat, daß „*der Glaube Israels ... immer auf ein Geschehen, einen göttlichen Selbsterweis in der Geschichte*“ bezogen gewesen ist.[3] Dieser Feststellung muß jeder Leser des Alten Testaments zustimmen, weil sie nicht nur für die Geschichts- und die Prophetenbücher, sondern auch für die Psalmen und teilweise selbst für die Weisheitsbücher[4] zutrifft. Sie alle handeln von Jahwes einstiger, gegenwärtiger und künftiger Lenkung der Geschichte zum Wohl seines Volkes Israel und schließlich auch zum Heil der Welt. Natürlich war auch Gerhard von Rad die Spannung zwischen der biblischen Geschichtsdarstellung und der aus ihnen abgeleiteten kritischen Darstellungen der Geschichte Israels nicht verborgen geblieben. Aber da er davon überzeugt war, daß die späteren, in sich divergierenden Darstellungen der Vor- und Frühgeschichte Israels lediglich eine Entfaltung eines alten, im Kult verankerten geschichtlichen Credo (Dtn 26,5–9) darstellten und dieses sich streng „*auf die objektiven Geschichtsfakten*“

---

1 Vortrag, den ich am 10. Mai 2006 auf Einladung der Theologischen Fakultät der Universität Tartu zu halten die Ehre hatte.

2 Gerhard von Rad, Theologie I, 118.

3 G. van Rad, Aspekte, 57–73, Zitat: 57.

4 Die Weisheit des Jesus Sirach aus dem 1. Drittel des 2. und die Weisheit Salomos aus dem Ende des 1. Jh. vor oder den ersten Jahrzehnten des 1. Jh. n. Chr.

konzentriere,[5] sah er sich nicht genötigt, die reale Basis dieses Geschichtsglaubens in Frage zu stellen.

In den seither verflossenen Jahrzehnten, einem halben Jahrhundert, hat sich die Spannung zwischen der kritischen Rekonstruktion der Geschichte Israels und dem Zeugnis der biblischen Geschichtsschreibung verschärft. Denn seither hat sich die Einsicht durchgesetzt, daß ihre Darstellungen nicht als das Ergebnis einer zuverlässigen geschichtlichen, sondern einer „rekonstruierten Erinnerung" (Jan Christian Gertz)[6] zu verstehen sind, welche die Aufgabe hatte, Israel seine Eigenart als Volk Jahwes und die sich daraus ergebenden Verpflichtungen und Hoffnungen einzuprägen. Moderner und blasser ausgedrückt könnten man sagen, daß diese Geschichtsschreibung der Sicherung der Identität Israels diente, die durch den Untergang des gleichnamigen Nordreiches im Jahre 722, des Südreiches Juda (587) und die seither anhaltenden Fremdherrschaften angefochten war. Das bedeutet, daß die Kluft zwischen dem biblischen und dem historisch rekonstruierten Bild der Vor- und Frühgeschichte Israels so groß geworden ist, daß sich beide nicht mehr zur Deckung bringen lassen. Damit sieht sich der Theologe vor die Frage gestellt, welche religiöse und theologische Bedeutung den heilsgeschichtlichen Werken der Bibel unter diesen Umständen weiterhin zukommt. Der Alttestamentler liefert zur Lösung dieses Problems in kluger Selbstbescheidung nur die Prolegomena. Dagegen bleibt es dem Systematiker vorbehalten, es im Blick auf die ganze biblische und christliche Tradition zu behandeln.

2. Die Geschichtserzählungen des Pentateuchs als Sagen und das relative Vertrauen auf die Treue der mündlichen Überlieferung

Wenn wir uns den im Pentateuch enthaltenen Erzählungen zuwenden, so ist es seit dem Erscheinen der 1. Auflage des Genesiskommentars von Hermann Gunkel aus dem Jahr 1909 anerkannt, daß sie keine Geschichtsschreibung im modernen Sinne darstellen, sondern es sich bei ihnen um Sagen der unterschiedlichsten Arten handelt.[7] Die Sage aber,

5 Theologie I, 135–136, Zit. 136.
6 Jan Christian Gertz, Erinnerung, 3–29.
7 Vgl. dazu Hermann Gunkel, Genesis, VII-LXXX und weiterhin Kaiser, Einleitung, 5. Aufl., 60–65 und Robert N. Neff, Saga, 17–32.

so fügen wir hinzu, ist die Form der geschichtlichen Erinnerung im Stadium mündlicher Überlieferung. Aus der seither aktuellen Frage nach den literarischen Formen oder Gattungen der alttestamentlichen Literatur und ihrem Sitz im Leben hat sich in der auf Gunkel folgenden Generation organisch die nach der Traditions- oder Überlieferungsgeschichte ergeben. Denn wenn es feststeht, daß die Sagen zunächst mündlich überliefert worden sind, so gilt es weiterzufragen, wie und wo es zu den vorliegenden Verbindungen der Einzelsagen zu Sagenkränzen und ihrer Ausgestaltung durch die Einfügung weiterer Personen und Züge gekommen ist.[8] Diese Forschungsrichtung hat im zweiten Drittel des 20. Jh. ihre namhaftesten Vertreter in dem Leipziger Alttestamentler Albrecht Alt und seinen Schülern Gerhard von Rad und Martin Noth gefunden. Sie waren bei ihren Beurteilungen der historischen Zuverlässigkeit der mündlichen Überlieferung und der auf ihr beruhenden Geschichtswerke keineswegs naiv, glaubten aber doch, hinter einigen ihrer Themen geschichtliche Ereignisse ermitteln zu können.

Albrecht Alts Interesse galt vor allem der Geschichte Israels. In seiner grundlegenden Studie über den Gott der Väter aus dem Jahre 1929 suchte er nachzuweisen, daß es sich bei den Erzvätern um Empfänger der Offenbarungen ursprünglich namenloser Numina gehandelt hätte. Diese habe man in der Folge mit den Namen ihrer ersten Verehrer als Gott bzw. Schild Abrahams (Gen 15,1), Gott bzw. Schrecken Isaaks (Gen 31,42) und Gott bzw. Stier oder Starker Jakobs (Gen 49,24) bezeichnet. Diese Vätergötter hätten den Vorfahren Israels Landbesitz (vgl. z.B. Gen 12,7)[9] und Nachkommenschaft (vgl. z.B. Gen 12,2)[10] verheißen.[11] Die Analyse der einschlägigen biblischen Erzählungen verbot es allerdings, die von ihnen unterstellte gesamtisraelitische Landnahme unter der Führung Josuas für ein geschichtliches *factum* zu halten. Doch wenn man unterstellte, daß es sich bei den Vorfahren der späteren Stämme Israels um Kleinviehnomaden handelte, ließ sich immerhin eine friedliche Landnahme annehmen, die im Zuge des Wei-

8 Eine Unterscheidung etwa der Art, daß das Wort Tradition den Inhalt und Überlieferung den Vorgang der Tradierung meint, empfiehlt so schon deshalb nicht, weil das Englische für beide Fälle nur über das eine Wort „tradition" verfügt und sich diese Unterscheidung auch im Deutschen nur gekünstelt durchhalten läßt.

9 Vgl. weiterhin z.B. Gen 13,14; 15,7.18; 17,8; [22,17b]; 26,3; Ex 6,4.

10 Vgl. weiterhin z.B. Gen 13,15–16; 15,5; 17,4–5; 22,16–18; 26,4; 46,3; Ex 6,8.

11 A. Alt, Gott = ders., Schriften I, 1–78.

dewechsels zwischen Steppe und Bergland erfolgt wäre: Während die Nomaden zunächst im Winter in die Steppen zurückgekehrt seien. hätten sie schließlich die Schwächung der kanaanäischen Stadtstaaten ausgenutzt und sich für immer in dem Berg- und dem angrenzenden Kulturland niedergelassen.[12] Weiterhin hatte Gerhard von Rad 1938 in seiner Abhandlung „Das formgeschichtliche Problem des Hexateuch" den Nachweis zu führen versucht, daß die heilgeschichtlichen Erzählungen der Bücher Genesis bis Josua, die von den Vätern bis zur Landnahme Israels in Kanaan reichen, eine Entfaltung des sog. kleinen geschichtlichen Credos in Dtn 26,5b-9 darstellten. Denn in ihm sind in der Tat die grundlegenden Themen der Väterzeit, der Bedrückung in und der Herausführung aus Ägypten sowie der Führung in das Land enthalten. Es habe seinen Sitz im Leben im Bundeskult besessen, dessen Festlegende die Sinaitradition gewesen sei.[13] Dabei setzte er die 1930 von Martin Noth aufgestellte Hypothese voraus, daß die Zwölf Stämme Israels in der vorstaatlichen Zeit einen Stämmebund nach der Art einer Amphiktyonie gebildet hätten.[14] Josua aber, der in dem nach ihm benannten Buch als der Anführer Israels bei der Eroberung des Landes Kanaan erscheint, wurde von Alt als ein ephraimitischer Führer eingeordnet: Er hätte das Territorium seines Stammes nach der Landnahme vergrößert (Jos 10) und im Bundesschluß von Sichem den Zusammenschluß der Stämme bewirkt (Jos 24,24–27).[15]

Martin Noth hatte weiterhin die Anregung von Rads aufgenommen und in der 1948 veröffentlichten „Überlieferungsgeschichte des Pentateuch" die Ausgestaltung und Verbindung seiner Themen untersucht. Dabei kam er zu dem Ergebnis, daß der gemeinsame Aufriß des sog. Jahwistischen (J) und des Elohistischen Geschichtswerkes (E) von der Väter- bis zur Bileamgeschichte in Num 22–24 (und primär bis zur Landnahmegeschichte) auf einer älteren Grundlage beruht habe, die sich im Bundeskult aus dem Kleinen Credo heraus entwickelt hätte. Das erlaubte ihm, beide Geschichtswerke in das Davidisch-Salomonische

12 A. Alt, Landnahme = ders., Schriften I, 89–125. und ders, Erwägungen, 8–63 = ders., Schriften I, 126–175.

13 G. von Rad, Problem, 2–7 und 30–36 = ders., Studien, 9–86, bes. 11–16 und 41–48.

14 Vgl. Noth, System, bes. 61–121 bzw. ders., Geschichte, 83–104.

15 Alt, Ursprünge, 13–29, bes. 28–29 = ders., Schriften I, 176–192, bes. 191–192; vgl. auch G. von Rad, Problem, 33–35 = ders., Studien, 44–46 und Noth, Geschichte, 90–92.

Zeitalter und mithin das 10. Jh. v. Chr. einzuordnen,[16] in dem nach von Rad die israelitische Literatur ihren Höhepunkt erreicht hatte.[17]

Blicken wir zurück, so erkennen wir, worin das Faszinierende dieser Rekonstruktion der Vorgeschichte Israels lag: Auch wenn sie in ihrem Ergebnis nicht deckungsgleich mit der biblischen Darstellung war, hätten an ihrem Anfang doch die Verheißungen des Vätergottes gestanden. Das für die Religion Israels grundlegende Ereignis aber sei die Rettung der aus Ägypten fliehenden protoisraelitischen Gruppe am Meer gewesen. Der Bund vom Sinai, von Josua auf dem Landtag zu Sichem erneuert und weiterhin alljährlich in einem Bundesfest begangen, hätte die Verbundenheit Israels mit seinem Gott in der Richterzeit lebendig erhalten. Mochten die Zwölf Stämme sich auch erst im Kulturland gebildet haben, so konnten ihre Vorfahren trotzdem als Einwanderer gelten, die der Landverheißung des Vätergottes gefolgt waren. Mose aber, für den Noth trotz seines ägyptischen Namens keinen primären Haftpunkt in der Auszugs-, sondern nur einen sehr schmalen in der Gottesbergüberlieferung erkennen konnte,[18] habe aufgrund seiner Verschwägerung mit den Jahwe verehrenden Midianitern eine nicht mehr genauer zu bestimmende Rolle in der Vorgeschichte des kultisch erneuerten Bundes vom Sinai gespielt. Kurz und gut: Es blieben genug Daten übrig, die es ermöglichten, die biblische Heilsgeschichte als Auslegung faktischer Heilserweisungen zu verstehen.

16 Überlieferungsgeschichte, 40–44.

17 Vgl. G. von Rad, Anfang,1–42 = ders., Studien, 148–187 und weiterhin ders., Theologie I, 62–70.

18 Vgl. Noth, Überlieferungsgeschichte, 172–191, bes 184–185: Moses sei mit der Gottesbergtradition jedenfalls durch den individuellen Zug der Verschwägerung mit einem midianitischen Priester verbunden, vgl. Num 11,4–35; 16; ferner Num 12,1; Jud 1,16; 4,11. Als genuin beurteilte Noth, 186–187 auch die Tradition von dem unbekannten Mosegrab gegenüber vom Tal Bet Peor in Dtn 34,6, vgl. 3,29. Vermutlich sei die Erinnerung an ihn in den mittelpalästinischen Stämmen gepflegt worden, weil sich so am besten erkläre, daß sie sich nach Süden und Norden (vgl. Jud 18,30) verbreitet habe. Zu der Verbindung zwischen Mose und Midian vgl. auch A. H. J. Gunneweg, Mose, 1–9 = ders.,Scriptura, 36–44, und ders., Religionsstifter, 41–48 = ders., Scriptura, 45–52, Zitat 52: „Sein Name wurde zur Chiffre, mit der Israel die tiefere Einheit dieses [vielfältigen Offenbarungs-] Geschehens als Offenbarung Gottes zum Ausdruck brachte. Der Religionsstifter starb, die Chiffre verblaßte, aber das Zeugnis des Glaubens bleibt und wartet auf Glauben.“

3. Das neue Bild der Vor- und Frühgeschichte Israels und seine Gründe

Befragt der Historiker heute die biblische Sagenüberlieferung so hat er es bedeutend schwerer als seine Vorgänger. Das hängt nicht zuletzt daran, daß sowohl die kulturanthropologischen als auch die literargeschichtlichen Voraussetzungen sich wesentlich geändert haben und die Ergebnisse der kulturarchäologischen Forschungen der letzten Jahrzehnte das so gewonnene neue Bild der Vor- und Frühgeschichte Israels unterstützen. So hat die kulturanthropologische Forschung den Glauben in die relative Stabilität der mündlichen Überlieferung erschüttert: Denn nach den neueren Untersuchungen ist sie keineswegs das sichere Vehikel, welches das mündliche Überlieferungsgut über Generationen hinweg im wesentlichen unverändert bewahrt. Das Erzählte ist vielmehr bereits nach vier Generationen in der Erzählung verschwunden, weil jeder Erzähler die überlieferten Geschichten der eigenen Situation anpaßt. Im Zuge dieser Aktualisierungen können Züge der Erzählung verstärkt, verändert oder unterdrückt und Personen und Orte ausgetauscht werden. In einer erst Jahrhunderte nach den Ereignissen aufgezeichneten Überlieferung sind daher keine historisch zuverlässigen Angaben mehr zu erwarten.[19]

Dieses Ergebnis wird dadurch radikalisiert, daß die Anfänge der israelitischen Geschichtsschreibung inzwischen nicht mehr im 10, sondern allenfalls im späten 9, wenn nicht erst 8. Jh. zu suchen sind. Die Erzählungen vom Davidisch-Salomonischen Großreich haben aufgrund ihrer redaktionsgeschichtlichen Untersuchung und der siedlungsgeographischen Befunde ihre historische Glaubwürdigkeit verloren. Mit Sicherheit läßt sich nur festhalten, daß David König in Juda war und Salomo bereits in Jerusalem residierte, was zugunsten der Annahme spricht, daß bereits sein Vater die Stadt erobert hatte. Die damalige Bevölkerungsdichte Palästinas reichte keineswegs zu einer Machtausdehnung im Norden, Osten und Südosten aus, wie sie in II Sam 8,1–13

19 Vgl. dazu P. G. Kirkpatrick, Old Testament, 51–72 und zur Bedeutung für die Rekonstruktion der Geschichte der Patriarchen 112–113. – Ich erinnere mich bei dem französischen Kulturanthropologen Lucien Lévy-Bruhl in meiner Studentenzeit gelesen zu haben, daß bei den schriftlosen Völkern vier Generationen zurück die Urzeit liege. Das Vier-Generationen-Gesetz läßt sich unschwer überprüfen: Ohne das Studium einer Ahnentafel oder eines Stammbaums dürfte kaum jemand in der Lage sein, die Namen und Lebensumstände seiner vier Urgroßmütter und vier Urgroßväter herzusagen.

und 10 vorausgesetzt wird. Trotz der Beamtenlisten in II Sam 8,16–18 und I Reg 4,2–6 stand Salomo noch keine durchstrukturierte Verwaltungsbürokratie zur Verfügung, sondern er stützte sich im wesentlichen auf die Zusammenarbeit mit loyalen Baronen. Nach dem epigraphischen Befund ist mit dem Entstehen einer solchen nicht vor dem Ende des 9. bzw. dem Anfang des 8. Jh. zu rechnen.[20] Trotzdem handelt es sich bei den überlieferten Erzählungen vom König David, dem Aufstand Absaloms und der Beseitigung der anderen Söhne Davids durch Salomo um keine freien Erfindungen; denn es liegen ihnen einzelne zeitnahe Berichte zugrunde, die erst nachträglich zu einer Gesamterzählung zusammengeschlossen und anschließend unter verschiedenen Tendenzen bearbeitet worden sind.[21] Das Bild von der Herrschaft Davids und Salomos als des goldenen Zeitalters des Volkes Israels ist jedenfalls ein in die Vergangenheit zurückprojiziertes Ideal.[22] Ähnlich dürfte es sich bei der Aufzeichnung der in den Büchern Genesis bis Josua[23] enthaltenen Traditionen verhalten, welche die Eigenart Israels als des Eigentumsvolkes des Gottes Jahwe und seinen Besitzanspruch auf das Land Kanaan begründen. Auch sie scheint zunächst nur in thematische gebundenen Einzelerzählungen erfolgt sein,[24] die ihrerseits erst in dem Zeitraum zwischen der Zerstörung des Nordreichs 722 und des Südreichs 587 zu einer oder mehreren Gesamtdarstellungen verbunden worden und dann bis in das 4. Jh. hinein fortgeschrieben, ergänzt und ausgestaltet worden sind.[25] Nach 722 und vollends nach der

---

20 Zum archäologischen Befund vgl. David W. Jamieson-Drake, Scribes, 136–150 mit den Tafeln und Diagrammen 160–216 und zur biblischen Darstellung der Reichsverwaltung Hermann M. Niemann, Herrschaft, 257–268.

21 Vgl. dazu Thilo A. Rudnig, Thron, 330–363.

22 Zur Entstehung der Vorstellung von Salomo als dem weisesten König aller Zeiten als Übernahme eines Motivs der mesopotamischen Königsideologie vgl. Kaiser, Anweisungen, 15–20.

23 Sie werden zusammen im Gegensatz zu den 5 Büchern Moses oder dem Pentateuch als Hexateuch bezeichnet.

24 Ihre genauere Untersuchung im Blick auf ihre Herkunft, ihren Tradentenkreis und ihre theologische Botschaft steht weithin noch aus.

25 Auf dem Gebiet der Pentateuch.– bzw. der Hexateuchkritik bestehen derzeit erhebliche konzeptuelle Divergenzen. So ist es umstritten, ob das Jahwistische oder das Priesterliche Geschichtswerk als erstes eine von der Schöpfung bis zum Vorabend der Landnahme bzw. der Sinaioffenbarung reichende zusammenhängende Darstellung vorgelegt habe, wobei in beiden Fällen die älteren an ein Thema gebundenen Erzählungen die Quelle bzw. die Vorlage gebildet hätten. Christoph Levin, Jahwist, 389–435; ders., Testament, 48–55 und Reinhard G. Kratz, Komposition, 249–304 und 308–313 sind sich darin einig, daß das

Zerstörung Jerusalems 587 gewann auch die Davidüberlieferung eine aktuelle Bedeutung; denn zunächst konnte sie den Bewohnern des Nordreiches David und damit die Davididen als die genuinen Könige über ganz Israel empfehlen.[26] Dann aber begründete die David gegebene Verheißung eines ewigen Königtums (II Sam 7,12–13) die Hoffnung derer, welche die Katastrophe des Südreiches überlebt hatten, auf die Wiederauferstehung des Reiches Davids in Herrlichkeit.[27] Unbeschadet der im späten 10. Jh. einsetzenden Königsannalen (vgl. I Reg 14,19–20 Jerobeam; 14,21 Rehabeam) und zumal im Nordreich entstandener Einzelerzählungen, die später vor allem in das Richter- und Königsbuch eingegangen sind,[28] besteht kein zureichender Grund, die Anfänge der eigentlichen Geschichtsschreibung vor dem 8. Jh. anzusetzen. Daß wir in ihm das Eckdatum für die Entstehung der israelitischen Literatur zu sehen haben, belegt auch das Einsetzen der sogenannten Schriftprophetie in Gestalt der ihm angehörenden Propheten Amos, Hosea, Jesaja und Micha.[29]

Unabhängig von diesen Umdatierungen sind jedoch auch die tragenden Fundamente der überlieferungsgeschichtlichen Rekonstruktion der Alt-Schule weggebrochen: Das von Gerhard von Rad als Urdatum der ganzen biblischen Überlieferungsgeschichte betrachtete „Kleine geschichtliche Credos“ in Dtn 26,5–9 ist in seiner überlieferten Gestalt

---

Jahwistische Werk eine sekundäre Komposition darstellt, datieren es aber unterschiedlich. Levin setzt es im 6. Jh. an, während Kratz die zeitliche Frage im „Schwebezustand“ zwischen 720 und 587 läßt; vgl. dazu auch Ernest Nicholson, Pentateuch, 132–160. Zur grundsätzlichen Bestreitung der selbständigen Existenz eines Jahwistischen Geschichtswerkes zugunsten der Hypothese einer sekundären Einfügung jahwistischer Texte in die Priesterschrift vgl. zuletzt J. C. Gertz, Literatur I, 208–210 und zur primären Sonderstellung der Josephgeschichte 272–277.

26 Vgl. dazu John Barton, Dating, 95–106, der die nachexilische Ansetzung der ganzen Erzählung von der Thronnachfolge Davids durch John Van Seters, Search, 95–106. 249–291 mit Recht bestreitet. Zum literarischen Befund in II Sam 1–5 wie seinen Folgen für die Rekonstruktion der Geschichte der frühen vgl. Königszeit Alexander A. Fischer, Hebron, 257–268 und 319–329 und zur Saul-Daviderzählung Klaus-Peter Adam, Saul, 213–215.

27 Vgl. dazu Timo Veijola, Dynastie, 68–79; ders., Verheißung, 95–118 und Ernst-Joachim Waschke, Gesalbte, 52–74.

28 Vgl. dazu z.B. Uwe Becker, Richterzeit, passim; Ernst Würthwein, Abimelech, 12–28, ders., Revolution, 28–48.

29 Zu den literarischen Befunden vgl. Kaiser, Grundriß II; Erich Zenger, Einleitung; Konrad Schmid, Propheten, passim und zum historischen und theologischen Zusammenhang Wolfram Herrmann, Theologie, 89–102.

erst eine deuteronomistische und mithin nicht vor dem 6. Jh. anzusetzende Bildung. Das entspricht der inzwischen gewonnenen Einsicht, daß die summarischen Bekenntnisse der heilsgeschichtlichen Darstellung nicht vorausgehen, sondern ihr folgen.[30] Sie sind ihrer Eigenart nach formelhafte Zusammenfassungen der ausführlichen biblischen Geschichtserzählungen.[31] Nicht besser ist es, wenn auch aus anderen Gründen, um Albrecht Alts Hypothese von dem Gott der Väter als namenlosem Numen bestellt, das ihnen Land- und Nachkommenverheißungen offenbart hätte: Sie hat sich im Ganzen als eine Fehlkonstruktion erwiesen, da weder ihre religionsvergleichenden noch ihre literargeschichtlichen Voraussetzungen haltbar sind.[32] Der Machterweis Jahwes beim Auszug aus Ägypten läßt sich historisch nicht fassen (vgl. Ex 14). Wir können weder sagen, wann und wo die Rettung am Meer stattgefunden hat noch welche später in Israel aufgegangene Gruppe gegebenenfalls daran beteiligt war.[33] Wie Jahwe zum Herrn einer Eidgenossenschaft Israel geworden ist, die den Gottesnamen El als theophores Element enthält,[34] bleibt uns unbekannt. Wie und ob das biblische Israel mit der diesen Namen tragenden Völkergemeinschaft im mittelpalästinischen Gebirge zusammenhängt, die der Pharao Merenptah in seiner Siegesinschrift aus dem späten 13. Jh. erwähnt,[35] wissen wir nicht. Moses wird angesichts seiner kaum erfundenen Verbindung mit den Midianitern „*als eine Person erkennbar, die mit der Jahwe-Verehrung der Midianiter verbunden war und in der Übertragung dieser Verehrung nach Palästina nördlich des midianitischen Einflußgebietes eine Rolle gespielt hat.*“

30 Vgl. z.B. W. Richter, Beobachtungen, 176–212.

31 Zur Analyse vgl. z.B. Leonhard Rost, Credo, 11–24; Norbert. Lohfink, Credo, 19–39 = ders., Deuteronomium, 263–290; ders., Beispiel, 100–107 = ders., Deuteronomium, 291–304; Siegfried Kreuzer, Frühgeschichte, 149–182; wobei zu fragen ist, ob man die Rahmenverse in der 1. Sing, masc. Dtn 26,5a und 10a wirklich als aus vorstaatlicher Zeit stammendes Urbekenntnis betrachten darf, zumal der Eingangssatz die zumindest umstrittene Landnahme voraussetzt.

32 Vgl. dazu umfassend Matthias Köckert, Vätergott, bes. 300–323. Möglicherweise bildeten gewisse Ahnengräber die Haftpunkte für die Väterüberlieferung, so Oswald Loretz, Totenkult, 149–204 und ders., Ugarit, 128–129

33 Daß die Erzählungen sich um äpytisches Kolorit bemüht haben, sichert nicht ihre Historizität; anders Graham Davies, Exodus, 23–40, vgl. aber auch Donald B. Redford, Egypt, 408–412, der auf die späten Elemente des Ägyptenbildes hinweist und den Zug der Israeliten nach Ägypten mit den Hyksos verbindet.

34 Vlg. dazu Noth, Personennamen, 207–209.

35 Vgl. Ursula Kaplony-Heckel, Israel-Stele, Texte, 544–552, bes. 552.

Ob man ihn darüber hinaus mit aus Ägypten entronnenen Flüchtlingen verbinden kann, gehört in den Bereich der Spekulation, die sich der Historiker versagen muß.[36] Für eine Landnahme der späteren Stämme Israels gibt es keine sicheren archäologischen Zeugnisse: Gegen sie spricht die Tatsache, daß das Hebräische und damit ein Dialekt der bisherigen Landessprache als Volkssprache Israels diente und der kulturelle Zusammenhang zwischen der Spätbronzezeit III und der Eisen I Zeit in Palästina nicht unterbrochen ist. Daher ist es wahrscheinlich, daß es sich bei den israelitischen Stämmen um das Ergebnis interner sozialer Umschichtungen handelt, die im Zusammenhang mit dem Niedergang der Stadtkönigtümer der Späten Bronzezeit stehen. Doch läßt es sich nicht auszuschließen, daß sie durch einzelne Gruppen, die vom Süden oder Nordosten her eingewandert sind, verstärkt worden sind. Doch fehlen dafür stichhaltige Belege.[37] Die Hypothese, daß das vorstaatliche Israel eine aus zwölf Stämmen bestehende Amphiktyonie darstellte, beruhte auf einer Fehldatierung der einschlägigen Stammeslisten in Num 1,5–15; 26,5–51 und Gen 49;[38] denn sie sind gegen Noth nicht in der Richterzeit entstanden, sondern sämtlich als literarisch sekundäre Bildungen zu beurteilen.[39] – Daß die Tradition vom Gottesberg eine

36 Eckart Otto, Mose, 33 und weiterhin z. B. Rudolf Smend Mose, 5–20; H.-C. Schmitt, Arbeitsbuch, 82–90. Zum problematischen Thema „Moses und der Monotheismus" vgl. Angelika Berlejung, Geschichte, 66: „Die These vom uranfänglich monotheistischen Jahwismus der ‚Israeliten' bzw. der Mosegruppe, der sich gegen die Anfeindungen des ‚kanaanäischen' Polytheismus habe durchsetzen können, beruhte im Wesentlichen auf der unkritischen Nacherzählung der biblischen Texte. Sie weicht in der Religionsgeschichte (zumeist aufgrund archäologischer ikonographischer und epigraphischer Befunde) dem entwicklungsorientierten Modell, wonach der Weg vom vorexilischen Polytheismus über Henotheismus und Monolatrie zu einem facettenreichen monotheistischen Jhwh geführt habe, der Züge verschiedener Götter und Göttinnen absorbiert habe." Zur Sache vgl. auch Uwe Becker, Staatsreligion, 1–21; Wolfram Herrmann, Theologie, 69–105 und Kaiser, Gott I, 113–125; Gott III, 343–392. Auf hohem spekulativem Niveau hat sich Gottfried Schramm, Wegscheiden, 50–82 noch einmal für Moses als den Begründer des biblischen Monotheismus eingesetzt.

37 Zum Problem der Landnahme Israels vgl. Israel Finkelstein/ Nain A. Silbermann, Wahrheit, 112—136 und zur Diskussion besonders Anthony J. Frendo, Approach, 41–64, H.- C. Schmitt, Arbeitsbuch, 100–109 und zuletzt Angelika Berlejung, Geschichte, 89–95.

38 Vgl. Noth, System, 23–28.

39 Vgl. dazu Chistoph Levin, System, 163–178, ders., Fortschreibungen, 111–123, bes. 123–124: „Das System der zwölf Stämme Israels ist Fiktion. ... Es

Sonderstellung in dem von den Vätern bis zur Landnahme reichenden Themenkreis besessen hat, haben schon von Rad und Noth betont.[40] Aber inzwischen hat sich ergeben, daß das Konzept des Gottesbundes mit Israel, dessen hohes Alter man in den ersten Jahrzehnten nach dem Zweiten Weltkrieg zusätzlich mittels des Vergleichs mit hethitischen Staatsverträge sichern zu können meinte,[41] bestenfalls aus der spätassyrischen, wenn nicht erst der Exilszeit und d.h. aus dem 6. Jh. stammt. Vom Urdekalog[42] ist nicht mehr die Rede, der Dekalog ist entweder im 7. oder (wahrscheinlicher) 6. Jh. entstanden.[43] Das als Lebensordnung der vorstaatlichen Zeit betrachtete Bundesbuch ist (in seiner Grundgestalt) zu einem Jerusalemer Rechtslehrbuch des 8. Jh. geworden[44] und der späte Charakter der Erzählungen vom Bundesschluß am Sinai keine esoterische Meinung mehr.[45] Der Dekalog und die Rechtsbücher Israels sind nicht vom Himmel gefallen, sondern so wie jener älteres Sippen-

---

spiegelt eine Zeitlage, in der die familiäre Herkunft an die Stelle von Staat und Gesellschaft getreten ist: Jahwe, der Gott Israels, ist zum Gott der Väter geworden. Unter diesen Umständen erhielt die Genealogie für das Selbstverständnis des Gottesvolkes eine Bedeutung, die sie zuvor nicht besaß. Das System der zwölf Stämme Israels gehört ziemlich von Anfang an in die ‚genealogische Vorhalle' der Chronik."

40 Von Rad, Problem, 11–23 = ders., Studien, 9–86, hier 20–33 und Noth, Überlieferungsgeschichte (1948), 156.

41 Vgl. z.B. George E. Mendenhall, Recht; Walter Beyerlin, Herkunft und Klaus Baltzer, Bundesformular.

42 Vgl. z.B. Alt, Ursprünge, 52–68 = ders., Studien, 316–331, der ihn in seiner Urgestalt unter Verweis auf Jos 24 in einem zeremoniellen Bundesschluß verankerte.

43 Vgl. dazu z.B. Lothar Perlitt, Dekalog, 408–413; Frank-Lothar Hossfeld, Dekalog, 283–284; Werner H. Schmidt mit Delkurt u. Graupner, Zehn Gebote. Zum Problem des ursprünglichen Orts des Dekalog in Ex 20 oder Dtn 5 vgl. Otto, Ethik, 208–219; ders., Dekalog, 625–628, der wie Hossfeld, 143–162 für Dtn 5 votiert, mit z.B. Reinhard G. Kratz, Dekalog, 205–238, und Christoph Levin, Dekalog, 165–191 = ders. Fortschreibungen, 60–80, die beide für Ex 20 eintreten. Zur theologischen Bedeutung des Dekalogs vgl. Kaiser, Gott III, 48–60.

44 Otto, Bundesbuch, 1876–1877, vgl. ders., Wandel; ders., Rechtsgeschichte und ders. Ethik, passim.

45 Vgl. dazu z.B. Levin, Jahwist, 362–369 und Wolfgang Osswald, Israel, 241–254. – Zur Entfaltung der alttestamentlichen Bundestheologie vgl. Walter Groß, Zukunft; Kaiser, Gott III,.11–38 und Levin, Entstehung, zu Jos 24 als Endpunkt des Hexateuchs bzw. der Hexateuch-Redaktion Otto, Deuteronomium im Pentateuch, 243–250 und Reinhard Achenbach, Pentateuch, 122–154 bes. 142–148. Den wesentlichen Impuls zur Neuorientierung der bundestheologischen Forschung hat Lothar Perlitt, Bundestheologie gegeben.

und zumal Todesrecht verallgemeinert und in eine überzeugende Ordnung gebracht hat,[46] haben auch das Bundesbuch, das es modernisierende Deuteronomium,[47] die priesterlichen Opfer- und Reinheitsgebote und das bereits redaktionelle Heiligkeitsgesetz[48] auf älteres Rechtsgut im Tor bzw. des Tempels zurückgegriffen.[49] Eine in den Kreisen der Jerusalemer Hofbeamten entstandene aggressive Jahwe-Allein-Bewegung hat den Reichsgott von Israel und Juda gegen den Anspruch Assurs geistig verteidigt und damit die Voraussetzung dafür geschaffen, daß sein besiegtes und in alle Welt zerstreutes Volk seine Identität als Jahwes Eigentumsvolk, dessen Zukunft von seinem Gehorsam gegen die Tora abhängt (Dtn 30,1–8), bis heute bewahren konnte.[50] Doch was die Vor- und Frühgeschichte Israels als ganze betrifft, so hat unsere Übersicht gezeigt, daß wir im Blick auf sie mehr Fragen stellen, als sichere Antworten geben können.[51]

4. Heilsgeschichte und Glaube

Die in den Büchern Genesis bis Josua enthaltene Heilsgeschichte, die von der Erschaffung der Welt und des Menschen bis zu einer Erneuerung des Sinaibundes auf dem Landtag zu Sichem mit Josua führt, ist das Ergebnis eines überaus verwickelten Überlieferungs- und Redaktionsprozesses, in dem sehr unterschiedliche Vorstellungen von der

---

46 Vgl. dazu Anthony Phillips, Criminal Law, passim; Hossfeld, Dekalog, 262–281 und ; W. H. Schmidt mit Delkurt/ Graupner, Zehn Gebote, passim.

47 Vgl. dazu ausführlich Otto, Deuteronomium im Pentateuch, 217–363 und knapp Timo Veijola, Deuteronomium 1–16, 2–6. – Zum Problem der Beziehung zwischen Dtn 13 und den assyrischen Adê oder Vasallenverträgen vgl. Otto, Deuteronomium, 32–90; Veijola, Wahrheit, 287–314 = ders., Erben, 109–130; ders., Deuteronomium 1–16, 279–293; Hans Ulrich Steymans, Bedeutung, 331–349, bes. 344–345; Karen Radner, Vorbild, 351–378, bes.374–375, grundsätzlich Levin, Entstehung und zum rechtsgeschichtlichen Problem der vorderasiatischen Verträge künftig Christoph Koch.

48 Vgl. dazu das Referat bei Kaiser, Grundriß I, 82–83 und weiterführend Otto, Heiligkeitsgesetz, 65–80. und ders., Heiligkeitsgesetz zwischen Priesterschrift und Deuteronomium, 330–340.

49 Vgl. dazu paradigmatisch die Analyse von Lev 20 durch Ludwig Maßmann, Ruf.

50 Vgl. zu ihr Morton Smith, Politics, 31–41 und passim; Bernhard Lang, Bewegung, 47–83; Timo Veijola, Erben, 34–36 und 91, zur Sache auch Otto, Deuteronomium, 364–378 und Wolfram Herrmann, Theologie, 128–135.

51 Vgl. dazu auch Levin, Israel, 385–403 = ders., Fortschreibungen, 142–157.

Art des Gotteshandelns in der Welt und am Menschen zu Worte kommen. In der priesterlichen Fassung der Auszugsgeschichte hebt Jahwe entweder mit seiner Wundermacht oder mittels der seinen Beauftragten verliehenen Zauberkraft den üblichen Ablauf der Natur zugunsten seines Rettungshandelns auf. In der nichtpriesterlichen Auszugsgeschichte aber bedient er sich natürlicher Ereignisse wie z.B. des Fischsterbens und der Verpestung des Nilwassers (Ex 7,14–25) und eines das Meer zurücktreibenden Windes (Ex 14,21a2), um sein Volk aus Ägypten zu befreien und vor seinen Verfolgern zu retten.[52] In der Josephgeschichte schließlich lenkt er die Ereignisse, indem er den ganz andere Absichten verfolgenden Handlungen der Beteiligten die gewünschte Richtung gibt (Gen 50,19–20). In vergleichbarer Weise schildert auch der Erzähler die Geschichte vom König David (I Sam 16–II Sam 21 + I Reg 1–2) als eine Abfolge von Ereignissen, in denen göttliche Erwählung, menschliche Parteiungen und Leidenschaften zusammenwirken, um erst David und dann Salomo auf den Thron zu führen. Gerhard von Rad hatte seinerzeit mit Recht diese durchaus aufgeklärte Haltung der drei zuletzt genannten Erzählungen hervorgehoben,[53] sie jedoch um Jahrhunderte zu früh datiert. In ihnen und noch ausgeprägter in der von Thukydides verfaßten Geschichte des Peloponnesischen Krieges meldet sich eine neue Art der Geschichtsbetrachtung, die den Geschichtsverlauf als Ergebnis immanenter Ereignisse und Zusammenhänge begreift.[54] Hier bereitet sich das für die Neuzeit typische säkulare Geschichtsverständnis vor, das letztlich selbst eine Folge des biblischen Glaubens ist. Denn indem er die Welt als Schöpfung Gottes begreift, besitzt sie für ihn keine sakrale Würde mehr: Sonne, Mond und Sterne sind nach Gen 1,14–17 anders als in der Völkerwelt keine Götter, sondern Lampen. Gleichzeitig wird der Menschen so zwischen Gott und Welt gestellt, daß er seinen Umgang mit der Welt und sein Verhalten gegen den Anderen als seinem Nächsten vor Gott zu verantworten hat.[55]

Steht der Mensch so zwischen dem allein heiligen Gott und einer profanen Welt, so ergibt sich daraus prinzipiell, daß wir keine von Gott

52 Vgl. dazu J. C. Gertz, Tradition, 74–188.

53 Vgl. G. von Rad, Anfang, 1–42 = ders., Studien, 148–187 und weiterhin ders., Theologie I, 62–70.

54 Vgl. Holger Sonnabend, Thukydides, 47–58 und 113–116.

55 Vgl. dazu Friedrich Gogarten, Mensch,144–180 bzw. ders., Entmythisierung, 28–45.

gelenkte Heilsgeschichte mehr entwerfen können. Denn die Geschichte ist damit zum Ort menschlichen Tun und Leidens geworden. Anders als es für die Propheten und die Deuteronomisten selbstverständlich war, können wir ihren Verlauf nicht als eine Folge von Akten göttlicher Gerechtigkeit im moralischen Sinne deuten.[56] Er erweist sich trotzdem einerseits als der ferne[57] und andererseits der nahe, doch ob er für uns der eine oder der andere ist, hängt von unserem Glauben oder Unglauben oder schlichter gesagt: von unserem Gottvertrauen ab.

Trotzdem besitzt der Glaube Israels wie jeder Glaube seine Geschichte. Er ist geschichtlich vermittelter Glaube. So zieht sich eine Reihe von Gotteszeugen durch die Zeiten, die bis heute reicht: Ohne sie gäbe es keinen Glauben an Gott. Gott bedient sich seiner Zeugen und der Institutionen, die über diesem Zeugnis wachen und es fortsetzen. So erweisen sich die heilsgeschichtlichen Erzählungen der Bibel als Zeugen einer Glaubensgeschichte, in der ihre zeitgebundenen Vorstellungen durch den Lauf der Geschichte gereinigt und ihre Intention auf den Glauben als reine Hoffnung auf Gottes nie endende Gegenwart hervortritt. Hielte dieser Glaube nicht daran fest, daß Gott Ursprung und Ziel der Geschichte ist, so verfiele er einem intellektuellen Mißverständnis, das nicht mehr zwischen dem, was auch dem Glaubenden verborgen ist, und dem, was notwendig in seinem Glauben beschlossen ist, zu unterscheiden weiß. Zu dieser Unterscheidung gehört auch die Einsicht, daß der Prozeß des Werdens und Vergehens, in dem sich nichts und niemand dem Wandel entziehen kann, in dem das Eine aus dem Anderen entsteht und in ein Anderes vergeht, wobei alles Endliche einander den Sold seiner Endlichkeit entrichtet, das Gesetz der Schöpfung ist. Der Gott, der erniedrigt und erhöht, ist Gott als der Herr des Werdens und Vergehens. Er er-eignet sich, indem die Menschen ihn von der Natur zu trennen lernen und schließlich ihrer einzigartigen Stellung zwischen ihm und Welt innewerden. In ihr sind sie die

---

56 Vgl. dazu I. Kant (1791), in: Werke, hg. W. Weischedel VI, 105–126.

57 Die oben erwähnten rationalistischen Züge der Josephs- und der nicht priesterlichen Auszugserzählung wie der Geschichte Davids signalisieren, daß das mythische Weltalter seinem Ende entgegenging und der nahe Gott Israels dabei war, sich in einen fernen Gott zu verwandeln. In diesen Zusammenhang gehört auch die in der späten Perserzeit einsetzende Krise des Glaubens an Gottes Gerechtigkeit. Sie spiegelt sich vor allem im Hiobdialog (Hiob 3–39*) wie im Kohelet/Prediger Salomo; vgl. dazu Gerhard von Rad, Theologie I, 467–473; Kaiser, Gott IIII, 269–298; ders., Anleitungen 32–55 und Alexander A. Fischer, Skepsis, 226–250.

sterblichen, böswilligen, weil unbedingt selbstsüchtigen und daher verführbaren Wesen, die trotz allem zu verantwortlichen Platzhalter Gottes in der Welt berufen sind, in der ihnen schon immer einen bestimmter Ort im Prozeß des Ganzen und damit in der Geschichte zugewiesen ist.[58] Vor allem aber begegnet Gott ihnen seit seinem Heilshandeln an der Menschheit in Jesus Christus in dem in seinem Namen ergehenden Angebot der Kirche, sich durch ihn mit Gott versöhnen zu lassen (II Kor 5,20). Diese Aufforderung aber ist das Ergebnis einer Offenbarungsgeschichte, die (symbolisch gesprochen) mit Abraham begonnen hat. Glaube ist auf allen Ebenen geschichtlich vermittelter Glaube, in dem sich Gott als Herkunft, Grund und Zukunft des Menschen offenbart.

Die Bibel aber ist die geschichtlich gewordene Urkunde dieser Vermittlung zwischen Gott und Welt. Wer über sie urteilt, darf die Anstrengung des Denkens nicht scheuen. Dann wird er hinter ihrer scheinbaren transzendentalen Naivität ihren hohen Reflexionsgrad erkennen. So gibt z. B. die in ihrer vorliegenden Gestalt späte Paradiesesgeschichte in Gen 2,4b–3,24 vor, das Sündersein aus einem vorzeitlichen Ereignis zu erklären, aber der Sache nach zeigt sie, worin der Anreiz zur Sünde besteht, wie ihm die Menschen erliegen und welche Folgen das für ihr Zusammenleben hat. Sie beschreibt mit der Sünde ein Urphänomen, das wir als solches nicht hinterfragen, sondern nur beschreiben können. Vor den Anfang aller Geschichte gestellt, behauptet sie damit, daß die Sünde ihre Voraussetzung bildet.[59] Wer sich an der scheinbaren Grausamkeit einer biblischen Erzählung wie der von der Bindung Isaaks durch seinen Vater Abraham in Gen 22 stört, sollte seine Affekte bezwingen und sie sorgfältig im Horizont ihrer religionsgeschichtlichen Voraussetzungen lesen. Hier geht es nicht um die archaische Grausamkeit Gottes und des Stammvaters des biblischen Glaubens, sondern um eine Erzählung, in der das Vertrauen auf die gegebene Verheißung radikal in Frage gestellt wird, damit es sich in

58 Hegel hat diese Geschichte als Ausdruck des denkenden Glaubens und damit als Gottesdienst nacherzählt, um den Einzelnen mit seinem ihn sich selbst entfremdeten Schicksal zu versöhnen und ihn für das Ganze menschlicher Gemeinschaft, den Staat, in den Dienst zu nehmen. Man sollte nicht wähnen, man könne diese Akte schließen, ohne sie mit derselben Leidenschaft des Denkens, mit der sie geschrieben worden ist, gelesen zu haben.

59 Vgl. dazu Otto, Paradieserzählung, 167–192; Gertz, Adam, 215–236 und jetzt ausführlich Tryggve N.D. Mettinger, Eden, mit der Zusammenfassung 123–135.

seiner Radikalität bewähren kann. Wer in dieser Welt nicht zerbrechen will, dessen Glaube muß stark genug sein, um auch die ihm Liebsten und sein eigenes Leben in Gottes Hand zurückzugeben. Nicht Gottes oder Abrahams Grausamkeit sind hier das Thema, sondern die Erprobung eines Gottvertrauens, das sich durchhält, auch wenn von ihm der Verzicht auf alles, was dem Leben Sinn gibt, gefordert wird.[60] Es ist der reinste Glaube als die reinste Hoffnung, von denen hier die Rede ist.

So wollen die biblischen Texte als Bezeugungen Gottes zum einen dazu einladen, darauf zu vertrauen, daß Gott allen nahe ist, die ihn mit Ernst anrufen (Ps 145,18; vgl. Jer 29,13–14); zum anderen aber davor warnen, in der Gottesferne zu verharren und dadurch der Traurigkeit des Todes (II Kor 7,10) und der Macht des Bösen zu verfallen. Die Gottesgewißheit ist in diesem Sinne die Antwort auf die entschlossene Selbstübergabe an Gott[61] und damit zugleich die fraglose Annahme des eigenen Schicksals. Als solche beendet sie alles Fragen nach dem Warum und Wohin. Sie ist damit eine Vorwegnahme des Endes der Geschichte. Der Glaube an Gott als den grundlosen Urgrund, tragendem Grund und Abgrund von Existenz und Welt ist angesichts des bedrohten Willens zum Dasein und der zu ihrem Wesen gehörenden Verhängung der Zukunft ein Leben lang angefochtener Glaube.[62] Als solcher bedarf der Glaubende und Zweifelnde der „Wolke der Zeugen", die ihn zum Blick auf Christus, den Anfänger und Vollender des Glaubens ermutigen (Hebr 12,1–2) – und damit der Gemeinschaft der Glaubenden und

60 Vgl. dazu Kaiser, Bindung, in: ders., Athen, 199–224. – Es sei jedoch ausdrücklich darauf hingewiesen, daß das Alte Testament auch einen kritischen Leser verlangt; denn die Intoleranz des Isolatonsgesetzes in Dtn 7,1–6 und verwandter fremdenfeindlicher Texte, die eine gefährliche Nachwirkung besessen haben (vgl. zu ihnen Juha Pakkala, Monolatry), müssen im Licht von Lev 19,34 gelesen werden. Der Gegensatz markiert den Unterschied zwischen konstruierter Utopie nach dem Untergang des Reiches Juda und der späteren Lebenswirklichkeit im Persischen Reich.

61 Vgl. dazu auch Kaiser, Anweisungen, 125–128 und unten, 271–295, bes. 294. – Phänomenologisch entspricht dieser Selbstverzicht dem, was Heidegger, Sein und Zeit (1927/1979), 264 = GA 2, 350 (unter Ausklammerung von Gott) als eigentliches Sein zum Tode beschreibt.

62 Vgl. dazu C. H. Ratschow, Glaube, 247: „Der angefochtene Glaube ist Welt und Gesetz ausgesetzter Glaube, der darin Gottes, des *Deus absconditus*, inne wird. Solch Innewerden aber bringt *humilitas*, Ehrfurcht und Bezugsoffenheit für das Wort der Barmherzigkeit. Daß Gott mein Gott sei und daß ich in Demut und Ehrfurcht wahrnehme, daß er Gott immer noch mehr sei, als ich erfassen und erkennen kann, das bringt die Anfechtung mit sich."

zu Ende gedacht: der Kirche. Beide in ihrer Knechtsgestalt nicht zu verachten, lehrt der Blick auf das eigene Versagen: Was an beiden endlich ist, hat teil an den Schwächen der Endlichkeit, die sie dennoch dank ihrer göttlichen Sendung transzendiert (Mt 16,18; 28,18–20). Das Alte Testament handelt von dem Gott, der Israel erwählt hat, um durch sein Heilshandeln an ihm allen Völkern der Welt seine Herrlichkeit zu offenbaren (Jes 45,22–24).[63] Das Neue erklärt, daß diese Offenbarung in Tod und Auferstehung Jesu Christi erfolgt ist und nun die Botschaft von diesem Heilsgeschehen durch die Völkerwelt geht, bis am Ende und jenseits der Geschichte Gott alles in allem ist (I Kor 15,26–28).

5. Exempel 1: Die Botschaft der Priesterschrift

Wir können diese Fülle der biblischen Themen und Texte und die Vielfalt der eigenen Situationen im vorliegenden Rahmen nicht einmal andeutungsweise an uns vorbeiziehen lassen, um sie daraufhin zu befragen, welche direkte und indirekte Auskunft sie uns über unser eigenes Gottesverhältnis geben, sondern können das nur paradigmatisch tun. Wir bedienen uns dabei der sog. existentialen Interpretation, d. h. wir reduzieren ihre Aussagen fundamentalontologisch auf das, was sie über die Existenz des Menschen vor Gott als ihrem Grund aussagen. Dafür wählen wir als erstes Beispiel die priesterliche Bundesverheißung in Gen 17. Da das Mitsein ein wesentlicher Zug des Daseins ist,[64] oder einfacher ausgedrückt: weil der Mensch von Natur ein Vernunft besitzendes und zur Gemeinschaft bestimmtes Lebewesen ist,[65] bedarf er als Mensch des Menschen. Daher wenden wir uns als zweitem Beispiel dem Dekalog zu, in dem das Verhältnis zu Gott und dem Nächsten grundlegend bestimmt wird.

Das Priesterliche Geschichtswerk setzt bekanntlich mit dem Schöpfungsbericht in Gen 1,1–2,4a ein.[66] Das seinen Aufbau bestimmende Sieben-Tageschema kehrt in Ex 24,15–18 wieder: Nach Gen 1,1–2,4a hat Gott Himmel und Erde in sechs Tagen geschaffen, aber am siebten Tage ruhte er von allen seinen Werken, segnete den Tag und

63 Vgl. weiterhin z. B. Ps 96; 102,13–17 und Kaiser, Gott III, 152–172.

64 Vgl. dazu Martin Heidegger, Sein und Zeit (1927/1979, 113–130 = GA 2, 152–173.

65 Vgl. Aristoteles, Politik 1253a1–10.

66 Vgl. dazu Kaiser, Gott II, 39–45 und 251–264.

heiligte ihn. Nach Ex 24,15–18 aber ruhte die Herrlichkeit des Herrn sechs Tage schweigend in einer Wolke über dem Berg, um am siebten Tage Moses zu sich in die Wolke zu rufen und ihm dort den Befehl zur Errichtung des Zeltheiligtums zu geben, weil er in der Mitte seines Volkes wohnen und sein Gott sein wolle (Ex 29,43–46).[67] Das Ziel der Weltgeschichte erkannten die Priester in der Vollendung der Erwählungsgeschichte Israels: Jahwe hätte es als sein Volk aus den Nachkommen Abrahams erschaffen. Ihm habe er sich als El Schadday, als Allwalt,[68] offenbart, mit ihm habe er einen Bund geschlossen und ihm zugesagt, daß er für immer sein und seiner Nachkommen Gott sein und ihnen das Land Kanaan zum ewigen Besitz geben würde (Gen 17,7–8). Später aber habe er sich Moses mit seinen wahren Namen Jahwe offenbart und ihm seine Absicht mitgeteilt, daß er seines Bundes mit Abraham gedenke und daher die Israeliten aus der ägyptischen Fron erretten und mit ausgestrecktem Arm und großen Gerichte befreien und in das Land führen wolle, in dem Abraham, Isaak und Jakob einst als Fremdlinge weilten (Ex 6,1–7). Als Ziel der Geschichte aber betrachteten die Priester die Zeit, in der Jahwe inmitten seines Volkes wohnt, um dessen Gott zu sein (Ex 29,45–46). Das eben ist es, was die Priester ihrem zerschlagenen Volk einprägen: Weil Gottes Bund mit seinem Volk ewig ist, braucht es weder in seiner politischen Ohnmacht und seinem Ausgeliefertsein an fremde Herren zu verzagen. Die Erneuerung des priesterlichen Dienstes im Zweiten Tempel konnte deshalb nicht Gottes letztes Wort für sein Volk sein. Denn die Land- und Nachkommenverheißungen warteten auf ihre endgültige Einlösung.

Außerdem verdanken wir der Priesterschrift die grundlegende Deutung der Welt und des Menschen, der Welt als eines geordneten Ganzen, eines Kosmos, der das Leben von Menschen und Tieren ermöglicht;[69] des Menschen als des Ebenbildes Gottes, der als sein Stellvertreter über die Tiere unter dem Himmel, auf der Erde und im Meer zu herrschen berufen ist (Gen 1,27–28; vgl. Ps 8,5–9). Die Fähigkeit zur Herrschaft gibt dem Menschen seine Vernunft: So ist der Mensch als Ebenbild des Gottes, den man sich in priesterlichen Kreisen (viel-

67 Vgl. dazu B. Janowski, Sühne, 309–312.

68 Zum ungelösten Problem der sachgemäßen Übersetzung und Deutung vgl. Herbert Niehr, Schaddaj, 1078–1083. Unsere Wiedergabe mit „Allwalt“ geht auf Fridolin Stier, Ijob und der Sache nach auf die Übersetzung der Septuaginta des Gottesnamens mit „*pantokrator*“, „der Allmächtige“ zurück.

69 Vgl. dazu Kaiser, Gott II, 251–264.

leicht in der Folge mystischer Schau) als eine gewaltige Lichtgestalt vorstellte (Ez 1,4–28), ein „kleiner“, aber sterblicher Gott[70] – und darin liegt die Problematik seiner Existenz (vgl. Ps 8,5–6 mit 144,3–4).

Doch nun stellt sich die Frage, die jeder Christ sich bei der Lektüre des Alten Testaments stellen muß: Was geht uns das als Christen oder gar als Menschen an, die sich keiner Religion verpflichtet wissen? Die Unterstreichung der Ausnahmestellung des Menschen, der Vernunft besitzt und also eine Welt hat, und nicht einfach in der Welt ist, hat zur Folge, daß er nicht fest in der Welt verwurzelt ist, sondern wegen seiner exzentrischen Position im Jetzt und Hier immer wieder aus ihr herausfällt und dann in einer eigentümlichen Weise über dem Nichts schwebt.[71] Man kann versuchen, dieses Innewerden der Bodenlosigkeit der eigenen Existenz betriebsam zu verdrängen; besser aber ist es, sie anzunehmen und sich dem grundlosen Grund von Welt und Existenz anzuvertrauen. Das aber ist eben Glaube, bedingungslose Übergabe der eigenen Existenz an den Grund alles Daseins, den wir mit der Sprache der Väter Gott nennen. In diesem Sinne ist Gottes Bedürfen nicht nur des Menschen Vollkommenheit, sondern auch seine Notwendigkeit. Für den Priester, der ohne jede Erklärung mit dem Satz „*Im Anfang schuf Gott Himmel und Erde …*“ einsetzt, gehören Gott- und Weltbewußtsein zusammen: Die Welt ist eine endliche Welt, aber alles Endliche ist auf Unendlichkeit und alle Zeitlichkeit auf Ewigkeit als das ganz Andere der Zeit bezogen.

Damit haben wir bereits den ontologischen Kern der Bundeszusage von Gen 17 ermittelt: Der Mensch kann Gott verleugnen und vergessen, aber er bleibt trotzdem auf Gott bezogen, weil Gott der grundlose Grund seiner Existenz ist. Aber da wir zwischen dem ontologischen, wesenhaften und dem faktischen Befund unterscheiden müssen, bedürfen alle Menschen nicht anders als einst das zerschlagene Volk Israel der Erinnerung und der Zusage, daß Gott in guten und bösen Tagen der Grund ihres Lebens ist und bleibt. Die Ontologie reicht nicht aus, das uns meinende und treffende Wort muß dazu kommen, und es bleibt, ob es das weiß oder nicht, in der geschichtlichen Kontinuität mit Gen 17, nur daß es den zeitbedingten Horizont

70 Vgl. dazu Kaiser, Gott II, 301–312 und weiterhin Koch, Imago.

71 Vgl. dazu Hellmuth Plessner, Stufen, 288–308.

einer „Stammesreligion“[72] unter dem Einfluß des universalen Anspruch des Christentums und der veränderten geistigen Situation der Moderne radikal abgestreift hat. Aus dem Exil Israels ist die unbehauste Situation des Menschen geworden, die nur in Gott als ihrem tragenden und bergenden Grund Ruhe findet.

6. Exempel 2: Der Dekalog oder das Problem der Beziehung zwischen Glaube und Sittlichkeit.[73]

Die Mitte des Alten Testaments ist die Tora, die göttliche Weisung, und die Mitte der Tora ist der Dekalog. Er ist von den Redaktoren dem Bundesbuch (Ex 20, 22–23,33) in Ex 20 und dem Deuteronomischen Gesetz (Dtn 12–27) in Dtn 5 vorangestellt und so als die Summe der Tora gekennzeichnet worden.[74] Man pflegt seine Gebote in zwei Tafeln zu gliedern (vgl. Ex 31,18), in die erste mit den (nach der Zählung von Ex 20,1–17)[75] drei kultischen und in die zweite mit sieben sittlichen Geboten. Sie seien der Reihe nach aufgezählt: An der Spitze steht das Gebot, Jahwe allein zu dienen. Es umfaßt in einer fünf Verse umspannenden Inklusion die Verbote, fremden Göttern zu dienen und Götterbilder herzustellen (Ex 20,2–6), wobei das Bilderverbot als ein eigenes formuliert, in Ex 20 aber anders als in Dtn 5,6–21 nicht als ein solches gezählt wird.[76] Es folgen das Verbot, den Namen Gottes (primär wohl im Eid und sekundär auch zu magischen Zwecken) zu mißbrauchen (Ex 20,7), und das wiederum vier Verse umfassende Gebot, den Sabbat zu heiligen und d.h. an ihm jegliche Arbeit zu unterlassen (Ex 20, 8–11). So also wird Gott in der ersten Tafel vorgestellt: Er ist

72 Der Gedanke einer allen Völker gemeinsame Menschheit konnte erst in der übernationalen hellenistischen Staatenwelt und dem römischen Reich entstehen.

73 Vgl. zum Folgenden künftig auch Kaiser, The Ten Commandments. Survival of Tribal Religion or Basic Rules of Social Life?, in: Margit Sutrop, ed., Great Works of Ethics.

74 Vgl. dazu Kaiser, Gott III, 48–49.

75 Zum Problem der unterschiedlichen Zählungen vgl. Kaiser, Gott III, 51–53.

76 Zur Vorgeschichte und Bedeutung der einzelnen Gebote vgl. z.B. Phillips, Criminal Law und W.H. Schmitt mit Delkurt/ Graupner, Zehn Gebote, passim.

der Eine, der allein und bildlos verehrt sein will.[77] Er ist der Gott, dessen Namen man weder zu menschlichen Manipulationen noch im Meineid mißbrauchen darf, weil er den nicht ungestraft läßt, der seinen Namen mißbraucht. Und schließlich ist er der Gott, der verlangt, daß die Menschen einen Tag von ihrer Geschäftigkeit lassen und sich die Zeit nehmen gemeinsam vor Gott zu treten, zu ihm zu beten und seiner Worte und Weisungen zu gedenken. Zu diesem Gott gehört seine Gemeinde, gehören Synagoge und Kirche und *mutatis mutandum* auch die Moschee.[78]

Die zweite Tafel wird durch das vierte Gebot, die Eltern zu ehren (und d.h.: ihnen gehorsam zu sein und sie im Alter zu versorgen) eröffnet (Ex 20,12).[79] Die Reihenfolge der Werte: Gott bzw. die Götter, die Eltern, die Andern ist so natürlich, daß sie sich auch außerhalb Israels wiederfindet.[80] Ohne Gott keine Welt und kein Halt in der Welt, ohne Eltern keine Kinder – wir alle aber sind Kinder unserer Eltern.[81] Darüber bedarf es nicht vieler Worte. Dann folgt eine alte Kurzreihe, die im 5.–7. Gebot Mord, Ehebruch und Menschenraub verbietet: Der Anspruch auf Unversehrtheit des Lebens, Schutz der Intimbeziehungen (und damit der Grundlage der Familie, die auf dem ungestörten Zusammenleben von Mann und Frau beruht) und persönliche Freiheit sind drei wesentliche Grundrechte und ihre Respektierung Grundpflichten des Menschen (Ex 20,13–16). Dazu kommt das 8. Gebot, welches falsche Zeugenaussagen vor Gericht verbietet und mithin Rechtssicherheit fordert. Es folgen als Übergang zwischen Gesetz und Ethik in Ex 20,17 die beiden Verbote, das Haus des Nächsten bzw. die Frau des Nächsten, seine Sklaven oder Sklavin oder seinem Esel und alles was ihm gehrt, zu begehren. Sie werden in Dtn 5.21 als ein Verbot gezählt. Das Recht auf Unversehrtheit, Freiheit und

77 Vgl. zu ihm ausführlich Christoph Dohmen, Bilderverbot; Trygve N.D. Mettinger, Image und ders., Statue, 485–508; Kaiser, Gott II, 161–182 und Matthias Köckert, Entstehung, 272–290.

78 Zum Problem des Verhältnisses zwischen Christentum und Islam vgl. z.B. Christian W. Troll, Unterscheiden, bes. 216–230.

79 Vgl. dazu auch oben, ###-###.

80 Vgl. z.B. Platon, leg. IV. 715b 7-d 6 und bündig, um den Nomos ergänzt, Isokrates, oratio I.16: „Fürchte die Götter, ehre die Eltern, achte die Freunde, halte die Gesetze."

81 Vgl. auch die Unterstreichung dieses Gebotes in Sir 3,1–16; 7,27–28; 23,14 und dazu. Kaiser, Erziehung, 223–251, bes. 230–233 = oben, 119–143, bes. 126–131.

Rechtssicherheit des Lebens und der Anspruch auf Besitz und Eigentum gehören zu den neuzeitlichen Grundrechten. Wir brauchen uns nicht länger bei ihnen aufzuhalten, weil es von selbst einleuchtet, daß es sich bei ihnen um Forderungen der Gerechtigkeit handelt, die Grundlage und Schutz des gemeinsamen Lebens sind.

Erklärungsbedürftig ist vielmehr, warum das erste Gebot allen nachfolgenden nicht nur schematisch, sondern auch inhaltlich vorgeordnet ist. Es lautet: „*Ich bin Jahwe, dein Gott, der dich aus dem Lande Ägypten herausgeführt hat, aus dem Sklavenhaus: Du sollst keine anderen Götter neben mir haben* (Ex 20,2–3)."[82] Hier wird der Primat der Religion vor der Ethik postuliert. Ist das nicht ein veralteter, durch den neuzeitlichen Gedanken der Autonomie der sittlichen Persönlichkeit überholter Anspruch? Die Frage ist nur, ob autonome Sittlichkeit ohne Gottesgewißheit gelingen kann. Wenn wir die Meinung der Väter des Dekalogs angemessen ausdrücken wollten, müßten wir sagen: „*Wenn ihr Gott tatsächlich euren Gott sein laßt, dann werdet ihr seiner gedenken und euch nicht durch eure Ängste verführen lassen, euer Leben zu Lasten des Lebens der Anderen absolut zu setzen und sie daher beliebig zu schädigen.*" Es ist die Gottesgewißheit, welche die Menschen von der Lebensangst und Lebensgier erlösen kann, so daß sie frei für einander werden. Dann kann einer des Anderen Last tragen, ohne daß sie ihm zur Last wird, weil er im Anderen den Anderen seiner selbst, den Bruder, die Schwester erkennt und damit nach der Überzeugung der Apostel Paulus das Gesetz Christi erfüllt (Gal 6,2).

Weil es um das richtige und wahre Leben und zugleich um das Gelingen des gemeinsamen Lebens geht, darum lassen die biblischen Erzähler diese Zehn Worte aus der Wetterwolke ertönen, hinter der sich der lebendige Gott verbirgt (Ex 20,18; Dtn 5,4.19–26). Die bildhafte Vorstellung unterstreicht die Würde und den Ernst der Gebote, deren Einhaltung die Bedingung gelingenden Lebens ist. Anthropologisch geurteilt bilden die Zehn Gebote einen Schutzzaun um die dem Menschen von Natur eigenen spontanen Daseinsäußerungen des Vertrauens, der Barmherzigkeit und der Hilfsbereitschaft gegenüber dem Nächsten.[83] Wir dürfen mit Recht hinzufügen: Wohl dem Volk

---

82 Vgl. dazu auch Erik Aurelius, Ursprung, 1–21; Kaiser, Gott III, 343–350 und zu der nicht abreißenden Diskussion über den Monotheismus zuletzt Hans-Christoph Schmitt, Mose, 7–28.

83 Vgl. zu ihnen Knud E. Løgstrup, Norm, 6–36; bes. 36: „Normen lassen sich nicht vollziehen, sondern nur anwenden. Spontane Daseinsäußerungen lassen

und wohl dem Menschen, der sich durch sein Gottvertrauen dazu befreien läßt, das zu tun, was sie verlangen: Gott über alle Dinge zu lieben und den Nächsten wie sich selbst (Mk 12, 33 par Mt 22,37–39). Wie wäre und wie würde die Weltgeschichte verlaufen und verlaufen sein, wenn nicht die Gier nach Besitz und Macht, sondern das Verlangen nach Gerechtigkeit und Liebe sie gestaltet hätten? Doch weil allen Menschen der Hang innewohnt, die Antriebe der Selbstliebe und Sinnlichkeit über die der Sittlichkeit zu stellen und sich mithin absolut zu setzen,[84] sind sie, sind wir in der biblischen Sprache Sünder. Denn *die* Sünde darf nicht mit *den* Sünden verwechselt werden: Diese sind vielmehr Folge von jener. Das Wesen der Sünde aber besteht in Selbstvergötzung oder Selbstverachtung als den beiden Formen der Verabsolutierung des Selbst.[85] Da das Selbstverständnis des Menschen zeitlebens durch die zu seiner Natur gehörende Selbstliebe bedroht ist, bedarf er sein Leben lang der Erinnerung daran, daß es einen anderen, besseren, ihm selbst und dem Nächsten dienlicheren Weg zu einem erfüllten Leben gibt. Diesen Dienst leisten die Zehn Gebote, wenn er sie vom ersten her versteht und in das Licht des Doppelgebotes der Liebe zu Gott und dem Nächsten stellt (Mk 12,28–34).

Ein Deuteronomist läßt Moses am Ende seiner Gesetzesverkündigung im Lande Moab den Bund mit Israel vor seinem Zug in das gelobte Land erneuern, indem er ihnen einschärft, daß dieser Bund nicht nur den vor seinen Augen Versammelten, sondern dem Gottesvolk an allen Orten und zu allen Zeiten gilt (Dtn 29,13–14). Dann aber läßt er ihn erklären: „*Siehe, ich rufe heute Himmel und Erden als Zeugen wider euch an: Leben und Tod habe ich euch vorgelegt, Segen und Fluch, damit ihr das Leben wählt* (Dtn 30,19)!“[86] Am Ende der Landnahmeerzählung läßt der Hexateuchredaktor Josua diesen Bund mit Israel in Sichem erneuern, indem er ihnen erklärt, daß er und sein Haus, wie immer sich das Volk entscheiden würde, dem Herrn dienen werde: „*Ich aber und*

sich nicht anwenden, sondern nur vollziehen.“ Die Norm verweist auf ein Sollen, das Gelingen ist den spontanen Daseinsäußerungen vorbehalten. Wer Gottes gewiß ist, ist frei vom Gesetz, weil er das, was es meint, aus innerstem Antrieb tut.

84 Immanuel Kant, Religion (1794 B 34–35), hg. Karl Vorländer mit Einleitung Hermann Noack (PhB 45), 38–30; Werke IV, hg. Weischedel, 684–685.

85 Vgl. dazu S. Kierkegaard, hg. E. Hirsch (1954), (XI, 189),75: „*Sünde ist: vor Gott, oder mit dem Gedanken an Gott verzweifelt nicht man selbst sein zu wollen, oder verzweifelt man selbst sein zu wollen.*“ Läßt man „Gott“ aus, ändert sich nichts an der Sache.

86 Vgl. auch dazu auch E. Otto, Deuteronomium im Pentateuch, 147.

mein Haus, wir wollen Jahwe dienen (Jos 24,15)!“ Vom Ende der Erzählung wird der Blick zurückgeführt zu ihrer Mitte, dem Bundesschluß am Sinai (Ex 24,3–8) und seiner Erneuerung am Vorabend der Landnahme (Dtn 26,16–19; 29–30). Die Geschichte von den Vätern, von Joseph und seinen Brüdern, vom Auszug und der Wüstenwanderung, auf der das Volk der Prüfung nicht standhält, vom Einzug in das Land und seiner Verlosung, sie alle bilden nun den Hintergrund, um den Lesern den fundamentalen Satz einzuprägen, daß wer den Herrn wählt, das Leben wählt. Und so sind wir richtig beraten, wenn wir sie als Paradigmen für das gelingende Leben mit Gott und das scheiternde ohne Gott lesen. Damit aber geben wir Luther recht, der in ihnen Paradigmen des Glaubens gesehen hat.[87]

7. Glaube und Geschichte

Kein Mensch verfügt über ein himmlisches Wissen, das ihm die Rätsel des Schicksals und der Geschichte aufzulösen vermöchte. Wohl aber gibt es die Erfahrungen der Gottesnähe und der Gottesferne, von denen die ersten alles Fragen nach dem Warum und Wohin beenden, weil Gott unsere ewige Zuflucht und Zukunft ist (Ps 90,1; 27,1), während die zweiten, werden sie nicht als Ruf zur Umkehr verstanden, in die Verzweiflung führen. Der Mensch steht immer neu vor der Entscheidung, sich Gott als dem tragenden Grund des eigenen Lebens zu übergeben und ihn damit seinen Gott sein zu lassen oder sich als dem Nichts ausgeliefert zu betrachten, was er ohne Gott tatsächlich wäre. Wenn die biblischen Texte nicht als Zeugnisse bestimmter historischer Sachverhalte, sondern als Bezeugungen einstigen Glaubens und einstiger Gottesbegegnungen verstanden werden, können sie uns auch heute noch helfen, die richtige Entscheidung zu fällen. Historie macht nicht selig, aber geschichtliche Einsicht trägt dazu bei, Texte des Altertums

87 Vgl. Luthers Vorrede auf das Alte Testament, nach H.E. Bindseil und H.N. Niemeyer, Dr. Martin Luthers Bibelübersetzung, VII, 303 ff., zit. nach Emanuel Hirsch, Hilfsbuch, Text 124, 89: „So wisse nu [sic!], daß dies Buch ein Gesetzbuch ist, das da lehret, was man tun und lassen soll. Daneben anzeigt Exempel und Geschichte, wie solch Gesetze gehalten oder übertreten sind.“ Zu Luthers unterschiedlichem Umgang mit den alttestamentlichen Texten vgl. Heinrich Bornkamm (1948); zu seinem Schriftverständnis Bernhard Lohse, Theologie, 204–211 und zu seiner Sicht des Verhältnisses zwischen Vernunft und Glaube 214–223.

sachgemäß zu lesen und zu verstehen. Denn der Glaube hat eine Geschichte. Sie vollzieht sich in der Kette derer, die sich betend Gott als dem Grund ihres Daseins anvertrauen, und spiegelt sich weiterhin in der Kette ihrer Glaubenszeugnisse. Wer sie als Ermunterung zum eigenen Gottvertrauen vernimmt, hat sie richtig verstanden.[88]

88 Vgl. dazu ausführlich Otto Kaiser, Gott III, 393–422.

Der biblische Weg zum Glauben an das ewige Leben

1. „Mitten hier im Leben sind wir vom Tod umfangen ..."

Der Satz, daß der Anfang des Lebens der Anfang seines Endes ist, erscheint vermutlich nicht nur auf den ersten Blick banal. Denn wer wüßte es nicht, daß alle Menschen sterben müssen? Auch wenn wir diesen Sachverhalt philosophisch umschreiben und sagen: „Alles, was endlich ist, nimmt ein Ende." scheinen wir uns auf der Stelle zu bewegen und lediglich einen Allgemeinplatz zu wiederholen. In Wahrheit verweisen beide Sätze auf die Tatsache, daß und warum nicht nur alles, was lebt, sondern auch alles was entsteht, mit Notwendigkeit vergänglich ist. Denn was endlich ist, nimmt ein Ende, und was begrenzt ist, kann nicht ewig dauern. Der Mensch aber nimmt in diesem allgemeinen Zusammenhang des Werdens und Vergehens insofern eine Sonderstellung ein, als er nicht lediglich dem dumpfen Gefühl einer unausweichlichen Gefährdung ausgeliefert ist, sondern um das Bevorstehen seines Todes weiß. In der Regel verdrängt er dieses Wissen und beruhigt sich mit dem Satz, daß alle Menschen sterben müssen, daß „man" sterben muß. Aber zwischen dem Wissen, daß „man sterben muß", und der Anerkenntnis, daß ich selbst sterben muß, besteht ein fundamentaler Unterschied. Sage ich: „Man muß sterben!", so halte ich mir die Tatsache, daß *ich* sterben muß, vom Halse. Sage ich: „Ich muß sterben!", so anerkenne ich, daß auch mein Leben ein Ende nimmt.[1]

Es ist verständlich, daß man diese Grundbestimmung des Daseins verdrängt; denn sie scheint alles, was wir sind, bewirken, wollen und gelten, zu entwerten und zu vernichten. Sind wir davon überzeugt, daß es keinen Gott gibt, der Ursprung, tragender Grund und unbedingte Zukunft unserer Lebens ist, so blickt uns das bare Nichts an.

Vor einiger Zeit fand ich in einem meiner Bücher einen vergilbten Zettel, auf den mir einst ein Student ein Gedicht abgeschrieben hatte, das diesem Gefühl letzter Verlassenheit und Vergeblichkeit gültigen Ausdruck gibt. Seinen Verfasser zu ermitteln, ist mir bislang nicht gelungen. Ich zitiere von dem Gedicht die erste und die letzte Strophe:

---

1 Vgl. dazu auch Martin Heidegger, Sein und Zeit, 255–256.

„Über die Gärten der Erde heult der Wind!
Freunde, wir sind trunken von Freuden, die keine sind,
wir sind trunken von Schmerzen, die unwürdig verweh'n.
Nichts ist gewiß und hat Halt in der fließenden Welt,
nichts, was uns am Ende noch Treue hält.
Keine Wahrheit wird jemals unser sein,
als die eine, wir alle sind Trug und Schein,
als die Eine, wir werden alle einstmals vergeh'n.
...
Über die Gärten der Erde heult der Wind!
Seht, wie der Staub durch die Hand mir gleitet und rinnt.
Einst sind wir nichts mehr als der fließende Sand,
vielleicht wieder in zitternder Menschenhand.
Augen, hungrig wie unsre, voll Gier nach dem Licht,
blicken in wehenden Staub und erkennen uns nicht.
Angst überschwemmt mich und tiefe, tiefe Pein,
bin so vergänglich und möchte doch ewig sein.
Ist irgend ein Mensch auf Erden, der mit mir wacht? -
So komm, o komme, es ist tiefe Nacht.

Sehen wir zu, ob sich in der Bibel für diese Nacht eine Botschaft findet, die uns eine glaubwürdige Verheißung und eine begründete Hoffnung gibt.

2. Der alte Totenglaube

Wenden wir uns dem Alten Testament zu, so zeichnet sich zunächst kein Lichtstreifen am Horizont ab. Seine Erzähler, Propheten, Dichter und Weisen teilten mindestens bis in die Hellenistische Epoche (332–63 v. Chr.) den allgemeinen altmediterranen Totenglauben.[2] Nach ihm verläßt die Seele mit dem letzten Atemzug den Leib und fährt in die Unterwelt hinab, wo sie bewußtlos dahindämmert.[3] Ihr mythischer

2 Zum alttestamentlichen Totenglauben sowie seinen mesopotamischen und griechischen Entsprechungen vgl. Alexander A. Fischer, Tod und Jenseits, bes. 47–149. – Zu den einschlägigen altägyptischen Vorstellungen vgl. die klassische Darstellung von Hermann Kees, Totenglauben, und zuletzt ausführlich Jan Assmann, Tod und Jenseits bzw. knapp Fischer, 11–46.

3 Zu den altmesopotamischen Vorstellungen von den Totengeistern, ihrem Gang in die Unterwelt und ihrem Zustand vgl. die klassische Darstellunge von Bruno

Herrscher wurde bei den Kanaanitern mit dem personifizierten Tod gleichgesetzt.[4] In dem „literarischen Paganismus"[5] des Buches Hiob heißt er „der König der Schrecken" (Hi 18,14). Wurde der Tote von seinen Söhnen *rite* begraben und im Familiengrab beigesetzt, so wurde er mit seinen Vätern (und Müttern) auch in der Unterwelt vereinigt. Dort aber erlosch sein Bewußtsein vollständig. Als das Höchste, was ein Mensch erreichen konnte, galt daher, alt und lebenssatt zu sterben, um dann zu den Vätern versammelt zu werden, wie es in der Schlußbemerkung der Abrahamerzählung in Gen 25,7–8 heißt: *„Das aber ist Abrahams Alter, das er gelebt hat: 175 Jahre. Und er nahm ab und starb in einem ruhigen Alter, da er alt und lebenssatt war, und ward versammelt zu seinem Volk."*

Doch so wie für die Alten, um es paradox auszudrücken, jede Schwächung des Lebens eine Form des Todes war, galt für sie auch der Tod als die schwächste Form des Lebens.[6] Zu vollem Bewußtsein konnte der Tote nur auf Augenblicke gelangen, wenn er unter Begleitung bestimmter Blutmanipulationen von einem Mantiker zitiert wurde, wie es in der Erzählung vom Ende des Königs Saul von der sog. „Hexe von En-Dor" (1 Sam 28,3–25*) berichtet wird.[7] Poetisch verklärt wird sie uns im XI. und XXIV. Gesang der Odyssee, einem altgriechischen Epos aus dem 8. Jh. v. Chr. geschildert.[8] Im XI. Gesang läßt der Dichter seinen Helden in den V. 34–43 folgendes berichten:[9]

Als ich nun mit Gelübden und Bitten die Scharen der Toten
Angefleht, ergriff ich die Schafe und schnitt ihre Kehlen
Über der Grube ab; ihr Blut floß dunkel. Da stiegen

Meissner, Babylonien und Assyrien II,142–150. 215–221 und weiterhin z.B. Manfred Hutter, Vorstellungen, bes. 116–172 und den Überblick bei Fischer, 91–113.

4 Zur Personifikation des Todes in Gestalt des Gottes Môt („Tod") vgl. John F. Healey, Mot, 1122–1132 und zu Totenkult und Totenglauben in den Texten aus dem nordsyrischen Stadtstaat Ugarit (Ras Schamra) aus dem letzten Drittel des 2. Jt. v. Chr. Herbert Niehr, Religionen, 64–72 und Fischer, Tod und Jenseits, 91–113.

5 Vgl. zu ihm Herbert Niehr, Höchste Gott, 210–220.

6 Vgl. dazu Aubrey R. Johnson, Vitality, 95.

7 Zur Nekromantie im vorexilischen Israel vgl. Fischer, Tod und Jenseits, 113–128 .

8 Zur Odyssee vgl. Joachim Latacz Homeros, 686–699, bes. 694–697.

9 Homer, Odyssee. Übertragung Thassilo von Scheffer, 178, vgl. dazu auch Fischer, 76–79.

Aus der Tiefe die Seelen der abgeschiedenen Toten,
Jünglinge, Jungfraun und leiderfahrene Greise,
Jugendzarte Bräute, von frischer Trauer betroffen;
Viele im Kampfe gefallne, von ehernen Lanzen erlegte
Männer kamen und hielten noch ihre blutigen Waffen.
Die umschwärmten die Grube in großen Scharen mit lautem
Schreien von allen Seiten. Mich faßte blasses Entsetzen."

Als auch der Schatten seiner Mutter aus dem Hades emporgestiegen war und Odysseus ihn zu umarmen versuchte, löste er sich wie ein Nebel auf. Ihre Stimme aber gab ihm Auskunft über die große Veränderung, der alle Toten unterworfen sind (Hom. Od. XI.218–222):[10]

Dies ist das Schicksal der Menschen, sobald sie dem Tode erlegen;
Denn dann halten Gebeine und Sehnen nicht länger zusammen,
Sondern die mächtige Kraft des lodernden Feuers vernichtet
Alle, sobald der Geist die bleichen Gebeine verlassen;
Aber die Seele fliegt dahin wie ein flatterndes Traumbild.

3. Das Problem der Gerechtigkeit Gottes und die Unentrinnbarkeit des Todes

Um zu verstehen, wie es im nachexilischen Judentum dazu gekommen ist, diesen Totenglauben in entscheidender Weise zu überwinden, muß man sich zunächst die zentrale Bedeutung vergegenwärtigen, welche die Tora, die göttliche Weisung, für die Juden im Lauf der Perserzeit (539–332 v. Chr.) gewonnen hat und warum dadurch in der Folge die Frage nach der Gerechtigkeit Gottes in den Mittelpunkt des religiösen Denkens getreten ist.[11] Die Zehn Gebote (Ex 20,2–17 par Dtn 5,6–21) galten in nachexilischer Zeit (wie es Jesus Sirach später auf die treffende Formel gebracht hat) als das Israel von Gott selbst offenbarte Gesetz des Lebens (Sir 17,11; 45,5). Es wurde im sog. Bundesbuch (Ex 20,22–23,33), dem Deuteronomium (Dtn 4–30) und dem sog. Heiligkeits-

10 Ebd. 184. Zu den Vorstellungen in Od. XI vgl. Odysseus Tsagarakis, Studies, 105–119.

11 Zur alttestamentlichen Bundes- und Rechtstheologie vgl. z. B. Lothar Perlitt, Bundestheologie; Walter Groß, Zukunft; Eckart Otto, Tora; Kaiser, Gott III, 11–60.

gesetzt (Lev 17–26) verbindlich ausgelegt.[12] Die Befolgung der göttlichen Gebote, Satzungen und Rechtssätze galt als die Bedingung dafür, daß der Herr sich seines unter die Völker zerstreuten Volkes Israel in Gnade annehmen, es vom Joch der Fremdherrschaft befreien und in die Heimat zurückführen würde, um dort als das erste unter allen Völkern ein gesegnetes, gesundes und freies Lebens zu führen (Dtn 28,1–4). In der Folgezeit wurde diese Verheißung auch auf das Leben des Einzelnen bezogen, wie es zum Beispiel der 1. Psalm bezeugt (V. 1–3):

> 1 *Wohl dem Manne, der nicht im Rat der Frevler wandelt*
> *noch auf den Wege der Sünder tritt*
> *noch sitzet, da die Spötter sitzen„*
> 2 *sondern an der Weisung des Herrn sein Gefallen hat*
> *und über seiner Weisung Tag und Nacht sinnt.*
> 3 *Der ist wie ein Baum, gepflanzt an Wasserbächen,*
> *der seine Frucht zu seiner Zeit bringt*
> *und dessen Laub nicht welkt.*
> *und alles, was er tut, gelingt ihm wohl.*

Als sich bei den Anrainern des östlichen Mittelmeeres im Laufe des 4. und 3. Jh. v. Chr. ein geistiger Sprung ereignete, der ihren Weisen den Blick für die Wahrnehmung der Außenwelt schärfte und das sog. mythisch-symbolische Denken langsam, aber unaufhaltsam zurückdrängte,[13] stellten auch die jüdischen Weisen fest, daß sich der in der Tora verankerte Grundsatz, daß Gerechtigkeit und heilvolles Leben einander entsprechen, nicht als eine unbedingt gültige Regel verifizieren läßt.[14] Das Buch Hiob mit seinen 42 Kapiteln ist ein eindrucksvoller Zeuge dafür, wie die jüdischen Weisen von der Mitte des 4. Jh. an rund zweihundert Jahre langt die Frage verhandelt haben, ob es ein unschuldiges Leiden gibt oder alles Leiden Folge eigener Schuld ist.[15] Im

12 Vgl. dazu Kaiser, Gott III, 39–60.

13 Für die griechische Geisteswelt hat Wilhelm Nestle, Mythos diesen Prozeß eindrucksvoll nachgezeichnet, vgl. die Zusammenfassung in Gestalt eines „Ausblicks" 539–548. Zur Funktion des Mythos als philosophischer und theologischer Grenzaussage vgl. Kaiser, Mythos, 87–116.

14 Vgl. dazu auch Katharine H. Dell, Job, 168–171 und Kaiser, Sittlichkeit, 115–139 = ders., Weisheit, 18–42.

15 Vgl. dazu Kaiser, Hiob, 99–122 und die einschlägigen Untersuchungen von Markus Witte, Leiden, Wolf-Dieter Syring, Hiob, Jaques Vermeylen, Créateur,

literarischen Kern des Buches, dem Dialog Hiobs mit seinen Freunden, protestiert der Dulder gegen die Anmaßung derer, die meinen, die Regeln Gottes so genau zu kennen, daß sie aus dem Unglück eines Menschen auf seine Schuld zurückschließen können. Provozierend ließ der Dichter seinen Dulder erklären (Hi 9,20–22):

> 20 *Wär ich im Recht, sein Mund spräche mich schuldig,*
> *wäre ich rein, er böge mich doch krumm.*
> 21 *Unschuldig bin ich, achte nicht mein Leben,*
> *schuldlos bin ich, gebe mein Leben preis.*
> 22 *Es ist eins! So will ich es denn sagen:*
> *Schuldlose und Schuldige bringt er um!*

Die Regel ist durchbrochen, die Lehre in Frage gestellt. Ein nur unter dem Pseudonym des Kohelet, Prediger Salomo bekannter Weiser brachte die neue Einsicht auf den Punkt, ohne sie jedoch wie der Hiobdichter einseitig zu verallgemeinern; denn der Weise wußte sehr wohl, daß wir Menschen unser Leben durch Torheit verkürzen können (Koh 2,13–14; 7,16–18) und es eine Torheit wäre, Gott durch *Ungehorsam* gegen seine Gebote herauszufordern (Koh 4,17–5,6). Unter diesem Vorbehalt will also auch die folgende Lehre des Weisen gelesen werden (Koh 8,12b-14):[16]

> 12b *Ja, auch ich weiß es:*
> *Gut soll es den Gottesfürchtigen gehen,*
> *weil sie sich vor ihm fürchten.*
> 13 *Dagegen soll es dem Frevler nicht gut gehen*
> *und dem Schatten gleich soll er nicht lange leben,*
> *weil er sich nicht vor Gott fürchtet.*[17]
> 14 *Es gibt etwas Nichtiges, das auf Erden geschieht:*
> *Es gibt Gerechte, den trifft es, als hätten sie frevelhaft gehandelt;*
> *und es gibt Frevler, die trifft es, als hätten sie gerecht gehandelt.*

743–774 und Ingo Kottsieper, Thema. 775–786 soiwie zu den Freundesreden künftig Urmas Nõmmik.

16 Vgl. dazu Kaiser, Gott III, 290–298; ders., Anweisungen, 32–56; ders., Kohelet, 43–48 und oben, 19–22 sowie Alexander A. Fischer, Skepsis, 168–172.

17 Zur Zugehörigkeit der 12b-13 vgl. oben, 20–21.

Mithin ist es offenbar, daß das Glück nicht in des Menschen Hand steht. Das aber hat nach der Einsicht Kohelets seine Ursache darin, daß der Mensch den richtigen Zeitpunkt für die Verwirklichung seiner Pläne nicht kennt, so daß er immer wieder wie ein Vogel im Klappnetz oder ein Fisch im Stellnetz in einer bösen Zeit gefangen wird (vgl. Koh 3,1–9 mit 9,11–12). Daher ist alles Glück und Gelingen eine Gabe Gottes.[18] Daraus sollen seine Schüler und Leser die Konsequenz ziehen und an dem einzigen dem Menschen auf dieser Erde möglichen und zugleich von Gott geschenkten Glück nicht vorbeigehen: Denn der Tod macht alle Menschen ohne Rücksicht auf ihre sittlichen Qualitäten in gleicher Weise zu bewußtlosen Schatten in der Unterwelt (Koh 9,1–10):[19]

> 1 *Ich nahm mir vor, all dies zu erforschen*[20]*: „Die Gerechten und die Weisen und ihre Taten stehen in Gottes Hand.“ – Sei es Liebe, sei es Haß, der Mensch erkennt es nicht. Alles, was hinter ihm*[21] *liegt, ist ein Windhauch.* 2 *Denn sie alle trifft ein Geschick, den Gerechten und den Gottlosen, den Guten und den Sünder, den Reinen und den Unreinen, den, der schwört, und den, der das Schwören scheut.* 3 *Das ist das Schlimme bei allem, was unter der Sonne geschieht, daß es ein einziges Geschick für alle gibt.*

18 Zu den hellenistischen Parallelen der Frage Kohelets nach dem Glück vgl. Ludger Schwienhorst-Schönberger, Glück, 251–273, zu der Möglichkeit, das *carpe diem* aus der orientalisch-ägyptischen Gelage-Poesie der persisch-hellenistischen Zeit abzuleiten, vgl. Christoph Uehlinger, Qohelet, 155–247: darin zum negativ beantworteten Problem eines unmittelbaren mesopotamischen Einflusses 229–235; zur Sache auch Reinhold Bohlen, Kohelet, 249–273, der seinen Überblick 267–268 mit Kaisers Urteil, Beiträge, 30–31 = ders.; Weisheit, 178–179 schließt, daß der griechische Einfluß sich nicht zwingend beweisen lasse. Für die in direkte Abhängigkeit Kohelets von den ägyptischen Harfnerliedern auf dem Wege der in die Volksweisheit eingedrungenen Fest- und Gelagepoesie hat sich auch Stefan Fischer, Aufforderung, 237–238 eingesetzt. Schwienhorst-Schönberger, Kohelet, 104–109, vgl. bes. 108–109, räumt dagegen dem hellenistischen Einfluß auch weiterhin eine gewisse Priorität ein; vgl. auch Martin Hengel, Judentum, 214–217.

19 Zur Text- und Literarkritik sowie Komposition des Abschnitts vgl. Fischer, Skepsis, 115–148 bzw. Thomas Krüger, Kohelet, 297–310,sowie breit und mit vielen Paralleltexten Schwienhorst-Schönberger, Kohelet, 438–471. – Zur Sache vgl. auch Koh 2,24–26; 3, 12–13. 22; 5,18–19 und 11,7–12,8.

20 Lies mit Fischer (1997), 115 Anm. 322 לחור.

21 Zur Übersetzung vgl. Fischer, Skepsis, 115 Anm.323.

4 Ja, wer noch zu den Lebenden gehört, der hat Hoffnung. Denn:
„Selbst[22] *ein lebender Hund ist besser als ein toter Löwe.“5 Denn die*
Lebenden wissen, daß sie sterben müssen, aber die Toten wissen gar
nichts. Es gibt für sie keinen Lohn mehr, denn die Erinnerung an sie ist
vergessen. 6 Sowohl ihr Lieben wie ihr Hassen und ihr Eifern ist längst
dahin, für immer haben sie keinen Anteil an allem, was unter der Sonne
geschieht.
7 Auf, iß dein Brot mit Freuden
und trink mit frohem Herzen deinen Wein;
denn längst hat Gott dein Tun gebilligt.
8 Zu jeder Zeit seien deine Gewänder weiß,
und Öl soll auf deinem Haupte nicht fehlen.
9 Genieße das Leben mit der Frau, die du liebst,[23]
alle Tage deines vergänglichen Lebens, die er dir unter der Sonne gegeben.
Denn das ist dein Teil im Leben und für deine Mühe, mit der du dich
unter der Sonne abmühst. 10 Alles, was du zu tun vermagst, das tue mit
deiner ganzen Kraft. Denn es gibt weder Tun noch Planen, weder
Wissen noch Weisheit in der Unterwelt, zu der du schon auf dem Weg
bist.

Eine Generation später (damit sind wir in den beiden ersten Jahrzehnten des 2. Jh. v. Chr. angelangt) hat Jesus Sirach noch einmal versucht, die durch Zweifel verdunkelte Lehre von der Entsprechung zwischen einem gottesfürchtigen Gehorsam gegen die Gebote und einem gesegneten Leben unter Berufung auf das Zeugnis der Schrift zu stabilisieren.[24] Daher suchte er seinen Schülern schon im 2. Kapitel seines Buches einzuprägen, daß gerade die, welche Gott dienen wollen, sich auf ihre Erprobung einrichten und in ihr bewähren müssen (Sir 2,1–3+10–11):[25]

---

22 Vermutlich handelt es sich mit Fischer, 116 Anm.328 um ein ל-emphaticum, vgl. GK 143a.

23 Die durch Normalschrift abgehobenen Versteile entstammen einem von Kohelet zitierten Lied.

24 Zur Bekanntschaft Ben Siras mit dem Koheletbuch vgl. J. Marböck, Kohelet, 275–301 = ders., Frömmigkeit, 79–104 und zum Sirachbuch ders., Sirach/Sirachbuch, 307–317 = ders., Frömmigkeit, 15–30 bzw. Kaiser, Leben, 123–156.

25 Vgl. dazu Nuria Calduch-Benages, gioiello, 58–63 und 80–96.

1 *Mein Sohn, schickst du dich an, dem Herrn zu dienen,*
so sei bereit, daß er dich prüft.
2 *Mach fest dein Herz und sei gefaßt*
und bleib gelassen auch in schlechten Zeiten.
3 *Halt fest an ihm und bleibe unverzagt,*
dann wird es dir am Ende wohl ergehen.
...
10 *Blickt auf die einstigen Geschlechter hin und seht:*
Wer traute auf den Herrn und ward zuschanden?
Oder wer blieb in seiner Furcht und ward verlassen?
Oder wer rief ihn an und blieb bei ihm verborgen?
11 *Denn barmherzig und gnädig ist der Herr,*
er vergibt Sünden und rettet in Zeiten der Not.

Wer wollte, sofern er an Gott glaubt, daran zweifeln, daß Gott aus Nöten und Gefahren retten kann? Die Frage ist nur, ob und wieweit sich darin nachprüfbar seine Gerechtigkeit spiegelt. Ben Sira riet den Seinen, ihre Pflicht zu tun, auszuharren und sich nicht durch das Glück der Gottlosen erschrecken zu lassen, weil Gott unversehens erhöhen und erniedrigen kann. Daher dürfe man niemanden vor seinem Tode glücklich preisen (Sir 11,20–28):[26]

20 *Mein Sohn, behalte deine Pflichten fest im Sinn*
und werde alt bei deiner Arbeit.
21 *Sei nicht verwundert ob der Sünder Leben,*
vertraue auf den Herrn und warte auf sein Licht.
Denn in des Herren Augen ist es leicht,
den Armen plötzlich reich zu machen.
22 *Der Segen des Herrn ist des Gerechten Los,*
sein Hoffen erfüllt sich zur rechten Zeit.
23 *Sage nicht: „Was habe ich nötig?*
Was kann mir weiterhin nützen?„
24 *Sage nicht: „Ich habe genug,*
was kann mir weiterhin schaden?„
26 *Leicht ist es dem Herrn am Tage des Endes,*

---

26 Vgl. dazu auch J. Marböck, Gerechtigkeit, 21–52, bes. 26–28 = ders., Frömmigkeit, 173–197, bes. 177 und 178 und zum Umgang Ben Siras mit den Schattenseiten des Lebens, oben, 32–42.

jedem nach seinem Wandel zu vergelten.[27]
25 *An glücklichen Tagen vergißt man das Unglück,*
und an unglücklichen Tagen vergißt man das Glück.
27 *Das heutige Unglück läßt einstige Lust vergessen,*
und das Ende des Menschen gibt über ihn Auskunft.
28 *Vor dem Ende preise keinen glücklich,*
denn an seinem Ende wird der Mensch erkannt.[28]

Die Frage nach dem Glück des Menschen hat auch Ben Sira grundsätzlich nicht anders als Kohelet beantwortet. Er hat lediglich stärker betont, daß der Einzelne nicht für sich allein, sondern nur in der Gemeinschaft mit seinen Freunden und vor allem seiner Frau glücklich werden kann (Sir 14,11–19):[29]

11 *Mein Sohn, wenn du was hast, laß es dir dienen,*
und wenn du was besitzt, erfreue dich daran.
12 *Bedenke, daß der Tod nicht zaudert*
und dir der Unterwelt Beschluß nicht kundgetan.
13 *Ehe du stirbst, tue dem Freunde Gutes,*
gib ihm soviel, wie du vermagst,
14 *Versag' dir nicht das Glück des Tages,*
am dir bestimmten Teil an Freude gehe nicht vorbei.

15 *Mußt du nicht andern dein Vermögen lassen,*
was du erworben, denen, die es teilen?
16 *So gib und nimm und labe deine Seele,*
denn freudlos ist das Dasein in der Unterwelt.
17 *Es altert alles Fleisch wie ein Gewand,*
nach uralter Satzung muß jeder sterben.
18 *Wie sprossendes Laub am grünenden Baum,*
von dem eines fällt und anderes sproßt,
so sind die Geschlechter von Fleisch und Blut,

---

27 Zur Umstellung des Verses vgl. Segal (1972), 70 und Skehan, in. Skehan/Di Lella (1987), 237 z. St.

28 Zum Motiv vgl. z. B. Hdt I. 37.7; Soph. Oid.T. 1528–1530; Eur. Andr. 100–103 und Men. mon. 398.

29 Vgl. dazu auch Kaiser, Verständnis, 175–203 = ders., Athen, 275–292 und Alexander A. Fischer, Tod und Jenseits, 172–176, und zum Denken des Siraziden Kaiser, Gott III, 298–305; ders., Anweisungen, 57–88 und ders., Carpe diem, 247–274, bes.265–272.

eines verscheidet, das andre wächst nach.[30]
19 *All seine Werke vermodern gewiß,*
und was er geschaffen, das folgt ihm nach.[31]

Darüber hinaus hat er für alle Zeiten, in denen es üblicherweise an erster Stelle um Geld und Gut geht, daran erinnert, daß Gesundheit und ein frohes Herz des Menschen höchste Güter sind (Sir 30,14):

Kein Reichtum ist größer als ein gesunder Leib,
und kein Gut ist größer als ein frohes Herz.

Zum Glück aber gehören darüber hinaus wahre Freunde und eine verständige Frau (Sir 40,20.23):

20 *Wein und Most erfreuen das Herz,*
aber besser als beide ist Freundesliebe.
23 *Freund und Genosse begleiten auf Zeit,*
aber besser als beide ist eine verständige Frau.

Da Gott jedoch bestimmt hat, daß alle Menschen sterben müssen, wäre es töricht, sich dagegen aufzulehnen und sich vor dem Tod zu fürchten (Sir 41,3–4):

3 *Fürchte dich nicht vor dem Tode, der dir bestimmt.*
Bedenke, daß es keinem vor und nach dir anders geht.
4 *Denn das ist Gottes Los für alles Fleisch. –*
Was willst du dich des Höchsten Weisung widersetzen?
Ob das Leben tausend, hundert oder zehn Jahre gewährt,
in der Unterwelt kann man sich nicht beschweren.

Mit dieser Einstellung gegenüber dem Tode blieben der Prediger und Jesus Sirach auf der Linie, die bereits in einer Sondertradition des Gilgamesch-Epos begegnet, das seine maßgebliche Fassung im 12. Jh. v. Chr. in Babylon erhalten hat.[32] In ihm gibt die göttliche Schenkin

30 Vgl. Hom Il.VI.146–149; XXI.462–466; Jes 40,6–8; I Petr 1,24–25.
31 Vgl. aber Apk 14,13.
32 Vgl. dazu auch Georg Sauer, Mensch, 655–666, der auf den Unterschied zwischen Gilgamesch als dem tragischen, auf sich selbst angewiesenen und Hiob als dem von Glauben an Gott getragenen Menschen hinweist.

Siduri-Ischtar dem durch den Tod seines Freundes Enkidu in Panik versetzten und im Endergebnis vergeblich nach dem Kraut des Lebens suchenden Königssohn den Rat (GE Meißner-Müller III.1–14):[33]

Gilgamesch, wo läufst du hin?
Das Leben, das du suchst, wirst du nicht finden!
Als die Götter die Menschen erschufen,
wiesen sie den Menschen den Tod zu
(und) nahmen das Leben in ihre eigene Hand.
Du, Gilgamesch, voll sei dein Bauch.
Tag und Nacht sei andauernd froh, Du!
Täglich mache ein Freudenfest,
Tag und Nacht singe und spiele!
Gereinigt seien deine Kleider,
dein Haupt sei gewaschen, du mit Wasser gebadet.
Sieh auf das Kind, das deine Hand gefaßt hält,
die Gattin freue sich auf deinem Schoß.
Das ist das Tun der Menschen!

Nach seiner Rückkehr von der vergeblichen Reise über die Wasser des Todes, die ihn zu seinem Ahnherrn Utnapischtim geführt hatte (dem „Hochgescheiten", dem die Götter als dem Helden der Sintflut Unsterblichkeit verliehen und auf die Insel der Seligen entrückt hatten), um von ihm das Geheimnis der Unsterblichkeit zu erfahren, nahm Gilgamesch sein endliches Leben an: Das Kraut der Unsterblichkeit, das er auf den Rat seines Ahnen aus einem tiefen Brunnen geholt hatte, hatte ihm eine Schlange geraubt: So häuten sich noch heute die Schlangen, während wir Menschen sterben müssen.[34] Die Lehre des Epos aber lautet: Wer sterben muß, der nehme seine Endlichkeit an und tue in diesem Leben seine Pflicht. Und so läßt das Epos den heimgekehrten Gilgamesch seine königlichen Pflichten klaglos erfüllen und eine mächtige Mauer zum Schutz um seine Stadt Uruk bauen (deren gewaltige Reste deutsche Archäologen ausgraben): Es gibt keine andere Möglichkeit für den sterblichen Menschen, als furcht-und klaglos die

33 Übersetzung Karl Hecker, Gilgamesch-Epos, 665–666; vgl. dazu Torkhild Jacobsen, Treasures, 193–219; A.A. Fischer, Tod und Jenseits, 54–60 und jetzt die Neubearbeitung des Epos durch Stefan M. Maul.

34 Vgl. dazu auch Paul Kübel, Metamorphosen, 72–79.

eigene Endlichkeit anzunehmen und so lange er lebt, seine Pflicht zu tun.

4. Der Glaube an Gottes Gerechtigkeit und das ewige Leben

Um zu erkennen, daß in dieser Selbstbescheidung mehr verborgen liegt, als die Alten zu sagen wußten, müssen wir uns nun auf den Weg machen, um zu beobachten, warum und wie sich bei den Juden zwischen dem späten 3. und späten 1. Jh. v. Chr. der Glaube an die den Frommen von Gott verliehene Unsterblichkeit durchgesetzt hat. Die entscheidenden Entwicklungen spiegeln sich in den Apokalypsen oder Offenbarungsschriften außerhalb der Bibel. Weil sie der Autorität einer großen Gestalt aus der Vorzeit Israels unterstellt wurden, pflegt man sie als Pseudepigraphen zu bezeichnen, als Schriften, deren eigentliche Verfasser sich hinter einem fremden Namen verbergen. Im Alten Testament selbst kann man im strengen Sinne nur die zweite Hälfte des Danielbuches (c.7–12) als eine Apokalypse bezeichnen. Sonst spiegelt sich der neue Glaube an ein Lebende und Tote umfassendes Endgericht als Pforte zum ewigen Leben oder ewiger Verdammnis im Alten Testament nur in wenigen Bearbeitungszusätzen in den Psalmen (vgl. z. B. Ps 1,5–6; 49,16 und 73,23–26), im Hiobbuch (vgl. z. B. Hi 19,25–27*), im Koheletbuch (Koh 12,14) und in der sog. Jesaja-Apokalypse Jes 24–27 (vgl. z. B. Jes 24,21–23; 25,6–8 und 26,19).[35]

Was an diesen Stellen in mehr oder weniger knappen Hinweisen gegeben wird, findet in dem in seinem Kern aus den letzten Jahrzehnten des 3. Jh. v. Chr. stammenden Wächterbuch (I Hen 1–36*) und dem aus dem vorgerückten 2. Jh. v. Chr. stammenden Brief Henochs (I Hen 92–107*)[36] seine Entfaltung.[37] In beiden Schriften spiegelt sich eine neue Vorstellung von der Unterwelt und dem Ende der bisherigen

35 Vgl. auch die Auflistung der einschlägigen Texte bei Kaiser, Gott III, 308.

36 Er ist in 91,11–17 und 93,1–10 mit einer aus der Makkabäerzeit stammende Zehnwochenapokalypse verschränkt, vgl. dazu Ferdinand Dexinger, Zehnwochenapokalpyse, 97–163 und Christoph Berner, Jahre, 103–167 und zu den in 70 Jahrwochen umgerechneten Frist von 70 Jahren in Dan 9, in denen nach Jer 25,11 das Land wüst liegen soll, Berner, 40–99.

37 Zu den genetischen Problemen des I Henochbuchs vgl. Albert-Marie Denis, Introduction, 15–30; Siegbert Uhlig, Henochbuch, passim; Florentino G. Martinez, Qumran, 45–96 und G.S. Oegema Apokalypsen, 131–150.

Geschichte:[38] Die Unterwelt wird in I Hen 22 als in drei Höhlen gegliedert vorgestellt:[39] In der ersten, die von einem leuchtenden Quell erhellt ist, warten die Seelen der Gerechten auf ihre Auferweckung am Jüngsten Tage.[40] In der zweiten befinden sich die Seelen der Frevler, die zu ihren Lebzeiten nicht bestraft worden sind: Sie werden am Jüngsten Tage in dem im Südosten der Stadt Jerusalem liegenden Tal Hinnom versammelt und zu ewiger Pein verurteilt (vgl. I Hen 26,4–27,5). In der dritten befinden sich und bleiben für immer die Seelen der Menschen, die weder gut noch böse gewesen sind (I Hen 20,1–14).[41] In knapper Form ist dieser Glaube in Dan 12 aufgenommen (Dan 12,1–3):

> 1 *Und in jeder Zeit wird auftreten Michael, der große Fürst, der für die Kinder deines Volkes eintritt,*[42] *und es wird eine Notzeit sein, wie es keine gegeben hat, seit es Völker gibt bis auf jene Zeit. Und in jener Zeit wird dein Volk gerettet werden, jeder, der im Buch aufgezeichnet gefunden wird* 2 *Dann werden viele von denen, die im Staub der Erde schlafen, erwachen, die einen zum ewigen Leben und die anderen zur Schmach und ewigen Schande.* 3 *Aber die Lehrer werden leuchten wie der Glanz des Firmaments, und die viele zur Gerechtigkeit geführt haben, wie die Sterne für immer und ewig.*

Was die Gerechten erwartet, erfahren wir im Henochbrief I Hen 104,1–2 genauer.[43] Hier ist es Henoch selbst, der die Gerechten mit der Verheißung des ewigen Lebens tröstet:[44]

---

38 Zu den Grundzügen der chassidischen Apokalyptik vgl. Martin Hengel, Judentum und Hellenismus, 330–369 und zur der des I Henochbuches John J. Collins, Apocalyptic Imagination, 43–79.

39 Die Einfügung einer vierten Höhle für die erschlagenen Gerechten dürfte sekundär sein; vgl. dazu Kaiser, Gott III, 313–314. Zum platonischen Hintergrund der Vorstellung vom unterschiedlichen Los der Seelen nach dem Tode vgl. Theres Wacker, Weltordnung,, 211–219, zu den Einzelheiten des Kapitels Matthew Black, Boock, 65–168 und zu den Jenseitshoffnungen der hellenistischen Mysterienreligionen und ihren platonisch beeinflußten Vorstellungen über die Seelenwanderung Walter Burkert, Mysterien, 27–34 bzw. 73–74.

40 Vgl. Lk 16,19–31.

41 Vgl. dazu Kaiser, Gott III, 313–316.

42 Zum Erzengel Michael als Führer des himmlischen Heeres und Vorkämpfer Israels im letzten Kampf mit der Weltmacht vgl. z.B. 1QM XV.1–3 mit XVII.5–6 und dazu Michael Mach, Engelglaube, 251–254 und 4Q285 Frg.4+6 dazu Johannes Zimmermann, Messianische Texte, 88–96.

> *1 Ich schwöre euch, daß die Engel im Himmel euer zum Guten gedenken werden vor der Herrlichkeit des Großen* (d.h. Gottes). *2 Hofft, denn zuerst* (hattet) *ihr Schmach durch Unglück und Not; aber jetzt werdet ihr leuchten und werdet scheinen, und das Tor des Himmels ist euch aufgetan.*

Fragt man, warum sich diese zunächst nur in kleinen Kreisen der Frommen verbreitete Lehre im Laufe des 2. und 1. Jh. v.Chr. in breiteren Kreisen zumal des pharisäischen Judentums durchsetzte, muß man an die Blutopfer denken, welche erst die Chasidim, die „Frommen" und dann die Pharisäer zu zahlen hatten. Dabei war das Bestürzende, daß die Verfolgungen auf Anstiften bzw. durch direktes Eingreifen von mehr oder weniger häretischen Hohen Priestern wie Menelaus,[45] Alkimus[46] und schließlich von dem sich ganz wie ein hellenistischer Herrscher gebärdenden und den Königstitel tragenden Alexander Jannaeus (103–76 v.Chr.) ausgelöst wurden. Alexander rächte sich furchtbar an den mit ihm verfeindeten Pharisäern, indem er 800 von ihnen kreuzigen ließ, nachdem er vorher ihre Frauen und Kinder hatte hinrichten lassen.[47] Damit standen alle Verheißungen Gottes auf dem Spiele, nach denen die Gerechten lange und glücklich leben sollten. Und so hat der vermutlich erst in der Zeit des Kaisers Augustus (29 v.–14 n.Chr.) und genauer nach dem Jahre 24 v.Chr. wirkende Verfasser der Weisheit Salomos[48] im Rückblick auf diese Ereignisse und in Kenntnis einer auch unter den Juden um sich grei-

---

43 Zur Vorstellung von Gericht und Auferstehung in I Hen 102,4–104,8 vgl. George W.E. Nickelsburg, Resurrection, 114–120.

44 Übersetzung Uhlig, Henoch, 739.

45 Vgl. II Makk 4,23–5,27.

46 Vgl. I Makk 7,9–17.

47 Vgl. Jos. Ant.Jud. XIII.379–383. Zum zeitgeschichtlichen Hintergrund und Verlauf der makkabäischen Erhebung vgl. Elias Bickerman(n), Gott, 50–88 = ders., God, 32–60; Hengel, Judentum, 464–564 bzw. Klaus Bringmann, Reform, 97–120; ders., Geschichte, 101–131 bzw. Paolo Sacchi, History, 214–249.

48 Zur Datierung vgl. Martina Kepper, Bildung, 46–51; 95–97 und 201–202; zu anderen Datierungen 29–36; zu Aufbau, literarischer Eigenart und Theologie des Buches vgl. Dieter Georgi, Weisheit, 391–401; David Wisdom, 3–96; Armin Schmitt, Buch, 7–32; John J. Collins, Wisdom, 178–221; Helmut Engel, Buch, 13–44 oder Kaiser, Apokryphen, 91–106 = ders., Apocrypha, 104–122; zur Theologie ders., Gott III, 320–332 bzw. Anweisungen, 89–116.

fenden skeptischen Stimmung[49] dem ebenso nihilistischen wie hedonistischen Bekenntnis der Frevler ein solches zum ewigen Leben der Gerechten gegenübergestellt. Aus dem Bekenntnis der Skeptiker sei wenigstens das *Memento Mori* („Gedenke des Sterbens") zitiert, das einen modern anmutenden biologistischen Reduktionismus spiegelt, der alle seelischen und geistigen Erscheinungen auf körperliche Zustände zurückführt, die mit dem Tode vergehen (Weish 2,1b-5):

> 1b *Kurz und traurig ist unser Leben,*
> *und für das Ende des Menschen gibt es keine Heilung,*
> *auch ist niemand bekannt, der vom Hades erlöst.*
> 2 *Denn zufällig sind wir entstanden*
> *und danach werden wir sein, als hätten wir nie gelebt.*
> *Denn Rauch ist der Hauch in unseren Nasen,*
> *und das Wort ein Funke beim Schlag unsrer Herzen.*
> 3 *Erlischt er, wird zu Asche der Leib,*
> *während der Atem wie ein Luftzug*[50] *verweht.*
> 4 *Auch unser Name wird mit der Zeit vergessen sein,*
> *und niemand wird sich unserer Taten erinnern.*
> *Wie eine Wolke vergeht spurlos unser Leben*
> *und löst sich wie ein Nebel auf,*
> *den die Strahlen der Sonne verfolgen*
> *und ihre Hitze niederschlägt.*
> 5 *Nur ein huschender Schatten ist unsere Zeit,*
> *und unwiderruflich ist unser Ende:*
> *Ist es besiegelt, kehrt keiner zurück.*

Solche Skeptiker fühlen sich in ihrem Hedonismus durch einen gesetzestreuen Frommen gestört, weil seine bloße Existenz für sie einen lebenden Vorwurf bildet. Da er sich rühmt, daß Gott sein Vater sei, wollen sie ihn auf die Probe stellen (Weish 2,17–20):

---

49 Zum philosophischen Skeptizismus der hellenistischen Epoche vgl. A.A. Long, Philsoophy, 75–106 zum epikuräischen Atomismus, der die Unsterblichkeit der Seele leugnete und ihre Auflösung im Tode lehrte, vgl. Lucretius, De nat. III. 784–829, zu ihm Guido Bonelli, Lukrez,110–127, bes. 120–122 und zum mechanistischen Verständnis des Menschen durch den Arzt Erasisthratos (4.–3. Jh. v. Chr.) E. D. Philipps, Medicine, 145–155 bzw. knapp Vivian Notton, Erasisthratos, 41–43, weitere antike Parallelen zu allen Motiven des Liedes bei David Winston, Wisdom, 114–119.

50 Wörtlich: „dünne Luft."

17 *Laßt uns sehen, ob seine Worte wahr sind,*
und die Art seines Ausgangs erproben.
18 *Denn ist der Gerechte Gottes Sohn, nimmt er sich seiner an,*
und erlöst ihn aus der Hand seiner Gegner.[51]
19 *Wir wollen ihn mit Schimpf und Schande prüfen,*
damit wir seine Milde kennenlernen
und erproben, wie er standhält.
20 *Zu schimpflichem Tod wollen wir ihn verdammen,*
denn nach seinen Worten wird ihm Beistand zuteil.

Der Kommentar des Weisen dazu aber lautet (Weish 2,21–24):

21 *So dachten sie und gingen dabei irre,*
denn ihre Schlechtigkeit hielt sie verblendet.
22 *Denn sie kannten Gottes Geheimnisse nicht,*
erhofften keinen Lohn der Heiligkeit
und hielten nichts vom Ehrenpreis der makellosen Seelen.
23 *Doch Gott hat den Menschen zur Unvergänglichkeit erschaffen*
und ihn zum Bild seines Wesens gemacht:[52]
24 *Durch des Verleumders List kam der Tod in die Welt,*[53]
ihn kosten, die von seinem Lose sind.

Und so lautet seine positive Botschaft (Weish 3,1–3):[54]

1 *Doch der Gerechten Seelen sind in Gottes Hand*
und keine Qual kann sie berühren.
2 *Den Unverständigen hielten sie für tot*
und ihr Ausgang dünkte sie[55] *ein Übel*

---

51 Vgl. Mt 27,41–43.

52 Vgl. dazu Kaiser; Die ersten und die letzten Dinge, 1–17, bes. 9.12 = ders., Weisheit, 75–91, bes. 83–86 und Mareike V. Blischke, Eschatologie, 110–114.

53 Hier wird die Schlange, die Eva im Paradies verführte, mit dem Satan gleichgesetzt. Zu seinem Neid auf die Menschen vgl. Vit. Ad.10.3–16,4 und dazu Otto Merk und Martin Meiser, Leben Adams, 773–776.

54 Zum Glauben an die Verleihung der Unsterblichkeit durch Gott an die Frommen in der Weisheit Salomos vgl. James M. Reese, Hellenistic Influence, 62–71; Wolfgang Werner, Gerechtigkeit, 121–136; Martin Neher, Weg,121–136; Kaiser, Gott III, 320–332 bzw. Anweisungen, 102–116 und Blischke, Eschatologie, 265–268.

55 D.h.: die Frevler.

3 *und ihr Aufbruch von uns ein Untergang.*
Aber sie sind im Frieden.

Damit ist gesagt, daß die Seele der Frommen den Tod überdauert.[56] Darüber hinaus aber gilt ihnen die Verheißung, daß sie in Gottes Reich herrschen und siegen werden (Weish 5,15–16):[57]

15 *Die Gerechten werden in Ewigkeit leben,*
und bei dem Herren ist ihr Lohn
und die Sorge für sie bei dem Höchsten.
16 *Daher werden sie das Reich der Herrlichkeit empfangen*
und die Krone der Schönheit aus der Hand des Herrn.
Denn er wird sie mit der Rechten beschützen
und mit dem Arm ihr Schutzschild sein.

Fragen wir uns, wie der Weise zu dieser Gewißheit gekommen ist, so beruht sie auf zwei Argumenten: Zum einen hat er, wie wir gerade berichtet haben, die Gottebenbildlichkeit des Menschen ernst genommen und aus ihr erschlossen, daß, wenn Gott unsterblich ist, auch der Mensch zur Unsterblichkeit bestimmt ist.[58] Und zum andern wirkt die das Alte Testament als Ganzes zusammenhaltende und im Deuteronomium auf den Punkt gebrachte Entsprechung von Gerechtigkeit und Leben bei ihm nach.[59] Demgemäß hatte der Weise schon in 1,13–16 erklärt (Weish 1,13–16):[60]

13 *Gott hat den Tod nicht geschaffen,*
er hat keine Freude an der Vernichtung der Lebenden.
14 *Denn er hat das All zum Dasein erschaffen,*
und heilbringend sind die Geschöpfe der Welt.
Kein verderbliches Gift ist unter ihnen,
noch gibt es eine Herrschaft des Hades[61] *über die Erde,*

56 Vgl. dazu Blischke, Eschatologie, 138–139.
57 Vgl. Apc 2,10 und dazu Dieter Georgi, Weisheit, 418 und Moyna McGlynn, Judgement, 86.
58 Vgl. dazu Kaiser, Dinge, 75–91, bes. 83–86 = ders., Weisheit, 1–17, bes. 9–12; ders., Gott III, 320–332.
59 Vgl. dazu Kaiser, Gott I, 210–212.
60 Vgl. dazu Wolfgang Werner, Gerechtigkeit, 26–61 und Blischke, Eschatologie, 86–88.
61 Text: d.h.: der Unterwelt.

15 *Denn Gerechtigkeit ist unsterblich.*
16 *Die Frevler aber riefen ihn*[62] *mit Taten*[63] *und Worten herbei,*
sie verzehrten sich nach ihm wie nach einem Freunde
und schlossen mit ihm einen Bund,
weil sie würdig sind, ihm anzugehören.

Die Welt ist von Gott geordnet geschaffen: Alles, was er geschaffen hat, ist lebensfördernd und nicht lebensfeindlich. Denken die Menschen richtig von Gott und handeln sie nach seinem Willen (Weish 1,1–5), so sind sie gerecht und daher unsterblich. Fragen wir, was diesen im einzelnen in unseren Augen durchaus fragwürdigen Beweisgängen ihre Kraft gibt, so ist es eine neue Gewißheit der Unzerstörbarkeit der Gottesbeziehung des Menschen. So wie das Wissen um eine endliche Welt als seinen Gegensatz das Wissen um den unendlichen Gott einschließt, ist der Mensch, der um sein Ende weiß, über es hinaus. Übernimmt er sein endliches Los, erweist es sich, daß die Bodenlosigkeit seiner Existenz ein doppeltes Gesicht besitzt: Zum einen ist sie als solche die Quelle seiner Ängste. Zum anderen erweist sie sich dem, der auf sein endliches Dasein verzichtet, als der tragende Grund seiner Existenz. Er stürzt nicht in das Nichts, sondern in Gott als den Urgrund alles Seins. Die sich dem in seinen Ängsten ergehenden Anruf verweigern, bleiben friedlos.

Die Apokalyptiker drückten die Geheimnisse der Welt Gottes in bildhaften, aber keineswegs beliebigen Vorstellungen aus. Der Verfasser der Weisheit Salomos hat das, was die Frommen nach ihrem Tode erwartet, die ewige heilvolle Nähe Gottes, auf zwei knappe Formeln gebracht. Beide wurden bereits erwähnt, seien aber trotzdem noch einmal in Erinnerung gerufen. Die erste beschreibt den Zwischenzustand der Seele nach dem Tode (Weish 3,1):

Der Gerechten Seelen sind in Gottes Hand,
und keine Qual rührt sie an.

Die zweite beschreibt das endgültige Los der Gerechten (Weish 5,16):[64]

62 Nämlich: den Tod„
63 Wörtlich: „mit Händen."
64 Zur Darstellung des Gerichts in Weish 3,1–12 und 4,17–5,16 vgl. Blischke, Eschatologie, 151–155.

Die Gerechten werden in Ewigkeit leben,
und bei dem Herrn ist ihr Lohn.

Vertrauter und eindrücklicher aber lautet das schlichte Bekenntnis, das ein Bearbeiter in den 73. Psalm eingefügt hat, der von den Anfechtungen des Frommen angesichts des Wohlergehens der Gottlosen handelt (Ps 73, 23–26):[65]

23 *Dennoch bleibe ich stets bei Dir,*
denn du hältst mich an meiner Rechten.
24 *Du leistest mich nach Deinen Rat*
und entrückst mich danach in Herrlichkeit.
25 *Wen habe ich im Himmel außer Dir?*
Neben Dir freut mich nichts auf Erden.
26 *Mag schwinden mein Fleisch und mein Herz,*
Fels meines Herzens und mein Teil ist Gott für immer.

5. Osterzeugnis und Osterglaube

Gegen die Feststellung der Skeptiker in Weish 2,1, daß niemand bekannt ist, der vom Hades erlöst, steht das urchristliche Bekenntnis, daß Jesus Christus wahrhaftig auferstanden ist und dem Tode seine Macht genommen hat. Dieser Botschaft war trotz aller Verfolgungen der jungen christlichen Gemeinden ein unaufhaltsamer Siegeslauf beschieden. Die Kunde davon, daß der Mensch Jesus von Nazareth nach seiner Kreuzigung auferstanden, erst dem Petrus, dann den Zwölfen, dann mehr als 500 Brüdern auf einmal und schließlich dem Verfolger seiner Anhänger Saulus erschienen und ihn als Paulus zum Apostel der Heiden gemacht hatte (I Kor 15,1–10), schloß die, die ihr Glauben schenkten fest zusammen und befreite sie nicht nur aus der Vereinzelung in den damaligen Großstädten, sondern auch und vor allem von der Angst vor dem Tode.

Wir aber stehen heute weithin resigniert und ratlos vor dem *„garstigen historischen Graben,"*[66] der uns in der Moderne vom Zeugnis der biblischen

---

65 Vgl. dazu auch Kaiser, Gott III, 309–313 und ausführlich und partim anders O. Loretz, Götter, 603–631.

66 Gotthold Ephraim Lessing (1777) in: Emanuel Hirsch, Umformung,, 55 bzw. Lessing, Werke hg. Helmut Göbel VIII (1979/1996), 13 und dazu Hirsch, Geschichte IV, 120–165.

Wunder und zumal *des* biblischen Wunders trennt, der Entrückung Jesu aus dem Grabe in die himmlische Welt Gottes. Unser Denken ist ganz in das Erkunden, Beherrschen und Ausbeuten der Kräfte der Natur und damit das Planen, Organisieren und Machen verstrickt, während uns eine sich immer üppiger ausbreitende Event-Kultur davor bewahrt, in der Stille an Gott als das Geheimnis der Welt und damit zugleich über Ziel und Sinn unseres Lebens nachzudenken.[67] Für Gott ist in unseren Plänen, unserem Hasten nach Gewinn und „Events" keine Zeit mehr. Die Welt erscheint uns als ein in sich geschlossenes endliches, aber unbegrenztes System, das Leben als ein endlicher biologischer Prozeß. Darüber haben wir vergessen, daß das Leben genau wie die immer entschwindende und sich zugleich erneuernde Zeit ein Wunder ist. Und so wissen wir auch mit den unser Erstaunen und unsere Verwunderung provozierenden Berichten vom leeren Grab und den Begegnungen mit dem Auferstandenen nichts mehr anzufangen, die denen, die an ihn glauben, ein ewiges Leben zuspricht.[68]

Die Art der Auferstehung Jesu wird im Lukas- und Johannes-Evangelium aus Gründen der Polemik gegen ihre Bestreiter überaus

---

67 Vgl. dazu Martin Heidegger, Frage, 26–27: „Sobald das Unverborgene nicht einmal mehr als Gegenstand, sondern ausschließlich als Bestand den Menschen angeht und der Mensch innerhalb des Gegenstandlosen nur noch der Besteller des Bestandes ist, – geht der Mensch am äußersten Rand des Absturzes dorthin nämlich, wo er selber nur noch als Bestand genommen werden soll. Indessen spreizt sich gerade der so bedrohte Mensche in die Gestalt des Herrn der Erde auf. Dadurch // macht sich der Anschein breit, alles, was begegnet, bestehe nur insofern es ein Gemächte des Menschen sei. Dieser Anschein zeitigt einen letzten trügerischen Schein. Nach ihm sieht es so aus, als begegne der Mensch überall nur noch sich selbst. … Indessen begegnet der Mensch heute in Wahrheit nirgends mehr sich selbst, d. h. seinem Wesen. Der Mensch steht so entschieden im Gefolge der Herausforderung des Gestells [d.h.: des Wesens der Technik O.K.], daß er dieses nicht als einen Anspruch vernimmt, daß er sich selbst als den angesprochenen übersieht und damit auch jede Weise überhört, inwiefern er aus seinem Wesen her im Bereich eines Zuspruchs ek-sistiert und darum niemals nur sich selbst begegnen kann." Zu der mit der Selbstvergessenheit zusammenhängenden Verstellung durch die „Machenschaft," das den Menschen in die Fesseln der durchgängigen Erklärbarkeit rückt, so daß er sich selbst völlig fremd wird, und das „Erlebnis", in dem das Seiende als Vorgestelltes nur noch auf das Subjekt bezogen wird und damit die „Machenschaft" vollendet, vgl. auch Heidegger, Beiträge,129–135, bes. 133–134.

68 Zu den Ostererfahrungen und Osterberichten des Neuen Testaments vgl. Joachim Jeremias, Theologie, 285–295; Martin Hengel, Begräbnis, 119–184; ders./ Anna Maria Schwemer, Jesus, 625–654 bzw. Jürgen Becker, Auferstehung, 239–287.

drastisch geschildert.[69] Wollen wir wissen, wovon in der Osterbotschaft die Rede ist, sollten wir uns, ehe wir weitere Fragen erörtern, an das Zeugnis des Apostels Paulus in I Kor 15,35–53 als das älteste halten. In ihm unterscheidet er scharf zwischen dem irdischen, von ihm als beseelt bezeichneten Leib, dem σῶμα ψυχικόν, und dem himmlisch-geistigen Leib, dem σῶμα πνευματικόν. Der „Geistleib“ wird frei, wenn die irdische Hülle abfällt oder wenn wir „verwandelt werden (ἀλλαγησόμεθα).“ Der Geist ist als solcher raumlos.[70] Damit ist aber zugleich gesagt, daß auch der „Himmel“ als der Bereich Gottes und des Geistes raumlos ist. Der „Himmel“ befindet sich nicht „über den Sternen“, sondern er befindet sich „jenseits“ unserer raum-zeitlichen Welt, er ist ihre geistige Rückseite. Wenn wir von der Auferstehung oder Auferweckung Jesu reden, so meinen wir damit seine Verwandlung und Entrückung in die Welt Gottes und d.h. des Geistes. Reden wir von der Tiefe oder dem Grund oder gar Abgrund der geistigen Welt, so reden wir in endlichen Kategorien, weil wir keine unendlichen, „jenseitigen“, transzendenten besitzen.[71] Unsere Sprache geht von äußeren Erfahrungen aus und bedient sich, sowie wir von inneren reden, der Analogie. Aber da es solche Erfahrungen zweifelsfrei gibt, müssen wir uns, wenn wir nicht schweigen wollen, auch wenn wir von

69 Lk 24,36–43 und Joh 20,24–29.

70 Zur phänomenologischen Bedeutung der Rede von der Seele und dem Geist des Menschen vgl. Helmuth Plessner Stufen, 303: „Seele ist real als binnenhafte Existenz der Person. Bewußtsein ist der durch die Exzentrität der personalen Existenz bedingte Aspekt, in dem die Welt sich darbietet. Geist ist dagegen die mit der eigentlichen [exzentrischen O.K.] Positionsform geschaffene und bestehende Sphäre und macht daher keine Realität aus, ist jedoch realisiert in der Mitwelt, wenn auch nur eine Person existiert.“ Der Theologie wird sich freilich mit der rein immanenten Rolle beider nicht zufrieden geben. Die Rede von der Unsterblichkeit der Seele und damit des Geistes bleibt immer noch die einleuchtendste Metapher, wenn es darum geht, den Tod nicht lediglich als ein biologisches Factum und mithin als völlige und bleibende Vernichtung des ganzen Menschen auszusagen. Zu den Schwierigkeiten, die mit der Vorstellung vom Seelentod verbunden sind, und der Unverzichtbarkeit der „Bleibendheit“des personalen Daseins und seiner Verbindung mit Gott vgl. Karl Rahner, Grundkurs, 419–420 und Wilfried Härle, Dogmatik, 630–634. Zum Verhältnis zwischen der physikalischen Lehre von Kraft und Feld zum göttlichen Geist vgl. Pannenberg, Theologie II, 99–105.

71 Zur sinnvollen Rede von Gott vgl. Karl Rahner, Grundkurs, 54–61 und Eberhard Jüngel, Gott, 203–227.

Gott reden, analoger Aussagen bedienen.[72] Über die Wahrheit der Bezeugungen existentieller Erfahrungen läßt sich nicht im distanzierten Sehakt entscheiden, sondern nur aufgrund existentieller Beteiligung und Erfahrung. Damit ist bereits gesagt, daß die Beweise für die Existenz Gottes und die Unsterblichkeit der Seele nicht mehr vermögen, als das Umfeld abzuklären und zu bereiten, in das sich die sich selbst bezeugenden Erfahrungen der Gegenwart Gottes einordnen lassen.[73]

Suchen wir nach solchen, so gibt es die Zeugnisse vieler, die sich in nach menschlichem Ermessen aussichtslosen Situationen befunden und in dieser Lage bedingungslos Gott übergeben haben. Sie bezeugen, daß ihr Vertrauen nicht ins Leere gefallen und die Angst von ihnen gewichen ist, weil Friede und Gelassenheit sie erfüllte. Diese Angst ist mit der eigentümlichen Ortlosigkeit der menschlichen Existenz verbunden, die anders als die Tiere nicht im Jetzt und Hier aufgeht, sondern eine exzentrische Position besitzt, der die freie Beweglichkeit des Geistes entspricht, die den Augenblick zu transzendieren und ihre Angst als Todesangst zu durchschauen vermag. Wir können unserer Endlichkeit nicht entfliehen, aber wir können die mit ihr verbundene Angst überwinden, indem wir auf uns selbst Verzicht leisten; denn dann erschließt sich der Abgrund des Nichts als der tragende Grund oder Gott.[74] Manche bezeugen, daß sie bei dieser radikalen Preisgabe ein jenseitiges Licht geschaut haben, mit dem die Empfindung einer unendlichen Freiheit und eines unendlichen Friedens verbunden war. Sie haben damit einen Vorgeschmack von der unendlichen Freiheit und dem unendlichen Frieden bekommen, wie ihn der Apostel Paulus für das Ende aller Dinge voraussagt, wenn nämlich Gott alles in allem sein wird (I Kor 15,28).[75]

---

72 Vgl. dazu Eberhard Jüngel, 457–583; Walter Kasper, Gott, 116–131 und Kaiser, Gott II, 312–316.

73 Zu ihren Arten und ihrer bleibenden noetischen und mithin auch religiösen Bedeutung vgl. z.B. Rahner, Grundkurs, 77; Hubertus G. Hubbeling, Einführung, 77–98 und 269–198; John Clayton, Gottesbeweise, 740–784, bes. 773–776 und ausführlich Richard Swinburne, Existence bzw. Existenz.

74 Zur exzentrischen Positionalität der Existenz vgl. Helmuth Plessner, Stufen, 288–293 und dazu Kaiser, Rede, 9–32, bes. 24–27 = ders., Weisheit, 258–281, bes. 273–276.

75 Zur Vorstellung eines Zwischenzustandes als Reinigungsort („Fegefeuer“) und der eine vergleichbare Funktion einschließenden Vorstellung von der Reinkarnation Bernhard Lohse, Luthers Theologie, 345–349 und zur Sache auch Karl Rahner, Grundkurs, 424–425.

Mit dem Gesagten ist die Frage, wie wir selbst zu dieser Gewißheit der unendlichen Bergung in Gott gelangen, bereits beantwortet und die Brücke zwischen der Nachricht von Jesu Erhöhung in die Welt Gottes und unserem Glauben mit dem bisher Gesagten bereits geschlagen. Wir lassen uns dieses Ergebnis jedoch noch einmal ausdrücklich durch die kleine Taufpredigt des Apostels Paulus in Röm 6,1–10 bestätigen: Nach ihr werden die Christen in ihrer Taufe in Jesu Tod „getaucht," so daß sie damit gleichsam mit ihm gestorben und begraben sind, damit sie wie Christus von den Toten auferstehen (V. 3–4).[76] Das Mitsterben mit Christus besteht in der bedingungslosen Übergabe des eigenen Lebens an Gott als Vorwegnahme des eigenen Todes. Auf diesen radikalen Verzicht auf sich selbst antwortet Gott mit dem oben beschriebenen Frieden, der die Gewißheit einschließt, daß wir in Gott geborgen sind und auch der Tod uns nicht von ihm trennen wird. Das reale Sterben steht mithin unter dem Vorzeichen der Hoffnung auf die Teilhabe am ewigen Leben in Gottes Herrlichkeit und Frieden, in die der erhöhte Christus vorangegangen ist. Die Gewißheit dieser Hoffnung speist sich aus der Erfahrung der unverlierbaren Nähe Gottes, die uns Menschen als Antwort auf die Selbstübergabe an Gott zuteil werden kann. Wer die biblischen Osterberichte und die Taufpredigt des Apostels als bloße Informationen betrachtet, der bleibt an dem garstigen Graben hängen, der sich zwischen ihnen und unserem Weltverständnis auftut. Wer die Symbolik der Taufe verstanden hat und sie existentiell mit- oder nachvollzieht, indem er sein endliches Leben radikal annimmt und in Gottes Hände legt, der erfährt in dem ihm zuteil werdenden Frieden die Gegenwart des ihn tragenden Gottes und weiß hinfort, daß er ewig in Gott geborgen ist.[77] Die Ewigkeit ist keine unermeßliche Zeit, sondern das ewige Jetzt Gottes, in dem alle Zeit gründet.[78]

Die Annahme der eigenen Endlichkeit war die letzte Weisheit des Altertums. Haben die Alten vielleicht in ihrem Tod mehr erfahren, als sie sagen können? Wir wissen es nicht, aber wir dürfen es hoffen. Daß das Verhältnis zwischen Gott und Menschen ein ewiges ist, hat Israel zunächst auf sich bezogen (Gen 17,7) und später an ein Leben der

76 Vgl. dazu Carl Heinz Ratschow, Taufe, 117–128.

77 Diese bedingungslose Selbstübergabe an Gott ist mit der vom Menschen als Sünder erwarteten Umkehr zu Gott identisch, denn mit Søren Kierkegaard ([1849]1954), 75 besteht die Sünde darin, „vor Gott oder mit dem Gedanken an Gott verzweifelt nicht man selbst sein wollen oder verzweifelt am selbst sein wollen." Vgl. dazu Wolfhart Pannenberg, Theologie II, 274–290.

78 Zum Verhältnis von Zeit und Ewigkeit vgl. Pannenberg, 114–116.

kommenden Welt geglaubt. Daß es alle Menschen einschließt und alle im radikalen Gottvertrauen Anteil an seinem ewigen Leben haben, ist Inhalt der christlichen Botschaft. Der Glaube an das ewige Leben ist keine phantasievolle Ausflucht vor den Realitäten der endlichen Daseins, sondern gründet in dem inneren Wissen um die nie endende Gegenwart Gottes, die als erfüllte das Ende alles Fragens ist. Niemand hat das besser als Antoine de Saint-Exupéry (der Dichter des „Kleinen Prinzen") ín seiner „Citadelle" gewußt, als er schrieb:[79]

> *Der ist töricht, der von Gott eine Antwort erwartet. Wenn er dir antwortet, wenn er dich heilt, so geschieht es, weil er mit seiner Hand deine Fragen gleich dem Fieber von dir nimmt. So ist es.*
> *Herr, wenn Du Deine Schöpfung eines Tages in die Scheuer einbringst, so öffne das doppelte Scheunentor und laß uns dort eintreten, wo nicht mehr geantwortet wird, denn dort gibt es keine Antwort mehr, aber die Seligkeit, die der Schlußstein der Fragen ist, und die Schau, die befriedigt.*
> *Stille, Hafen des Schiffes. Stille in Gott, Hafen aller Schiffe.*[80]

---

79 Antoine de Saint-Exupéry, Die Stadt in der Wüste, Düsseldorf: Karl Rauch (o.J.[1951]) 201.

80 „Insensé qui espère la réponse de Dieu. S'Il te reçoit, il te guérit, c'est en effaçant tes questions, de Sa main, comme la fièvre. Cela est. Engrangeant un jour Ta création, Seigneur, ouvre-nous Ton vantail à deux portes et fais-nous pénétrer là où il ne sera plus répondu, car iln'y aura plus réponse, mais béatitude, qui est clef de voûte des questions et visage qui satisfait … Silence, port du navire. Silence en Dieu, port de tous les navires." Ders., Oeuvres, 620. – Diesem Aufsatz liegt die mehrfach überarbeitete Fassung eines Vortrags zugrunde, den ich am 4. Mai 2006 anläßlich des Symposiums zum sechzigjährigen Bestehen des Theol. Instituts der Ev.-luth. Kirche in Estland in Tallinn, am 24. November 2006 in der Ev. Kirchengemeinde der Johanneskirche in Mönchengladbach-Großhagen und am 25. November 2007 in der Ev. Kirchengemeinde der Martinskirche in Bad Hersfeld zu halten die Ehre hatte. Ich danke dem Rektor des Instituts Herrn Prof. Dr. Rino Tasmuth und den Herren Pfarrern Karl-Heinz Bassy und Karl-Heinz Barthelmes herzlich für die Einladungen.

Nachwort

Der vorliegende Band versammelt eine Reihe von Studien zur spätbiblischen Weisheit und genauer zum Kohelet- und zumal zum Sirachbuch. Die beiden einleitenden, dem Buch seinen Namen gebenden Aufsätze behandeln das Thema der Verhältnisses zwischen dem verborgenen und offenbaren Gott beim Kohelet bzw. Ben Sira, die folgenden sechs untersuchen als Spezialprobleme der Auslegung des Sirachbuches das Verhältnis zwischen göttlicher Weisheit und menschlicher Freiheit, die Bedeutung der stoischen Oikeiosis-Lehre für seine Anthropologie und die Gewichtung des Verhältnisses zwischen Bund und Gesetz, zwischen sittlicher und kultischer Sühne und zwischen Arm und Reich. Diesem ist ein weiterer über die in ihm vertretenen Vorstellungen von Erziehung und Bildung vorgeschaltet. Der Beitrag über das Zeitverständnis im Alten Testament schließt eine ausführliche Darstellung des qualitativen Zeitverständnisses Kohelets ein, während die Studie über Krankheit und Heilung nach dem Alten Testament mit der Verhältnisbestimmung zwischen ärztlicher und göttlicher Beteiligung bei der Behandlung eines Kranken in der Sicht Ben Siras schließt. Dazwischen ist ein Aufsatz über den dreifachen Aspekt der Heiligkeit im Alten Testament eingeschoben, der (ohne das es gesagt wird) den Hintergrund der von Ben Sira getroffenen Unterscheidung zwischen kultischer und sittlicher Sühne ausleuchtet. Die beiden letzten Beiträge greifen aktuelle Fragen der biblischen und der letzte auch der pastoralen Hermenutik auf, indem der erste das Problem der Rede von der Heilsgeschichte angesichts der tiefgreifenden Veränderung des wissenschaftlichen Bildes der Vor- und Frühgeschichte aufgreift und der zweite die beiden Fragen zu beantworten sucht, welcher Wandel der Vorstellungen vom Leben nach dem Tode im Hintergrund des Glaubens an das ewige Leben steht und auf welche Weise der Christ der Auferstehung Jesu von den Toten und zugleich der eigenen Unsterblichkeit gewiß werden kann. Er sei dem Gedächtnis an den im letzten Jahr verstorbenen Altbischof der Ev. Kirche in Kurhessen und Waldeck, Professor Dr. Christian Zippert, den Weggenossen während eines halben Jahrhunderts gewidmet, der ihn noch wenige Wochen vor seinem Tode im Manuskript mit Zustimmung gelesen hat.

Zu danken habe ich an erster Stelle dem Verlag Walter de Gruyter, vertreten durch Herrn Dr. Albrecht Döhnert für die Bereitschaft, auch noch einen vierten Band meiner gesammelten Aufsätze in seine bewährte Obhut zu nehmen, sowie den Mitarbeiterinnen und Mitarbeitern des Verlages für die gewohnt sorgfältige Betreuung der Drucklegung. Der Leser wird dem Nachweis der Erstveröffentlichungen und den einschlägigen Anmerkungen entnehmen, daß es sich bei den hier versammelten Aufsätzen ursprünglich in allen Fällen entweder um Vorträge oder Beiträge zu Festschriften handelt. Sie wurden sämtlich für den Erst- oder Wiederabdruck überarbeitet, worauf ich bei ihrer etwaigen Zitation freundlichst Rücksicht zu nehmen bitte. Auch an dieser Stelle möchte ich all denen herzlich danken, die mich zu Vortrag oder Mitarbeit eingeladen und damit herausgefordert haben. Denn ich brauche für meine wissenschaftliche Arbeit ein lebendiges Gegenüber. Die Aufsätze bezeugen auf eindrucksvolle Weise eine über die Grenze der Konfessionen und Länder hinausgehende wissenschaftliche Zusammenarbeit, die im vorliegenden Fall vom finnischen Meerbusen und dem Emajõgi im Norden bis zur Donau und zur Mur im Süden und nach Oxford im Westen reicht. Sie erinnern freilich auch daran, daß die Erforschung des Buches Jesus Sirach als einer deuterokanonischen Schrift in der westlichen Theologie noch immer ihren Schwerpunkt in den katholisch-theologischen Fakultäten besitzt. Seit meinem ersten Aufsatz über ein Thema aus dem Sirachbuch im Jahr 1958 und meinem ersten Seminar über das Buch Kolehelet in den frühen 70er Jahren war es mir ein beständiges Anliegen dazu beizutragen, daß beiden Büchern auch in der evangelischen Theologie und Kirche die verdiente Aufmerksamkeit zuteil werde. Möge denn auch diese Aufsatzsammlung dazu beitragen, die nachrückende Generation auf den Reichtum ihrer weithin gemeinsamen Fragestellungen und ihre teils übereinstimmenden, teils divergierenden Antworten hinzuweisen, über die erst die Osterbotschaft hinausführen sollte.

Für die freundlich erteilte Genehmigung zum Wiederabdruck habe ich Herrn Dr. Rüdiger Lux, Leipzig, als Herausgeber der „Arbeiten zur Bibel und ihrer Geschichte" und der Evangelischen Verlagsanstalt Leipzig, vertreten durch Frau Christiane Fleischer, Herrn Kollegen Prof. Dr. Wilfried Härle, Heidelberg, als Herausgeber der Marburger Theologischen Studien, Herrn Hartmut Spener, Waltrop, als Verleger der „Kleinen Arbeiten zum Alten und Neuen Testament", Herrn Professor Dr. Robert Jütte, Stuttgart als Herausgeber des Jahrbuches für Geschichte der Medizin der Robert Bosch Stiftung „Medizin, Gesellschaft und Geschichte“ und dem Verlag Franz Steiner in Stuttgart, vertreten durch Herrn Verlagsleiter Dr. Thoma Schaber, Herrn Professor Dr. R. Altnurme als Dekan der Theologischen Fakultät der Universität Tartu und Herrn Professor Dr. Urmas Sutrop als Herausgeber von „Trames. Journal of the Humanities and Socal Sciences“ in Tallinn zu danken. Schließlich merke ich dankbar an, daß Herr Pastor Dr. Andreas Lüder, Großefehn, ein kritisches Auge auf einen Teil des Manuskripts geworfen hat.

Marburg an der Lahn, im Mai 2008 Otto Kaiser

Nachweis der ursprünglichen Erscheinungsorte

Der verborgene und offenbare Gott bei Kohelet, unveröffentlicht.

Der offenbare und verborgene Gott bei Jesus Sirach.

Kürzere Fassung in: „Houses Full of All Good Things. Essays in Memory of Timo Veijola, ed. Juri Pakkala and Martti Nissinen (PFES 95), hg. Helsinki: The Finnish Exegetical Society; Göttingen: Vandenhoeck & Ruprecht 2008, 394–412.

Göttliche Weisheit und menschliche Freiheit bei Jesus Sirach.

Kürzere Fassung in: Auf den Spuren des schriftgelehrten Weisen. Festschrift für Johannes Marböck anläßlich seiner Emeritierung. Hg. v. Irmtraud Fischer, Ursula Rapp und Johannes Schiller (BZAW 311), Berlin. New York: Walter de Gruyter 2003, 291–305.

Die stoische Oikeiosis-Lehre und die Anthropologie des Jesus Sirach, unveröffentlicht.

Bund und Gesetz bei Jesus Sirach.

Deutsche Neufassung von „Covenant and Law in Ben Sira", in: Covenant as Context. Essays in Honour of E.W. Nicholson, ed. A.D.H. Mayes and R.B. Salters, Oxford: Oxford University Press 2003, 235–260.

Kultische und sittliche Sühne bei Jesus Sirach.

Kürzere Fassung in: „Einen Altar von Erde mache mir …" Festschrift für Diethelm Conrad zu seinem 70. Geburtstag. Hg. v. Johannes F. Diehl, Reinhard Heitzenröder und Markus Witte (Kl. Arbeiten zum Alten und Neuen Testament 4/5), Waltrop: Hartmut Spener 2003, 151–167.

Erziehung und Bildung bei Jesus Sirach.

Kürzere Fassung in: „Schaffe mir Kinder …" Beiträge zur Kindheit im alten Israel und in seinen Nachbarkulturen. Hg. v. Andreas Kunz-Lübcke und Rüdiger Lux (ABG 21), Leipzig: Evangelische Verlagsanstalt 2006, 223–251.

Arm und Reich bei Jesus Sirach.

Kürzere Fassung in: „Theologie und Kirchenleitung. Festschrift für Peter Steinacker.“ Hg. v. Hermann Deuser, Gesche Linde und Sigurd Ring (MThSt 75), Marburg: In Kommission N.G. Elwert 2003, 17–30.

Die Erfahrung der Zeit im Alten Testament.

Kürzere Fassung in: in: „Mille anni sicut dies hesterna ...“ Studia in honorem Kalle Kasemaa. Ed. Marju Lepajõe et Andres Gross, Tartu: Universitas Tartuensis Facultas Theologica/Tartu Ülikooli Kirjastus 2003, 11–27.

Der dreifache Aspekt der Heiligkeit im Alten Testament, unveröffentlicht.

Krankheit und Heilung nach dem Alten Testament.

Kürzere Fassung in: Medizin. Gesellschaft und Geschichte. Jahrbuch des Instituts für Geschichte der Robert Bosch Stiftung 20, Stuttgart: Franz Steiner Verlag 2001, 9–43.

Glaube und Geschichte im Alten Testament.

Kürzere Fassung in: Trames. Journal of the Humanities and Social Sciences Vol. 10 No. 3, Tallinn: Estonian Academy Publishers 2006, 195–215.

Der biblische Weg zum Glauben an das ewige Leben.

Kürzere Fassung in: Trames. Journal of the Humanities and Social Sciences Vol. 11 No. 3, Tallinn: Estonian Academy Publishers 2007, 227–250.

Bibliographie

Abel, F.-M., *Histoire* de la Palestine depuis la conquête d'Alexandre jusqu'a l'invasion Arabe II: De la guerre Juive a'l'invasion Arabe, Paris : J. Gabalda 1952.

Achenbach, Reinhard, Levitische *Priester* und Leviten im Deuteronomium. Überlegungen zur sog. „Levitisierung" des Priestertums (ZAR 7), Wiesbaden. Otto Harrassowitz 1999, 285–309.

Achenbach, Reinhard, „*Pentateuch,* Hexateuch und Enneateuch" (ZAR 11), Wiesbaden: Otto Harrassowitz 2005, 122–154.

Adam, Klaus-Peter, *Saul* und David in der judäischen Geschichtsschreibung (FAT 51), Tübingen: Mohr Siebeck 2007.

Adam, Klaus-Peter, *Motivik,* Figuren und Konzeption der Erzählung vom Absalomaufstand, in: Witte u.a., Geschichtswerke, 183–212.

Ahn, Gregor/*Dietrich*, Manfried (Hg.), *Engel* und Dämonen (FARG 29), Münster: Ugarit Verlag. 1997.

Aeschyli septem quae supersunt tragoediae, rec. Gilbertus Murray (SCBO), Oxford: Clarendon Press 1952 ND.

Aischylos, Tragödien. Übers. Oskar Werner, hg. Bernhard Zimmermann (STusc) Zürich/Düsseldorf: Artemis & Winkler, Darmstadt: Wissenschaftliche Buchgesellschaft 1996.

Aitken, James K., Divine *Will* and Providence, in: Egger-Wenzel (Hg.), Einzelner, 282–301.

Albani, Matthias, „Kannst du die *Sternbilde*r hervortreten lassen zur selben Zeit ...?" (Hi 38,32). Gott und Gestirne im Alten Testament und im Alten Orient, in: Janoswki/Ego, Weltbild, 181–226.

Albertz, Rainer, *Weltschöpfung* und Menschenschöpfung. Untersucht bei Deuterojesaja, Hiob und bei den Psalmen (CThM 3), Stuttgart: Calwer Verlag 1974.

Albertz, Rainer, *Hintergrund* und Bedeutung des Elterngebots im Dekalog (ZAW 90) Berlin/New York: Walter de Gruyter 1978), 348–374 = ders., Geschichte, 157–185.

Albertz, Rainer, *Religionsgeschichte* Israels in alttestamentlicher Zeit, Göttingen: Vandenhoeck & Ruprecht 1991.

Albertz, Rainer, *Geschichte* und Theologie. Studien zur Exegese des Alten Testaments und zur Religionsgeschichte Israels. Hg. v. Ingo Kottsieper/ Jakob Wöhrle, Mitarb. Gabi Kern (BZAW 326), Berlin/New York. 2003.

Albertz, Rainer, Jahwe allein! Israels Weg zum Monotheismus und dessen theologische Bedeutung, in: ders., Geschichte, 359–382.

Allen, Leslie C., *Psalms* 101–150 (WBC 21), Waco, Texas: Word Books, Publisher 1983.

Alt, Albrecht, Die *Landname* der Israeliten in Palästina. Reformprogramm der Universität Leipzig 1925 = ders. ; Schriften I, 89–125.

Alt, Albrecht, Der *Gott* der Väter (BWANT III/12), Stuttgart: W. Kohlhammer 1929 = ders., Schriften I, 1–78.

Alt, Albrecht, Die *Ursprünge* des israelitischen Rechts (BSAW.PH 86/1), Leipzig: S. Hirzel 1934, 52–68 = ders., Schriften I, 316–331

Alt, Albrecht, *„Josua"*, in: Volz/Stummer/Hempel, Werden, 13–29 = ders., Schriften I, 176–192.

Alt, Albrecht, Erwägungen über die Landnahme der Israeliten in Palästina (PJ 35), Berlin: Mittler & Sohn 1939, 8–63 = ders., Schriften I, 126–175.

Alt, Albrecht, Kleine *Schriften* zur Geschichte des Volkes Israel I, München: C.H. Beck 1953.

Anthologia Lyrica Graeca. Ed. E. Diehl, Fasc.1 (BSGRT), Editio stereotypa editionis tertiae, Leipzig: B.G. Teubner 1949.

Aristoteles, Nikomachische Ethik. Nach der Übers. v. Eugen Rolfes bearb v. Günther Bien (Aristoteles Philosophische Schriften in sechs Bänden III), Hamburg: Felix Meiner 1995.

Aristotelis Ethica Nicomachea rec. I. Bywater (SCBO) Oxford: Clarendon Press 1894 (ND).

Aristotelis Fragmenta selecta. Rec. W.D. Ross (SCBO), Oxford: Clarendon Press 1955 (ND).

Aristotelis Politica. Recognovit brevique adnotatione critica instruxit W.D. Ross (SCBO), Oxford: Clarendon Press 1957 (ND).

Aristotelis Ars Rhetorica. Rec. W.D. Ross (SCBO), Oxford: Clarendon Press 1959 (ND).

Aristotelis De Arte Poetica. Rec. R. Kassel (SCBO), Oxford: Clarendon Press 1964 (ND).

Arnim, Joannes ab, Stoicorum Veterum Fragmenta I-IV, Leipzig: G.B. Teubner 1905 ff./Stuttgart, G.B. Teubner 1968.

Aro, Jussi, siehe: Starr/ders./Parpola, *Queries.*

Arrighetti, Graziano, Art. *„Hesiodos"* (DNP 5), Stuttgart/Weimar: J.B. Metzler 1998, 506–510.

Asensio, Victor Maria, *„Poverty* and Wealth: BenSira's View of Possessions", in: Egger-Wenzel/Krammer, *Einzelne*, 151–178.

Assmann, Jan, *Zeit* und Ewigkeit im Alten Ägypten (AHAW 1975/1), Heidelberg: Carl Winter 1975.

Assmann, Jan, *Tod* und Jenseits im Alten Ägypten, München: C.H. Beck 2001.

Astin/Walbank/Frederiksen/Ogilvie (Hg.), *Rome* and the Mediterranean to 133 BD (CAH 2nd ed. VIII), Cambridge: Cambridge University Press 1989.

Augustinus, Aurelius, Selbstgespräche. *Soliloquia*. Über die Unsterblichkeit der Seele. Lateinisch-deutsch. Übers. u. eingel. Hanspeter Müller, bearb. Harald Fuchs (STusc), 2. Aufl. Zürich/München: Artemis & Winkler 1986.

Aurelius, Erik, Der *Ursprung* des Ersten Gebots (ZThK 100), Tübingen: Mohr Siebeck 2003, 1–21.

Avemarie, Friedrich, *Tora* und Leben. Untersuchungen zur Heilsbedeutung der Tora in der frühen rabbinischen Literatur (TSTAJ 55), Tübingen: J.C.B. Mohr (Paul Siebeck) 1996.

Avemarie, Friedrich/*Lichtenberger*, Hermann (Hg.), *Auferstehung*-Resurrection (WUNT 135), Tübingen: Mohr Siebeck 2001.

Avi-Jonah, M:, The *Jews* under Roman and Byzantine Rule. A Political History of Palestine from the Bar Kokhba War to the Arab Conquest, Jerusalem: Magnes Press. Hebrew University 1984.

Backhaus, Franz Josef, „Denn *Zeit* und Zufall trifft sie alle." Zu Komposition und Gottesbild im Buch Kohelet (BBB 83), Frankfurt am Main: Anton Hain 1993.

Backhaus, Franz Josef, „ Es gibt nichts *Besseres* für den Menschen" (Koh 3,22). Studien zur Komposition und zur Weisheitskritik im Buch Kohelet (BBB 121), Bodenheim: Philo 1998.

Backhaus, Franz Josef (1998b), „*Kohelet* und die ‚Diatribe'. Hermeneutische und methodologische Überlegungen zu einem noch ausstehenden Stilvergleich (BZ NF 42), Paderborn: Ferdinand Schöningh 1998, 248–256.

Balentine, Samuel E., The *Hidden God*. The Hiding of the Face of God in the Old Testament, Oxford: Oxford University Press 1983.

Baltzer, Klaus, Das *Bundesformular* (WMANT 4), 2. Aufl. Neukirchen-Vluyn: Neukirchener Verlag 1984.

Barrera, J. Trebollo, siehe Martínez/Trebollo, *People*.

Barth, Christoph, Die *Errettung* vom Tode in den individuellen Klage- und Dankliedern des Alten Testaments, Zürich: Theologischer Verlag 1947.

Barthel, Jörg, *Prophetenwort* und Geschichte. Die Jesajaüberlieferung in Jes 6–8 und 28–31 (FAT 19), Tübingen: Mohr Siebeck 1997.

Barthel, Jörg (Hg.), siehe Hermisson, *Studien*.

Barthélemy, D./*Rickenbacher*, O., Konkordanz zum Hebräischen Sirach. Mit Syrisch-Hebräischem Index, Göttingen: Vandenhoeck & Ruprecht 1973.

Barton, George Aaron, The Book of *Ecclesiastes* (ICC), Edinburgh: T & T Clark 1908 (ND).

Barton, John, „*Dating* the Succession Narrative", in: Day, *Search*, 95–106.

Barton, Tamsyn, Ancient *Astrology* (Sciences of Antiquity), London. New York: Routlege (1994) ND 1998.

Baumann, Gerlinde, Die *Weisheitsgestalt* in Proverben 1–9. Traditionsgeschichtliche und theologische Studien (FAT 16), Tübingen: J.C.B. Mohr (Paul Siebeck) 1996.

Baumgartner, Walter, siehe: Koehler/ders., *Lexikon*.

Beck, Martin, *Elia* und die Monolatrie. Ein Beitrag zur religionsgeschichtlichen Rückfrage nach dem vorschriftprophetischen Jahwe-Glauben (BZAW 281), Berlin/New York: Walter de Gruyter 1999.

Becker, Joachim, *Gottesfurcht* im Alten Testament (AnBib 23), Rom: Päpstliches Bibelinstitut 1965.

Becker, Jürgen, *Paulus*. Der Apostel der Völker (UTB 2014), Tübingen: Mohr Siebeck 1998.

Becker, Jürgen, Die *Auferstehung* Jesu Christi nach dem Neuen Testament, Tübingen: Mohr Siebeck 2007.

Becker, Uwe, *Richterzeit* und Königtum. Redaktionsgeschichtliche Studien zum Richterbuch (BZAW 192), Berlin/New York: Walter de Gruyter 1990.

Becker, Uwe, *Jesaja* – von der Botschaft zum Buch (FRLANT 178), Göttingen: Vandenhoeck & Ruprecht 1996.

Becker, Uwe, Von der *Staatsreligion* zum Monotheismus (ZThK 102), Tübingen: Mohr Siebeck 2005, 1–16.

Beckerath, Jürgen von, Art. „Chronologie“ (LÄ 1), Wiesbaden: Otto Harrassowitz 1975, 967–971.

Beckerath, Jürgen von, Art. „Kalender“ (LÄ 3), Wiesbaden: Otto Harrassowitz 1980, 297–299.

Beentjes, Pancratius C. „Ein *Mensch* ohne Freund ist wie eine linke Hand ohne die Rechte.“ Prolegomena zu einer Kommentierung der Freundschaftsperikope Sir 6,5–17, in: Friedrich V. Reiterer (Hg.), *Freundschaft*, 1–18.

Beentjes, Pancratius C., The Book of Ben Sira in Hebrew. A Text Edition of all Extant Hebrew Manuscripts & A Synopsis of all Parallel Hebrew Ben Sira Texts (VT.S 68), Leiden. New York. Köln 1997.

Beentjes, Pancratius C., Hg, The *Book* of Ben Sira in Modern Research. Proceedings of the of the First International Ben Sira Conference 28–31 July 1996 Soesterberg, Netherlands (BZAW 255), Berlin/New York: Walter de Gruyter 1997.

Beentjes, Pancratius C., „God's *Mercy*: 'Racham' (pi), and 'Rachamim' in the Book of Ben Sira“, in: Egger-Wenzel, Renate, Ben Sira's God, 118–135.

Beentjes, Pancratius C., „*Theodicy* in the Wisdom of Ben Sira“, in: Laato/de Moor, Theodicy, 509–524.

Bees, Robert, Die *Oikeiosislehre* der Stoa I: Rekonstruktion ihres Inhalts (Epistemata. Würzburger Wiss. Schriften Reihe Philosophie 258), Würzburg: Königshausen & Neumann 2004.

Bengtson, Hermann, Hellenistische *Weltkultur*, Stuttgart. Franz Steiner Verlag 1988.

Berges, Ulrich, Das *Buch* Jesaja. Komposition und Endgestalt (HBS 15), Freiburg. Basel. Wien: Herder 1998.

Berlejung, Angelika, „*Geschichte* und Religionsgeschichte des antiken Israel“, in: Gertz, *Grundinformation*, 55–185.

Berner, Christoph, *Jahre*, Jahrwochen und Jubiläen. Heptadische Geschichtskonzeptionen im Antiken Judentum (BZAW 363), Berlin/New York: Walter de Gruyter 2006.

Bezold, Carl: siehe Boll/Bezold/Gundel, *Sternglaube*.

Beyerlin, Walter, *Herkunft* und Geschichte der ältesten Sinaitraditionen, Tübingen: J.C. B. Mohr (Paul Siebeck) 1961.

Beyerlin, Walter, Werden und Wesen des 107. Psalms (BZAW 153), Berlin/New York: Walter de Gruyter 1979.

Biblia Hebraica Stuttgartensia. Coop. H.P. Rüger et J. Ziegler ed. K. Elliger et W. Rudolph. Editio quarta emendata H.P. Rüger, Stuttgart: Deutsche Bibelanstalt 1990.

Biblia sacra iuxta vulgatam versionem. rec. Robertus Weber, I: Genesis-Psalmi; II: Proverbia–Apocalypsis. Appendix, Stuttgart: Württembergische Bibelanstalt 1969.

Bickermann, Elias, Die *Makkabäer.* Eine Darstellung ihrer Geschichte von den Anfängen bis zum Untergang des Hasmonäerhauses (Bücherei des Schocken Verlags 47), Berlin: Schocken Verlag 1935.

Bickermann, Elias, Der *Gott* der Makkabäer. Untersuchungen über Sinn und Ursprung der makkabäischen Erhebung, Berlin: Schocken Verlag /Jüdischer Verlag 1937 = ders., *God.*

Bickerman, Elias J., *Chronology* of the Ancient World (AGRL), London: Thames & Hudson 1969.

*Bickerman,*Elias, The *God* of the Maccabees. Studies on the Meaning and Origin of the Maccabean Revolt. Transl. Horst E. Moehring (StJLA 32), Leiden: E. J. Brill 1969.

Bickerman, Elias, The *Jews* in the Greek Age, Cambridge (Mass.)/London: Harvard University Press 1988.

Black, Matthew, The Book of Enoch or I Henoch. A New English Edition (StVTP 7), Leiden: E.J. Brill 1985.

Blenkinsopp, Josef, *Wisdom* and Law in the Old Testament. The Ordering of Life in Israel and Early Judaism, 2nd ed. Oxford: Oxford University Press 1995.

Blenkinsopp, Josef, „A Post-exilic *lay source* in Genesis 1–11", in: Gertz/Schmid/Witte, *Abschied*, 49–62.

Blischke, Mareike V., Die *Eschatologie* in der Sapientia Salomonsis (FAT II/26), Tübingen. Mohr Siebeck 2007.

Blumberg, Hans, Arbeit am Mythos, Frankfurt am Main: Suhrkamp 1979.

Böcher, Otto, Dämonenfurcht und Dämonenabwehr. Ein Beitrag zur Vorgeschichte der christlichen Taufe (BWANT 90), Stuttgart u.a.: W. Kohlhammer 1970.

Bockmuehl, M.N.A., siehe: Davies, *Inscriptions.*

Bohlen, Reinhold, Die *Ehrung* der Eltern bei Ben Sira (TThSt 5), Trier: Paulinus Verlag 1991.

Bohlen, Reinhold, *Kohelet* im Kontext hellenistischer Kultur, in: Schwienhorst-Schönberger, *Kohelet*, 249–273.

Boll, Franz/*Bezold*, Carl/*Gundel*, Wilhelm, *Sternglaube* und Sterndeutung. Die Geschichte und das Wesen der Astrologie. 6. Aufl. mit einem bibliographischen Anhang von Hans-Georg Gundel, Darmstadt: Wissenschaftliche Buchgesellschaft 1974.

Bonelli, Guido, „*Lukrez*", in: Ricken, Friedo (Hg.), *Philosophen* II, 110–127.

Bornkamm, Heinrich, *Luther* und das Alte Testament, Tübingen: J.C.B. Mohr (Paul Siebeck) 1948.

Botterweck, C. Johannes/*Fabry,* Heinz-Josef/Ringgren, Helmer, Hg, Theologisches Wörterbuch zum Alten Testament Iff.; Stuttgart u.a.: W. Kohlhammer 1973 ff.

Bracht, Katharina/*Toit*, David S. du (Hg.), Die *Geschichte* der Daniel-Auslegung im Judentum, Christentum und Islam. Studien zur Kommentierung des Danielbuches in Literatur und Kunst (BZAW 371), Berlin/New York: Walter de Gruyter 2007.

Brandt, Reinhard, Die *Bestimmung* des Menschen bei Kant, Hamburg: Felix Meiner 2007.

Braulik, Georg, Das Buch Deuteronomium, in: Zenger, *Einleitung*, 136–155.

Braulik, Georg, „*Theorien* über das Deuteronomistische Geschichtswerk im Wandel der Forschung," in: Zenger, *Einleitung*, 191–200.

Braun, Rainer, *Kohelet* und die frühhellenistische Popularphilosophie (BZAW 130), Berlin/New York: Walter de Gryuter 1973.

Breuninger, Renate (Hg.), siehe: Giel/dies., *Rede.*

Bringmann, Klaus, Hellenistische *Reform* und Religionsverfolgung in Juda. Eine Untersuchung zur jüdisch-hellenistischen Geschichte (175–163 v. Chr.) (AAWG.Ph III 132), Göttingen: Vandenhoeck & Ruprecht 1983.

Bringmann, Klaus, *Geschichte* der Juden im Altertum. Vom babylonischen Exil bis zur zur arabischen Eroberung, Stuttgart: Klett Cotta 2005.

Brown, M.L., Art. *rāpāh* (ThWAT VII), Stuttgart u. a.: W. Kohlhammer 1993, 617–625.

Brunner, Hellmut, Altägyptische *Erziehung*, Wiesbaden: Otto Harrassowitz 1957.

Brunner, Hellmut, Altägyptische Weisheit. Lehren für das Leben (BAW.AO), Zürich/München: Artemis & Winkler; Darmstadt: Wissenschaftliche Buchgesellschaft 1988.

Büchmann, Georg, Geflügelte *Worte.* Neu bearb. v. Paul Dorpert, Paul und G. Ermatinger, Frankfurt am Main und Hamburg: Fischer Bücherei 1957.

Buhl, Frants, siehe: Gesenius, *Handwörterbuch.*

Bultmann, Rudolf, *Theologie* des Neuen Testaments, 7., durchges., um Vorwort u. Nachträge erw. Aufl., hg. von Otto Merk (UTB 630), Tübingen: J.C.B. Mohr (Paul Siebeck) 1977.

Burkard, Günter, Die Lehre des *Ptahhotep* (TUAT III/2) Gütersloh: Gütersloher Verlagshaus 1991, 195–221.

Burkert, Walter, Antike *Mysterien.* Funktion und Gehalt, München: C.H. Beck 1990.

Calduch-Benages, Núria, En el *crisol* de la pueba. Estudio exegético de Sir 2,1–18 (Asociación Bíblica Española 32), Estalla/Navarra: Editorial Verbo Divino 1997.

Calduch-Benages, Núria, „*Trial Motive* in the Book of Ben Sira with Special Reference to Sir 2,1–6", in: Beentjes (ed.), *Book of Ben Sira*, 135–151.

Calduch-Benages, Núria, „*Fear* for the Powerful or Respect for Authority?" in: Egger-Wenzel (Hg.), *Einzelne*, 87–102.

Calduch-Benages, Núria/*Vermeylen*, Jaques (Hg.), *Studies* in Ben Sira and the Book of Wisdom. Festschrift M. Gilbert (BEthL CXLIII), Leuven: Leuven University Press/Uitgeverij Peeters 1999.

Calduch-Benages, Nuría, Un *gioiello* di sapienza. Leggendo Siraciede 2 (Cammini nello Spirito. Biblica 45), Milano 2001.

Calduch-Benages, Núria, „*Creator* of All", in: Egger-Wenzel (Hg.), *Ben Sira's God*, 79–100.

Calduch-Benages, Nuria/*Ferrer*, Joan/Liesen, Jan, La Sabiduría del Escriba, Wisdom of the Scribe. Edición diplomatica de la versión siriaca del libro de Ben Sira según el Códice Ambrosiano con traducción española e ingelsa, Estella/Navarra: Editorial Verbo Divino 2003.

Camp, Claudia V., „*Honor* and Shame in Ben Sira. Anthropological and Theological Reflections“, in: Beentjes (ed.), *Book of Ben Sira*, 171–187.

Campenhausen, Hans Frh. von, siehe: Müller/Campenhausen, *Kirchengeschichte*.

Cancik, Hubert/*Schneider*, Helmuth (Hg.), Der Neue Pauly. Enzyklopädie der Antike 1–15/2, Stuttgart/Weimar: B.J. Metzler 1996–2002.

Charlesworth, James H. (Hg.), The Old Testament *Pseudepigrapha* I-II, Garden City/New York: Doubleday & Company 1987.

Charlesworth, James H. (Hg.), Pseudepigraphic and Non-Masoretic Psalms and Prayers (DSS 4A), Tübingen: Mohr Siebeck/Louisville: Westminster John Knox Press 1997.

Cheon, Samuel, The *Exodus Story* in the Wisdom of Solomon. A Study in Biblical Interpretation (JStP.SS 23), Sheffield: Sheffield Academic Press 1997.

Chirichigno, Gregory C., Debt-Slavery in Israel and the Ancient Near East (JSOT.S 141), Sheffield: Sheffield Academic Press 1993.

Cholewiński, Alfred, *Deuteronomium* und Heiligkeitsgesetz (AnBib 66), Rom: Päpstliches Bibelinstitut 1976.

Clayton, John, Art. „Gottesbeweise III: Systematisch/Religionsphilosophisch“ (TRE 13), Berlin/New York: Walter de Gruyter 1984, 740–784.

Coats, George W. (Hg.), *Saga*, Legend, Tale, Novella, Fable. Narrative Forms in Old Testament Literature (JSOT.S 35), Sheffield: Sheffield Academic Press 1985.

Collins, John J., The Apocalyptic *Vision* of the Book of Daniel (HSM 16), Missoula/Montana: Scholars Press 1977.

Collins, John J., *Apocalypticism* in the Dead Sea Scrolls, London. New York: Routlege 1997.

Collins, John J., The Apocalyptic *Imaginaton*. An Introduction to Jewish Apocalyptic Literature, 2nd, ed, Grand Rapids (Mich.)/Cambridge (UK): William B. Eerdmans 1998.

Collins, John J., Jewish *Wisdom* in the Hellenistic Age, Edinburgh: T & T Clark 1998.

Conrad-Martius, Hedwig, Die *Zeit*, München: Kösel Verlag 1954.

Corley, Jeremy, „*Friendship* according to Ben Sira“, in: Egger-Wenzel/Krammer (Hg.), *Einzelne*, 65–72.

Corley, Jeremy, Ben Sira's *Teaching* on Friendship (BJSt 316) Providence: Brown University 2002.

Corley, Jeremy/*Skemp*, Vincent (Hg.), Intertextual *Studies* in Ben Sira and Tobit. Essays in Honour of Alexander A. Di Lella (CBQ.M 38), Washington D.C.: The Catholic Biblical Association of America 2005.

Craigie, Peter G., *Psalms* 1–50 (WBC 19), Waco/Texas: Word Books, Publishers 1983.

Crenshaw, James L., „The *Problem* of Theodecee in Sirach: On Human Bondage“ (JBL 94) Decatur (Ga.): Society of Biblical Literature/Scholars Press 1975, 47–64.

Crenshaw, James L., Old Testament *Wisdom*. An Introduction, (Atlanta/Missoula: John Knox Press 1981); London: SCM Press 1982.

Crenshaw, James L., *Ecclesiastes* (OTL), London: SCM Press 1988.

Cross, Frank Moore, From *Epic* to Canon. History and Literature in Ancient Israel, Baltimore/London: John Hopkins University Press 1998.

Crüsemann, Frank, *Studien* zur Formgeschichte von Hymnus und Danklied in Israel, (WMANT 32), Neukirchen-Vluyn: Neukirchener Verlag 1969.

Crüsemann, Frank, Die *Tora*. Theologie und Sozialgeschichte des alttestamentlichen Gesetzes, München: Christian Kaiser 1991.

Cryer, Frederick H., *Divination* in Ancient Israel and its Near Eastern Environment. A Socio-Historial Investigation (JSOT.S 142), Sheffield: Sheffield University Press 1994.

Cumont, Franz, Die orientalischen *Religionen* im römischen Heidentum. Nach der 4. franz. Aufl. unter Zugrundelegung der Übers. Gehrichs bearb. von August Burckhardt-Brandenburg, 3. Aufl. Leipzig: B.G Teubner 1931 = 7. Aufl., Darmstadt: Wissenschaftliche Buchgesellschaft 1975.

Dahlmann, Gustav H., Aramäisch-Neuhebräisches Handwörterbuch, (Göttingen: Vandenhoeck & Ruprecht 1938) ND Darmstadt: Wissenschaftliche Buchgesellschaft 1967.

Dahm, Ulrike, *Opferkult* und Priestertum in Alt-Israel. Ein kultur- und religionswissenschaftlicher Beitrag (BZAW 327), Berlin/New York: Walter de Gruyter 2003.

Daniels, Dwight R./*Gleßmer*, Uwe/*Rösel*, Martin (Hg.), *Ernten*, was man sät. FS Klaus Koch, Neukirchen-Vluyn: Neukirchener Verlag 1991.

Dantine, Wilhelm (Hg.), siehe Lüthi/Dantine, *Antrittvorlesungen*.

Davies, Graham I. ass. M.N.A. Bockmuehl, D.R. de Lacey and A.J. Poulter, Ancient Hebrew *Inscriptions*. Corpus and Concordance, Cambridge: Cambridge University Press 1991.

Davies, Graham I., „Was there an *Exodus?*", in: Day, *Search*, 23–40.

Day, John, „*Ashera* in the Hebrew Bible and Northwest Semitic Literature" (JBL 105), Decatur (Ga.): Society of Biblical Literature/Scholars Press 1986, 385–408.

Day, John, *Molech:* A God of Human Sacrifice in the Old Testament, Cambridge: Cambridge University Press 1989.

Day, John (Hg.), In *Search* of Pre-Exilic-Israel (JSOT.S 406), London. New York: T & T Clark International 2004.

Delitzsch, Franz, Hoheslied und *Kohelet* (BC IV/4), Leipzig: Dörffling und Frank 1875.

Delkurt, Holger, Ethische *Einsichten* in der alttestamentlichen Spruchweisheit (BThSt 21), Neukirchen-Vluyn: Neukirchener Verlag 1993.

Delkurt, Holger, Mitarb., siehe: Schmidt, *Zehn Gebote*.

Dell, Katharine J., The *Book* of Job as Sceptical Literature (BZAW 197), Berlin/New York: Walter de Gruyter 1991.

Denis, Albert-Marie, *Introduction* aux pseudépigraphes grecs d'Ancien Testament (StVTP 1), Leiden: E. J. Brill 1970.

Denis, Albert-Marie, avec collaboration d'Yvonne Janssens et le concours du CETOC, *Concordance* Greque des Pseudépigraphes d'Ancien Testament, Louvain-la Neuve: Université Catholique de Louvain 1987.

Deselaers, Paul, Das *Buch* Tobit. Studien zu seiner Entstehung, Komposition und Theologie (OBO 43), Freiburg (i.Ue.): Universitätsverlag/Göttingen: Vandenhoeck & Ruprecht 1982.

Deselaers, Paul, Das Buch *Tobit* (GSL. AT 11), Düsseldorf: Patmos Verlag 1990.

Deuser, Hermann/*Linde*, Gesche/*Rink*, Sigurd (Hg.), *Theologie* und Kirchenleitung. FS Peter Steinacker (MThSt 75), Marburg: N.G. Elwert 2003.

Dexinger, Ferdinand, Henochs *Zehnwochenapokalpyse* und offene Probleme der Apokalyptikforschung (StPB 29), Leiden: E. J. Brill 1977.

Diehl, Johannes/*Heitzenröder*, Reinhard/*Witte*, Markus (Hg.), „Einen *Altar* von Erde mache mir ...“ FS Diethelm Conrad zu seinem 70. Geburtstag (Kl. Arb. zum A und NT 4/5), Waltrop: Hartmut Spenner 2003.

Diehl, Johannes, Mitarb., siehe: Witte u. a., *Geschichtswerke*.

Diesel, Anja/*Lehmann*, Reinhard G./*Otto*, Eckart/*Wagner*, Andreas (Hg.), „Jedes *Ding* hat seine Zeit.“ Studien zur israelitischen und altorientalischen Weisheit. Diethelm Michel zum 65. Geburtstag (BZAW 241), Berlin/New York: Walter de Gruyter 1996.

Dietrich, Manfried, siehe auch: Ahn/ders., *Engel*.

Dietrich, Manfried/*Loretz*, Oswald (1988), Ugaritische *Rituale* und Beschwörungen (TUAT II/3, 1988), 300–357.

Dietrich, Manfried/*Loretz*, Oswald, *Mantik* in Ugarit. Keilalphabetische Texte der Opferschau-Omensammlungen-Nekromantie (LASP 3), Münster: Ugarit-Verlag 1990.

Dietrich, Manfried/*Loretz*, Oswald, Studien zu den ugaritischen Texten I: *Mythos* und Ritual (AOAT 269/1), Münster: Ugarit-Verlag 2000.

Dietrich, Walter/*Naumann*, Thomas, Die *Samuelbücher* (EdF 287), Darmstadt. Wissenschaftliche Buchgesellschaft 1995.

Dihle, Albrecht, Die Goldene *Regel*. Eine Einführung in die Geschichte der antiken und frühchristlichen Vulgärethik, Göttingen: Vandenhoeck & Ruprecht 1962.

Dihle, Albrecht, Die *Vorstellung* vom Willen in der Antike (Sammlung Vandenhoeck), Göttingen: Vandenhoeck & Ruprecht 1985.

Di Lella, Alexander A., „Conservative and Progressive *Theology*: Sirach and Wisdom“ (CBQ 28/1966), Washington, D.C.: Catholic Biblical Association of America, 139–154.

Di Lella, Alexander A., „The *Meaning* of Wisdom in Ben Sira“, in: Perdue, L.G.et al., Search, 133–148.

Di Lella, Alexander A., „*Use* and Abuse of the Tongue: Ben Sira 5,9–6,1“, in: Diesel u. a., Ding, 33–64.

Di Lella, Alexander A., „*Fear* of the Lord as Wisdom: Ben Sira 1,11–30“, in: Beentjes, Book of Ben Sira, 95–112.

Di Lella, Alexander A., „*God* and Wisdom in the Theology of Ben Sira. An Overview“, in: Egger-Wenzel, Ben Sira's God, 3–17.

Di Lella, Alexander A., „*Free Will* in the Wisdom of Ben Sira 15,11–20. An Exegetical and Theological Study“, in: Fischer u. a., Spuren, 253–264.

Di Lella, Alexander A.: Siehe auch: Skehan., Patrick/ ders., Wisdom of Ben Sira.

Diogenes Laertius, Lives of Eminent Philosophers II. With an English translation by R.D. Hicks (LCL 185), Cambridge, Mass.: Harvard University Press; London: William Heinemann 1925 (ND).

Diogenes Laertius, *Leben* und Meinungen berühmter Philosophen. Übers. Otto Apel, hg. Klaus Reich, Mitarb. H.G. Zekl (PhB 53/54). 2. Aufl. Hamburg: Felix Meiner 1967.

Döhnert, Albrecht/*Ott*, Katrin (Bearb.), Gesamtregister TRE I-II, Berlin/New York: Walter de Gryter 2006–2007.

Dohmen, Christoph/*Frevel*, Christian, Hg., Für immer verbündet. *Studien* zur Bundestheologie in der Bibel (SBS 211), Stuttgart: Katholisches Bibelwerk 2007.

Dohmen, Christoph, Das *Bilderverbot*. Seine Entstehung und seine Entwicklung im Alten Testament (BBB 62), 2. um ein Nachwort erw. Aufl., Frankfurt am Main: Athenäum 1987.

Doll, Peter, *Menschenschöpfung* und Weltschöpfung in der alttestamentlichen Weisheit (SBS 117), Stuttgart: Katholisches Bibelwerk 1985.

Donner, Herbert, siehe: Gesenius, *Handwörterbuch*.

Dorpert, Paul, siehe: Büchmann, *Geflügelte Worte*.

Duhm, Bernhard, *Psalmen* (KHC XIV), 2. Aufl., Tübingen; J.C.B. Mohr (Paul Siebeck) 1922.

Duhm, Hans, Die bösen *Geister* im Alten Testament, Tübingen. Leipzig: J.C.B. Mohr (Paul Siebeck) 1904.

Dupont-Somer, André (Hg.), La *Bible Intertestamentaire* (Bibliothèque de la Pléjade) Paris: Gallimard 1987.

Eberlein, Karl (Hg.), siehe: Kutsch, *Studien*.

Eckart, Wolfgang Uwe, *Geschichte* der Medizin (Springer Lehrbuch), 4. Aufl., Berlin/Heidelberg/New York: Springer 2000.

Eckart, Wolfgang Uwe/*Jütte*, Robert, *Medizingeschichte*. Eine Einführung (UTB 2903), Köln/Weimar/Wien: Böhlau Verlag 2007.

Egger-Wenzel, Renate/*Krammer*, Ingrid (Hg.), Der *Einzelne* und seine Gemeinschaft bei Ben Sira (BZAW 270), Berlin/New York: Walter de Gruyter 1998.

Egger-Wenzel, Renate (Hg.), *Ben Sira's God*. Proceedings of the International Ben Sira Conference Durham – Ushaw College 2001 (BZAW 321), Berlin/New York: Walter de Gruyter 2002.

Egger-Wenzel, Renate, „*Faith* in God rather than 'Fear of God' in Ben Sira and Job: A Necessary Adjustment in Terminology and Understanding", in: Corley/Skemp, *Studies*, 211–226.

Egger-Wenzel, Renate (Hg.), siehe: Reiterer, *Weisheit*.

Ego, Beate, Im *Himmel* und auf Erden. Studien zum Verhältnis von Himmel und irdischer Welt im rabbinischen Judentum (WUNT II/134), Tübingen: J.C.B. Mohr (Paul Siebeck) 1989.

Ego, Beate, Das Buch *Tobit* (JSHRZ II/6), Gütersloh: Gütersloher Verlagshaus 1999.

Ego, Beate, (Hg.), siehe: Janowski/Ego, *Biblische Weltbild*.

Ego, Beate, „Das *Buch* Tobit", in: Oegema (Hg.), *Unterweisung*, 115–150.

Eissfeldt, Otto, „*Schwerterschlagene* bei Ezechiel“, in: Studies in Old Testament Prophecy presented to Th.H. Robinson, Edinburgh: T & T Clark 1950, 73–81 = ders., Kl. Schriften III, 1–13.

Eissfeldt, Otto, Kleine Schriften III, hg. Rudolf Sellheim/Fritz Maass, Tübingen: J.C.B. Mohr (Paul Siebeck) 1966.

Ellermeier, Friedrich, *Qohelet* I/1: Untersuchungen zu Kohelet, Herzberg am Harz: Verlag Erwin Jungfer 1967.

Elliger, Karl, *Leviticus* (HAT I/4), Tübingen: J.C.B. Mohr (Paul Siebeck) 1966.

Elliger, Karl, *Deuterojesja* (BKAT XI/1), Neukirchen-Vluyn: Neukirchener Verlag 1978.

Elliger, Karl, siehe: Biblia Hebraica Stuttgartensia.

Emerton, John A. (Hg.), Congress-Volume Paris 1992, Leiden. E.J. Brill 1995.

Engel, Helmut, Das Buch der *Weisheit* (NSK.AT 16), Stuttgart: Katholisches Bibelwerk 1998.

Engel. Helmut, Das Buch *Tobit*, in: Zenger, Einleitung, 278–288.

Erler, Michael, „Epikur – Die *Schule* – Epikurs- Lukrez“, in: H. Flashar, Philosophie I. 29–490.

Erler, Michael, „*Epikur*“, in: F. Ricken, Philosophen II, 40–60.

Errington, R. Malcolm, „*Rome* against Philipp and Antiochus“, in: A.E. Astin u. a., Rome, 244–289.

Exupéry, Antoine de Saint, La *Citadelle,* in: ders., Œuvres (Bibliothèque de la Pléjade), Paris: Gallimard 1953= Die *Stadt* in der Wüste. Übersetzt Oswald von Nostitz, Düsseldorf: Karl Rauch o.J. (1951).

Fabry, Heinz-Josef (Hg.), siehe: Botterweck, Wörterbuch.

Fabry, Heinz-Josef, „‚*Satan*‘ – Begriff und Wirklichkeit. Untersuchungen zur Dämonologie der alttestamentlichen Weisheitsliteratur“, in: Lichtenberger/Lange/Römheld, *Dämonen*, 269–291.

Fabry, Heinz-Josef, „*Jesus Sirach* und das Priestertum,“ in: Fischer u. a., *Spuren*, 265–282.

Finegan, Jack, *Handbook* of Biblical Chronology. Principles of Time Reckoning in the Ancient World and Problems of Chronolgy of the Bible, Princeton, N.J.: Princeton University Press. 1964.

Finkelstein, Isreal/*Silberman*, Neil A. (The Bibel Unearthed. Archaeology's New Vision of Ancient Israel and the Origin of Its Sacred Texts, 2001) Die archäologische Wahrheit über die Bibel. Aus dem Engl. v. Miriam Magall, 3. Aufl., München: C.H. Beck 2003.

Fischer, Alexander A., „*Beobachtungen* zur Komposition von Kohelet 1,3–3,15“ (ZAW 103), Berlin/New York: Walter de Gruyter 1991, 72–86.

Fischer, Alexander A., *Skepsis* oder Furcht Gottes? Studien zur Komposition und Theologie des Buches Kohelet (BZAW 247), Berlin/New York: Walter de Gruyter 1997.

Fischer, Alexander A., „*Kohelet* und die frühe Apokalyptik. Eine Auslegung von Koh 3,16–21“, in: Schoors (Hg.), Qohelet, 339–356.

Fischer, Alexander A., Von *Hebron* nach Jerusalem. Eine redaktionsgeschichtliche Studie zur Erzählung von König David in II Sam 1–5 (BZAW 335), Berlin/New York: Walter de Gruyter 2004.

Fischer, Alexander A., *Tod und Jenseits* im Alten Orient und Alten Testament, Neukirchen-Vluyn: Neukirchener Verlag 2005.

Fischer, Alexander A., „Die *Saul-Überlieferung* im deuteronomistischen Samuelbuch (am Beispiel von I Samuel 9–10)", in: Witte u.a., Geschichtswerke, 163–182.

Fischer, Irmtraud/*Rapp*, Ursula/*Schiller*, Johannes (Hg.), Auf den *Spuren* des schriftgelehrten Weisen. FS Johannes Marböck (BZAW 331), Berlin/New York: Walter de Gruyter 2003.

Fischer, Irmtraud (Hg.), siehe: Marböck, *Gottes Weisheit.*

Fischer, Irmtraud, *Gotteslehrerinnen*. Weise Frauen und Frau Weisheit im Alten Testament, Stuttgart u.a.: W. Kohlhammer 2006.

Fischer, Stefan, Die *Aufforderung* zur Lebensfreude im Buch Kohelet und seine Rezeption der ägyptischen Harfnerlieder (Wiener Alttestamentliche Studien 2), Frankfurt am Main u.a.: Peter Lang 1999.

Fitzmyer, Joseph A., Tobit (CEJL), Berlin/New York: Walter de Gruyter 2003.

Flashar, Hellmut (Hg.), Die Hellenistische *Philosophie* (GGPH Philosophie der Antike 4/1–2), Basel: Schwabe &Co 1994.

Fohrer, Georg, Die symbolischen *Handlungen* der Propheten (AThANT 25), Zürich: Theologischer Verlag 1953.

Fohrer, Georg, Das Buch *Hiob* (KAT XVI), Gütersloh: Gütersloher Verlag Gerd Mohn 1989.

Forschner, Maximilian, Die stoische *Ethik*. Über den Zusammenhang von Natur-, Sprach- und Moralphilosophie im altstoischen System, Stuttgart: Klett-Cotta 1981.

Forschner, Maximilian, Über das *Glück* des Menschen. Aristoteles. Epikur. Stoa. Thomas von Aquin. Kant, 2. Aufl., Darmstadt: Wissenschaftliche Buchgesellschaft 1994.

Forschner, Maximlian, „Die ältere *Stoa*", in: Ricken, *Philosophen* II, 24–39.

Frankfort, H.G., *Gründe* der Liebe (Reasons of Love, Princeton 2004). Übers. v. M. Hartmann, Frankfurt am Main: Suhrkamp 2005.

Frei, Peter/*Koch*, Klaus, *Reichsidee* und Reichsorganisation im Perserreich (OBO 55). 2. Aufl. Freiburg (i.Ue): Universitätsverlag; Göttingen: Vandenhoeck & Ruprecht 1996.

Frendo, Anthony J., „Back to *Basics:* A Holistic Approach to the Problem of the Emergence of Israel", in: Day, *Search*, 41–64.

Frevel, Christian, *Aschera* und der Ausschließlichkeitsanspruch YHWHs. Beiträge zu literarischen, religionsgeschichtlichen und ikonographischen Aspekten der Ascheradiskussion (BBB 94/1–2) Weinheim: Beltz 1995.

Frevel, Christian, „Zerbrochene *Zier.* Tempel und Tempelzerstörung in den Klageliedern", in: Keel/Zenger, *Gottesstadt*, 99–153.

Frevel, Christian, „Wovon reden die *Deuteronomisten?* Anmerkungen zu religionsgeschichtlichem Gehalt, Fiktionalität und literarischen Funktionen deuteronomistischer Kultnotizen", in: Witte u.a., *Geschichtswerke*, 249–278.

Freye, Richard N., The *History* of Ancient Iran (HAR III/7), München: C. H. Beck 1984.

Fritz, Volkmar, *Tempel* und Zelt. Studien zum Tempelbau in Israel und zu dem Zeltheiligtum der Priesterschrift (WMANT 47), Neukirchen-Vluyn: Neukirchener Verlag 1977.

Fritz, Volkmar/*Pohlmann,* Karl-Friedrich/*Schmitt*, Hans-Christoph (Hg.), *Prophet* und Prophetenbuch. FS Otto Kaiser (BZAW 185), Berlin/New York: Walter de Gruyter 1989.

Freydank, Helmut, siehe: Rüpke/Frydank, Art. „Kalender".

Fox, Michael V., *Qohelet* and His Contradictions (JSOT.S 71. BLS 18), Sheffield: The Almond Press 1989.

Fox, Michael V., A *Time* to Tear Down and a Time to Build up. A Rereading of Ecclesiastes, Grand Rapids (Mich.)/Cambridge (UK): William B. Eerdman's Publishing Company 1990.

Fuchs, Ernst, „Was heißt: ‚Du sollst deinen *Nächsten* lieben, wie dich selbst"?, in: ders., *Frage*, 1–20.

Fuchs, Ernst, Zur *Frage* nach dem historischen Jesus (Ges. Aufs. II), 2. Aufl. Tübingen: J.C.B. Mohr (Paul Siebeck) 1965.

Galill, Gershon, The *Chronology* of the Kings of Israel and Judah (StHCANE 9), Leiden-New York-Köln: E.J. Brill 1996.

Galling, Kurt, „Das Rätsel der Zeit im Urteil Kohelets (Koh 3, 1–15)" (ZThK 58), Tübingen: J.C.B. Mohr (Paul Siebeck) 1961, 1–15.

Galling, Kurt, Der *Prediger*, in: Würthwein/Galling/Plöger, Megilloth (1969), 73–125.

Galling, Kurt, (Hg.), Biblisches Reallexikon (HAT I/1), 2. Aufl. Tübingen: J.C.B. Mohr (Paul Siebeck) 1977.

Galling, Kurt, Art. „*Ackerwirtschaft*" (BRL), Tübingen: J.C.B. Mohr (Paul Siebeck), 1–4.

Galling, Kurt, Art. „Harz" (BRL), Tübingen: J.C.B. Mohr (Paul Siebeck) 138.

Galling, Kurt (Hg.), *Textbuch* zur Geschichte Israels, 3. Aufl., Tübingen: J.C.B. Mohr (Paul Siebeck), 1979.

Gammie, John G./*Perdue*, Leo G. (Hg.), The *Sage* in Israel and in the Ancient Near East, Winona-Lake: Eisenbrauns 1990.

Gammie, John G., „T*he Sage* in Sirach", in: ders./Perdue, *Sage*, 355–372.

Gatz, Bodo, *Weltalter*, goldene Zeit und sinnverwandte Vorstellungen (Spudasmata 16), Hildesheim: Olms 1967.

Georgi, Dieter, Die *Weisheit* Salomos (JSHRZ III/4), Gütersloh: Gütersloher Verlagshaus Gerd Mohn 1980.

Gerstenberger, Erhard .S., Der bittende *Mensch.* Bittritual und Klagelied des Einzelnen im Alten Testament (WMANT 51), Neukirchen-Vluyn: Neukirchener Verlag 1980.

Gerstenberger, E.S., *Psalms* Part I with an Introduction to Cultic Poetry (FOTL XIV), Grand Rapids (Mich.): William B. Eerdmans 1988.

Gerstenberger, Erhard S., Das *3. Buch Mose.* Leviticus (ATD 6), Göttingen: Vandenhoeck &Ruprecht 1993.

Georges, Heinrich, Lateinisch-Deutsches Handwörterbuch I-II, (Hannover: Hahnsche Buchhandlung 1913^{8}), ND Darmstadt. Wissenschaftliche Buchgesellschaft 1988.

Gertz, Jan-Christian, *Tradition* und Redaktion in der Exoduserzählung. Untersuchungen zur Endredaktion des Pentateuch (FRLANT 186), Göttingen: Vandenhoeck & Ruprecht 2000.

Gertz, Jan Christian/*Schmid*, Konrad/*Witte*, Markus. (Hg.), *Abschied* vom Jahwisten. Die Komposition des Hexateuch in der jüngsten Diskussion (BZAW 315), Berlin/New York: Walter de Gruyter 2002.

Gertz, Jan-Christian, „Konstruierte *Erinnerung*. Alttestamentliche Historiographie im Spiegel von Archäologie und literarhistorischer Kritik am Fallbeispiel des salomonischen Königtums" (BThZ 21), Berlin: Wichern Verlag 2004, 3–29.

Gertz, Jan-Christian, „Von *Adam* zu Enosch. Überlegungen zur Entstehungsgeschichte von Gen 2–4", in: Witte, Gott und Mensch II, 215–236.

Gertz, Jan-Christian (Hg.), *Grundinformation* Altes Testament (UTB 2745), Göttingen: Vandenhoeck & Ruprecht 2006.

Gertz, Jan-Christian, „*Die Literatur* des Alten Testaments: I Tora und Vordere Propheten", in: ders., Grundinformation, 187–302.

Gertz, Jan-Christian (Hg.), siehe: Witte/Schmid/Prechel/ders., *Geschichtswerke*.

Gesenius, Wilhelm/*Buhl*, Frants, Hebräisches und Aramäisches Handwörterbuch über das Alte Testament, 17. Aufl.: Leipzig: Verlag von F.C.W. Vogel 1921.

Gesenius, Wilhelm/*Donner*, Herbert, Hebräisches und Aramäisches Handwörterbuch über das Alte Testament, 18. Aufl., Berlin/Heidelberg/New York: Springer Verlag 1987 ff.

Gielen, Klaus/*Breuninger*, Renate (Hg.), Die Rede von Gott und der Welt. Religionsphilosophie und Fundamentalrhetorik. Mit Beiträgen von Otto Kaiser und Peter Oesterreich (Bausteine zur Philosophie 10), Ulm: Humboldt-Studienzentrum der Universität Ulm 1996.

Gilbert, Maurice, *Wisdom Literature*, in: Stone, Martin (Hg.), Jewish Writings, 283–324.

Gilbert, Maurice,Hg., La *Sagesse* de l'Ancien Testament (BETHL 51), 2nd. ed. Gembloux et Leuven: Édition J. Duculot, S.A. et Leuven University Press 1999.

Gilbert, Maurice, „*God*, Sin and Mercy: Sirach 15:11–18,14", in: Egger-Wenzel, *Ben Sira's God*, 118–135.

Gilbert, Mauric, „Venez à mon *école* (Si 51,13–30)", in: Fischer u. a., *Spuren*, 283–290.

Gilbert, Maurice, „Ben Sira, Reader of Genesis 1–11", in: Corley/Skemp, *Studies*, 89–99.

Gleßmer, Uwe (Hg.), siehe: Daniels u. a., *Ernten*.

Görg, Manfred/*Lang*, Bernhard, (Hg.), Neues Bibel-Lexikon I-III, Zürich: Benzinger 1991–2001.

Gogarten, Friedrich, Der *Mensch* zwischen Gott und Welt, Heidelberg: Lambert Schneider 1952.

Gogarten, Friedrich, *Entmythisierung* und Kirche, Stuttgart: Friedrich Vorwerk Verlag 1953.

Goldingay, John E, *Daniel* (WBC 30), Dallas, Texas: Word Books. Publishers 1989.

Goldschmidt, Lazarus, Der Babylonische *Talmud* III, 2. Aufl., Berlin: Jüdischer Verlag 1965.

Goltz, Dietlinde, *Studien* zur altorientalischen und griechischen Heilkunde. Therapie – Arzneibereitung – Rezeptstruktur (SAGM.B 16), Wiesbaden: Franz Steiner 1974.

Gordis, Robert, *Koheleth:* The Man and His World. A Study of Ecclesiastes (TSJTSA 19) 2rd ed. New York: The Jewish Theologial Seminary of America 1955.

Gould, Josiah B., The *Philosophy* of Chrysippus (PhAnt 17), Leiden: E.J. Brill 1971.

Graeser, Andreas, *Zenon* von Kition. Positionen und Probleme, Berlin/New York: Walter de Gruyter 1975.

Graetz, Sebastian, Das *Edikt* des Artaxerxes. Eine Untersuchung zum religionspolitischen und historischen Umfeld von Esra 7,12–26 (BZAW 337), Berlin/New York: Walter de Gruyter 2004.

Grapow, Hermann, *Kranker*, Krankheiten und Arzt: vom gesunden und kranken Ägypter und von der ärztlichen Tätigkeit, Berlin: Akademie Verlag 1956.

Graßhoff, Gerd, Art. „*Kosmologie*“ (DNP 6), Stuttgart. Weimar: J.B. Metzler 1999, 769–778.

Grayson, A.K., Assyrian and Babylonian *Chronicles* (TCS), Locust Valley/New York: J.J. Augustin Publisher 1975.

Grayson, A.K., Art. „*Königlisten* und Chroniken“ (RLA 6), Berlin/New York: Walter de Gruyter, 1980–1983, 86–135.

Greek Elegy and Iambus. Ed. and transl. J.M. Edmonds (LCL 258–259), Cambridge/Mass. London: Harvard University Press 1931 (ND).

Groneberg, Brigitte/*Spieckermann*, Hermann, Mitarb. Frauke *Weiershäuser*, Die *Welt* der Götterbilder (BZAW 376), Berlin/New York: Walter de Gruyter 2007.

Gross, Andres (Hg.), siehe: Lepajõe/ders., *Mille anni.*

Groß, Walter, *Zukunft* für Israel. Alttestamentliche Bundeskonzepte und die aktuelle Debatte um den Neuen Bund (SBS 176), Stuttgart: Katholisches Bibelwerk 1998.

Grünwaldt, Klaus, Das *Heiligkeitsgesetz* Leviticus 17–26 (BZAW 271), Berlin/New York: Walter de Gruyter 1999.

Gundel, Wilhelm, siehe: Boll/Bezold/Gundel, Sternglaube.

Gundlach, Thies/*Markschies*, Christoph (Hg.), Von der *Anmut* des Anstandes. Das Buch Jesus Sirach, Leipzig: Evangelische Verlagsanstalt 2005.

Gunkel, Hermann, *Genesis* (HKAT I/1), Göttingen: Vandenhoeck & Ruprecht 1909.

Gunkel, Hermann, Die *Psalmen* (HK.AT II/2), 5. = 4. Aufl, Göttingen: Vandenhoeck & Ruprecht 1968= 1929.

Gunkel, Hermann/*Begrich*, Joachim, *Einleitung* in die Psalmen (HK AT.II E), Göttingen: Vandenhoeck & Ruprecht 1930.

Gunneweg, Antonius H.J., *Mose* in Midian (ZThK 6), Tübingen: J.C.B. Mohr (Paul Siebeck) 1964, 1–9 = ders., Scriptura, 36–44

Gunneweg, Antonius H.J., Mose – *Religionsstifter* oder Symbol) (EvErz 17), Gütersloh: Gütersloher Verlagshaus Gerd Mohn 1965, 41–48 = ders., Scriptura, 45–52.

Gunneweg, Antonius H.J., Sola *Scriptura.* Beiträge zur Exegese und Hermeneutik des Alten Testaments. Zum 60. Geburtstag hg. von Peter Höffken, Göttingen: Vandenhoeck & Ruprecht 1983.

Guthrie, W.K.C., A *History* of Greek Philosophy VI: Aristotle. An Encounter, Cambridge: Cambridge University Press 1981.

Habicht, Christian, „The *Seleucids* and Their Rivals", in: Astin, Rome, 324–387.

Hadot, Pierre, „*Mark Aurel*", in: Ricken, Philosophen II, 199–215.

Hagedorn, Anselm C., Between *Moses* and Plato. Individual and Society in Deuteronomy and Ancient Greek Law (FRLANT 204), Göttingen: Vandenhoeck & Ruprecht 2004.

Hamp, Vinzenz, *Sirach* (EB.AT 13), Würzburg: Echter-Verlag 1954.

Hanhart, Robert: siehe Jepsen, Alfred/ders., *Untersuchungen.*

Hanhart, Robert, siehe auch: Septuaginta. Tobit.

Hanhart, Robert, *Text* und Textgeschichte des Buches Tobit (AAWG PH III/139), Göttingen: Vandenhoeck & Ruprecht 1984.

Haran, Menahem, *Temples* and Temple-Service in Anient Israel, (Oxford: Clarendon Press 1978), Winona Lake (Ind.): Eisenbrauns 1985.

Hardie, W.E.R., Aristotle's *Ethical Theory,* 2nd ed., Oxford: Clarendon Press 1980.

Hartenstein, Friedhelm, Die *Unzugänglichkeit* Gottes im Heiligtum. Jesaja 6 und der Wohnort JHWHs in der Jerusalemer Kulttradition (WMANT 75), Neukirchen-Vluyn: Neukirchener Verlag, 1997.

Hartenstein, Friedhelm, „*Wolkendunkel* und Himmelsfeste. Zur Genese und Kosmologie der Vorstellung des himmlischen Heiligtums JHWHS", in: Janowski/Ego (Hg.), *Weltbild,* 126–179.

Hartenstein, Friedhelm, Das *Archiv* des verborgenen Gottes. Studien zur Schriftlichkeit der Unheilsprophetie in Jesaja 6–8 und in Jesaja 28 (BThSt 74), Neukirchen-Vluyn: Neukirchener Verlagsgesellschaft 2008.

Haspecker, Josef, *Gottesfurcht* bei Jesus Sirach. Ihre religiöse Struktur und ihre literarische und doktrinäre Bedeutung (AnBib 30), Rom: Päpstliches Bibelinstitut, 1967.

Hausmann, Jutta, *Studien* zum Menschenbild der Weisheit (FAT 7), Tübingen: J.C.B. Mohr (Paul Siebeck), 1994

Healey, J.F., Art. „*Mot*" (DDD), Leiden/New York/Köln: E.J. Brill 1995, 1122–1132.

Hecker, Karl, „Das *Gilgamesch-Epos*" (TUAT III/4), 665–666.

Heesch, Matthias, Art. „*Scham*" (TRE 30), Berlin/New York: Walter de Gruyter 1999, 65–72.

Hegel, Georg .W.F., *Vorlesungen* über die Philosophie der Religion. Teil 1: Einleitung. Der Begriff der Religion, Hg. v. W. Jaeschke (Hegel Vorlesungen. Ausgewählte Nachschriften und Manuskripte 3), Hamburg: Felix Meiner 1983.

Hegel, Georg W., *Vorlesungen* über die Philosophie der Religion Teil 1: Einleitung. Der Begriff der Religion. Hg. v. W. Jaeschke ((PhB 459), Hamburg: Felix Meiner 1993.

Heger, Paul, The *Development* of the Incense Cult in Israel (BZAW 245), Berlin/New York: Walter de Gruyter 1997.

Heidegger, Martin, *Sein und Zeit.* Unveränderter Text mit Randbemerkungen des Autors aus dem „Hüttenexemplar". Hg. v. Friedrich-Wilhelm von Herrmann (GA 2), Frankfurt am Main: Vittorio Klostermann 1977.

Heidegger, Martin, *Sein und Zeit.*(1927) Fünfzehnte, an Hand der GA durchgesehene Aufl. mit den Randbemerkungen aus dem Handexemplar des Autors im Anhang, Tübingen: Max Niemeyer 1979.

Heidegger, Martin, Der *Ursprung* des Kunstwerks (Reclam UB 8446), Stuttgart: Philipp Reclam jun. (1960 ND) = ders., Holzwege, 1–74.

Heidegger, Martin, Die *Technik* und die Kehre, 1. Aufl. Stuttgart: J.C. Cotta 1962 = 10. Aufl. Stuttgart: Klett-Cotta 2002.

Heidegger, Martin, Die *Frage* nach der Technik, in: ders., *Technik*, 5–36.

Heidegger, Martin, *Holzwege.* Hg. v. Hans-Wilhelm von Herrmann (GA I/5), Frankfurt am Main: Vittorio Klostermann 1977.

Heidegger, Martin, *Beiträge* zur Philosophie (Vom Ereignis). Hg. v. Hans Wilhelm von Herrmann (GA III/,65), Frankfurt am Main: Vittorio Klostermann 1989.

Heitzenröder, Reinhard (Hg.), siehe Diehl u. a., *Altar.*

Hellholm, David (Hg.), *Apocalypticism* in the Mediterranean World and the Near East. Proceedings of the International Colloquium on Apocalypticism Upsala, August 12–17, 1979. 2. Aufl. Tübingen: J.C.B. Mohr (Paul Siebeck) 1989.

Hempel, Johannes (Hg.), siehe: Volz u. a., *Wesen.*

Hempel, Johannes, *Heilung* als Symbol und Wirklichkeit im biblischen Schrifttum (NAWG.Ph 1958/3), 2. Aufl. Göttingen: Vandenhoeck & Ruprecht 1965, 237–324.

Hengel, Martin, *Juden*, Griechen und Barbaren. Aspekte der Hellenisierung des Judentums in vorchristlicher Zeit (SBS 76), Stuttgart: Katholisches Bibelwerk 1976.

Hengel, Martin, *Judentum* und Hellenismus. Studien zu ihrer Begegnung unter besonderer Berücksichtigung Palästinas bis zur Mitte des 2.Jh. v. Chr. (WUNT 10), 1. Aufl., 1969; 3. Aufl, Tübingen: J.C.B. Mohr (Paul Siebeck) 1988.

Hengel,. Martin, Das *Begräbnis* Jesu bei Paulus und die leibliche Auferstehung aus dem Grabe, in: Avemarie/Lichtenberger, *Auferstehung*, 119–184.

Hengel, Martin/*Schwemer,* Anna Maria, *Jesus* und das Judentum (Geschichte des frühen Christentums I), Tübingen. Mohr Siebeck 2007.

Hentschel, Georg /*Zenger*, Erich (Hg.), *Lehrerin* der Gerechtigkeit. Studien zum Buch der Weisheit (Erfurter Theol. Schriften 19), Leipzig: St. Benno Buch- und Zeitschriftenverlag 1991.

Heraklit, Fragmente. Griechisch und deutsch. Hg. v. Bruno Snell (TuscB), 6. Aufl., München: Heimeran Verlag; Darmstadt: Wissenschaftliche Buchgesellschaft 1976.

Herodoti Historiae. Rec. Carolus Hude I-II (SCBO), Ed. tertia Oxford. Clarendon Press 1927 ND.

Herodot Historien I: Bücher I-V; II: Bücher VI-IX. Griechisch-deutsch. Hg. v. Josef Feix (STusc), 6. Aufl., Düsseldorf. Zürich: Artemis & Winkler 2001.

Herrmann, Wolfram, *Theologie* des Alten Testamentes. Geschichte und Bedeutung des israelitisch-jüdischen Glaubens, Stuttgart u.a.: W. Kohlhammer 2004.

Hippocrates, The Sacred Disease (De morbo sacro), cur. W.H.S. Jones, (LCL 148): Cambridge (Mass.): Harvard University Press; London: William Heinemann 1923 (ND), 127–183.

Hermisson, Hans-Jürgen, „*Einheit* und Komplexität Deuterojesajas. Probleme der Redaktionsgeschichte von Jes 40–55“, in: Vermeylen (Hg.), Book of Isaiah, 287–312 = ders, Studien, 132–157.

Hermisson, Hans-Jürgen, *Studien* zu Prophetie und Weisheit. Ges. Aufsätze. Hg. v. Barthel, Jörg/Jauss, Hannelore/Koenen, Klaus (FAT 23), Tübingen: Mohr Siebeck 1998.

Hertzberg, Hans Wilhelm, Der *Prediger*; *Bardtke*, Hans, Das Buch Esther (KAT XVII/4–5), Gütersloh: Gütersloher Verlagshaus Gerd Mohn 1963.

Hesberg, Henner von/*Thiel*, Wolfgang (Red.), *Medien* in der Antike. Qualität und normative Wirkung, Lehr- und Forschungszentrum für die antiken Kulturen des Mittelmeerraums am archäologischen Institut der Universität zu Köln 2003.

Hesiod, Theogonie. *Werke* und Tage. Griechisch-deutsch. Hg. u. übers. Albert von Schirnding. Mit einer Einführung u. einem Register von Ernst Günther Schmidt (STusc) 2. Aufl., Düsseldorf/Zürich: Patmos; Artemis & Winkler 2002.

Hesiod, *Works* and Days. Ed. with Prolegomena and Commentary by M.L. West, Oxford: Clarendon Press (1978) 1996.

Hilber, John W., *Cultic Prophecy* in the Psalms (BZAW 352), Berlin/New York: Walter de 2007.

Hirsch, Emanuel, *Hilfsbuch* zum Studium der Dogmatik. Die Dogmatik der Reformatoren und der altevangelischen Lehrer quellenmäßig belegt und verdeutscht, Berlin/Leipzig: Walter de Gruyter 1937.

Hirsch, Emanuel, Die *Umformung* des christlichen Denkens in der Neuzeit. Ein Lesebuch, Tübingen. J.C.B. Mohr (Paul Siebeck) 1938.

Hirsch, Emanuel ,*Geschichte* der Neuern Evangelischen Theologie im Zusammenhang mit den allgemeinen Bewegungen des europäischen Denkens IV/1: Die deutsche christliche Aufklärung im Zeitalter Semlers und Lessings, 3. Aufl. Gütersloh: Gütersloher Verlagshaus Gerd Mohn 1964.

Höcker, Christoph, Art. „Maße II: Klassische Antike“ (DNP 7), Stuttgart. Weimar: B.J. Metzler 1999, 988–991.

Höffe, Otfried (Hg.), *Aristoteles:* Die nikomachische Ethik, Berlin: Akademie Verlag 1995

Höffken, Peter (Hg.), siehe: Gunneweg, *Scriptura.*

Höffken, Peter, Das Buch *Jesaja* Kapitel 1–39 (NSK.AT 18/1), Stuttgart: Katholisches Bibelwerk 1993.

Höffken, Peter, Das Buch *Jesaja*. Kapitel 40–66 (NSK.AT 18/2), Stuttgart. Katholisches Bibelwerk 1998.

Hölkeskamp, Karl- Joachim, *Schiedsrichter*, Gesetzgeber und Gesetzgebung im archaischen Griechenland (Hist.ES 131), Stuttgart: Franz Steiner 1999.

Homer, Ilias. Übers. Roland Hampe, Stuttgart: Philipp Reclam 1979 ND 2001.

Homer, Odyssee. Übertragung Thassilo von Scheffer; Leipzig: Dieterichsche Verlagsbuchhandlung 1938 = ND Bremen: Carl Schünemann o.J.

Homeri Opera I-IV. Rec. David B. Monro et Thomas W. Allen. I-II ed tertia; III-IV ed. alt (SCBO), Oxford: Clarendon Press: 1917/1920 (ND).

Q. *Horatius* Flaccus, Oden und Epoden. Hg. u. übers. v. Gerhard Fink (STusc) Düsseldorf. Zürich: Artemis & Winkler (Patmos) 2002.

Höver-Johak, I., Art. *tôb* (ThWAT III), Stuttgart u.a.: W. Kohlhammer 1982, 1315–339.

Hossfeld, Frank-Lothar, Der *Dekalog*. Seine späten Fassungen, die originale Komposition und seine Vorstufe (OBO 45), Freiburg (i.Ue.) Universitätsverlag; Göttingen: Vandenhoeck & Ruprecht 1982.

Hossfeld, Frank-Lothar/Zenger *Erich,* Die Psalmen 1–50 (NEB.AT Lfg.29), Würzburg: Echter-Verlag 1993.

Hossfeld, Frank-Lothar, „Die theologische *Relevanz* des Buches Kohelet", in: Schwienhorst-Schönberger, *Kohelet*, 377–389.

Hossfeld, Frank-Lothar/*Zenger*, Erich, Psalmen 51–100 (HThKAT), Freiburg/Basel/Wien: Herder 2000.

Hubbeling, Hubertus G., *Einführung* in die Religionsphilosophie (UTB 1152), Göttingen: Vandenhoeck & Ruprecht 1982.

Hunger, H., Art. „*Kalender*" (RLA 5), Berlin/New York: Walter de Gruyter 1976–1980, 297–302.

Husser, Jean-Marie, *Le songe* et la parole. Étude sur le rêve et sa fonction dans l'ancien Israël (BZAW 210), Berlin/New York: Walter de Gruyter 1994.

Hutter, Manfred, Altorientalische *Vorstellungen* von der Unterwelt. Literar- und religionsgeschichtliche Überlegungen zu ‚Nergal und Ereškigal' (OBO 63), Freiburg (i.Ue.): Universitätsverlag; Göttingen: Vandenhoeck & Ruprecht 1985.

Isaksson, Bo, *Studies* in the Language of Qoheleth. With Special Emphasis on the Verbal System (SSU 10), Stockholm: Almquist & Wiksell International 1987.

Isokrates. With an English Translation by Gorge Norlin, Ph. D. LL.D. In three volumes I (LCL 209), London: W. Heinemann; Cambridge (Mass.): Havard University Press 1928 ND 1966.

Jacobsen, Torkild, The *Treasures* of Darkness. A History of Mesopotamian Religion, New Haven/London: Yale University Press 1976.

Jamieson-Drake, David W., *Scribes* and Schools in Monarchic Juda. A Social-Archaeological Approach (JSOT.S 109), Sheffield: Sheffield University Press 1991.

Janssens, Yvonne, siehe: Denis, *Concordance*.

Janowski, Bernd, *Sühne* als Heilsgeschehen (WMANT 55), 2. Aufl. Neukirchen- Vluyn: Neukirchener Verlag 2000.

Janowski, Bernd/*Ego,* Beate (Hg. in Zusammenarb. mit Annette Krüger), Das biblische *Weltbild* und seine altorientalischen Kontexte (FAT 31), Tübingen. Mohr Siebeck 2001.

Janowski, Bernd, Der *Himmel* auf Erden. Zur kosmologischen Bedeutung des Tempels in der Umwelt Israels, in: Janowski/Ego (Hg.), *Weltbild*, 219–260.

Janowski, Bernd, „Die *Toten* loben JHWH nicht. Ps 88 und das alttestamentliche Todesverständnis, in: Avemarie/Lichtenberger, *Auferstehung*, 3–46.

Janowski, Bernd, *Konfliktgespräche* mit Gott. Eine Anthropologie der Psalmen, Neukirchen-Vluyn: Neukirchener Verlag 2003.

Jaubert, A., „Le *Calendrier* des Jubilées et da la secte de Qumrân. Ses origines bibliques" (VT 3), Leiden: E.J. Brill 1953, 250–264.

Jayne, W.A., The *Healing Gods* of Ancient Civilizations, New Haven/London: YaleUniversity Press 1925; New Hyde Park (N.Y.): University Books 1962.

Jedan, Christoph, *Willensfreiheit* bei Aristoteles? (NStPh 15), Göttingen: Vandenhoeck & Ruprecht 2000.

Jeffers, Ann, *Magic* and Divination in Ancient Palestine and Syria. Studies in the History and Culture of the Ancient Near East (StHCANE 8), Leiden. New York. Köln: E.J. Brill 1996.

Jenni, Ernst (Hg.), siehe: Stoebe u.a., *Wort.*

Jepsen, Alfred/*Hanhart*, Robert, *Untersuchungen* zur israelitisch-jüdischen Chronologie (BZAW 88), Berlin: Alfred Töpelmann 1964.

Jeremias, Joachim, Die *Abendmahlsworte* Jesu, 3. völlig neu bearb. Aufl., Göttingen: Vandenhoeck & Ruprecht 1960.

Jeremias, Joachim, *Jerusalem* zur Zeit Jesu. Eine kulturgeschichtliche Untersuchung zur neutestamentlichen Zeitgeschichte, 2. Aufl., Göttingen: Vandenhoeck & Ruprecht 1962.

Jeremias, Joachim, Neutestamentliche *Theologie.* Erster Teil: Die Verkündigung Jesu, 2. Aufl., Gütersloh: Gütersloher Verlagshaus Gerd Mohn 1973.

Jeremias, Jörg, Der Prophet *Hosea* (ATD 24/1), Göttingen: Vandenhoeck & Ruprecht 1983.

Jeremias, Jörg (Hg.), *Gerechtigkeit* und Leben im hellenistischen Zeitalter. Symposium anläßlich des 75. Geburtstages von Otto Kaiser (BZAW 296), Berlin/New York: Walter de Gruyter 2001.

Jeremias, Jörg, Die *Propheten* Joel, Obadja, Jona, Micha (ATD 24/3), Göttingen: Vandenhoeck & Ruprecht 2007.

Johnson, Aubrey R., The *One* and the Many in the Israelite Conception of God, Cardiff: University of Wales Press 1961.

Johnson, Aubrey .R., The *Vitality* of the Individual in the Thought of Ancient Israel, Cardiff: Cardiff University Press 1964.

Jüngel, Eberhard, *Gott* als Geheimnis der Welt. Zur Begründung der Theologie des Gekreuzigten im Streit zwischen Theismus und Atheismus, 4. Aufl., Tübingen: J.C.B. Mohr (Paul Siebeck) 1982.

Jütte, Robert, siehe: Eckart/ders., *Geschichte.*

Kaiser, Otto, Der Prophet *Jesaja*. Kapitel 13–39 (ATD 18), Göttingen: Vandenhoeck & Ruprecht 1973 (ND).

Kaiser, Otto, „Das *Geheimnis* von Eleusis" (Die Karawane 17), Ludwigsburg: Verlag Die Karawane 1976, 43–55.

Kaiser, Otto, „Den *Erstgeborenen* deiner Söhne sollst du mir geben. Erwägungen zum Kinderopfer im Alten Testament", in: Kaiser, *Glaube*, 24–48.

Kaiser, Otto (Hg.), Denkender *Glaube*. FS Carl Heinz Ratschow, Berlin/New York: Walter de Gruyter 1976.

Kaiser, Otto/*Lohse*, Eduard, *Tod* und Leben, (BibKon), Stuttgart u.a.: W. Kohlhammer 1977.

Kaiser, Otto, „*Tod*, Auferstehung und Unsterblichkeit im Alten Testament und im frühen Judentum", in: Kaiser/Lohse, *Tod*, 7–80.143–157.

Kaiser, Otto, *Lysis* oder von der Freundschaft (ZRGG 32) Leiden: E.J. Brill 1980, 193–218 = ders., *Mensch*, 206–231.

Kaiser, Otto, Das Buch des Propheten *Jesaja* Kapitel 1–12 (ATD 17), 5. Aufl. Göttingen: Vandenhoeck & Ruprecht 1981.

Kaiser, Otto, „*Gottesgewißheit* und Weltbewußtsein in der frühhellenistischen jüdischen Weisheit", in: Trutz Rendtorff, *Erbe*, 76–88 = ders., *Mensch*, 122–134.

Kaiser, Otto, *Judentum* und Hellenismus (VF 27), München: Christian Kaiser 1982, 68–86 = ders., Mensch, 135–153.

Kaiser, Otto (Hg.), Texte aus der Umwelt des Alten Testaments I-III+E, Gütersloh: Gütersloher Verlagshaus (Gerd Mohn) 1982–2001.

Kaiser, Otto, *Einleitung* in das Alte Testament. Ihre Ergebnisse und Probleme, 5. grundleg. überarb. Aufl. Gütersloh: Gütersloher Verlagshaus Gerd Mohn 1984.

Kaiser, Otto, Der *Mensch* unter dem Schicksal. Studien zur Geschichte, Theologie und Gegenwartsbedeutung der Weisheit (BZAW 161), Berlin/New York: Walter de Gruyter 1985.

Kaiser, Otto, „*Jesaja/Jesajabuch*" (TRE 16), Berlin/New York: Walter de Gruyter 1987, 636–658.

Kaiser, Otto, *Klagelieder*, in: Müller/Kaiser/Loader (ATD 16/2, 4. Aufl.), Göttingen: Vandenhoeck & Ruprecht 1992, 91–198.

Kaiser, Otto, *Grundriß* der Einleitung in die kanonischen und deuterokanonischen Bücher des Alten Testaments I: Die erzählenden Werke, Gütersloh: Gütersloher Verlagshaus 1992.

Kaiser. Otto, Der *Gott* des Alten Testaments. Theologie des AT I: Grundlegung (UTB 1747), Göttingen: Vandenhoeck & Ruprecht 1993.

Kaiser, Otto, *Grundriß* der Einleitung in die kanonischen und deuterokanonischen Bücher des Alten Testaments II: Die prophetischen Werke. Mit einem Beitrag von Friedrich-Karl Pohlmann; III Die poetischen und weisheitlichen Werke, Gütersloh: Gütersloher Verlagshaus 1994.

Kaiser, Otto, „Die ersten und die letzten *Dinge*" (NZSTh 36), Berlin/New York: Walter de Gruyter 1994, 75–91 = ders., *Weisheit*, 1–17.

Kaiser, Otto, „*Beiträge* zur Kohelet-Forschung" (ThR 60), Tübingen: J.C.B. Mohr (Paul Siebeck) 1995, 1–31 = ders., *Weisheit*, 148–179.

Kaiser, Otto, „Die *Botschaft* des Buches Kohelet“ (EThL 71), Leuven: Peeters 1995, 48–70 = ders., *Weisheit*, 126–148.

Kaiser, Otto, „*Arzt* und Patient: Der Fall des Asarhaddon, Königs von Assyrien“ (MedGG 14), Stuttgart: Franz Steiner 1995, 9–36.

Kaiser, Otto „*Anknüpfung* und Widerspruch. Die Antwort der jüdischen Weisheitslehrer auf die Herausforderung durch den Hellenismus“, in: Mehlhausen, Pluralismus, 54–69 = ders., *Weisheit*, 201–216.

Kaiser, Otto, „*Psalm 39*“, in: Vieweger/Waschke, Gott, 133–145 = ders., *Weisheit*, 71–83.

Kaiser, Otto, „Die *Rede* von Gott am Ende des 20. Jahrhunderts“, in: Gielen/ Breuninger, *Rede*,
9–32= ders., *Weisheit*, 258–281.

Kaiser, Otto, Einfache *Sittlichkeit* und theonome Ethik in der alttestamentlichen Weisheit“ (NZSTh 39), Berlin/New York: Walter de Gruyter 1997, 115–139 = ders., *Weisheit*, 18–42.

Kaiser, Otto, Der *Gott* des Alten Testaments. Theologie des AT II: Jahwe, der Gott Israels, Schöpfer der Welt und des Menschen (UTB 2024), Göttingen: Vandenhoeck & Ruprecht 1998.

Kaiser, Otto, Gottes und der Menschen *Weisheit*. Gesammelte Aufsätze (BZAW 261), Berlin/New York: Walter de Gruyter 1998.

Kaiser, Otto, „Der Mensch als *Geschöpf* Gottes. Aspekte der Anthropologie Ben Siras“, in: Egger-Wenzel/Krammer, *Einzelne*, 1–22 = ders., *Athen*, 225–246.

Kaiser, Otto, „Die *Rezeption* der stoischen Providenz bei Ben Sira“ (JNSL 24/1 Ferdinand Deist Memorial), University of Stellenbosch: Department of Ancient Near Eastern Studies 1998, 41–54 = ders., *Athen*, 293–303.

Kaiser, Otto, Die alttestamentlichen *Apokryphen*. Eine Einleitung in Grundzügen, Gütersloh: Gütersloher Verlagshaus 2000 = ders., *Apocrypha*.

Kaiser, Otto, *Studien* zur Literaturgeschichte des Alten Testaments (FzB 90), Würzburg: Echter Verlag 2000.

Kaiser, Otto, „The *Pentateuch* and the Deuteronomistic History,“ in: Mayes, A.D.H., *Text*, 289–322.

Kaiser, Otto, „Pentateuch und Deuteronomistisches *Geschichtswerk*“, in: ders., *Studien*, 75–133.

Kaiser, Otto, „*Xenophons Frömmigkeit.* Ideal und idealisierte Wirklichkeit“ (Trames 4), Tallinn: Estonian Academy Press 2000, 355–379 = ders., *Athen*, 105–134.

Kaiser, Otto, „Der eine Gott und die Götter der Welt“, in: Kratz u.a., *Schriftauslegung*, 335–352 = ders., *Athen*, 135–166.

Kaiser, Otto „Das *Verständnis* des Todes bei Ben Sira“ (NZSTh 43), Berlin/ New York: Walter de Gruyter 2001, 175–192 = ders., *Athen*, 275–292.

Kaiser, Otto, „Der *Mythos* als Grenzaussage“, in: Jeremias, *Gerechtigkeit*, 87–116.

Kaiser, Otto, „*Krankheit* und Heilung nach dem Alten Testament“ (MedGG 20), Stuttgart: Franz Steiner 2001, 9–43.

Kaiser, Otto, „Die *Furcht* und die Liebe Gottes. Ein Versuch, die Ethik Ben Siras mit der des Apostels Paulus zu vergleichen", in: Egger-Wenzel, *Ben Sira's God*, 39–75.

Kaiser, Otto, Der *Gott* des Alten Testaments. Theologie des AT III: Jahwes Gerechtigkeit (UTB 2392), Göttingen: Vandenhoeck & Ruprecht 2003.

Kaiser, Otto, Zwischen *Athen* und Jerusalem. Studien zur griechischen und biblischen Theologie, ihrer Eigenart und ihrem Verhältnis (BZAW 320), Berlin/New York: Walter de Gruyter 2003.

Kaiser, Otto, „*Carpe diem* und Memento mori in Dichtung und Denken der Alten, bei Kohelet und Ben Sira", in: ders., *Athen*, 247–274.

Kaiser, Otto, *Anweisungen* zum gelingenden, gesegneten und ewigen Leben. Eine Einführung in die spätbiblischen Weisheitsbücher (ThLZF 9), Leipzig: Evangelische Verlagsanstalt 2003.

Kaiser, Otto „*Arm* und Reich bei Jesus Sirach"; in: Deuser u. a., *Theologie*, 17–30.

Kaiser, Otto, „*Covenant* and Law in Ben Sira", in: Mayes, A.D.H./Salters, R.B., *Covenant*, 235–260.

Kaiser, Otto, „Die *Erfahrung* der Zeit im Alten Testament", in: Lepajõe/Gross, *Mille Anni*, 11–27.

Kaiser, Otto, „Göttliche Weisheit und menschliche *Freiheit* bei Ben Sira", in: Irmtraud Fischer u. a., *Spuren*, 291–305.

Kaiser, Otto, „‚*Reichtum* ist gut, ist er ohne Schuld' (Sir 13,24). Vom rechten Umgang mit Armut und Reichtum *nach* Jesus Sirach", in: Reiterer, *Vorstellung*, 10–40.

Kaiser, Otto, „Kultische und sittliche *Sühne* bei Jesus Sirach", in: Johannes Diehl u. a., *Altar*, 151–167.

Kaiser, Otto The Old Testament *Apocrypha*. An Introduction, Peabody, Mass.: Hendrickson Publishers 2004.

Kaiser, Otto, Weisheit für das *Leben*. Das Buch Jesus Sirach. Übersetzt und eingeleitet, Stuttgart: Radius-Verlag 2005.

Kaiser, Otto, Das Buch *Hiob*. Eingeleitet und übersetzt, Stuttgart: Radius-Verlag 2006.

Kaiser, Otto, „*Erziehung* und Bildung in der Weisheit des Jesus Sirach, in: Kunz-Lübcke/Lux, *Kinder*, 223–251.

Kaiser, Otto, Des Menschen *Glück* und Gottes Gerechtigkeit (Tria Corda 1), Tübingen: Mohr Siebeck 2007.

Kaiser, Otto, *Kohelet*. Das Buch des Predigers Salomo. Übersetzt und eingeleitet, Stuttgart: Radius Verlag 2007.

Kákovsky, Laslo, Art. „*Zeit*" (LÄ 6), Wiesbaden: Otto Harrassowitz 1986, 1361–1371

Kamano, Noato, *Cosmology* and Character. Qohelet's Pedagogy from a Rhetorical-Critical Perspective (BZAW 312), Berlin/New York: Walter de Gruyter 2002.

Kant, Immanuel, Werke in sechs Bänden, hg. Wilhelm Weischedel, Wiesbaden: Insel Verlag; Darmstadt: Wissenschaftliche Buchgesellschaft 1964 (ND).

Kant, Immanuel, *Grundlegung* zur Metaphysik der Sitten (1785). Hg. v. Karl Vorländer, (PhB 41), Hamburg: Felix Meiner 1965, auch Werke IV, hg. Weischedel, 10–102.

Kant, Immanuel, Über das *Mißlingen* aller philosophischen Versuche in der Theodicee, in: Abhandlungen nach 1781 (AA VIII), Berlin/Leipzig: Walter de Gruyter 1923, 253–271, auch Werke VI, hg. Weischedel, 103–124.

Kant, Immanuel, Die *Religion* innerhalb der Grenzen der bloßen Vernunft (B 1794). Hg. v. Karl Vorländer mit Einleitung Hermann Nowack (PhB 45), Hamburg: Felix Meiner 1956., auch: Werke IV, hg. Weischedel, 647–879.

Kaplony-Heckel, Ursula, „Ägyptische historische *Texte*" (TUAT I/3), Gütersloh: Gütersloher Verlagshaus Gerd Mohn 1985, 525–619.

Kautzsch, Emil (Hg.), Die Apokryphen und Pseudepigraphen des Alten Testaments I: Die *Apokryphen*, II Die *Pseudepigraphen*, Tübingen: J.C.B. Mohr (Paul Siebeck) 1900 = Darmstadt: Wissenschaftliche Buchgesellschaft 1962

Keel, Otmar, *Jahwe-Visionen* und Siegelkunst. Eine Deutung der Majestätsschilderungen in Jes 6, Ez 1 und 10 und Sach 4 (SBS 84/85), Stuttgart: Katholisches Bibelwerk 1977.

Keel, Otmar/*Uehlinger*, Christoph, *Göttinnen*, Götter und Gottessymbole. Neue Erkenntnisse zur Religionsgeschichte Kanaans und Israels aufgrund bislang unerschlossener ikonographischer Quellen, (QD 134), 4. Aufl. Freiburg/Basel/Wien: Herder 1998.

Keel, Otmar/*Zenger*, Erich (Hg.), *Gottesstadt* und Gottesgarten. Zu Geschichte und Theologie des Jerusalemer Tempels, QD 191, Freiburg/Basel/Wien: Herder 2002.

Kees, Hermann, *Kulturgeschichte* des Alten Orients II: Ägypten (HAW III/1.3.1) München: C.H. Beck 1933.

Kees, Hermann, *Totenglauben* und Jenseitsvorstellungen der alten Ägypter. Grundlagen und Entwicklung bis zum Ende des Mittleren Reiches, 3. Aufl., Berlin: Akademie Verlag 1977.

Kees, Hermann, Das alte Ägypten. Eine kleine Landeskunde, Wien/Köln/Graz: Hermann Böhlaus Nachfolger 1977.

Kepper, Martina, Hellenistische *Bildung* im Buch der Weisheit. Studien zur Sprachgestalt und Theologie der Sapientia Salomonis (BZAW 280), Berlin/New York: Walter de Gruyter 1999.

Kern, Gabi (Hg.), siehe: Albertz, *Geschichte*.

Kessler, Rainer, *Micha* (HThK.AT), Freiburg/Basel/Wien: Herder 1999.

Kessler, Rainer, *Sozialgeschichte* des alten Israel, Darmstadt: Wissenschaftliche Buchgesellschaft 2006.

Kidd, Ian G., „Moral *Actions* and Rules in Stoic Ethics", in: Rist, *Stoics*, 247–258.

Kidd, Jan G., „*Poseidonios*" in: Ricken, *Philosophen* II, 61–109.

Kierkegaard, Søren, „*Gottes bedürfen* ist des Menschen Vollkommenheit", in: ders., Vier erbauliche Reden. Drei Reden bei gedachten Gelegenheiten

1845 (Ges. Werke 13/14 hg. Emanuel Hirsch), Düsseldorf: Eugen Diederichs Verlag 1952.

Kierkegaard, Søren, Die *Krankheit* zum Tode. Der Hohepriester – der Zöllner – der Sünder (1849) (Ges.Werke 24/25 hg. Emanuel Hirsch), Düsseldorf: Eugen Diederichs Verlag 1954.

Kieweler, Hans-Volker, *Ben Sira* zwischen Judentum und Hellenismus (BEATAJ 30), Frankfurt am Main et al.: Peter Lang 1992.

Kieweler, Hans-Volker, *„Benehmen* bei Tisch", in: Egger-Wenzel/Krammer, *Einzelne*, 191–216.

Kilian, Rudolf, *Jesaja* 1–12 (NEB.AT Lfg.17), Würzburg: Echter Verlag 1986.

Kilian, Rudolf, *Jesaja* 13–39 (NEB.AT Lfg.32), Würzburg: Echter Verlag 1994.

Kippenberg, Hans G., *Religion* und Klassenbildung im antiken Juda. Eine religionssoziolologische Studie zum Verhältnis von Tradition und gesellschaftlicher Entwicklung (STUNT 14), 2. Aufl., Göttingen: Vandenhoeck & Ruprecht 1982.

Kirkpatrick, Patricia G., The *Old Testament* and Folklore Study (JSOT.S 62), Sheffield: Sheffield University Press 1988.

Klein, Christian, Kohelet und die Weisheit Israels. Eine formgeschichtliche Studie (BWANT 132), Stuttgart u.a.: W. Kohlhammer 1994.

Kluge, Friedrich/*Mitzka*, Walther, Etymologisches *Wörterbuch* der deutschen Sprache, 17. Aufl. Berlin: Walter de Gruyter 1957.

Koch, Klaus, „Die *Eigenart* der priesterlichen Gesetzgebung" (ZThK 55), Tübingen. J.C.B. Mohr (Paul Siebeck) 1958, 36–51.

Koch, Klaus (Hg.), siehe: Rolf Rendtorff/ders., *Studien.*

Koch, Klaus, *„Tempeleinlaßliturgien* und Dekaloge", in: Rolf Rendtorff/Koch, *Studien*, 46–60 = ders., *Spuren*, 169–183.

Koch, Klaus, *Spuren* des hebräischen Denkens. Ges. Aufs. I, hg. Bernd Janowski/Martin Krause, Martin, Neukirchen-Vluyn: Neukirchener Verlagsanstalt 1991.

Koch, Klaus, Geschichte der ägyptischen Religion, Stuttgart u.a.; W. Kohlhammer 1993.

Koch, Klaus, siehe: Frei/ders., *Reichsidee.*

Koch, Klaus, *Europa*, Rom und der Kaiser vor dem Hintergrund von zwei Jahrtausenden Rezeption des Buches Daniel (S.B Joachim Jungius Gesellschaft der Wissenschaften 15/1), Hamburg: Joachim Jungius-Gesellschaft; Göttingen: Vandenhoeck & Ruprecht 1997.

Koch, Klaus, Art. *„Prophetie* II: In Israel und seiner Umwelt, III: Im Judentum (TRE 27), Berlin/New York: Walter de Gruyter 1997, 477–499.

Koch, Klaus, *Imago* Dei. Die Würde des Menschen im biblischen Text (S.B Joachim Jungius Gesellschaft der Wissenschaften 18/4), Hamburg: Joachim Jungius-Gesellschaft; Göttingen: Vandenhoeck & Ruprecht 2000.

Koch, Klaus, *Daniel* 1–4 (BK XXII/1), Neukirchen-Vluyn: Neukirchener Verlag 2005.

Koch, Klaus, „Das aramäisch-hebräische *Danielbuch.* Konfrontation zwischen Weltmacht und monotheistischer Religionsgemeinschaft in universalgeschichtlicher Perspektive", in: Bracht/du Toit, *Geschichte*, 3–27.

Köckert, Matthias, *Vätergott* undVäterglaube. Eine Auseinandersetzung mit Albrecht Alt und seinen Erben (FRLANT 142), Göttingen: Vandenhoeck & Ruprecht 1988.

Köckert, Matthias, „Die *Entstehung* des Bilderverbots“, in: Groneberg/Spieckermann, *Welt*, 272–290.

Koehler, Ludwig/*Baumgartner*, Walter, Hebräisches Lexikon zum Alten Testament. 3. Aufl. neu barb. v. Walter *Baumgartner*, Johann Jacob *Stamm* und Benedikt *Hartmann:* Unter Mitarbeit von E.Y. *Kutscher* und Philippe *Reymond* I-V, Leiden. New York. Köln: E. J. Brill 1967–1995.

Koenen, Klaus, *Ethik* und Eschatologie im Tritojesajabuch. Eine literarkitische und redaktionsgeschichtliche Studie (WMANT 62), Neukirchen-Vluyn: Neukirchener Verlag 1990.

Koenen, Klaus, *Heil* den Gerechten – Unheil den Sündern! Ein Beitrag zur Theologie der Prophetenbücher (BZAW 229), Berlin/NewYork: Walter de Gruyter 1994.

Koenen, Klaus (Hg.), siehe: Barthel u. a., Hermisson, *Studien.*

Koh, Y.V., Royal *Autobiography* in the Book of Qoheleth (BZAW 369), Berlin/New York: Walter de Gruyter 2006.

Kollmann, Bernd, „Göttliche *Offenbarung* magisch-pharmakologischer Heilkunst im Buch Tobit“ (ZAW 106), Berlin/NewYork: Walter de Gruyter 1994, 289–299.

Kornfeld, Walter, Art. „*qdš*. I.1-II.1“ (ThWAT VI), Stuttgart u. a. :W. Kohlhammer1989, 1179–1188.

Kottsieper, Ingo/*Oorschot,* Jürgen van/*Römheld*, Diethard/*Wahl*, Harald M. (Hg.), „Wer ist wie du, *Herr,* unter den Göttern?“ Studien zur Theologie und Religionsgeschichte Israels, FS. Otto Kaiser; Göttingen: Vandenhoeck & Ruprecht 1994.

Kottsieper, Ingo, „*Zusätze* zu Daniel“, in: Steck/Kratz/Kottsieper (ATD.A 5), 211–328.

Kottsieper, Ingo (Hg.), siehe: Albertz, *Geschichte.*

Kottsieper, Ingo, „‚*Thema* verfehlt?‘ Zur Kritik Gottes an dem drei Freunden in Hiob 42,7–9“, in: Witte, *Gott und Mensch* II, 723–742.

Kramer, Samuel N., „The *Sage* in Sumerian Literature. A Composite Portrait“in: Gammie/Perdue, *Sage*, 31–44

Kratz, Reinhard G., *Translatio* imperii. Untersuchungen zu den aramäischen Danielerzählungen und ihrem theologiegeschichtlichen Umfeld (WMANT 63), Neukirchen-Vluyn: Neukirchener Verlag 1987.

Kratz, Reinhard G., *Kyros* im Deutero-Jesajabuch. Redaktionsgeschichtliche Untersuchungen zu Entstehung und Theologie von Jes 40–55 (FAT 1), Tübingen: J.C.B. Mohr (Paul Siebeck) 1991.

Kratz, Reinhard G., „Der *Dekalog* im Exodusbuch“ (VT 44), Leiden u. a.: E.J. Brill 1994, 205–238.

Kratz, Reinhard G., „Der *Brief* des Jeremia“, in: Steck/ders./Kottsieper (ATD.A 5), 71–113.

Kratz, Reinhard G., Die *Komposition* der erzählenden Bücher des Alten Testaments (UTB 2157), Göttingen: Vandenhoeck & Ruprecht 2000.

Kratz, Reinhard G./*Krüger,* Thomas/*Schmid,* Konrad (Hg.), *Schriftauslegung* in der Schrift. FS Odil Hannes Steck (BZAW 294), Berlin/New York: Walter de Gruyter 2000.

Kratz, Reinhard G., Das *Judentum* im Zeitalter des Zweiten Tempels (FAT 42), Tübingen: Mohr Siebeck 2004.

Krause, Gerhard/*Müller,* Gerhard (ab Bd. 14 allein) (Hg.), Theologische Realenzyklopädie 1–36, Berlin New York: Walter de Gruyter 1977–2004 (Siehe auch: Döhnert/Ott).

Krug, Antje, *Heilkunst* und Medizin in der Antike, München: C.H. Beck 1993.

Krüger, Thomas, „*Dekonstruktion* und Rekonstruktion prophetischer Eschatologie im Qohelet-Buch", in: Diesel u.a., *Ding,* 107–129.

Krüger, Thomas, „Die *Rezeption* der Tora im Buch Kohelet", in: Schwienhorst-Schönberger, *Kohelet,* 303–326.

Krüger, Thomas, *Kohelet* (Prediger) (BK XIX S), Neukirchen-Vluyn: Neukirchener Verlag 2000.

Krüger, Thomas (Hg.), siehe: Kratz u.a., *Schriftauslegung.*

Kübel, Paul, *Metamorphosen* der Paradieserzählung (OBO 231), Freiburg (i.Ue.): Academic Press; Göttingen: Vandenhoeck & Ruprecht 2007.

Kudlien, Frietjof, Art. „*Galenos*" (KP II), Stuttgart: Alfred Duckenmüller 1967, 674–675.

Kümmel, Werner Georg/*Lichtenberger,* Hermann (Hg.), Jüdische Schriften aus hellenistisch- römischer Zeit, Gütersloher Verlagshaus (Gerd Mohn) 1974 ff.

Kutsch, Ernst, „Der *Kalender* des Jubiläenbuches und das Alte und Neue Testament" (VT 11), Leiden: E.J. Brill 1961, 39–47.

Kutsch, Ernst, *Salbung* als Rechtsakt im Alten Orient und im Alten Testament (BZAW 87), Berlin: Walter de Gruyter 1963.

Kutsch, Ernst, „‚*Trauerbräuche*' und ‚Selbstminderungen' im Alten Testament", in: Lüthi/Dantine, *Antrittsvorlesungen,* 23–42 = ders., *Schriften,* 75–95.

Kutsch, Ernst, Kleine *Schriften* zum Alten Testament. Hg. v. Schmidt, Ludwig,/ Eberlein, Karl (BZAW 168), Berlin/New York: Walter de Gruyter 1986.

Kutschera, Franz, „*Kohelet:* Leben im Angesichts des Todes", in: Schwienhorst-Schönberger, *Kohelet,* 363–376.

Laato, Antti/*Moor,* Johannes C. de (Hg.), *Theodicy* in the World of the Bible, Leiden. Boston: Brill 2003.

Lagarde, Paul A. de, Libri Veteris Testamenti Apocryphi Syriace (Leipzig: F.A. Brockhaus; London: William & Norgate 1861) Osnabrück: Otto Zeller 1972.

Lang, Bernhard (Hg.), Der einzige *Gott.* Die Geburt des biblischen Monotheismus, München: Kösel 1981.

Lang, Bernhard, „Die Jahwe-Allein-*Bewegung*", in: ders., *Gott,* 47–83.

Lang, Bernhard (Hg.), siehe: Görg/ders., *Bibel-Lexikon.*

Lang, Bernhard, „*Women's Work,* Household and Property in two Mediterranean Societies: A Comparative Essay on Proverbs xxxi 10–31" (VT 54), Leiden/Boston: Brill 2004, 188–207.

Lang, Friedrich, Die Briefe an die *Korinther* (NTD 7), 16. Aufl. Göttingen: Vandenhoeck & Ruprecht 1986.

Lange, Armin (Hg.), siehe: Lichtenberger u. a., *Dämonen*.

Lapidge, Michael, „Stoic *Cosmology*", in: J.M. Rist, *Stoics*, 161–186.

Latacz, Joachim, Art. „Homeros" (DNP 5), Stuttgart/Weimar: J. B. Metzler 1998, 686–699.

Lauha, Aarre, *Kohelet* (BK.AT XIX), Neukirchen-Vluyn: Neukirchener Verlag 1978.

Lee, Thomas R, *Studies* in the Form of Sirach 44–50 (SBL. Diss. Ser. 75), Atlanta (Ga.): Scholars Press 1986.

Leeuw, Gerardus van der, *Phänomenologie* der Religion, 2. Aufl. Tübingen: J.C.B. Mohr (Paul Siebeck) 1956.

Lévi, Israel, The *Hebrew Text* of the Book of Ecclesiasticus. Ed. with brief notes and a selected glossary (SStS 3), Leiden: E. J. Brill 1904.

Lehmann, Martin, Pirqe Abot 1,1–2, Basel: Goldschmidt 1963.

Lehmann, Reinhard G., „Bibliographie zu Qohelet", in: Michel, *Untersuchungen*, 290–322.

Lehmann, Reinhard G., siehe: Diesel u. a., *Ding*.

Lemaire, André, „Le *Sabbat* à l'époque Royale Israélite" (RB 80), Paris: Gabalda 1973, 161–185.

Lepajõe, Marju/*Gross*, Andres (Hg.), *Mille anni* sicut dies hesterna ..." Studia in honorem Kalle Kasemaa, Tartu: Tartu Ülikooli Kirjastus 2003.

Lessing, Gotthold Ephraim, Der *Beweis* des Geistes und der Kraft (1777), in: WerkeVIII: Theologiekritische Schriften III. Philosophische Schriften, hg. Helmut Göbel, München: Carl Hanser Verlag /Darmstadt: Wissenschaftliche Buchgesellschaft 1979 (ND 1986), 9–14.

Levin, Christoph, „Der *Dekalog* am Sinai" (VT 35), Leiden: E.J. Brill 1985, 165–191 = ders., *Fortschreibungen*, 60–80.

Levin,Christoph, Der *Jahwist* (FRLANT 157), Göttingen: Vandenhoeck & Ruprecht 1993.

Levin, Christoph, „Das *Gebetbuch* der Gerechten. Literaturgeschichtliche Beobachtungen am Psalter" (ZThK 90), Tübingen: J.C.B. Mohr (Paul Siebeck) 1993, 355–381 = ders., *Fortschreibungen*, 291–313.

Levin, Christoph, „Das *System* der zwölf Stämme Israels", in: Emerton, *Congress Volume*, 61–72 = ders., *Fortschreibungen*, 111–123.

Levin, Christoph, „Das vorstaatliche *Israel*" (ZThK 97), Tübingen: Mohr Siebeck 2000, 385–403 = ders., *Fortschreibungen*, 142–157.

Levin, Christoph, Das Alte *Testament* (C.H. Beck Wissen), München: C.H. Beck 2001.

Levin, Christoph, *Fortschreibungen*. Ges. Studien zum Alten Testament (BZAW 316), Berlin/New York: Walter de Gruyter 2003.

Levin, Christoph, Die *Entstehung* der Bundestheologie im Alten Testament (NAGW 2004/4), Göttingen: Vandenhoeck & Ruprecht 2004.

Levine, Étan, The *Aramaic Version* of the Bible. Contents and Contexts (BZAW 174), Berlin/New York: Walter de Gruyter 1988.

Lichtenberger, Hermann, *Studien* zum Menschenbild in Texte der Qumrangemeinde (StUNT 15), Göttingen: Vandenhoeck & Ruprecht 1980.

Lichtenberger, Hermann (Hg.), siehe: Kümmel/ders., *Schriften.*

Lichtenberger, Hermann (Hg.), siehe: Avemarie/ders., *Auferstehung.*

Lichtenberger, Hermann/*Lange,* Armin/*Römheld,* K.F. Diethard (Hg.), Die *Dämonen.* Die Dämonologie der israelitsch-jüdischen und frühchristlichen Lieratur im Kontext der Umwelt, Tübingen: Mohr Siebeck 2003.

Lichtenberger, Hermann, „Ps 91 und die Exorzismen in 11QPsAp[a]", in: ders. u.a. Dämonen, 416–421.

Lichtheim, Miriam, Late Egyptian Wisdom Literature in the International Context. A Study of Demotic Instructions (OBO 52), Freiburg (i.Ue.): Universitätsverlag; Göttingen: Vandenhoeck & Ruprecht 1983

Lichtheim, Miram, Ancient Egyptian Autobiographies Chiefly of the Middle Kingdo (OBO 84), Freiburg (i.Ue.): Universitätsverlag; Göttingen: Vandenhoeck & Ruprecht 1988.

Lichtheim, Miram, *Maat* in Egyptian Autobiogaphies (OBO 120), Freiburg (i.Ue.): Universitätsverlag; Göttingen: Vandenhoeck & Ruprecht 1992.

Liddle, Henry Gorge/*Scott,* Robert, A Greek-English Lexicon. A New Edition. Rev. and augmented throughout by Henry Stuart *Jones.* With Assistance of Roderick McKenzie and with the Co-Operation of Many Scholars, Oxford: Clarendon Pr.ess. 1940 (ND 1961).

Linde, Gesche, Hg, siehe: Deuser u.a., *Theologie.*

Løgstrup, Knud E. (1989), Norm und Spontaneität. Ethik und Politik zwischen Technik und Dilettantokratie. Übers. v. Rosemarie Løgstrup, Tübingen: J.C.B. Mohr (Paul Siebeck) 1989.

Lloyd, A.C., „*Emotion* and Decision in Stoic Ethics", in: J.M. Rist, *Stoics,*. 233–246.

Loader, James.Alfred, *Polar Structures* in the Book of Qohelet (BZAW 152), Berlin/New York: Walter de Gruyter 1979.

Loader, James Alfred, siehe: Müller/Kaiser/ders., (ATD 16/2).

Lohse, Bernhard, Luthers *Theologie* in ihrer historischen Entwicklung und in ihrem systematischen Zusammenhang, Göttingen: Vandenhoeck & Ruprecht 1995.

Lohse, Eduard siehe: Kaiser/Lohse, *Tod und Leben.*

Lohse, Eduard (Hg.), Die *Texte* aus Qumran. Hebräisch und Deutsch. Mit masoretischer Punktation und Anmerkungen, 4. Aufl., Darmstadt: Wissenschaftliche Buchgesellschaft 1986.

Lohse, Eduard, Die *Entstehung* des Neuen Testaments, 5. = 6. Aufl. (ThW 4), Stuttgart: W. Kohlhammer 1991 = 2000.

Lohfink, Norbert, „Zum ‚kleinen geschichtlichen *Credo*' Dtn 26,5–9" (ThPh 46), Freiburg (i.Br.): Herder 1971, 19–39 = ders., *Deuteronomium,* 263–290.

Lohfink, Nobert, „Dtn 26,6–9. Ein Beispiel altisraelitischer Geschichtstheologie", in: Theunis, *Kerygma,* 100–107 = ders., *Deuteronomium,* 291–304.

Lohfink, Norbert, *Kohelet* (NEB. AT Lfg.1), Würzburg: Echter Verlag 1980.

Lohfink, Norbert, „Ich will euer Gott werden". *Beispiele* biblischen Redens von Gott (SBS 100), Stuttgart: Katholisches Bibelwerk 1981.

Lohfink, Norbert, „Ich bin *Jahwe*, dein Arzt (Ex 15,26). Gott, Gesellschaft und menschliche Gesundheit in einer nachexilischen Pentateuchbearbeitung (Ex 15,25b.26)", in: ders., *Beispiele*, 11–73 = ders., *Pentateuch*, 91–155.

Lohfink, Norbert, „*melek*, šallit und môšēl bei Kohelet und die Abfassungszeit des Buches" (Bib 62), Rom: Päpstliches Bibelinstitut 1981, 535–543 = ders., *Studien zu Kohelet*, 71–82.

Lohfink, Norbert, „Warum ist der *Tor* unfähig, böse zu handeln? (Koh 4,17)" (ZDMG.S 5), Wiesbaden: Franz Steiner 1983, 113–120 = ders., *Studien zu Kohelet*, 83–95.

Lohfink, Norbert, „Die *Wiederkehr* des immer Gleichen. Eine frühe Synthese zwischen griechischem und jüdischem Weltgefühl in Koh 1,4–11", in: ders., *Studien zu Kohelet*, 95–124.

Lohfink, Norbert, Studien zum *Pentateuch* (SBAB 4), Stuttgart: Katholisches Bibelwerk 1988.

Lohfink, Norbert, Studien zum *Deuteronomium* und zur deuteronomistischen Literatur I (SBAB 8), Stuttgart: Katholisches Bibelwerk 1990.

Lohfink, Norbert, „Qohelet 5,17–19 Revelation by Joy" (CBQ 52), Washington D.C.: The Catholic Biblical Association of America 1990, 625–635 = ders., „Koh 5,17–19 – *Offenbarung* durch Freude" in: ders., *Studien zu Kohelet*, 151–166.

Lohfink, Norbert, Studien zu Kohelet (SBAB 25), Stuttgart: Katholisches Bibelwerk 1998.

Lohfink, Norbert, „Zu הבל im *Buch* Kohelet", in: ders., *Studien zu Kohelet*, 215–258.

Lohfink, Norbert, „Ist Kohelets הבל – Aussage erkenntnistheoretisch gemeint?", in: Schoors, *Qohelet*, 41–59.

Long, A.A., Hellenistic *Philosophy*. Stoics, Epicureans, Sceptics, London: Duckworth 1974.

Long, A. A./*Sedley*, D.N., The Hellenistic Philosophers I: Translations of the principal sources and philosophical commentary; II: Greek and Latin texts with notes and bibliography, Cambridge: Cambridge University Press 1987 (ND).

Long, A.A./Sedley, D.N., Die hellenistischen Philosophen. Texte und Kommentare. Übers. v. Karlheinz Hülser, Stuttgart/Weimar: J. B. Metzler 2000.

Long, A.A, *Epictetus*. A Stoic and Socratic Guide to Life, Oxford: Clarendon Press 2002.

Loretz; Oswald, *Qohelet* und der Alte Orient. Untersuchungen zu Stil und theologischer Thematik des Buches Qohelet, Freiburg/Basel/Wien: Herder 1964.

Loretz, Oswald, „Vom kanaanäischen *Totenkult* zur jüdischen Patriarchen- und Elternverehrung" (JARG 3), Saarbrücken: Homo et Religio 1978, 149–204.

Loretz, Oswald, Die *Psalmen* II: Ein Beitrag der Ugarit-Texte zum Verständnis von Kolometrie und Textologie der Psalmen Psalm 90–150 (AOAT 207/2), Kevelaer: Butzon & Berker/Neukirchen-Vluyn: Neukirchener Verlag 1979.

Loretz, Oswald, „Altorientalische und kanaanäische *Topoi* im Buche Kohelet" (UF 12), Kevelaer: Butzon & Berker/Neukirchen-Vlyn: Neukirchener Verlag 1980, 267–278.

Loretz, Oswald, *Leberschau*, Sündenbock. Asasel in Ugarit und Israel (UBL 3), Altenberge 1985.

Loretz, Oswald, *Ugarit* und die Bibel. Kanaanäische Götter und Religion im Alten Testament, Darmstadt: Wissenschaftliche Buchgesellschaft 1990.

Loretz, Oswald, siehe Dietrich/Loretz, *Mantik*.

Loretz, Oswald, „*Anfänge* jüdischer Philosophie nach Qohelet 1,1–11 und 3,15" (UF 3), Neukirchen-Vluyn: Neukirchener Verlag 1992, 223–244.

Loretz, Oswald, siehe Dietrich/Loretz, *Mythos*.

Loretz, Oswald, Götter – Ahnen – Könige. Der „Rechtsfall" des Menschen vor Gott nach altorientalischen und biblischen Texten (AOAT 290), Münster: Ugarit-Verlag 2003.

Lübbe, Hermann, *Religion* nach der Aufklärung, Graz/Wien/Köln: Verlag Styria 1986.

Lübcke, Andreas/*Lux*, Rüdiger, (Hg.), „Schaffe mir *Kinder* …" Beiträge zur Kindheit im alten Israel und in seinen Nachbarkulturen (ABG 21), Leipzig: Evangelische Verlagsanstalt 2006.

Lucretius, De rerum natura. With an English translation by W.H.D. Rouse, revised. with a new text, introduction, notes, and index by Martin Ferguson Smith (LCL 181), Cambridge (Mass.): Harvard University; London: William Heinemann 1975.

Lührmann, Dieter, „Aber auch dem *Arzt* gib Raum (Sir 38,1–15)" (WuD NF 15) Bethel: Kirchliche Hochschule 1979, 55–78.

Lührmann, Dieter/*Strecker*, Georg (Hg.), *Kirche*. FS Günther Bornkamm, Tübingen: J.C.B. Mohr (Paul Siebeck) 1980.

Lührmann, Dieter, Das *Markusevangelium* (HNT 3), Tübingen; J.C.B. Mohr (Paul Siebeck) 1987.

Lüst, J./*Eynikel*, E./*Hauspie*, K. with the collaboration of G. Chamberlain, A Greek-English *Lexicon* of the Septuagint, I–II, Stuttgart. Deutsche Bibelgesellschaft 1992 und 1996.

Lüthi, Kurt/*Dantine*, Wilhelm (Hg.), Drei Wiener *Antrittsvorlesungen* (ThSt [B] 78); Zürich: Theologischer Verlag Zürich 1965.

Lux, Rüdiger, „‚Denn es ist kein *Mensch* so gerecht auf Erden, daß er nur Gutes tue … .' Recht und Gerechtigkeit aus der Sicht des Predigers Salomo" (ZThK 94) Tübingen: Mohr Siebeck 1997, 263–287.

Lux, Rüdiger (Hg.), siehe: Lübcke/Lux (Hg.), *Kinder*.

Maass, Fritz (Hg.), siehe: Eissfeldt, Kl. Schriften III.

Mach, Michael, *Entwicklungsstadien* des jüdischen Engelglaubens in vorrabbinischer Zeit (TStAJ 34), Tübingen: J.C.B. Mohr (Paul Siebeck) 1992.

MacIntyre, Alasdair, After *Virtue*. A Study in Moral Theory, 2nd ed. London: Duckworth 1985 (ND).

Maiberger, Paul, Art. „*Harz*" (NBL II), Zürich: Benzinger 1995, 45–46.

Maier, Gerhard, *Mensch* und freier Wille. Nach den jüdischen Religionsparteien zwischen Ben Sira und Paulus (WUNT 12), Tübingen: J.C.B. Mohr (Paul Siebeck) 1971.

Maier, Hans, Die christliche *Zeitrechnung* (Herder Spektrum 4018), Freiburg/Basel/Wien: Herder 1991.

Maimon, Mose ben, *Führer* der Unschlüssigen. Übersetzung und Kommentar: Adolf Weiß; Einleitung: Johann Maier I-III (PhB 184 a-c), 2. Aufl., Hamburg: Felix Meiner 1995.

Marböck, Johannes, *Weisheit* im Wandel. Untersuchungen zur Weisheitstheologie bei Ben Sira (BBB 37), Bonn: Verlag Peter Hahnstein 1971; Mit Nachwort und Bibliographie zur Neuauflage (BZAW 272), Berlin/New York: Walter de Gruyter 1999.

Marböck,. Johannes, „*Gesetz* und Weisheit. Zum Verständnis des Gesetzes bei Jesus Sirach“ (BZ.NF 20), Paderborn: Ferdinand Schöningh 1976, 1–21 = ders., *Gottes Weisheit*, 52–72.

Marböck, Johannes, „Das *Gebet* um die Rettung des Zion in Sir 36,1–22 (G: 33,1–13; 36,16b-22) im Zusammenhang der Geschichtsschau Ben Siras“, in: J.-B. Bauer/ders. (Hg.), Memoria Jersualem. FS F. Sauer, Graz 1977, 95–115 = ders., *Gottes Weisheit*, 149–166.

Marböck, Johannes, „Sir 38,24–39,11: Der schriftgelehrte *Weise*“, in: Gilbert, Sagesse, 293–316 = ders., *Gottes Weisheit*, 25–49.

Marböck, Johannes, „Sir 15,9 f. – *Ansätze* zu einer Theologie des Gotteslobes“, in: Irmtraud Seybold (Hg.), FS.Georg Molin, Graz 1983, 267–276 = ders., *Gottes Weisheit*, 167–175.

Marböck, Johannes, „Gottes Weisheit unter uns. Sir 24 als *Beitrag* zur biblischen Theologie“, in: Verbum caro factum est. FS A. Stöger, St. Pölten 1984, 55–65 = ders., *Gottes Weisheit*, 73–87.

Marböck, Johannes, „*Sündenvergebung* bei Jesus Sirach. Eine Notiz zur Theologie und Frömmigkeit der deuterokanonischen Schriften“ (ZKTh 116), Freiburg. Basel. Wien; Herder (Theol. Fakultät Innsbruck) 1994, 480–486= ders., *Gottes Weisheit*, 176–184.

Marböck, Johannes, *Gottes Weisheit* unter uns. Zur Theologie des Buches Sirach. Hg. v. Irmtraud Fischer (HBS 6), Freiburg/Wien/Basel: Herder 1995.

Marböck, Johannes „*Kohelet* und Sirach – Eine vielschichtige Beziehung“, in: Schwienhorst-Schönberger, *Kohelet*, 275–301 = ders., *Frömmigkeit*, 79–103.

Marböck, Johannes, „Der *Hohepriester* Simon in Sir 50 – Ein Beitrag zur Bedeutung von Priestertum und Kult im Sirachbuch“, in: Calduch-Benages/Vermeylen, *Treasures*, 215–230 = ders., *Frömmigkeit*, 155–168.

Marböck, Johannes, „*Gerechtigkeit* und Leben nach dem Sirachbuch. Ein Antwortversuch in seinem Kontext“, in: Jeremias, *Gerechtigkeit*, 21–52 = ders., *Frömmigkeit*, 173–197.

Marböck, Johannes, „*Sirach/Sirachbuch*“ (TRE 31), Berlin/New York: Walter de Gruyter 2000, 307–317 = ders., *Frömmigkeit*, 15–30.

Marböck, Johannes, „Das Buch *Jesus Sirach*“, in: Zenger, Erich, Einleitung, 408–416.

Marböck, Johannes, „*Apokalyptische Traditionen* im Sirachbuch?", in: Witte, Gott und Mensch II, 833–849 = ders., *Frömmigkeit*, 137–153.

Marböck, Johannes, *Weisheit und Frömmigkeit*. Studien zur alttestamentlichen Literatur der Spätzeit (Österreichische Biblische Studien 29), Frankfurt am Main u.a.: Peter Lang 2006.

Marböck, Johannes, „Ein ewiger *Bund* für alle = Notizen zu Sir 17,11–14", in: Dohmen/Frevel, Studien, 133–140.

Markschies, Christoph, „‚Ich aber vertraue auf dich, Herr!' *Vertrauensäußerungen* als Grundmotiv in den Klageliedern des Einzelnen" (ZAW 103), Berlin/New York: Walter de Gruyter 1991, 386–398.

Markschies, Christoph (Hg.), siehe: Gundlach/Markschies, *Anmut*.

Martinez, Florentino Garcia, *Qumran* and Apocalyptic. Studies on the Aramaic Texts from Qumran (StTDJ 9), Leiden/New York/Köln: E.J. Brill 1992.

Martínez, Florentino García, The Dead Sea Scrolls Translated. The Qumran Texts in English. Trl. Wilfred G.E. Watson, Leiden/New York/Köln: E.J. Brill 1994.

Martinez, Florentino García/*Barrera*, J. Trebollo, The *People* of the Dead Sea Scrolls. Their Writings, Beliefs and Practices, trl. W.G.E. Watson, Leiden/New York/Köln: E.J. Brill 1995.

Mathys, Hans-Peter, Liebe deinen *Nächsten* wie dich selbst. Untersuchungen zum alttestamentlichen Gebot der Nächstenliebe (OBO 71), Freiburg (i.Ue.): Universitätsverlag; Göttingen: Vandenhoeck & Ruprecht 1986.

Maul, Stefan M., Das *Gilgamesch-Epos*, Neu übersetzt und kommentiert, München: C.H. Beck 2005.

Mayes, A.D.H. /*Salters*, R.B. (Hg.), *Covenant* as Context. Essays in Honour of E..W. Nicholson, Oxford: Oxford University Press 2003.

McGlynn, Moyna, Divine *Judgement* and Divine Benevolence in the Book of Wisdom (WUNT II/139), Tübingen: Mohr Siebeck 2001.

McKane, William, A Critical and Exegetical Commentary on *Jeremiah* I: Introduction and Commentary on Jeremiah I-XXV (ICC), Edinburg: T & T Clark 1986.

McKane, William, II: Jeremiah XXVI-LII (ICC), Edinburgh: T & T Clark 1996.

Mehlhausen, Joachim (Hg.), *Pluralismus* und Identiät (VWGTh 8), Gütersloh: Christian Kaiser, Gütersloher Verlagshaus 1995.

Meinhold, Arndt, Die *Sprüche* 1: Kapitel 1–15 (ZBK.AT 16/1), Zürich: Theologischer Verlag Zürich 1991

Meiser, Martin, siehe: Merk/ders., *Leben*.

Meissner, Bruno, *Babylonien und Assyrien* II (Kulturgeschichtliche Bibliothek I: Ethnologische Bibliothek 4), Heidelberg: Carl Winter 1925.

Menandri Sententiae. Comparatio Menandri et Philistionis. Ed. Siegfried Jaekel (BSGR), Leipzig: B.G. Teubner 1964.

Mendenhall, G., Recht und Bund in Israel und im Alten Vorderen Orient (ThSt[B] 64), Zürich: Theologischer Verlag Zürich 1960.

Menge-Güthling. Enzyklopädisches Wörterbuch der griechischen und deutschen Sprache I: Griechisch-Deutsch. Unter Berücksichtigung der Etymologie v.

Hermann *Menge*, 15. Aufl. Berlin-Schöneberg: Langenscheidt KG- Verlagsbuchhandlung 1959.

Merk, Otto/*Meiser*, Martin, Das *Leben* Adams und Evas (JSHRZ II/5), Gütersloh: Gütersloher Verlagshaus 1998.

Merk, Otto, siehe: Bultmann, *Theologie*.

Merklein, Helmut, Jesu *Botschaft* von der Gottesherrschaft (SBS 111), Stuttgart: Katholisches Bibelwerk 1983.

Mettinger, Tryggve N.D., *King* and Messiah. The Civil and Sacral Legitimation of the Israelite Kings (CB.OT 8), Lund: CWK Gleerup 1976.

Mettinger, Tryggve N.D., No Graven *Image?* Israelite Aniconism in Its Ancient Near Eastern Context (CB.OT 42) Stockholm: Almqvist & Wiksell International 1995.

Mettinger, Tryggve N.D., „YHWH-*Statue* oder Anikonismus im ersten Tempel? Ein Gespräch mit meinen Gegnern" (ZAW 117), Berlin/New York: Walter de Gruyter 2005, 485–508.

Mettinger, Tryggve N.D., The *Eden* Narrative. A Literary and Religio-historical Study of Genesis 2–3, Winona Lake (Ind.): Eisenbrauns 2007.

Meyer, Eduard, Die *Entstehung* des Judentums. Eine historische Untersuchung, Halle: Max Niemeyer 1896; Hildesheim: Georg Olms 1965 (ND).

Michel, Diethelm, *Qohelet* (EdF 258), Darmstadt: Wissenschaftliche Buchgesellschaft 1988.

Michel, Diethelm, *Untersuchungen* zur Eigenart des Buches Qohelet. Mit einem Anhang von Reinhard G. *Lehmann* Bibliographie zu Qohelet (BZAW 183), Berlin/New York: Walter de Gruyter 1989.

Middendorp, Theophil, Die *Stellung* Jesu Ben Siras zwischen Judentum und Hellenismus, Leiden: E.J. Brill 1973.

Millar, Fergus, ed., siehe: Schürer/Vermes, *History*.

Miller, Patrick D, *Sin* and Judgment in the Prophets (SBLMS 27),Chico/CA: Scholars Press 1982.

Minissale, Antonino, „Ben Sira's *Selbstverständnis* in Bezug auf Autoritäten der Gesellschaft", in: Egger-Wenzel/Krammer, *Einzelne*, 103–116.

Minucius Felix, M., Octavius. Lateinisch-Deutsch. Hg., übers. u. eingel. v. Bernhard Krytzler, München: Kösel-Verlag 1965; Darmstadt: Wissenschaftliche Buchgesellschaft 1991.

Mittmann-Richert, Ulrike, *Einführung* zu den historischen und legendarischen Erzählungen (JSHRZ. Supp. VI/1,1), Gütersloh: Gütersloher Verlagshaus 2000.

Mohr, Hans, *Wissen*. Prinzip und Ressource, Berlin/Heidelberg/New York: Springer Verlag 1999.

Mommer, Peter, *Samuel*. Geschichte und Überlieferung, (WMANT 65), Neukirchen-Vluyn: Neukirchener Verlag 1991.

Mommer, Peter/*Thiel*, Winfried (Hg.), *Altes Testament* – Forschung und Wirkung. FS Henning Graf Reventlow, Frankfurt am Main u. a.: Peter Lang 1994.

Morrow, Glenn R., Plato's *Cretan City*. A Historical Investigation of the Laws, Princeton (N.J.): Princeton University Press 1960 ND 1993.

Mowinckel, Sigmund, The *Psalms* in Israel's Worship I-II, trl. D.R. Ap-Thomas, Oxford: Basil Blackwell 1962.

Müller, Achim, *Proverbien* 1–9. Der Weisheit neue Kleider (BZAW 291), Berlin/New York: Walter de Gruyter 2000.

Müller, Gerhard, siehe: Krause/ders., *Theologische Realenzyklopädie.*

Müller, Hans- Peter, „Wie sprach Kohälät von *Gott?*" (VT 18), Leiden u.a.: E.J. Brill 1968, 507–521.

Müller, Hans-Peter, „„*Neige* der althebräischen ‚Weisheit'. Zum Denken Qohäläts" (ZAW 90), Berlin/New York: Walter de Gruyter 1978, 238–264.

Müller, Hans-Peter, „Der unheimliche *Gast.* Zum Denken Kohelets" (ZThK 84), Tübingen: J.C.B. Mohr (Paul Siebeck) 1987, 440–464.

Müller, Hans-Peter, Das Hohelied/*Kaiser*, Otto, Klagelieder/*Loader*, James Alfred, Das Buch Ester (ATD 16/2),4. völlig neu bearb. Aufl., Göttingen: Vandenhoeck & Ruprecht 1992.

Müller, Karl/Campenhausen, Hans Frh. von, *Kirchengeschichte* I/1, 3 .Aufl., Tübingen: J.C.B. Mohr (Paul Siebeck) 1941.

Müller, Ulrich, siehe Seybold/ders., *Krankheit.*

Mulder, Otto, „Two *Approaches:* Simon the High Priest and YHWH God of Israel/God of All in Sirach 50", in: Egger-Wenzel, *Ben Sira's God*, 221–234.

Mulder, Otto, *Simon the High Priest* in Sirach 50. An Exegetical Srudy on the Significiance of Simon the High Priest as a Climax to the Praise of the Fathers in Ben Siras Concept of the History of Israel (JSJSup.78), Leiden: E. J. Brill 2003.

Murphy, Roland E., The*Tree of Life.* An Exploration of Biblical Wisdom Literature, 2nd ed. Grand Rapids (Mich.) Cambridge (UK): William B. Eerdmans Publishing Company 1996.

Murphy, Roland E., „*Sin,* Repentance, and Forgiviness in Sirach", in: Egger-Wenzel /Krammer, *Einzelne*, 261–269.

Naumann, Thomas, siehe: Dietrich, *Samuel-Buch.*

Neef, Heinz-Dieter, Gottes himmlischer *Thronrat.* Hintergrund und Bedeutung von *sôd* im Alten Testament, Arbeiten zur Theologie (ATh 79), Stuttgart: Calwer Verlag 1995.

Neff, Robert W., „Saga" in: Coats, *Saga*, 17–32.

Neher, Martin, „Der *Weg* zur Unsterblichkeit in der Sapientia Salomonis", in: Ahn/Dietrich, *Engel*, 121–136.

Neher, Martin, *Wesen* und Wirken der Weisheit in der Sapientia Salomonis (BZAW 333), Berlin/New York: Walter de Gruyter 2004.

Neugebauer, Otto, „The *Astronomical Chapters* of the Ethiopic Book of Enoch (72 to 82). Translation and Commentary, in: Matthew Black, Book of Enoch, 375–414.

Nickelsburg, George W.E., *Resurrection*, Immortality and Eternal Life in Intertestamental Judaism (HThSt 26), Cambridge (Mass.): Harvard University Press; London: Oxford University Press 1972.

Nicholson, Ernest, The *Pentateuch* in the Twentieth Century. The Legacy of Julius Wellhausen, Oxford: Clarendon Press 1998.

Nicholson, Ernest, „Current '*Revisionism*' and the Literature of the Old Testament", in: Day, *Search*, 1–22.

Niebuhr, Karl-Wilhelm, *Gesetz* und Paränese. Katechismusartige Weisungsreihen in der frühjüdischen Literatur (WUNT II/28), Tübingen: J.C.B. Mohr (Paul Siebeck) 1987.

Niehr, Herbert, *Rechtsprechung* in Israel. Untersuchungen zur Geschichte der Gerichtsorganisation im Alten Testament (SBS 130), Stuttgart: Katholisches Bibelwerk 1987.

Niehr, Herbert, Der höchste *Gott.* Alttestamentlicher JHWH-Glaube im Kontext syrisch-kanaanäischer Religion des 1. Jahrtausends v. Chr. (BZAW 190), Berlin/New York: Walter de Gruyter 1990.

Niehr, Herbert, „JHWH als *Arzt.* Herkunft und Geschichte einer alttestamentlichen Gottesprädikation" (BZ.NF 35), Paderborn: Ferdinand Schöningh 1991, 3–17.

Niehr, Herbert, Art. *šadday* (ThWAT VII), Stuttgart: W. Kohlhammer 1993, 1078–1083.

Niehr, Herbert, *Religionen* in Israels Umwelt (NEB.E 5), Würzburg: Echter Verlag 1998.

Nielsen, Eduard, *Deuteronomium* (HAT I/6), Tübingen: J.C.B. Mohr (Paul Siebeck) 1995.

Niemann, Hermann.M., *Herrschaft*, Königtum, Staat. Skizzen zur soziokulturellen Entwicklung im monarchischen Israel (FAT 6), Tübingen: J.C.B. Mohr (Paul Siebeck) 1993.

Nilsson, Martin P. *Geschichte* der griechischen Religion I: Die Religion Griechenlands bis auf die griechische Weltherrschaft (HAH V/2/1), 2. Aufl., München: C. H. Beck 1965.

Nilsson, Martin P., *Geschichte* der griechischen Religion II: Die hellenistische und römische Zeit (HAW V.2.2), 2. Aufl., München: C. H. Beck 1966.

Nissen, Andreas, *Gott* und der Nächste im antiken Judentum. Untersuchungen zum Doppelgebot der Liebe (WUNT 15), Tübingen 1974.

Nõmmik, Urmas, „*Gerechtigkeitsbearbeitungen* in den Psalmen. Eine Hypothese von Christoph Levin formgeschichtlich und kolmetrisch überprüft" (UF 31), Münster: Ugarit-Verlag 2000, 443–535.

Nõmmik, Urmas, Die Freundesreden im Hiobbuch (künftig).

Noth, Martin, Die israelitischen *Personennamen* im Rahmen der gemeinsemitischen Namengebung (BAWNT III/10), Stuttgart: W Kohlhammer 1928, ND Hildesheim: Georg Olms 1966.

Noth, Martin, Das *System* der Zwölf Stämme Israels (BWANT IV/1), Stuttgart: W. Kohlhammer 1930; ND Hildesheim: Georg Olms 1966.

Noth, Martin, *Überlieferungsgeschichte* des Pentateuch, Stuttgart: W. Kohlhammer 1948.

Noth, Martin, *Geschichte* Israels. 3. Aufl., Göttingen: Vandenhoeck & Ruprecht 1957.

Notton, Vivian, Art. „*Erasistratos*". Übers. T. Heinze (DNP 4), Stuttgart/Weimar: J.B. Metzler 1998, 41–43.

Notton, Vivian, Art. „*Galenos*". Übers. L. von Reppert-Bismarck (DNP 4), Stuttgart. Weimar: J.B. Metzler 1998, 748–756.

Oegema, Gerbern S., *Apokalypsen* (JSHRZ. Sup. VI/1/5), Gütersloh: Gütersloher Verlagshaus 2001.

Oegema, Gerbern S. (Hg.), *Unterweisung* in erzählender Form (JSHRZ VI/2), Gütersloh: Gütersloher Verlagshaus 2005.

Ogden, Graham, *Qohelet* (Readings – A New Biblical Commentary), Sheffield: JSOT Press/Sheffield Academic Press 1987.

Oorschot, Jürgen van (Hg.), siehe: Kottsieper u. a., *Herr.*

Oorschot, Jürgen van, Von *Babel* zum Zion. Eine literarkritische und redaktionsgeschichtliche Untersuchung (BZAW 206), Berlin/New York: Walter de Gruyter 1993.

Oppenheim, A. Leo., Ancient *Mesopotamia.* Portrait of a Dead Civilization, Chicago/London: Chicago University Press 1964 (ND).

Osten-Sacken, Peter von der, *Gott* und Belial. Traditionsgeschichtliche Untersuchungen zum Dualismus in den Texten aus Qumran (StUNT 6) Göttingen: Vandenhoeck & Ruprecht 1969.

Oswald, Wolfgang, Israel am *Gottesberg.* Eine Untersuchung zur Literargeschichte der vorderen Sinaiperikope Ex 19–24 und deren historischen Hintergrund (OBO 159), Freiburg (i.Ue.): Universitätsverlag; Göttingen: Vadenhoeck & Ruprecht 1998.

Otto, Eckart, *Wandel* der Rechtsbegründungen in der Gesellschaftsgeschichte des antiken Israel. Eine Rechtsgeschichte des „Bundesbuches" in Ex XX 22-XIII 13 (StB 3), Leiden/New York: E.J. Brill 1988.

Otto, Eckart, *Rechtsgeschichte* der Redaktionen im Kodex Ešnunna und im „Bundesbuch". Eine redaktionsgeschichtliche und rechtsvergleichende Studie zur altbabylonischen und altisraelitischen Rechtsüberlieferungen (OBO 85), Freiburg (i.Ue.): Universitätsverlag; Göttingen: Vandenhoeck & Ruprecht 1989.

Otto, Eckart, „Die *Geschichte* des Talion im Alten Orient und in Israel", in: Daniels/Gleßmer/Rösel, *Ernten*, 101–130 = ders., *Kontinuum*, 224–245.

Otto, Eckart, „Das *Heiligkeitsgesetz* Leviticus 17–26 in der Pentateuchredaktion", in: Mommer/Thiel, *Altes Testament*, 65–80.

Otto, Eckart, Theologische *Ethik* des Alten Testaments (ThW 3/2), Stuttgart u. a. W. Kohlhammer 1994.

Otto, Eckart (Hg.), siehe: Diesel u. a., *Ding.*

Otto, Eckart, „Die *Paradieserzählung* Gen 2–3: Eine nachpriesterliche Lehrerzählung in ihrem religionsgeschichtlichem Kontext", in: Diesel u. a., *Ding*, 167–192.

Otto, Eckart, *Kontinuum* und Proprium. Studien zur Sozial- und Rechtsgeschichte des Alten Orients und des Alten Testaments (OBC 8), Wiesbaden: Otto Harrassowitz 1996.

Otto, Eckart, Art. „*Bundesbuch*" (RGG [4] I) Tübingen: Mohr Siebeck 1998, 1876–1877.

Otto, Eckart, Das *Deuteronomium.* Politische Theologie und Rechtsreform in Juda und Assyrien, Berlin/New York: Walter de Gruyter 1999.

Otto, Eckart Art. „*Dekalog* I. Altes Testament" (RGG [4] II), Tübingen: Mohr Siebeck 1999, 625–628.

Otto, Eckart, Das *Deuteronomium im Pentateuch* und Hexateuch (FAT 30), Tüingen: Mohr Siebeck 2000.

Otto ,Eckart, „Das *Heiligkeitsgesetz zwischen Priesterschrift und Deuteronomium*"(ZAR 6), Wiesbaden: Otto Harrassowitz 2000, 330–340.

Otto, Eckart, Die *Tora* des Mose. Die Geschichte der literarischen Vermittlung von Recht, Religion und Politik durch die Mosegestalt (BS Joachim Jungius- Gesellschaft der Wissenschaften e.V. Hamburg 19/2001,2), Göttingen: Vandenhoeck & Ruprecht 2001.

Otto, Eckart, „*Recht* und Ethos in der ost- und westmediterranen Antike. Entwurf eines Gesamtbildes, in: Witte, *Gott und Mensch* I, 91–109.

Otto, Eckart, *Mose*. Geschichte und Legende (C.H. Beck Wissen), München: C.H. Beck 2006.

Pahk, Johan Y.S., „The Significance of אשר in Qoh 7,26: 'More bitter than death is the Woman, *if* she is a snare'", in: Schoors (Hg.), Qohelet, 373–383.

Pakkala, Juha, Intolerant *Monolatry* in the Deuteronomistic History (SFEG 60), Helsinki: Finnisch Exegetische Gesellschaft/Göttingen: Vandenhoeck & Ruprecht 1999.

Pannenberg, Wolfhart, Systematische *Theologie* II, Göttingen: Vandenhoeck & Ruprecht 1991.

Parker, Richard A./*Dubberstein*, Waldow H., *Babylonian Chronology* 626 B.C.-A.D. 75, Providence (R.I.): Brown University Press 1956.

Parpola, Simo, siehe: Starr/ders., *Queries*.

Paterculus, Velleius P., Historia Romana. Römische Geschichte. Lateinisch/Deutsch. Übers. u. hg. Marion Giebel (RecUB 8566), Stuttgart 1992 (ND 1998)

Pausanias, Beschreibung Griechenlands übers. und hg. Ernst Meyer I-II (BAW), 2. Aufl. Zürich: Artemis Verlag 1967; (dtv.tb 6009) München: Deutscher Taschenbuchverlag 1975.

Payne-Smith, R., ed. Payne-Smith, J. (Mrs. Margoliouth), Syriac – English Dictionary, Oxford: Clarendon Press 1903 (ND 1957).

Perdue, Leo G. (Hg.), , siehe: Gammie/Perdue, *Sage*.

Perdue, Leo G./*Scott*, Bernard Brandon/*Wiseman*, William Johnston (Hg.), In *Search* of Wisdom. Essays in Memory of John G. Gammie, Louisville (Ky.): Westminster/John Knox Press 1993.

Perdue, Leo G,. „Ben Sira and the Prophets", in: Corley/Skemp, *Studies*, 132–154.

Perlitt, Lothar, *Bundestheologie* im Alten Testament (WMANT 36), Neukirchen-Vluyn: Neukirchener Verlag 1969.

Perlitt, Lothar, „,Ein einzig *Volk* von Brüdern.' Zur deuteronomischen Herkunft der biblischen Bezeichnung ‚Bruder'", in: Lührmann/Strecker, Kirche, 27–52 = ders., *Deuteronomium-Studien*, 50–73.

Perlitt, Lothar, Art. „*Dekalog I:* Altes Testament" (TRE 8), Berlin/New York: Walter de Gruyter 1981, 408–413.

Perlitt, Lothar, *Riesen* im Alten Testament. Ein literarisches Motiv im Wirkungsfeld des Deuteronomiums (NAWG.Ph 1990/1),Göttingen: Vandenhoeck & Ruprecht 1990, 1–52 = ders., *Deuteronomium-Studien*, 205–246.

Perlitt, Lothar, Deuteronomium-*Studien* (FAT 8), Tübingen: J.C.B. Mohr (Paul Siebeck) 1994.

Perlitt, Lothar, *Deuteronomium* (BKAT V/4), Neukirchen-Vluyn: Neukirchener Verlag 2006.

Perregaux Allisson, Béatrice, „Bibliographie par auteurs du livre de Qohéleth et une Index et bibliographie par verses,(1988–1998)", in: Rose, *Qohéleth*, 557–629.

Peters, Norbert, Das *Buch* Jesus Sirach oder Ecclesiasticus (EHAT 25). Münster: Aschendorffsche Verlagsbuchhandlung 1913.

Philo in Ten Volumes. With an English Translation by F.H. Celson and G.H. Whitaker. Vol. III (LCL 247), Cambridge, (Mass.): Harvard University Press/London: William Heinemann 1930 (ND).

Pindar, Siegesgesänge und Fragmente. Griechisch-deutsch. Hg. und übers. O. Werner (TuscB), München: Ernst Heimeran 1967.

Pindari Carmina. Rec. C.M. Bowra (SCBO), Oxford: Clarendon Press 1935 (ND).

Pfeiffer, Egon, „Die *Gottesfurcht* im Buches Kohelet", in: Reventlow, *Gottes Wort*, 133–158.

Phillips, Anthony, Ancient Israel's *Criminal Law* A New Approach to the Decalogue, Oxford: Basil Blackwell 1970.

Phillips, E. D., Greek *Medicine* (AGRL), London: Thames and Hudson 1973.

Platonis Opera. Rec. Ioannes Burnet I-V (SCBO), Oxford: Clarendon Press 1900–1907 (ND).

Platon, Timaios. Griechisch-Deutsch. Hg. übers. mit Einleitung und Anmerkungen versehen von Hans-Günter Zekl (PhB 444), Hamburg: Felix Meiner 1992.

Plessner, Helmuth, Die *Stufen* des Organischen und der Mensch (SG 2020), 3. Aufl. Berlin/New York: Walter de Gruyter 1975.

Plöger, Otto, Das Buch *Daniel* (KAT XVIII), Gütersloh: Gütersloher Verlagshaus Gerd Mohn 1965.

Plutarch's Moralia in Seventeen Volumes XIII/2. With an English Translation by Harold Cherniss. Index compl. Edward D O'Neil (LCL 470), Cambridge (Mass.): Harvard University Press; London: William Heinemann 1976.

Pohlenz, Max, Die *Stoa* I: Geschichte einer Begegnung, II: Erläuterungen, 2. Aufl. Göttingen: Vandenhoeck & Ruprecht 1954.

Pohlenz, Max, Stoa und *Stoiker*. Die Gründer. Panaitios. Poseidonois (BAW), Zürich/Stuttgart: Artemis Verlag 1964.

Pohlmann, Karl-Friedrich (Hg.), siehe: Fritz u. a., *Prophet.*

Pohlmann, Karl-Friedrich, „*Erwägungen* zu den Problemen alttestamentlicher Prophetenexegese", in: Kottsieper u. a., *Herr*, 325–341.

Pohlmann, Karl-Friedrich, siehe: Kaiser, *Grundriß* II.

Pohlmann, Karl-Friedrich, Die *Ferne Gottes*. Studien zum Jeremiabuch (BZAW 179), Berlin/NewYork: Walter de Gruyter 1998.

Pohlmann, Karl Friedrich. Mit einem Beitrag von Thilo Alexander *Rudnig,* Der Prophet *Hesekiel*/Ezechiel Kapitel 20–48 (ATD 22/2), Göttingen: Vandenhoeck & Ruprecht 2001.

Polter, A. J., siehe: Davies, *Inscriptions.*

Powell, M.A., Art. „Maße und Gewichte" (RLA 7), Berlin/New York: Walter de Gruyter 1989, 457–517.

Prato, Gian Luigi, Il *problema* della teodicea in Ben Sira. Composizione dei contrari e richiamo alle origini (AnBib 65), Rome: Biblical Institute Press 1975.

Prechel, Doris (Hg.), siehe: Witte u. a., *Geschichtswerke.*

Preuß, Horst Dietrich, Art. *sûm* (ThWAT VI), Stuttgart u. a.: W. Kohlhammer 1989, 959–963.

Price, A.W., *Love* and Friendship in Plato and Aristotle, Oxford: Clarendon Press 1989.

Procksch, Otto, Die *Genesis* (KAT I), 2.–3. Aufl. Leipzig/Erlangen: A. Deichertsche Verlagsbuchhandlung Dr. Werner Scholl 1924.

Puech, Émile, „11 QPs.Ap[a]:Un *rituel* d'exorcisme" (RQ 14), Paris. Gabalda 1990, 377–408.

Rabenau, Merten, *Studien* zum Buch Tobit (BZAW 220), Berlin/New York: Walter de Gruyter 1994.

Rad, Gerhard von, Das formgeschichtliche *Problem* des Hexateuch (BWANT IV/26), Stuttgart: W. Kohlhammer 1938 = ders., *Studien,* 9–86.

Rad, Gerhard von, „Der *Anfang* der Geschichtsschreibung im alten Israel" (AKuG 32), Weimar: Hermann Böhlau Nachfolger 1944, 52–64 = ders., *Studien,* 189–204.

Rad, Gerhard von, Gesammelte *Studien* zum Alten Testament (ThB 8), München: Christian Kaiser 1958.

*Rad,*Gerhard von, „*Aspekte* alttestamentlichen Weltverständnisses" (EvTh 24), München: Christian Kaiser 1964, 57–73.

Rad, Gerhard, von, *Theologie* des Alten Testaments I: Die Theologie der geschichtlichen Überlieferungen Israels, 4. Aufl. = 6. Aufl., München: Christian Kaiser 1962 = 1969.

Rad, Gerhard von, *Weisheit* in Israel, Neukirchen-Vluyn: Neukirchener Verlag 1970.

Radner, Karen, „Assyrische tuppi âdê als *Vorbild* für Deuteronomium 28,20–44?", in: Witte u. a., *Geschichtswerke,* 351–378.

Rahner, Karl, *Grundkurs* des Glaubens. Einführung in den Begriff des Christentums, 7. Aufl. Freiburg/Basel/Wien: Herder 1976.

Ramírez Kidd, José E., Alterity and Identity in Israel. The גר in the Old Testament (BZAW 283), Berlin/New York: Walter de Gruyter 1999.

Rapp, Ursula (Hg.), siehe: Irmtraud Fischer u. a., *Spuren.*

Ratschow, Carl Heinz, Der angefochtene *Glaube.* Anfangs- und Grundprobleme der Dogmatik, 2. Aufl., Gütersloh: Gütersloher Verlagshaus Gerd Mohn 1960.

Ratschow, Carl Heinz, Die eine christliche *Taufe.* Gütersloh: Gütersloher Verlagshaus Gerd Mohn 1972

Redford, Donald B., *Egypt*, Canaan and Israel in Ancient Times, Princeton (N.J.): Princeton University Press 1992.

Reese, James M., Hellenistic *Influence* on the Book of Wisdom and Its Consequences (AnBib 41), Rom: Biblical Institute Press 1970.

Reiterer, Friedrich.V. „*Urtext*" und Übersetzung. Sprachstudie über Sir 44,16–45,26 (ATSAT 12), St. Ottilien: Eos Verlag 1980.

Reiterer, Friedrich V., „*Deutung* und Wertung des Todes bei Ben Sira", in: Zmijewski, *Botschaft*, 203–236 = ders., *Weisheit*, 307–343.

Reiterer, Friedrich V. (Hg.), *Freundschaft* bei Ben Sira. Beiträge des Symposions zu Ben Sira Salzburg 1995 (BZAW 244), Berlin/New York: Walter de Gruyter 1996.

Reiterer, Friedrich V. mit Calduch-Benages/Egger-Wenzel/Fersterer/Krammer, *Bibliographie* zu Ben Sira (BZAW 266), Berlin/New York: Walter de Gruyter 1998.

Reiterer, Friedrich V., „*Text und Buch* Ben Sira in Tradition und Forschung. Eine Einführung," in: ders. u.a., *Bibliographie*, 1–42.

Reiterer, Friedrich V, „*Gott* und Opfer", in; Egger-Wenzel, *Ben Sira's God*, 136–179.

Reiterer, Friedrich V., „*Opferterminologie* in Ben Sira", in: Egger-Wenzel, *Ben Sira's God*, 371–374.

Reiterer, Friedrich V, „Reichtum ist gut, ist er ohne Schuld" (Sir 13.24). *Vorstellung* eines Exegeten. Ehrendoktorat für Otto Kaiser am 17.11.2002 in Salzburg (SEThV 2), Münster/Hamburg/London: Lit 2003.

Reiterer, Friedrich V., „The Influence of the Book of Exodus on Ben Sira", in: Corley/Skemp, *Studies*, 89–99.

Reiterer, Friedrich V., „Neue *Akzente* in der Gesetzesvorstellung: תורת חיים bei Ben Sira", in: Witte, *Gott und Mensch* II, 851–871.

Reiterer, Friedrich, , „Alle *Weisheit* stammt vom Herrn ...". Ges. Studien zu Ben Sira. Hg. v. Renate Egger-Wenzel (BZAW 375), Berlin/New York: Walter de Gruyter 2007.

Rendtorff, Rolf/*Koch*, Klaus (Hg.), *Studien* zur Theologie der alttestamentlichen Überlieferungen. FS Gerhard von Rad, Neukirchen-Vlyun: Neukirchnener Verlag 1961.

Rendtorff, Rolf, *Studien* zur Geschichte des Opfers im alten Israel (WMANT 24), Neukirchen-Vluyn: Neukirchener Verlag 1968.

Rendtorff, Rolf, Leviticus I: Leviticus 1,1–10,20 (BK.AT III/1), Neukirchen-Vluyn: Neukirchener Verlag 2004.

Rendtorff, Trutz, Hg,. Glaube und Toleranz. Das theologische Erbe der Aufklärung, Gütersloh: Güterloher Verlagshaus Gerd Mohn 1982.

Renger, Johannes, Art. „*Maße* I: Alter Orient" (DNP 9), Stuttgart/Weimar: J.B. Metzler 1999, 988–991.

Reventlow, Henning Graf (Hg.), *Gottes Wort* und Gottes Land. Hans-Wilhelm Hertzberg zum 70. Geburtstag, Göttingen: Vandenhoeck & Ruprecht 1965.

Reventlow, Henning Graf, *Gebet* im Alten Testament: Stuttgart u.a.: W. Kohlhammer 1986.

Richter, Wolfgang, „*Beobachtungen* zur theologischen Systembildung in der alttestamentlichen Literatur anhand des kleinen geschichtlichen Credo", in: Wahrheit und Verkündigung. FS M. Schmaus, Paderborn: Ferdinand Schöningh 1967, 176–212.

Ricken, Friedo, *Philosophie* der Antike (Grundkurs der Philosophie 6/UB 350), Stuttgart u.a.: W. Kohlhammer 1988.

Ricken, Friedo (Hg.), *Philosophen* der Antike II (UB 459), Stuttgart u.a.: W. Kohlhammer 1996.

Rickenbacher, Otto, *Weisheitsperikopen* bei Ben Sira (OBO 1), Freiburg (i.Ue.): Universitätsverlag; Göttingen: Vandenhoeck & Ruprecht 1973.

Rickenbacher, Otto, siehe auch: Barthélemy/ders., *Konkordanz*.

Ringgren, Helmer, Sprüche. Hohes Lied. Esther/*Zimmerli*, Walther, Prediger/*Kaiser*, Otto, Klagelieder (ATD 16) 3. neubarb. Aufl. Göttingen: Vandenhoeck & Ruprecht 1981.

Rink, Sigurd (Hg.), siehe Deuser u.a., *Theologie*.

Rist, John M., Stoic *Philosophy*, Cambridge: Cambridge University Press 1969.

Rist, John M. (Hg.), The *Stoics*, Berkeley, Los Angeles, London: University of California Press 1978.

Römheld, K.F.D., Die *Weisheitslehre* im Alten Orient (BN.B 4), München: Manfred Görg 1989.

Römheld, K.F.D (Hg.), siehe: Kottsieper u.a., *Herr*.

Römheld, K.F.D (Hg.), siehe: Lichtenberger u.a., *Dämonen*.

Römer, Thomas, „Das Buch *Numeri* und das Ende des Jahwisten. Anfragen zur ‚Quellenscheidung' im vierten Buch des Pentateuch", in: Gertz u.a., *Abschied*, 215–232.

Römer, Thomas, „*Entstehungphasen* des ‚deuteronomistischen Geschichtswerkes'", in: Witte u.a., *Geschichtswerke*, 45–70.

Römer, W.H.Ph., Iets over *School* en Schoolunterricht in het oude Mesopotamie, Assen/Amsterdam: Van Gorcum 1977.

Römer, W.H.Ph., „*Weisheitstexte* und Text in Bezug auf den Schulbetrieb in sumerischer Sprache" (TUAT III/1), Gütersloh: Gütersloher Verlagshaus 1990, 17–109.

Rösel, Martin (Hg.), siehe: Daniels u.a., *Ernten*.

Rose, Martin, Rien de nouveau. Nouvelles approches du livre *Qohéleth*. Avec une bibliographie par Béatrice Perregaux Allisson (OBO 168), Fribourg: Editions Universitaires; Göttingen: Vandenhoeck & Ruprecht 1999.

Rost, Leonhard, „Das kleine geschichtliche *Credo*", in: ders., *Studien*. Das kleine geschichtliche Credo und andere Studien zum Alten Testament, Heidelberg: Quelle & Meyer 1965, 11–25.

Rostovtzeff, Michail, The Social and Economic *History* of the Hellenistic World, Oxford: Clarendon Press 1941.

Rostoftzeff, Michael, *Gesellschafts- und Wirtschaftsgeschichte* der hellenistischen Welt, Mitarb. v. Mrs. Margaret Wodrich übers. v. Gertrud und Erich Bayer, Darmstadt: Wissenschaftliche Buchgesellschaft 1955 (ND 1984).

Rudnig, Thilo Alexander, *Heilig* und Profan. Redaktionsgeschichtliche Studien zu Ez 40–48 (BZAW 287), Berlin/New York: Walter de Gruyter 2000.

Rudnig, Thilo Alexander, siehe auch: Pohlmann, Hesekiel, 527–539.

Rudnig, Thilo Alexander, Davids *Thron.* Redaktionsgeschichtliche Studien zur Geschichte von der Thronnachfolge Davids (BZAW 358), Berlin/New York: Walter de Gruyter 2006.

Rudnig-Zelt, Susanne, *Hoseastudien.* Redaktionskritische Untersuchungen zur Genese des Hoseabuches (FRLANT 213), Göttingen: Vandenhock & Ruprecht 2006.

Rüger, Hans-Peter, *Text* und Textform im Hebräischen Sirach. Untersuchungen zur Textgeschichte und Textkritik der hebräischen Sirachfragmente aus der Kairoer Geniza (BZAW 112), Berlin: Walter de Gruyter 1970.

Rüger, Hans-Peter, „Zum Text von *Sir 40,10*" (ZAW 82), Berlin: Walter de Gruyter 1970, 103–109.

Rüger, Hans- Peter, siehe: Biblica Hebraica Stuttgartensia.

Rüpke, Jörg/*Freydank,* Helmut, Art. „*Kalender*" (DNP 6), Stuttgart/Weimar: J.B. Metzler 1999, 156–169.

Rüterswörden, Udo, Art. *śāraf* (ThWAT VII), Stuttgart u.a.: W. Kohlhammer 1993, 882–891.

Rüterswörden, Udo, „Die Liebe zu Gott im Deuteronomium", in: Witte u.a., *Geschichtswerke,* 229–238.

Ruppert, Lothar, *Genesis.* Ein kritischer und theologischer Kommentar I: Gen 1,11–11,26 (FzB 70), Würzburg: Echter Verlag 1992.

Russel, D.S., The *Method* and Message of Jewish Apocalyptic 200 BC – (BC–AD) AD 100, London: S.C.M. Press 1964.

Ryssel, Victor, „Die *Sprüche* des Jesus Sirach", in: Kautzsch, *Apokrpyhen,* 230–475.

Saebø, Magne, Art. *yôm* II (ThWAT III), Stuttgart u.a.: W. Kohlhammer 1982, 566–586.

Sacchi, Paolo, The *History* of the Second Temple Period, London. New York: T &T Clark International 2000.

Salters, R.B. ,Hg., siehe: Mayes/ders., *Covenant.*

Sambursky, Samuel, The *Physical World* of the Greeks, transl. from Hebrew by Merton Dagut, London: Routledge 1963.

Sanders, J.A., „A *Liturgy* for Healing the Stricken (11QPsAp[a] = 11Q11)" in: Charlesworth, *Psalms,* 216–234.

Sanders, Jack T., *Ben Sira* and Demotic Wisdom (SBL.MS 28), Chico (Calif.).: Scholars Press 1982.

Sauer, Georg, *Jesus Sirach* (Ben Sira), (JSHRZ III/5), Gütersloh: Gütersloher Verlagshaus Gerd Mohn 1981.

Sauer, Georg, Jesus Sirach/*Ben Sira* (ATD. A. 1), Göttingen: Vandenhoeck & Ruprecht 2000.

Sauer, Georg, „Ben Sira in *Jerusalem* und sein Enkel in Alexandria", in: Irmtraud Fischer u.a., *Spuren,* 339–347.

Sauer, Georg, „Der *Mensch* vor der Aporie des Todes: Gilgamesch und Hiob", in: Witte, *Gott und Mensch* II, 655–665.

Schams, Christine, Jewish *Scribes* in the Second Temple Period (JSOT.S. 291), Sheffield: Sheffield University Press 1998.

Scharbert, Josef, Der *Schmerz* im Alten Testament (BBB 8), Bonn: Peter Hanstein 1955.

Schart, Aaron, *Mose* und Israel im Konflikt. Eine redaktionsgeschichtliche Studie zu den Wüstenerzählungen (OBO 98), Freiburg (i.Ue.): Universitätsverlag; Göttingen: Vandenhoeck & Ruprecht 1990.

Schenker, Adrian, Erläßt *Umkehr* Schuld oder vermindert sie Strafe? Jesus Sirach (Sir 17), Nabots Weinberg (1 Kön 21), Ezechiel (Ez 18), zugleich ein Beitrag zum Verhältnis zwischen massoretischem Text und Septuaginta in 1 Kön 21, in: Irmtraud Fischer u. a., *Spuren*, 349–357.

Schiller, Johannes (Hg.), siehe: Irmtraud Fischer u. a., *Spuren*.

Schmid, Konrad (Hg.), siehe: Kratz u. a., *Schriftauslegung*.

Schmid, Konrad (Hg.), siehe: Gertz u. a., *Abschied*.

Schmid, Konrad (Hg.), siehe: Witte u. a., *Geschichtswerke*.

Schmid, Konrad, „Hintere *Propheten*", in: Gertz, *Grundinformation*, 303–401.

Schmidt, Werner H. mit *Delkurt*, Holger/*Graupner*, Axel, Die *Zehn Gebote* in Rahmen der alttestamentlichen Ethik (EdF 281), Darmstadt: Wissenschaftliche Buchgesellschaft 1993.

Schmidt, Werner H., Alttestamentlicher *Glaube*, 9.erw. Aufl., Neukirchen-Vluyn: Neukirchener Verlag 2004.

Schmidt, Ludwig, (Hg.), siehe: Kutsch, *Studien*.

Schmitt, Armin, Das *Buch* der Weisheit. Ein Kommentar, Würzburg: Echter 1986.

Schmitt, Götz, Art. „Maße" (BRL) Tübingen: J.C.B. Mohr (Paul Siebeck) 1977, 204–206.

Schmitt, Hans.-Christoph, *Elisa*. Traditionsgeschichtliche Untersuchungen zur vorklassischen nord-israelitischen Prophetie, Gütersloh: Gütersloher Verlagshaus Gerd Mohn 1972.

Schmitt, Hans-Christoph (Hg.), siehe: Fritz u. a., *Prophet*.

Schmitt, Hans-Christoph, *Arbeitsbuch* zum Alten Testament (UTB 2146), Göttingen: Vandenhoeck & Ruprecht 2005.

Schmitt, Hans-Christoph/*Sparn*, Walter, *Monotheismus* als religiöses und kulturelles Problem (Akademische Reden und Kolloquien 25), Erlangen: Universitätsbibliothel Erlangen-Nürnberg 2007.

Schmitt, Hans-Christoph, *Mose*, der Exodus und der Monotheismus. Ein Gespräch mit Jan Assmann, in: ders./Sparn, *Monotheismus*, 7–28.

Schnabel, Eckart J., *Law* and Wisdom from Ben Sira to Paul (WUNT II/16), Tübingen: J.C.B. Mohr (Paul Siebeck) 1985.

Schneider, Carl, Die *Welt* des Hellenismus. Lebensformen in der spätgriechischen Antike, (Beck'sche Sonderausgaben) München: C.H. Beck 1975.

Schneider, Helmuth, siehe: Cancik/ders., *Der Neue Pauly*.

Scholl, Reinhard, Die *Elenden* in Gottes Thronrat. Stilistisch-kompositorische Untersuchungen zu Jesaja 24–27 (BZAW 274), Berlin/New York: Walter de Gruyter 2000.

Schoors, Antoon, The *Preacher* Sought Pleasant Words A Study in the Language of Qoheleth (OLA 41), Leuven: Department Oriëntalistiek /Uitgiverij Peeters 1992.

Schoors, Antoon (Hg.), *Qohelet* in the Context of Wisdom (EthL 136), Leuven: University Press/Uitgiverij Peeters 1998.

Schoors, Antoon, „*Words* Typical of Qohelet“, in: ders., *Qohelet*, 17–39.

Schoors, Antoon, „*Theodicy* in Qohelet“, in: Laato/de Moor, *Theodicy*, 375–409.

Schottroff, Willi, *Gedenken* im Alten Testament und im Alten Orient (WMANT 15), Neukirchen-Vluyn: Neukirchner Verlag 1964..

Schramm, Gottfried, Fünf *Wegscheiden* der Geschichte. Ein Vergleich, Göttingen: Vandenhoeck & Ruprecht 2004.

Schrader, Lutz, *Leiden* und Gerechtigkeit. Studien zu Theologie und Textgeschichte des Sirachbuches (BET 27), Frankfurt am Main u.a.: Peter Lang 1994.

Schrader, Lutz, „*Beruf*, Arbeit und Mühe als Sinnerfüllung bei Jesus Sirach“, in: Egger-Wenzel/Krammer, *Einzelne*, 117–150.

Schrage, Wolfgang, *Ethik* des Neuen Testaments (NTD E 4), Göttingen: Vandenhoeck & Ruprecht 1989.

Schreiner, Josef, *Jesus Sirach* 1–14 (NEB. AT38), Würzburg: Echter Verlag 2002.

Schüle, Andreas, „‚Denn er ist wie Du‘. Zu *Übersetzung* und Verständnis des alttestamentlichen Liebesgebots Lev 19,18“ (ZAW 113) Berlin/New York: Walter de Gruyter 2001, 515–534.

Schürer, Emil/ *Vermes*, Geza, The *History* of the Jewish People in the Age of Jesus Christ (175 B.C-A.D. 135). A New English Version. Rev. and ed. by Geza Vermes, Fergus Millar & Martin Goodman; Lit. ed. Pamela Vermes, Organ. ed. Matthew Black, I-III/2, Edinburgh: T & T Clark 1972–1987.

Schutzki, Heinz-Joachim, Art. „*Parasanges*“(DNP 9), Stuttgart/Weimar: J. B. Metzler 2000, 324.

Schwemer, Anna Maria, siehe: Hengel, Martin/dies., *Jesus*.

Schwiderski, Dirk, *Handbuch* des nordwestsemitischen Briefformulars. Ein Beitrag zur Echtheitsfrage der aramäischen Briefe im Esrabuch (BZAW 295), Berlin/New York: Walter de Gruyter 2000.

Schwienhorst-Schönberger, Ludger, Nicht im Menschen gründet das *Glück* (Koh 2,24). Kohelet im Spannungsfeld jüdischer Weisheit und hellenistischer Philosophie (HBS 2), Freiburg/Basel/Wien: Herder 1994.

Schwienhorst-Schönberger, Ludger (Hg.), Das Buch *Kohelet*. Studien zu Struktur, Geschichte, Rezeption und Theologie (BZAW 254), Berlin/New York: Walter de Gruyter 1997.

Schwienhorst-Schönberger, Ludger, „Via media: Koh 7,15–18 und die griechisch-hellenistische Philosophie“, in: Schoors, *Qohelet*, 181–204.

Schwienhorst-Schönberger, Ludger, Kohelet. Übersetzt und erklärt (HThK. AT), Freiburg/Basel/Wien: Herder 2004 (zit: *Kommentar*).

Scott, R.B.Y., Proverbs. Ecclesiastes (AncB 18), Garden City/New York: Doubleday 1965.

Scott, Bernard Brandon (Hg.), siehe: Perdue u.a., *Search*.

Seeberg, Reinhold, Lehrbuch der *Dogmengeschichte* I: Die Anfänge des Dogmas im nachapostolischen Zeitalter, 4. Aufl., Darmstadt: Wissenschaftliche Buchgesellschaft 1953.

Segal, Moshe Zvi, *Sefer Ben Sira Haschalem*, 2nd ed. Jerusalem: Mûsad Bialîq 1972.

Seidl, Theodor, siehe: Wächter/ders., *tĕrûmāh* II.

Seidl, Theodor „Der ‚*Moloch*-Opferbrauch' ein ‚rite de passage'? Zur kontroversen Bewertung eines rätselhaften Ritus im Alten Testament (Old Testament Essays 20), Pretoria: Department of Ancient Languages University of Pretoria 2007, 432–455.

Sekine, Seizo, A *Comparative Study* of the Origins of Ethical Thought. Transl. Judy Wakabayshi, Lanham (Md.): Rowman & Littlefield 2005.

Sellheim, Rudolf (Hg.), siehe: Eissfeldt, *Kl. Schriften* III.

Seneca, L. Annaeus, Philosophische Schriften. Lateinisch und deutsch II, übers. Manfred Rosenbach, Darmstadt: Wissenschaftliche Buchgesellschaft 1983.

Seneca, L. Annaei S., Dialogorum Libri Duoedecim. Rec. L.D. Reynolds (SCBO), Oxford: Clarendon Press 1977 (ND).

Seow, Choon-Long, *Ecclesiastes*. A New Translation with Introduction and Commentary (AncB 18 C), New York: Doubleday 1997.

Seow, Choon Long, *Daniel* (WBC), Louisville (Ky.)/London: Westminster John Knox Press 2003.

Septuaginta. Vetus Testamentum Graecum auctoritate Aceademiae Scientiarum Gottingensis editum.

—— Vol. VIII/5: Robert Hanhart, Tobit, Göttingen: Vandenhoeck & Ruprecht 1983.

—— Vol XII/1: Joseph Ziegler, Sapientia Salomonis, 2. Aufl. Göttingen: Vandenhoeck & Ruprecht 1980

—— Vol. XII/2: Joseph Ziegler, Sapientia Jesu Filii Sirach, 2. Aufl,. Göttingen: Vandenhoeck & Ruprecht 1980.

S*eybold*, Klaus, Das *Gebet* des Kranken im Alten Testament (BWANT 99), Stuttgart u.a.: W. Kohlhammer 1973.

Seybold, Klaus/*Müller*, Ulrich, *Krankheit* und Heilung (Bib.Kon. 1008), Stuttgart u.a.: W. Kohlhammer 1978.

Seybold, Klaus, Art. māšaḥ (ThWAT V), Stuttgart u.a.: W. Kohlhammer 1986, 46–59.

Seybold, Klaus, Die *Psalmen* (HAT I/15), Tübingen: J.C.B. Mohr (Paul Siebeck) 1996.

Shirun-Grumach, Irene, „Die Weisheit des *Amenmope*" (TUAT III/2), Gütersloh: Güterloher Verlagshaus 1991, 222–250.

Simonides. Bakchylides. Gedichte. Griechisch und deutsch. Hg. u. übers. Oskar Werner (TuscB), München: Max Heimeran 1969.

Ska, Jean Louis, „The Yahwist, a Hero with Thousand Faces. A Chapter in the History of Modern Exegesis", in: Gertz u.a., Abschied, 1–24.

Skehan, Patrick W./*Di Lella*, Alexander A., The Wisdom of Ben Sira. A New Translation with notes by P.S. Introduction and Commentary by A.A. Di L. (AncB 39), New York: Doubleday 1987.

Smallwood, E. Mary, The *Jews* under Roman Rule. From Pompey to Diocletian, Boston/Leiden: Brill 2001.

Smend, Rudolf, Die *Weisheit* des Jesus Sirach, Berlin: Georg Reimer 1906.

Smend, Rudolf (II), *Bibel*, Theologie, Universität. Sechzehn Beiträge (KVR 1582), Göttingen: Vandenhoeck & Ruprecht 1997.

Smend, Rudolf (II), *Mose* als geschichtliche Gestalt, in: ders, *Bibel*, 5–20.

Smith,.Mark S., The Ugaritic *Baal Cycle* I: Introduction with Text, Translation & Commentary of KTU 1.1–1.2 (VT.S 55), Leiden u. a.: E.J. Brill 1994.

Smith, Mark S., The *Origins* of Biblical Monotheism. Israel's Polytheistic Background and the Ugartic Texts, Oxford: Oxford University Press 2001.

Smith, Morton, Politics and Parties That Shaped the Old Testament, New York. London: Columbia University Press 1971.

Snaith, John G., *Ecclesiasticus* (CBC), Cambridge: Cambridge University Press 1974.

Soden, Wolfram von, „*Weisheitstexte* in akkadischer Sprache" (TUAT III/1), Gütersloh: Gütersloher Verlagshaus 1990, 110–188.

Sparn, Walter, siehe: Schmitt/ders., *Monotheismus.*

Spieckermann, Hermann (Hg.), siehe: Groneberg/ders., *Welt.*

Spronk, Klaus, Beatific *Afterlife* in Ancient Israel and in the Ancient Near East (AOAT 219), Kevelaer: Butzon & Bercker/Neukirchen-Vluyn: Neukirchener Verlag 1986.

Stadelmann, Helge, *Ben Sira* als Schriftgelehrter (WUNT II/6), Tübingen: J. C .B. Mohr (Paul Siebeck) 1980.

Stadelmann, Luis I. J., The Hebrew *Conception* of the World (AnBib 39), Rome: Pontifical Biblical Institute 1970.

Stamm, Johann Jakob (Hg.), siehe: Stoebe u. a., *Wort.*

Stamm, Johann Jakob, siehe: Baumgartner/ders., *Lexikon.*

Starr, Ivan, The *Rituals* of the Diviner (Bibliotheca Mesopoamica 12), Malibu: Undena Publications 1983.

Starr, Ivan, contrib. *Aro,* Jussi/*Parpola*, Simo, *Queries* to the Sungod. Divination and Politics in Sargonid Assyria, State Archives of Assyria (StAA 4), Helsinki: Helsinki University Press 1990.

Stavrakopolou, Francesca, *King* Manasseh and Child Sacrifice. Biblical Distortions of Historical Realities (BZAW 338), Berlin/New York: Walter der Gruyter 2004.

Steck, Odil-Hannes, „*Tritojesaja* im Jesajabuch" in: Vermeylen, Book of Isaiah, 361–406.

Steck, Odil-Hannes, *Studien* zur Tritojesaja, (BZAW 203), Berlin/New York: Walter de Gruyter 1990.

Steck, Odil-Hannes, Der *Abschluß* der Prophetie im Alten Testament (BThSt 17), Neukirchen-Vluyn: Neukirchener Verlag 1991.

Steck, Odil-Hannes, Die *Prophetenbücher* und ihr theologisches Zeugnis, Tübingen: J.C.B. Mohr (Paul Siebeck) 1996.

Steck, Odil-Hannes/*Kratz,* Reinhard G./*Kottsieper*, Ingo, Das Buch Baruch. Der Brief des Jeremia. Zu Esther und *Daniel* (ATD A. 5), Göttingen: Vandenhoeck & Ruprecht 1998.

Stegemann, Hartmut, Die *Essener*, Qumran, Johannes der Täufer und Jesus, 5. Ausgabe, (Herder Spektrum 4128), Freiburg/Basel/Wien: Herder 1996.

Steinmetz, Peter, „Die *Stoa*", in: Flashar, *Philosophen*, 491–716.

Steingrimsson , Sigrudur Örn, *Tor* der Gerechtigkeit. Eine literaturwissenschaftliche Untersuchung der sogenannten Einzugsliturgien im AT: Ps 15; 24,35 und Jes 33,14–16 (ATSAT 22), St. Ottilien: Eos Verlag 1984.

Steins, Georg, „Die Bücher der *Chronik*", in: Zenger, *Einleitung*, 249–262.

Stemberger, Günter, siehe: Wanke/Stemberger/Böcher, *Dämonen*.

Stemberger, Günter, siehe: Strack/ders., *Einleitung*.

Steymans, Hans Ulrich, „Die literarische und historische *Bedeutung* der Thronfolgeverteidigung Asarhaddons", in: Witte u. a., *Geschichtswerke*, 331–349.

Stier, Fridolin, Das Buch *Ijjob*. Hebräisch und Deutsch, München: Kösel 1954.

Stoebe, Hans Joachim, „*Gut und Böse* in der jahwistischen Quelle des Pentateuchs" (ZAW 65), Berlin: Alfred Töpelmann 1953, 188–204 = ders., *Geschichte*, 46–62.

Stoebe, Hans Joachim, „Und demütig sein vor deinem Gott. *Micha 6,8*" (W.u.D. NF 6), Bethel: Kirchliche Hochschule 1959, 180–185= ders. *Geschichte*, 209–223.

Stoebe, Hans-Joachim/Johann Jakob *Stamm*/Ernst *Jenni* (Hg.), *Wort* – Gebot – Glaube. Beiträge zur Theologie des Alten Tesaments. FS Walther Eichrodt (AThANT 59), Zürich: Zwingli Verlag 1971.

Stoebe, Hans Joachim, *Geschichte*, Schicksal, Schuld und Glaube (BBB 72), Frankfurt am Main: Athenäum 1989.

Stone, Michael E. (Hg.), Jewish Writings of the Second Temple Period, Assen: VanGorcum; Philadelphia: Fortress 1984.

Strack, Hermann L., Die *Sprüche* Jesus', des Sohnes Sirachs. Der jüngst gefundene hebräische Text mit Anmerkungen und Wörterbuch, Leipzig: A. Deichertsche Verlagsbuchhandlung Nachf. (Georg Böhme) 1903.

Strack, Hermann L. /*Stemberger*, Günter, Einleitung in Talmud und Midrasch, 7. Aufl. München: C.H. Beck 1982.

Strausberg, Michael, Art. „*Zoroastres*/Zoroastrismus" (DNP 12/2), Stuttgart/Weimar: J.B. Metzler 2002, 837–842.

Strecker, Georg, Die *Bergpredigt*. Ein exegetischer Kommentar, Göttingen: Vandenhoeck & Ruprecht 1985.

Strecker, Georg, Die *Johannesbriefe* (KEK 14), Göttingen: Vandenhoeck & Ruprecht 1989.

Stummer, Friedrich (Hg.), siehe: Volz u. a., *Werden*.

Swinburne, Richard, The *Existence* of God, Oxford: Clarendon Press 1979.

Swinburne, Richard, Die *Existenz* Gottes. Übers. v. Rudolf Ginters (RecUB 8434), Stuttgart Philipp Reclam jun 1987.

Syring, Wolf-Dieter, *Hiob* und sein Anwalt. Die Prosatexte des Hiobbuches und ihre Rolle in seiner Redaktions- und Rezeptionsgeschichte (BZAW 336), Berlin/New York: Walter de Gruyter 2004.

Tate, Marvin. E., *Psalms* 51–100 (WBC 20), Dallas/Texas: Word Books, Publisher 1990.

Tcherikover, Victor, Hellenistic *Civilization* and the Jews. Trl. S. Appelbaum, New York: (The Jewish Publication Society of America) Atheneum 1979.

Teixidor, Javier, The *Pagan God*. Popular Religion in the Greco-Roman Near East, Princeton (N.J.): Princeton University Press 1977.

Theißen, Gerd, *Erleben* und Verhalten der ersten Christen. Eine Psychologie des Urchristentums, Gütersloh: Gütersloher Verlagshaus 2007.

Theunis, F. (Hg.), Kerygma und Mythos VI/7 (ThF 58), Hamburg-Bergsted: Herbert Reich Evangelischer Verlag 1976.

Thiel, Wilfried (Hg.), siehe: Mommer/Thiel, *Altes Testament.*

Thiel, Wilfried, *Könige* (BK.AT IX/1–3), Neukirchen-Vluyn: Neukirchener Verlag 2000–2007.

Thissen, Heinz J., „Die Lehre des *P. Insinger*“ (TUAT III/2) Gütersloh: Gütersloher Verlagshaus 1991, 280–319.

Thom, Johan C., Cleanthes' *Hymn* to Zeus. Text, Translation and Commentary (StTAC 33), Tübingen: Mohr Siebeck 2005.

Thyen, Hartmut, *Studien* zur Sündenvergebung im Neuen Testament und seinen alttestamentlichen und jüdischen Voraussetzungen (FRLANT 96), Göttingen: Vandenhoeck & Ruprecht 1970.

Tigay, J.H., You shall have no other *Gods*. Israelite Religion in the Light of Hebrew Inscriptions, (HSSt 31), Atlanta (Ga.): Scholars Press 1986.

Toit, David S. du (Hg.), siehe: Bracht/du Toit, *Geschichte.*

Toorn, Karel van der, *Sin* and Sanction in Israel and Mesopotamia, (SSN 22), Assen: Van Gorcum 1985.

Tsagarakis, Odysseus, *Studies* in Odyssey 11 (Hermes. E 82), Wiesbaden: Franz Steiner 2000.

Troll, Christian W., *Unterscheiden* um zu klären. Orientierung im christlich-islamischen Dialog, Freiburg/Basel/Wien: Herder 2007.

Tromp, Nicholas .J., *Primitive Conceptions* of Death and the Nether World in the Old Testament (BibOr 21), Rome: Pontifical Biblical Institute 1969.

Tropper, Josef, *Nekromantie.* Totenbefragung im Alten Orient und im Alten Testament (AOAT 223), Kevelaer: Butzon & Berker/Neukirchen-Vluyn: Neukirchener Verlag 1989.

Tullius, Marcus T. Cicero, *Cato* Major: Über das Alter. *Laelius.* Über die Freundschaft. Hg. v. Max Faltner. Einführung und Register Gerhard Fink (STusc), 2. Aufl., München: Artemis & Winkler 1993.

Tullius, Marcus T. Cicero, Über die *Ziele* des menschlichen Handelns De finibus bonorum et malorum. Hg., übers. u. komm. Olof. Gigon u. Laila. Straume-Zimmermann (STusc), München. Zürich: Artemis Verlag 1988.

Uhlig, Siegbert, Das Äthiopische *Henochbuch* (JSHRZ V/6), Gütersloh: Gütersloher Verlagshaus Gerd Mohn 1984.

Ungnad, Artur, Art. „ *Eponymen*“ (RLA 2), Berlin/Leipzig: Walter de Gryuter 1938, 412–457.

Veijola, Timo, Die ewige *Dynastie*. David und die Entstehung seiner Dynastie nach der deuteronomistischen Darstellung (AASF B 193), Helsinki: Suomalainen Tiedeakaemia 1975.

Veijola, Timo, *Verheißung* in der Krise. Studien zur Literatur und Theologie der Exilszeit anhand des 89. Psalms (AASF B 220), Helsinki: Suomalainen Tiedeakatemia 1982.

Veijola, Timo, „Die *Propheten* und das Alter des Sabbatgebots", in: Fritz u.a., Prophet, 246–264 = ders., *Moses Erben*, 61–75.

Veijola, Timo, „*Höre Israel!* Der Sinn und Hintergrund von Deuteronomium 6,4–9" (VT 42), Leiden: E. J.Brill 1992, 528–541 = ders., *Moses Erben*, 76–93.

Veijola, Timo, „*Wahrheit* und Intoleranz nach Deuteronomium 13" (ZThK 92), Tübingen: J.C.B. Mohr (Paul Siebeck) 1995, 287–314 = ders., Moses Erben, 109–130.

Veijola, Timo, „Segen/*Segen und Fluch* II: Altes Testament" (TRE 31), Berlin/ New York: Walter de Gruyter 1999, 76–78.

Veijola, Timo, Moses *Erben*. Studien zum Dekalog, zum Deuteronomismus und zum Schriftgelehrtentum (BWANT 149), Stuttgart u.a.: W. Kohlhammer 2000.

Vermeylen, Jaques, Du prophète Isaïe à l'apocalyptique I: Isaïe , I-XXXV, miroir d'un demi-millénaire d'expérience religieuse en Israël (EtB), Paris: Liberairie Lecoffre 1977.

Vermeylen, Jaques, (Hg.), The *Book of Isaiah*. Le Livre d'Isaïe. Les oracles et leurs relectures. Unité et complexité de l'ouvrage (BEThL 81), Leuven: University Press/Uitgiverij Peeters 1989.

Vermeylen, Jaques, „'Pour justifier mon *Créateur.*' Les discours d'Élihu (Job 32–37) et leur histoire littéraire" in: Witte, *Gott und Mensch* II, 743–774.

Vermes, Geza, siehe Schürer/Vermes, *History*.

Vielhauer, Roman, Das *Werden* des Buches Hosea. Eine redaktionsgeschichtliche Untersuchung (BZAW 349), Berlin/New York: Walter de Gruyter 2007.

Vieweger, Dieter/*Waschke*, Ernst-Joachim. (Hg.), Von *Gott* reden. FS Siegfried Wagner, Neukirchen-Vluyn: Neukirchener Verlag 1995.

Volz, Paul/*Stummer*, Friedrich/*Hempel*, Johannes (Hg.), *Werden* und Wesen des Alten Testaments (BZAW 66), Gießen: W. Töpelmann 1936.

Wacker, Marie-Theres, *Weltordnung* und Gericht. Studien zu 1 Henoch 22 (FzB 45), Würzburg: Echter Verlag 1982.

Wächter, Ludwig/Seidl, Theodor, Art. *tĕrûmāh* 2 (ThWAT VIII), Stuttgart u.a.:W. Kohlhammer 1995, 759–761.

Waerden, B.L. van der, „Das *große Jahr* und die ewige Wiederkehr" (Hermes 80) Wiesbaden: Franz Steiner 1952, 129–155.

Wagner, Christian J., Polyglotte Tobit-Synopse. Griechisch-Lateinisch-Syrisch-Hebräisch-Aramäisch. Mit einem Index zu den Tobit-Fragmenten vom Toten Meer, (AAWG. PH III/258), Göttingen: Vandenhoeck & Ruprecht 2003.

Wahl, Harald M., Der gerechte *Schöpfer*. Eine redaktions- und theologiegeschichtliche Untersuchung der Elihureden – Hiob 32–37 (BZAW 207), Berlin/New York: Walter de Gruyter 1993.

Wallace-Hadrill, David S., Art. „*Eusebius von Caesarea*" (TRE 10), Berlin/New York: Walter de Gruyter 1982, 537–543.

Wanke, Gunther/*Stemberger*, Gerhard/*Böcher*, Otto, Art. „*Dämonen* II: Altes Testament; III Judentum; IV: Neues Testament" (TRE 8), Berlin/New York: Walter de Gruyter 1981, 277–286.

Wanke, Gunther, *Jeremia.* Teilband 1: Jeremia 1,1–25,14 (ZBK.AT 20/1), Zürich: Theologischer Verlag 1995.

Wanke, Gunther, *Jeremia* Teilband 2: Jeremia 25,15–52,3 (ZBK.AT 20/2), Zürich: Theologischer Verlag 2003.

Waschke, Ernst-Joachim (Hg.), siehe: Vieweger/Waschke, *Gott.*

Waschke, Ernst.-Joachim, Der *Gesalbte.* Studien zur alttestamentlichen Theologie (BZAW 306), Berlin/New York: Walter de Gruyter 2001.

Weippert, Helga, Art. „Gewichte" (BRL), Tübingen: J.C.B. Mohr (Paul Siebeck) 1977, 204–206.

Weippert, Manfred, Art. „*Kalender* und Zeitrechnung"(BRL) Tübingen: J.C.B. Mohr (Paul Siebeck) 1977, 165–168.

Weinfeld, Moshe, Art. „*mĕnûhāh V*" (ThWAT IV), Stuttgart u.a.: W. Kohlhammer 1984; 997–999.

Weiser, Artur, Die Psalmen I: Psalm 1–60 (ATD 14), Göttingen: Vandenhoeck & Ruprecht 1950.

Welker, Michael, „Die *Gottesfurcht* als Grundlage der Lebensorientierung bei Jesus Sirach. Wie sich die Weisheit an den Grenzen des Erfahrungswissens bewährt", in: Gundlach/Markschies, *Anmut*, 154–162.

Welten, Peter, Art. „*Nachtwache*" (NBL II), Zürich/Düsseldorf: Benzinger 1995, 886.

Werner, Wolfgang, Eschatologische *Texte* in Jesaja 1–39. Messias, Heiliger Rest, Völker, (FzB 46), Würzburg: Echter Verlag 1982.

Werner, Wolfgang, „ ‚Denn Gerechtigkeit ist unsterblich...' Schöpfung, Tod und Unvergänglichkeit nach Weish 1,11–15 und 2,21–24", in: Hentschel/Zenger, *Lehrerin*, 26–61.

West, Martin L., *Hesiod* Works and Days. Ed. with prolegomena and commentary, Oxford: Clarendon Press. (1978) ND 1989.

West, Martin L., The East *Face* of Helicon. West Asiatic Elements in Greek Poetry and Myth, Oxford: Clarendon Press 1997.

Westendorf, Wolfhart, Das *Erwachen* der Heilkunst. Die Medizin der Alten Ägypter, München: Artemis &Winkler 1992.

Westermann, Claus, „Die *Herrlichkeit* Gottes in der Priesterschrift", in: Stoebe u.a., Wort, 227–249 = ders., *Forschung*, 115–137.

Westermann, Claus, *Forschung* am Alten Testament. Ges. Studien II (ThB 55), München: Christian Kaiser 1974.

Whybray, Roger N., *Eccelsiastes* (NCBC), Grand Rapids: Wm.B. Eerdmans/London: Morgan & Scott 1989:

Whybray, Roger N., *Wealth* and Poverty in the Book of Proverbs, (JSOT.S 99), Sheffield: Sheffield University Press 1990.

Wicke-Reuter, Ursel, Göttliche *Providenz* und menschliche Verantwortung bei Ben Sira und in der Frühen Stoa (BZAW 298), Berlin/New York: Walter de Gruyter 2000.

Wicke-Reuter, Ursel, „*Ben Sira* und die Frühe Stoa. Zum Zusammenhang von Ethik und dem Glauben an die göttliche Providenz“, in: Egger-Wenzel, *Ben Sira's God,* 268–281.

Wilhelm, Rudolph, siehe: Biblia Hebraica Stuttgartensia.

Williamson, H.G.M., 1 and 2 *Chronicles* (NCBC), Grand Rapids: William.B. Eerdmans; London: Marshal, Morgan & Scott 1982.

Williamson, H.G.M., *Isaiah* 1–27: I Commentary on Isaiah 1–5 (ICC), New York/London: T & T Clark International 2006.

Winston, David, The *Wisdom* of Solomon. A New Translation with Introduction and Commentary (AnB 43), Garden City (N.Y.): Doubleday 1979.

Winston, David, „*Theodicy* in the Wisdom of Solomon“ in: Laato/de Moor, *Theodicy,* 525–545.

Wischmeyer, Oda, Die *Kultur* des Buches Jesus Sirach (BZNW 77), Berlin/New York: Walter de Gruyter 1995.

Wischmeyer, Oda, „*Theologie* und Anthropologie im Sirachbuch“, in: Egger-Wenzel, *Ben Sira's God,* 18–32

Wiseman, William Johnston (Hg.), siehe: Perdue u. a., *Search.*

Witte, Markus, Vom *Leiden* zur Lehre. Der dritte Redegang (Hiob 21–27) und die Redaktionsgeschichte des Hiobbuches (BZAW 230), Berlin/New York: Walter de Gruyter 1994.

Witte, Markus, Die biblische *Urgeschichte.* Redaktions- und theologiegeschichtliche Beobachtungen zu Genesis 1,1–11,26, (BZAW 265), Berlin/New York: Walter de Gruyter 1998.

Witte, Markus „*Mose,* sein Angesicht sei zum Segen (Sir 45,1)“, (BN 107/108), Salzburg: Institut für Bibelwissenschaft 2001, 151–186.

Witte, Markus (Hg.), siehe: Gertz u. a., *Abschied.*

Witte, Markus, „Der Segen Bileams' – eine redaktionsgeschichtliche Problemanzeige zum ‚Jahwisten' in Num 22–24“, in: Gertz u. a., *Abschied,* 191–214.

Witte, Markus (Hg.), *Gott und Mensch* im Dialog. FS für Otto Kaiser zum 80. Geburtstag (BZAW 345/I-II), Berlin/New York: Walter de Gruyter 2004.

Witte, Markus/*Schmid,* Konrad/*Prechel,* Doris/*Gertz,* Jan Christian (Hg.), Mitarb. Johannes F. Diehl, Die deuteronomistischen *Geschichtswerke.* Redaktions- und religionsgeschichtliche Perspektiven zur „Deuteronomismus“-Diskussion in Tora und Vorderen Propheten (BZAW 365), Berlin/New York 2006.

Withrow, Gerald .J., The *Natural Philosophy* of Time, 2nd. ed. Oxford: Clarendon Press 1980.

Wöhrle, Jaob (Hg.), siehe: Albertz, *Geschichte.*

Wölfel, Eberhard, *Luther* und die Skepsis. Eine Studie zur Kohelet-Exegese Luthers (FGLP10/XII), München: Christian Kaiser 1958.

Wolf, Ursula, Über den Sinn der Aristotelischen *Mesoteslehre* (II), in. Höffe, Otfried, (Hg.), Aristoteles, 83–108.

Wolff, Hans Walter, Anthropologie des Alten Testaments, München: Chr. Kaiser. 1973.

Wright, Benjamin G. III, „'*Fear* the Lord and Honour the Priest'. Ben Sira as Defender of the Jerusalem Priesthood", in: Beentjes, *Book*, 189–222.

Würthwein, Ernst, „Die *Erzählung* vom Gottesurteil auf dem Karmel" (ZThK 59), Tübingen: J.C.B. Mohr (Paul Siebeck) 1962, 131–144 = ders., *Studien*, 118–131.

Würthwein/Galling/Plöger, Die Fünf Megillot (HAT I/18), 2. Aufl., Tübingen: J.C.B. Mohr (Paul Siebeck) 1969.

Würthwein, Ernst, Die *Bücher* der Könige. 1. Kön 17–2. Kön 25 (ATD 11/2),Göttingen: Vandenhoeck & Ruprecht 1984.

Würthwein, Ernst, *Studien* zum Deuteronomistischen Geschichtswerk (BZAW 227), Berlin/New York: Walter de Gruyter 1994.

Würthwein, Ernst, „*Abimelech* und der Untergang Sichems. Studien zu Jdc 9"; in: ders., *Studien*, 12–28.

Würthwein, Ernst, „Die Revolution Jehus. Die Jehu-Erzählung in altisraelitischer und deuteronomistischer Sicht" (ZAW 120), Berlin/New York: Walter de Gruyter 2008, 28–48.

Xenophon. Erinnerungen an Sokrates. Griechisch-deutsch. Hg. Peter Jaerisch (STusc), 3. Aufl. München: Heimeran 1980.

Zapff, Burkard M,. Jesaja 56–66 (NEB.AT 36), Würzburg: Echter Verlag 2006.

Zeller, Eduard, Die Philosophie der Griechen in ihrer geschichtlichen Entwicklung III/1: Die nacharistotelische Philosophie, 5. Aufl, Leipzig 1923 = 7. Aufl. Darmstadt: Wissenschaftliche Buchgesellschaft 2006.

Zenger, Erich, Gottes *Bogen* in den Wolken. Untersuchungen zu Komposition und Theologie der priesterlichen Urgeschichte (StBS 112), Stuttgart: Katholisches Bibelwerk 1983.

Zenger, Erich, Hg, siehe Hentschel/Zenger, *Lehrerin*.

Zenger, Erich, siehe: Hossfeld/Zenger, *Psalmen* 1–50.

Zenger, Erich, siehe: Hossfeld/Zenger, *Psalmen* 51–100.

Zenger, Erich (Hg.), siehe Keel/Zenger, *Gottesstadt*.

Zenger, Erich (Hg.), Einleitung in das Alte Testament, 4. Aufl., Stuttgart u.a.: W. Kohlhammer 2004.

Zenger, Erich, „*Theoiren* über die Entstehung des Pentateuchs", in: ders., *Einleitung*, 74–119.

Zenger, Erich, „Das *Zwölfprophetenbuch*", in: ders., *Einleitung*, 517–586.

Ziegler, Joseph, siehe: Biblia Hebraica Stuttgartensia.

Ziegler, Joseph, siehe: Septuaginta XII/1 und XII/2.

Zimmer, Tilmann, Zwischen *Tod* und Lebensglück. Eine Untersuchung zur Anthropologie Kohelets (BZAW 286), Berlin/New York: Walter de Gruyter 1999.

Zimmerli, Walther „Das Buch des Predigers Salomo", in: Ringgren/ders./Kaiser (ATD 16), 241–249.

Zimmermann, Johannes, *Messianische Texte* aus Qumran (WUNT II/104), Tübingen: Mohr Siebeck 1998.

Zmijweski, Josef (Hg.), Die alttestamentliche *Botschaft* als Wegweisung. FS Heinz Reinelt, Stuttgart: Katholisches Bibelwerk. 1990.

Zwickel, Wolfgang, Der Salomonische Tempel (KGAW 83), Mainz am Rhein: Verlag Philipp von Zabern 1999.

Die Abkürzungen folgen dem Abkürzungsverzeichnis zur TRE von Siegfried M. Schwertner, 2. überarb. und erw. Aufl. 1994, die der antiken Autoren dem in DNP (siehe Cancik/Schneider, Der Neue Pauly).

Stellenregister in Auswahl

I Kanonische Schriften des Alten Testaments

Deuterokanonische Schriften des Alten Testaments

Texte aus dem Neuen Testament

Hebräische Inschriften

Außerbiblische jüdische Schriften

Griechische und Lateinische Autoren

(Die nach SVF oder Long/Sedley zitierten Texte werden nicht weiter nachgewiesen)